Edition KWV

Die „Edition KWV" beinhaltet hochwertige Werke aus dem Bereich der Wirtschaftswissenschaften. Alle Werke in der Reihe erschienen ursprünglich im Kölner Wissenschaftsverlag, dessen Programm Springer Gabler 2018 übernommen hat.

Weitere Bände in der Reihe http://www.springer.com/series/16033

Cornelia Jensen

Der Einfluss der industriellen Beziehungen auf interne Arbeitsmärkte

Eine empirische Studie
zum systematischen
Beschäftigungsmanagement

Cornelia Jensen
Hochschule Kempten
Kempten (Allgäu), Deutschland

Bis 2018 erschien der Titel im Kölner Wissenschaftsverlag, Köln
Dissertation Universität Mannheim, 2012

Edition KWV
ISBN 978-3-658-24333-3   ISBN 978-3-658-24334-0   (eBook)
https://doi.org/10.1007/978-3-658-24334-0

Die Deutsche Nationalbibliothek verzeichnet diese Publikation in der Deutschen Nationalbibliografie; detaillierte bibliografische Daten sind im Internet über http://dnb.d-nb.de abrufbar.

Springer Gabler
© Springer Fachmedien Wiesbaden GmbH, ein Teil von Springer Nature 2012, Nachdruck 2019
Ursprünglich erschienen bei Kölner Wissenschaftsverlag, Köln, 2012

Springer Gabler ist ein Imprint der eingetragenen Gesellschaft Springer Fachmedien Wiesbaden GmbH und ist
ein Teil von Springer Nature
Die Anschrift der Gesellschaft ist: Abraham-Lincoln-Str. 46, 65189 Wiesbaden, Germany

Geleitwort

Die zurückliegende Finanz- und Wirtschaftskrise hat gezeigt, dass Unternehmen, die zu ihrer Stammbelegschaft eine Randbelegschaft aufgebaut haben, auf konjunkturelle Schwankungen flexibel reagieren konnten, ohne das in der Stammbelegschaft repräsentierte Humankapital abzubauen. Die Kern- bzw. Stammbelegschaft stellt dabei den internen Arbeitsmarkt dar, dessen Gestaltungsmöglichkeiten wesentlich von den vorliegenden Arbeitgeber-Arbeitnehmerbeziehungen (industrielle Beziehungen) abhängen. Welchen Einfluss die industriellen Beziehungen, insbesondere die Intensität der Mitbestimmung, auf den internen Arbeitsmarkt haben, ist bislang nicht untersucht worden.

Deshalb wird in dieser Arbeit analysiert, inwiefern die betriebliche und überbetriebliche Mitbestimmung die Gestaltung interner Arbeitsmärkte beeinflusst. Dabei wird der Einfluss sowohl einer Arbeitnehmervertretung als auch einer Tarifvertragsbindung im Unternehmen auf das Gesamtkonzept des internen Arbeitsmarktes untersucht.

Als theoretische Grundlage wird zunächst die Entwicklung der Segmentationstheorie nachvollzogen, die dann mit aktuellen Ansätzen, nämlich dem Resourced-based View, verbunden wird. Dieser Ansatz zeigt, welchen Beitrag der interne Arbeitsmarkt in Kombination mit einer Randbelegschaft zur Erlangung von strategischen Wettbewerbsvorteilen leisten kann. Diese bestehen vor allem im Ermöglichen von Flexibilität, was zu einem systematischen Beschäftigungsmanagement führt und in Krisenzeiten vor der Beeinträchtigung des Humankapitals bewahrt.

Theoretische Grundlage zur Ableitung von Wirkungsbeziehungen sind der Property-Rights-Ansatz und die Partizipationstheorie. Im Property-Rights-Ansatz dominiert die Shareholder Value Perspektive und Mitbestimmung wird als „Verwässerung der Entscheidungsrechte" betrachtet. In der Partizipationstheorie wird Mitbestimmung als kollektive Stimme (Voice) gesehen, die zwischen ökonomischen und sozialen Interessen vermittelt. Um Wirkungszusammenhänge auf den internen Arbeitsmarkt ableiten zu können, werden Ausprägungen der industriellen Beziehungen unterschieden. Der Property-Rights-Theorie entspricht der Fall: keine Tarifvertragsbindung, kein Betriebsrat; der Partizipationstheorie entspricht der Fall: Tarifvertragsbindung und Betriebsrat. Dazwischen liegen Fälle in denen Tarifvertragsbindung aber kein Betriebsrat besteht, bzw. ein Betriebsrat, aber keine Tarifvertragsbindung vorhanden ist. Für die beiden Extremsituationen werden dann Hypothesen auf den entsprechenden theoretischen Grundlagen entwickelt zur Größe und Offenheit des internen Arbeitsmarktes, zum Aufbau von Humankapital, zur Ausprägung interner Karrierepfade und zu Entgeltstrukturen. Diese Hypothesen werden argumentativ aus der jeweiligen theoretischen Position abgeleitet und anhand bereits vorliegender empirischer Befunde diskutiert.

Hierfür wird das IAB Betriebspanel herangezogen. Die Ergebnisse bestätigen einige zentrale Hypothesen. Unternehmen mit Tarifbindung und Betriebsrat, die die Partizipationstheorie wiederspiegeln, bauen im Rahmen eines systematischen Beschäftigungsmanagements interne Flexibilisierungspotentiale auf. Dies zeigt sich insbesondere über Qualifizierung und über die Bevorzugung interner Stellenbesetzungen. Weiterhin fördert Mitbestimmung einen abgegrenzten internen Arbeitsmarkt mit stark ausgeprägten internen Karrierepfaden. Bei Unternehmen, die die Property-Rights-Perspektive repräsentieren (weder Betriebsrat noch Tarifbindung) zeigten sich die erwarteten negativen Zusammenhänge zum Partizipationsfall. Insgesamt ist damit festzustellen, dass in mitbestimmten Unternehmen der interne Arbeitsmarkt intensiver mit Blick auf Schutz und Erhaltung des vorhandenen Humankapitals gestaltet wird als in nicht mitbestimmten Unternehmen.

Mannheim, im Juni 2012   Prof. Dr. Walter A. Oechsler

Vorwort

Die vorliegende Arbeit entstand am Lehrstuhl für Allgemeine BWL, Personalwesen und Arbeitswissenschaft der Universität Mannheim. Mein Dank gilt all jenen Menschen, die mir und dieser Arbeit ihre Unterstützung zuteilwerden ließen.

Danken möchte ich meinem Doktorvater Prof. Dr. Walter A. Oechsler, dessen Hinweise und Unterstützung entscheidend zum Gelingen der Arbeit beigetragen haben. Bedanken möchte ich mich auch bei Prof. Dr. Michael Woywode für die Übernahme des Zweitgutachtens sowie bei Prof. Dr. Ulrich Lichtenthaler für die Übernahme des Koreferats. Ein weiterer Dank geht ans Institut für Arbeitsmarkt- und Berufsforschung in Nürnberg für die Bereitstellung der Datengrundlage dieser Arbeit und für die Unterstützung während der Datenauswertung. Weiterhin bedanke ich mich beim Research Data Centre in Toronto, insbesondere bei Professor Dr. Anil Verma sowie Dr. Byron Lee für deren wertvolle Hinweise während meines Forschungsaufenthaltes in Toronto. Meine Arbeit in Kanada wurde durch die Julius-Paul-Stiegler-Gedächtnis-Stiftung gefördert, auch dafür möchte ich mich bedanken.

Einen Dank möchte ich ebenso meinen ehemaligen Kolleginnen und Kollegen am Lehrstuhl aussprechen, besonders den beiden guten Seelen des Lehrstuhls, Gabriele Eberhard und Susanne Quincke. Ich möchte mich auch für die großartige Arbeit von Katrin Christof und Verena Heiden als wissenschaftliche Hilfskräfte bedanken.

Ein großes Dankeschön geht an Dr. Julia Hansch und Florian Kraft, die beide während unserer gemeinsamen Lehrstuhlzeit und darüber hinaus zu guten Freunden geworden sind, die mich über alle Entfernungen hinweg immer unterstützt haben.

Besonders bedanken möchte ich mich bei Barbara Schmidt. Dafür, dass ich mich bedingungslos auf unsere Freundschaft und ihre Unterstützung verlassen konnte, sie auch die weniger schönen Zeiten dieser Arbeit mit mir gemeinsam durchgestanden und mir immer wieder aufs Neue Mut zugesprochen hat. Danken möchte ich auch meinen beiden Brüdern, die mich auf die unterschiedlichste Art und Weise unterstützt haben und für mich da waren. Der größte Dank jedoch gebührt meinen Eltern, die insbesondere in den schwierigen Phasen dieser Arbeit oft mehr an mich geglaubt haben als ich selbst. Ohne ihre fortwährende Unterstützung hätte ich den langen und manchmal doch sehr steinigen Weg zur Promotion nicht bewältigen können. Deshalb möchte ich ihnen diese Arbeit widmen.

Mannheim, im Juni 2012   Cornelia Haag

Inhaltsverzeichnis

Geleitwort V

Vorwort VII

Inhaltsverzeichnis IX

Abkürzungsverzeichnis XIII

Abbildungsverzeichnis XV

Tabellenverzeichnis XVII

1   Einleitung 1
    1.1   Motivation und Zielsetzung des Forschungsvorhabens 1
    1.2   Methodische Vorgehensweise 4

2   Die betriebliche und überbetriebliche Mitbestimmung als Spielregel für die
    Gestaltung des Beschäftigungssystems des internen Arbeitsmarktes 7
    2.1   Segmentationstheoretische Ansätze und das Modell des internen Arbeitsmarktes 7
    2.1.1   Abgrenzung der segmentationstheoretischen Ansätze von der Neoklassik 7
    2.1.2   Ursprung der Segmentationstheorien in den USA 8
    2.1.3   Adaption und Anpassung des Konzeptes für den deutschen Arbeitsmarkt 12
    2.1.4   Betriebszentrierte Arbeitsmarktsegmentation als Besonderheit des deutschen
             Arbeitsmarktes 14
    2.1.5   Die Bedeutung und Gestaltung des internen Arbeitsmarktes vor dem Hintergrund
             des Resource-based Views 17
    2.1.5.1 Der Beitrag des systematischen Beschäftigungsmanagements zur
             Wettbewerbsfähigkeit eines Unternehmens 17
    2.1.5.2 Der interne Arbeitsmarkt als Instrument eines systematischen
             Beschäftigungsmanagements 21
    2.2   Die Voice-Orientierung des deutschen Systems der industriellen Beziehungen 34
    2.2.1   Betriebliche und überbetriebliche Mitbestimmung als zwei Säulen eines dualen
             Systems 34
    2.2.2   Das Tarifvertragssystem als Regelungsrahmen der überbetrieblichen
             Mitbestimmung 37
    2.2.3   Regelung der Partizipationsrechte des Betriebsrates im BetrVG 41

2.2.4   Die Insider-Outsider-Problematik der Mitbestimmung 47

3   Neue Institutionenökonomie versus Partizipationstheorie – zwei konkurrierende Denkschulen über die ökonomischen Effekte der Mitbestimmung 51

3.1   *Property Rights Theorie als Vertreter der Neuen Institutionenökonomie* *51*

3.2   *Partizipationstheoretische Ansätze und deren Verknüpfung mit der Exit-Voice-Theorie* *55*

3.3   *Kritische Betrachtung der theoretischen Grundlagen* *59*

4   Mögliche Einflüsse der industriellen Beziehungen: rechtliche Handlungsspielräume, theoretische Ansätze und empirische Evidenz 63

4.1   *Größe und Offenheit des internen Arbeitsmarktes* *65*

4.1.1   Einflussfaktoren auf die Größe und Offenheit des internen Arbeitsmarktes ... 65

4.1.2   Einsatz atypischer Beschäftigung 67

4.1.3   Eintritte in den internen Arbeitsmarkt 80

4.1.4   Austritte aus dem internen Arbeitsmarkt 89

4.2   *Aufbau von Humankapital im internen Arbeitsmarkt* *99*

4.3   *Ausprägung interner Karrierepfade* *107*

4.4   *Entgeltstrukturen* *109*

4.5   *Zwischenfazit* *116*

5   Anlage der empirischen Untersuchung 121

5.1   *Das IAB-Betriebspanel als Datengrundlage* *121*

        Grundlagen der verwendeten Analyseverfahren *122*

5.2.1   Das logistische Regressionsmodell 122

5.2.2   Die Tobit-Schätzung 126

5.3   *Konzeptspezifikationen und Operationalisierungen* *129*

5.3.1   Allgemeine Erklärungen zum Untersuchungsdesign 129

5.3.2   Relative Größe des internen Arbeitsmarktes 130

5.3.3   Offenheit des internen Arbeitsmarktes 135

5.3.4   Aufbau von Humankapital 137

5.3.5   Interne Karrierepfade 137

5.3.6   Gestaltung flexibler Entgeltstrukturen 138

5.3.7   Überblick über die Konzeptspezifikationen 140

6   Ergebnisse der empirischen Untersuchung **141**

6.1   Relative Größe des internen Arbeitsmarktes *141*

6.2   Offenheit des internen Arbeitsmarktes *156*

6.2.1   Eintritte in den internen Arbeitsmarkt 157

6.2.2   Austritte aus dem internen Arbeitsmarkt 168

6.3   Aufbau von Humankapital *179*

6.4   Interne Karrierepfade *182*

6.5   Gestaltung flexibler Entgeltstrukturen *186*

6.5.1   Gewinn- / Erfolgsbeteiligung 186

6.5.2   Kapitalbeteiligung 191

6.6   Überblick über die Ergebnisse der empirischen Untersuchung *194*

7   Abschließende Betrachtung der Arbeit **199**

7.1   Zusammenfassung und Diskussion der Ergebnisse *199*

7.2   Kritische Reflektion der Arbeit und Forschungsimplikationen *200*

Literaturverzeichnis .... **XXI**

Quellenverzeichnis .... **XXXIX**

Anhang .... **XLI**

Abkürzungsverzeichnis

AÜG	Arbeitnehmerüberlassungsgesetz
BetrVG	Betriebsverfassungsgesetz
BMAS	Bundesministerium für Arbeit und Soziales
DGB	Deutscher Gewerkschaftsbund
GG	Grundgesetz
HDF Kino e.V.	Hauptverband Deutscher Filmtheater e.V.
IAB-Betriebspanel	Betriebspanel des Instituts für Arbeitsmarkt- und Berufsforschung
IG Metall	Industriegewerkschaft Metall
MEB	Mitarbeitererfolgsbeteiligung
NIFA	Neue Informationstechnologien und flexible Arbeitszeitsysteme
OT	Ohne Tarifbindung
SSBS	Service Sector Business Survey
TVG	Tarifvertragsgesetz
TzBfG	Teilzeit- und Befristungsgesetz
Ver.di	Vereinte Dienstleistungsgewerkschaft

Abbildungsverzeichnis

Abbildung 1: Aufbau und methodische Vorgehensweise der Arbeit.................................5

Abbildung 2: Zusammenhang von dualer Arbeitsmarkttheorie und internem Arbeitsmarkt.........11

Abbildung 3: Zusammenhang der verschiedenen segmentationstheoretischen Ansätze 16

Abbildung 4: Wahl der Beschäftigungsform in Abhängigkeit der Einzigartigkeit und des Wertes des Humankapitals 22

Abbildung 5: Beschäftigungsverhältnisse der Stamm- und Randbelegschaft 29

Abbildung 6: Das Konzept des internen Arbeitsmarktes im Rahmen eines systematischen Beschäftigungsmanagements 32

Abbildung 7: Das Konzept des internen Arbeitsmarktes in Kombination mit einer Randbelegschaftvor dem Hintergrund des Resource-based Views 33

Abbildung 8: Zusammenhang zwischen Ausprägungen der industriellen Beziehungen und den theoretischen Ansätzen 63

Abbildung 9: Zugrundegelegte Argumentationsstruktur für die einzelnen Aspekte interner Arbeitsmärkte..64

Abbildung 10: Unterscheidung von Stamm- und Randbelegschaft 65

Abbildung 11: Einflussfaktoren auf die Größe und Offenheit des internen Arbeitsmarktes und derenWechselwirkungen 66

Abbildung 12: Ablauf einer Einstellung unter Beachtung des Betriebsrates.................................82

Abbildung 13: Arbeitgeberseitige Kündigung unter Beachtung des Betriebsrates. 91

Abbildung 14: Rechtliche Möglichkeiten des Betriebsrates bei der betrieblichen Weiterbildung 101

Tabellenverzeichnis

Tabelle 1:   Gründe für den Einsatz geringfügiger Beschäftigung 26

Tabelle 2:   Gründe für den Einsatz befristeter Beschäftigung 27

Tabelle 3:   Veränderungen der Nutzungsintensitäten der einzelnen Beschäftigungsformen.......30

Tabelle 4:   Anzahl der insgesamt gültigen Tarifverträge zum 31.12.2010 40

Tabelle 5:   Zusammenhang von Betriebsgröße und Regelungen im Betriebsverfassungsgesetz 41

Tabelle 6:   Mitbestimmungs- und Mitwirkungsrechte des Betriebsrates gemäß
               Betriebsverfassungsgesetz...43

Tabelle 7:   Gegenüberstellung von Partizipationstheorie und Property Rights Theorie 61

Tabelle 8:   Studien zum Zusammenhang zwischen industriellen Beziehungen und atypischer
               Beschäftigung...78

Tabelle 9:   Studien zum Zusammenhang zwischen industriellen Beziehungen und
               Eintritten in den internen Arbeitsmarkt...87

Tabelle 10:   Studien zum Zusammenhang zwischen industriellen Beziehungen und
               Austritten aus dem internen Arbeitsmarkt...96

Tabelle 11:   Studien zum Zusammenhang zwischen industriellen Beziehungen und
               Weiterbildung..106

Tabelle 12:   Aktueller Forschungsstand zum Zusammenhang von industriellen Beziehungen
               und Entgeltstrukturen 115

Tabelle 13:   Hypothesen zur Einflussnahme der industriellen Beziehungen auf die zentralen
               Aspekte interner Arbeitsmärkte im Rahmen eines systematischen
               Beschäftigungsmanagements 118

Tabelle 14:   Gütekriterien der logistischen Regression..126

Tabelle 15:   Existenz eines Betriebsrates und einer tarifvertraglichen Bindung für verschiedene
               Betriebsgrößenklassen...133

Tabelle 16:   Verteilung von Betriebsräten und Tarifverträgen auf Branchen 134

Tabelle 17:   Überblick über die Konzeptspezifikationen 140

Tabelle 18:   Durchschnittliche Anteile der Randbelegschaftsformen im
               IAB-Betriebspanel 2009 141

Tabelle 19:   Durchschnittliche Anteile der Beschäftigungsformen der Randbelegschaft für die
               Ausprägungsformen der industriellen Beziehungen 142

Tabelle 20:   Tobit-Schätzungen der Anteile der befristet Beschäftigten 146

Tabelle 21:   Tobit-Schätzungen der Anteile der Leiharbeitnehmer 148

Tabelle 22:   Tobit-Schätzungen der Anteile der freien Mitarbeiter 150

Tabelle 23:   Tobit-Schätzungen der Anteile der Praktikanten 152

Tabelle 24:   Tobit-Schätzungen der Anteile der geringfügig Beschäftigten 154

Tabelle 25:   Durchschnittliche Eintrittsraten in den internen Arbeitsmarkt 157

Tabelle 26:   Durchschnittliche Eintrittsraten in den internen Arbeitsmarkt für die Ausprägungsformen der industriellen Beziehungen 158

Tabelle 27:   Durchschnittliche Eintrittsraten in den internen Arbeitsmarkt für die Ausprägungsformen der industriellen Beziehungen. 159

Tabelle 28:   Tobit-Schätzungen der Eintrittsraten in den internen Arbeitsmarkt durch Neueinstellungen 162

Tabelle 29:   Tobit-Schätzungen der Eintrittsraten in den internen Arbeitsmarkt durch unbefristete Übernahme befristet Beschäftigter 164

Tabelle 30:   Tobit-Schätzungen der Eintrittsraten in den internen Arbeitsmarkt durch Einstellung ehemaliger Leiharbeitnehmer 166

Tabelle 31:   Durchschnittliche Austrittsraten aus dem internen Arbeitsmarkt 168

Tabelle 32:   Durchschnittliche Personalabgangsrate aus dem internen Arbeitsmarkt für die Ausprägungsformen der industriellen Beziehungen 169

Tabelle 33:   Durchschnittliche Austrittsrate durch Arbeitnehmerkündigung für die Ausprägungsformen der industriellen Beziehungen 169

Tabelle 34:   Durchschnittliche Austrittsrate durch Arbeitgeberkündigung für die Ausprägungsformen der industriellen Beziehungen. 170

Tabelle 35:   Tobit-Schätzungen der Austrittsraten aus dem internen Arbeitsmarkt 172

Tabelle 36:   Tobit-Schätzungen der Austrittsraten aus dem internen Arbeitsmarkt durch Arbeitnehmerkündigung 174

Tabelle 37:   Tobit-Schätzungen der Austrittsraten aus dem internen Arbeitsmarkt durch Arbeitgeberkündigung 176

Tabelle 38:   Durchschnittliche Weiterbildungsintensitäten für die Ausprägungsformen der industriellen Beziehungen 179

Tabelle 39:   Tobit-Schätzungen der Weiterbildungsintensitäten 180

Tabelle 40:   Durchschnittlicher Anteil an Unternehmen, welche die interne Stellenbesetzung bevorzugen, für die Ausprägungsformen der industriellen Beziehungen 183

Tabelle 41:   Logit-Schätzungen der Bevorzugung interner Stellenbesetzung 184

Tabelle 42:   Durchschnittlicher Anteil an Unternehmen mit Gewinn- bzw. Erfolgsbeteiligung für die Ausprägungsformen der industriellen Beziehungen. 187

Tabelle 43: Logit-Schätzungen des Einsatzes von Erfolgsbeteiligungen....................................188

Tabelle 44: Durchschnittlicher Anteil an Unternehmen mit Kapitalbeteiligung für die Ausprägungsformen der industriellen Beziehungen 191

Tabelle 45: Logit-Schätzungen des Einsatzes von Kapitalbeteiligungen....................................192

Tabelle 46: Übersicht über die Ergebnisse der empirischen Untersuchung aufgeteilt nach den zentralen Aspekten interner Arbeitsmärkte im Rahmen eines systematischen Beschäftigungsmanagements 197

1 Einleitung

1.1 Motivation und Zielsetzung des Forschungsvorhabens

Angesichts eines sich verschärfenden globalen Wettbewerbs und des schnellen technologischen Wandels sowie des Übergangs von einer standardisierten Massenproduktion zu
wissensintensiven und spezialisierten Produktionsweisen steht das Beschäftigungsmanagement eines Unternehmens vor zwei zentralen Herausforderungen, welche nicht immer
von Zielharmonie geprägt sind.[1] Unter Beschäftigungsmanagement wird dabei die Entwicklung und Umsetzung der Personalplanung verstanden, damit es in einem Bereich weder zu
einer Personalunter- noch einer -überdeckung in quantitativer oder qualitativer Hinsicht
kommt.[2] Das Personal soll bereitgestellt und die Personalbewegung verstetigt werden.[3] In
diesem Sinne sind Unternehmen einerseits gefordert, sich schnell an veränderte Rahmenbedingungen anzupassen, was für den Einsatz von flexiblen und kurzfristigen Arbeitsverhältnissen spricht.[4] Diese Art der Beschäftigungsverhältnisse kennzeichnet die Randbelegschaft
eines Unternehmens, welche unter anderem aus befristet Beschäftigten, Leiharbeitern und
geringfügig Beschäftigten besteht.[5] Sie dient als „Beschäftigungspuffer" und kann relativ
schnell und flexibel an die aktuelle Personalbedarfssituation angepasst werden.[6] Andererseits gewinnen auch der Aufbau, der Erhalt und die Entwicklung unternehmensspezifischen
Humankapitals zunehmend an Bedeutung. Diese Sichtweise wird auch vom theoretischen
Ansatz des Resource-based Views vertreten, der interne Ressourcen als Quelle von Wettbewerbsvorteilen sieht. Zu diesen internen Ressourcen gehören auch die Humanressourcen
eines Unternehmens.[7] Der Schutz dieser wettbewerbsentscheidenden Humanressourcen
kann durch die Existenz eines internen Arbeitsmarktes mit langfristigen Beschäftigungsverhältnissen realisiert werden. Der interne Arbeitsmarkt wird von der Stammbelegschaft eines
Unternehmens gebildet, welche sich insbesondere durch eine hohe Beschäftigungsstabilität
und -sicherheit auszeichnet.[8] Die Stammbelegschaft wird durch die Ergänzung um eine
Randbelegschaft – auch in Zeiten niedrigen Personalbedarfs – vor Anpassungsmaßnahmen
geschützt. Insofern kann das Ziel eines strategischen Human Resource Managements – die

---

[1] Vgl. Oberst/ Schank/ Schnabel (2007), S. 1160; Köhler/ Krause (2010), S. 387.

[2] Vgl. Martin (2004), S. 518f.; Wiskemann (2000), S. 97.

[3] Vgl. Oechsler/ Beck (2001), S. 41.

[4] Vgl. Meffert (1985), S. 121f. zur Forderung nach Flexibilität in Zeiten einer sich schnell veränderten Umwelt.

[5] Vgl. Alda/ Bellmann (2003), S. 86.

[6] Vgl. Oechsler (2003), S. 74.

[7] Vgl. grundlegend zum Resource-based View: Penrose (1959); Grant (1996); Teece/ Pisano/ Shuen (1997) sowie die
Literaturangaben in Kapitel 2.1.5.

[8] Vgl. Oberst/ Schank/ Schnabel (2007), S. 1160; Köhler/ Krause (2010), S. 394.

© Springer Fachmedien Wiesbaden GmbH, ein Teil von Springer Nature 2012
C. Jensen, *Der Einfluss der industriellen Beziehungen auf interne Arbeitsmärkte*,
Edition KWV, https://doi.org/10.1007/978-3-658-24334-0_1

langfristige und zukunftsorientierte Sicherung der Humanressourcen in quantitativer und qualitativer Hinsicht – erfüllt werden.[9]

Entscheidungen, welche die Ausgestaltung des internen Arbeitsmarktes betreffen, finden innerhalb eines arbeitsrechtlichen Regelungsrahmens statt. Im Gegensatz zu den angelsächsischen Ländern ist dieser Regelungsrahmen im deutschen Arbeitgeber-Arbeitnehmer-System[10] durch eine große Dichte von Regelungen auf zentraler Ebene (Gesetze, Tarifbestimmungen) und auf dezentraler Ebene (Rechte des Betriebsrates laut Betriebsverfassungsgesetz) geprägt.[11] Dies resultiert in einem eingeschränkten Handlungsspielraum des Unternehmens für die einzelnen personalwirtschaftlichen Teilfunktionen.[12] Deshalb steht das deutsche System der industriellen Beziehungen und der darin enthaltenen starken Mitbestimmung hinsichtlich der Beschäftigungsflexibilität und der damit verbundenen Wettbewerbsfähigkeit deutscher Unternehmen häufig unter scharfer Kritik.[13] Allerdings sehen ausländische Beobachter das System auch als einen der Gründe für den Erfolg deutscher Unternehmen auf internationalen Märkten an.[14] Genau diese beiden unterschiedlichen Sichtweisen werden auch von den konkurrierenden theoretischen Ansätzen zu den Auswirkungen der Mitbestimmung – der Property Rights Theorie und der Partizipationstheorie – widergespiegelt.[15]

Das deutsche System der industriellen Beziehungen wird als dual beschrieben, da die Arbeitnehmerinteressen gegenüber dem Arbeitgeber einerseits durch den Betriebsrat (betriebliche Regelungsebene) und andererseits durch die Gewerkschaft (überbetriebliche bzw. tarifliche Regelungsebene) vertreten werden.[16] Dabei ist allerdings zu beachten, dass die beiden Ebenen faktisch nicht immer zu trennen sind.[17] Im europäischen Vergleich hat Deutschland die meisten Mitbestimmungsgesetze und die am stärksten geregelten Rechte der Arbeitnehmer, der Betriebsräte und der Gewerkschaften.[18] Wegen dieser weitgehenden Mitbestimmungsrechte der Arbeitnehmer auf der betrieblichen und überbetrieblichen Ebene, verbunden mit einer hohen Regelungsdichte und einer zentralisierten Gesetzgebung auf nationaler Ebene, wird das deutsche System als voice-orientiertes System oder auch als harmo-

---

[9] Vgl. Wiskemann (2000), S. 97.

[10] Der Begriff der Arbeitgeber-Arbeitnehmer-Beziehungen und der industriellen Beziehungen kann und soll im Folgenden synonym verwendet werden (vgl. zu dieser Gleichsetzung dieser beiden Begriffe: Oechsler (2011), S.29).

[11] Vgl. Keller (2004), S. 219.

[12] Vgl. Oechsler (2003), S. 78.

[13] Vgl. z.B. Franz (2005); Niedenhoff (2005b); Sadowski (2002), S. 275.

[14] Vgl. Frick (1997), S.172.

[15] Vgl. dazu die Literaturangaben in Kapitel 3.

[16] Vgl. Sadowski/ Backes-Gellner/ Frick (1995), S.493; Gerlach/ Jirjahn (2001), S. 140f.; Hübler/ Jirjahn (2003), S.471.

[17] Vgl. dazu die Ausführungen in Kapitel 2.2.1.

[18] Vgl. Niedenhoff (2005b), S. 24.

nieorientiertes System bezeichnet.[19] Diese Voice-Orientierung kann zwar zu sehr stark ausgeprägten internen Arbeitsmarktstrukturen führen, aber auch zu einer sehr hohen Insider-
Outsider-Hürde.[20] Dies wäre dann der Fall, wenn Betriebsräte oder Gewerkschaften einen
kleinen, abgegrenzten internen Arbeitsmarkt fördern würden. Im Gegensatz dazu stehen
exit-orientierte oder konfliktorientierte Systeme, wie sie zum Beispiel in den USA oder Kanada anzutreffen sind.[21]

Bereits Doeringer und Piore (1971), auf welche das Konzept des internen Arbeitsmarktes
und die damit verbundene Idee der Segmentation in eine Rand- und Stammbelegschaft
grundlegend zurückgeht, verweisen auf die Bedeutung von Mitbestimmung durch Gewerkschaften für das Konzept des internen Arbeitsmarktes.[22] Weitere bestehende theoretische
und empirische Arbeiten weisen einen Einfluss von Gewerkschaften (bzw. einer damit verbundenen Tarifvertragsbindung) und Betriebsräten auf Faktoren nach, welche von Relevanz
für die Entstehung, das Bestehen sowie die Größe interner Arbeitsmärkte sind.[23] Zu diesen
Faktoren gehören unter anderem Personalfluktuation, Lohnstrukturen, betriebliches Weiterbildungsverhalten und der Einsatz atypisch Beschäftigter.[24] Verschiedene Autoren weisen
darauf hin, dass Betriebsräte das Konzept des internen Arbeitsmarktes positiv beeinflussen.[25] Eine umfassende Untersuchung, welchen Einfluss das duale System der industriellen
Beziehungen auf das Gesamtkonzept des internen Arbeitsmarktes nimmt, ist jedoch bislang
ausgeblieben. Die Ergebnisse solch einer Untersuchung könnten einen wertvollen Beitrag
im Rahmen der Diskussion um die starke Voice-Orientierung des deutschen Systems leisten.

Deshalb ist es das Ziel dieser Arbeit zu analysieren, inwiefern die betriebliche und überbetriebliche Mitbestimmung die zentralen Charakteristika interner Arbeitsmärkte beeinflusst.
Dabei wird der Einfluss einer Arbeitnehmervertretung und einer Tarifvertragsbindung im

---

[19] Vgl. grundlegend zur Exit und Voice-Orientierung: Hirschman (1970); vgl. zur Unterscheidung von Systemen der industriellen Beziehungen: Oechsler (2004).

[20] Vgl. grundlegend zum Insider-Outsider-Modell: Lindbeck/ Snower (1986); weitere Literaturangaben finden sich im Kapitel 2.2.4.

[21] Vgl. Oechsler (2004), S.54ff: Im Gegensatz zu Deutschland, wo die rechtlichen Regelungen weitestgehend auf Bundesebene festgelegt werden, und für alle Bundesländer gelten, sind die Strukturen der Arbeitgeber-Arbeitnehmer-Beziehungen in Kanada durch eine starke **Dezentralisierung** gekennzeichnet. Diese starke Dezentralisierung ist neben einer allgemein relativ geringen Regelungsdichte charakteristisch für ein konfliktorientiertes System der industriellen Beziehungen. Das Verhältnis zwischen Arbeitgeber- und Arbeitnehmerseite ist ein eher feindliches. Diese Konfliktorientierung zeigt sich auch durch eine im internationalen Vergleich hohe Streikrate aus. (vgl. dazu auch: Godard (2009), S. 180).

[22] Vgl. dazu auch Osterman (1987), S. 46; Köhler/ Krause (2010), S. 390.

[23] Vgl. für Deutschland: Jirjahn (2006), S.218; für den nordamerikanischen Raum: Verma (2005), S. 423.

[24] Vgl. dazu die Literaturangaben in Kapitel 4.

[25] Vgl. z.B. Sadowski/ Backes-Gellner/ Frick (1995), S. 502; Wiskemann (2000), S. 117; Gerlach/ Jirjahn (2001), S. 146; Jirjahn (2006), S. 218.

Unternehmen auf das Gesamtkonzept des internen Arbeitsmarktes untersucht, welches in Kapitel zwei näher dargestellt und beschrieben wird.[26] Es sollen insbesondere die Charakteristika untersucht werden, die im Rahmen eines systematischen Beschäftigungsmanagements von Relevanz sind.

Diese zentralen Charakteristika interner Arbeitsmärkte werden sowohl in Unternehmen mit einer Arbeitnehmervertretung als auch in Unternehmen ohne Arbeitnehmervertretung betrachtet, um die Einflussnahme einer Arbeitnehmervertretung – unter Beachtung von weiteren Einflüssen – zu untersuchen. Ob eine Einflussnahme durch Gewerkschaften vorliegt, soll durch das Kriterium der Tarifvertragsbindung erfasst werden. In diesem Sinne werden Unternehmen mit Tarifvertragsbindung solchen ohne tarifvertragliche Bindung gegenübergestellt. Zudem werden Kombinationen dieser Ausprägungen erfasst.

Wie bereits angesprochen, untersuchen bisherige empirische und theoretische Arbeiten den Einfluss der industriellen Beziehungen lediglich hinsichtlich einzelner Elemente des internen Arbeitsmarktes. Dabei wird aber nicht die Wirkung der deutschen Voice-Orientierung auf das umfassende Konzept des internen Arbeitsmarktes im Rahmen eines systematischen Beschäftigungsmanagements analysiert. Die Forschungsfrage dieses Dissertationsvorhaben lautet demnach:

Welchen Einfluss nimmt die betriebliche und überbetriebliche Mitbestimmung auf die zentralen Charakteristika interner Arbeitsmärkte im Rahmen eines systematischen Beschäftigungsmanagements?

1.2 Methodische Vorgehensweise

Das zweite Kapitel führt in die begrifflichen und konzeptionellen Grundlagen der Arbeit ein. Es wird zunächst das aus der Segmentationstheorie entstandene Modell des internen Arbeitsmarktes dargestellt. Darauf aufbauend wird die Anpassung und Adaption dieses Modells für den deutschen Arbeitsmarkt beschrieben. Dabei wird als eine Besonderheit des deutschen Arbeitsmarktes die betriebszentrierte Arbeitsmarktsegmentation in eine Rand- und in eine Stammbelegschaft herausgestellt. Die segmentationstheoretischen Ansätze werden in einem nächsten Schritt mit dem *Resource-based View* verknüpft. Vor dem Hintergrund des ressourcenorientierten Ansatzes kann sodann die Bedeutung und Gestaltung des internen Arbeitsmarktes in Kombination mit einer Randbelegschaft im Rahmen eines systematischen Beschäftigungsmanagements herausgearbeitet werden. Darauf aufbauend wird

---

[26] Vgl. zum Konzept des internen Arbeitsmarktes die Literaturangaben in Kapitel 2.

die betriebliche und überbetriebliche Mitbestimmung als eine Rahmenbedingung für die Gestaltung interner Arbeitsmärkte dargestellt.

Kapitel drei stellt die Property Rights Theorie und die Partizipationstheorie (bzw. deren Erweiterung um den Exit-Voice-Ansatz) als konkurrierende und gegensätzliche Denkschulen[27] über die ökonomischen Auswirkungen der Mitbestimmung vor und zeigt deren grundsätzliche Implikationen für die Bewertung der betrieblichen und überbetrieblichen Mitbestimmung auf. Es findet in diesem Kapitel auch eine kritische Reflektion der beiden theoretischen Ansätze statt.

In Kapitel vier erfolgt eine Betrachtung möglicher Einflüsse der industriellen Beziehungen auf die zentralen Elemente interner Arbeitsmärkte. Dabei werden die Möglichkeiten einer Einflussnahme von Betriebsräten und Gewerkschaften im Kontext der rechtlichen Möglichkeiten von Betriebsverfassungsgesetz und tarifvertraglichen Regelungen sowie vor dem Hintergrund der Property Rights Theorie und der partizipationstheoretischen Ansätze dargestellt. Es erfolgt eine Ableitung von Arbeitshypothesen, welche in einem ersten Schritt mit den Erkenntnissen empirischer Studien verglichen werden, bevor sie dann als Grundlage für die sich anschließende empirische Untersuchung dienen.

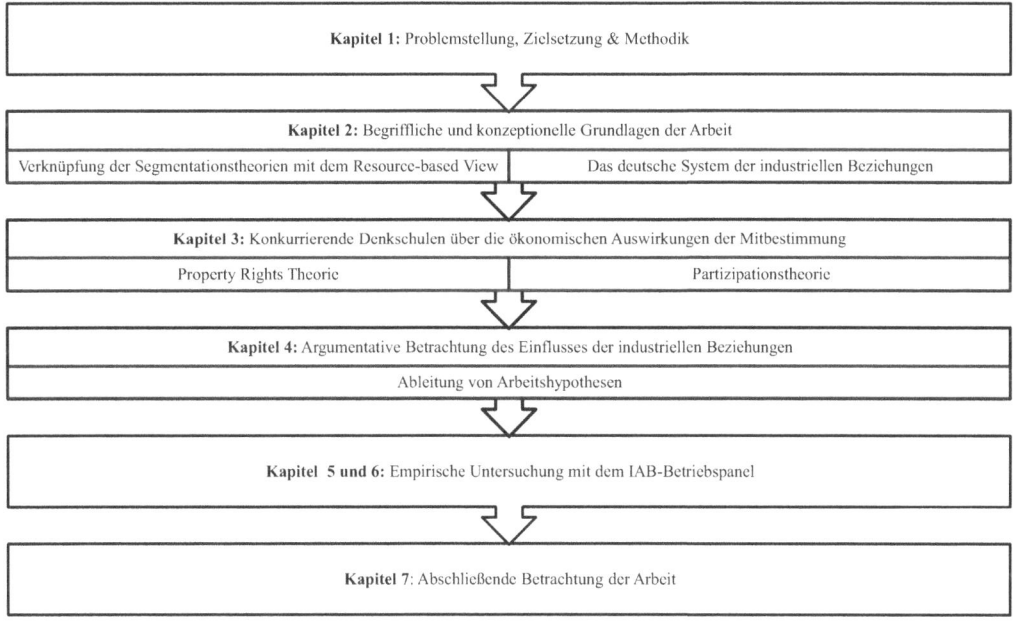

Abbildung 1:   Aufbau und methodische Vorgehensweise der Arbeit; Quelle: Eigene Darstellung.

---

[27] Vgl. dazu insbesondere Junkes/ Sadowksi (1999) sowie die Literaturangaben in Kapitel 3.

Die umfassende empirische Untersuchung zum Einfluss der industriellen Beziehungen in Form von Betriebsräten und Gewerkschaften auf das Gesamtkonzept des internen Arbeitsmarktes bildet neben Kapitel vier einen weiteren Hauptteil der Arbeit. Als Datengrundlage für die Untersuchung werden das Betriebspanel des Instituts für Arbeitsmarkt- und Berufsforschung (IAB-Betriebspanel) verwendet. Zur Analyse wird dabei das Jahr 2009 verwendet, da es die aktuell verfügbarste Welle der Datengrundlage darstellt. Kapitel fünf stellt zunächst das IAB-Betriebspanel als Datenbasis, die Grundlagen der verwendeten Analyseverfahren sowie die Konzeptspezifikationen und Operationalisierungen der einzelnen Modelle vor.

In Kapitel sechs werden im Anschluss die Ergebnisse der empirischen Untersuchung präsentiert. Kapitel sieben greift in einer abschließenden Betrachtung die zentralen Erkenntnisse der Arbeit auf, reflektiert die vorliegende Arbeit kritisch und zeigt Ansatzpunkte für weitere Forschungsarbeiten im Bereich der internen Arbeitsmärkte auf.

Der Aufbau und die methodische Vorgehensweise der vorliegenden Arbeit sind in Abbildung 1 zusammengefasst und grafisch veranschaulicht.

2 Die betriebliche und überbetriebliche Mitbestimmung als Spielregel für die Gestaltung des Beschäftigungssystems des internen Arbeitsmarktes

Im folgenden Kapitel 2.1 soll zunächst die Idee der Segmentation in eine Rand- und eine Stammbelegschaft dargestellt, mit dem Konzept des internen Arbeitsmarktes verknüpft und schließlich der interne Arbeitsmarkt als Instrument eines systematischen Beschäftigungsmanagements vorgestellt werden. Dafür wird zunächst eine Abgrenzung der segmentationstheoretischen Ansätze von der neoklassischen Arbeitsmarkttheorie vorgenommen. Es wird das ursprüngliche, in den USA entstandene, Konzept der Segmentation und des internen Arbeitsmarktes erläutert. Darauf aufbauend wird die Weiterentwicklung des US-amerikanischen Segmentationskonzeptes für den deutschen Arbeitsmarkt dargestellt. Anhand des Resource-based Views wird gezeigt, welchen Beitrag der interne Arbeitsmarkt als Instrument eines systematischen Beschäftigungsmanagements für die Wettbewerbsfähigkeit eines Unternehmens leisten kann.

Kapitel 2.2 beschreibt die Voice-Orientierung des deutschen Systems der industriellen Beziehungen als Spielregel für die Gestaltung interner Arbeitsmärkte. Dabei wird sowohl die betriebliche als auch überbetriebliche Interessensvertretung der Arbeitnehmer vorgestellt sowie das Zusammenspiel dieser beiden Ebenen. Zuletzt wird noch die Frage thematisiert, ob Gewerkschaften bzw. Betriebsräte die Interessen aller Beschäftigten vertreten oder, ob sie primär als Interessensvertreter der Stammbelegschaft betrachtet werden können.

2.1 Segmentationstheoretische Ansätze und das Modell des internen Arbeitsmarktes

2.1.1 Abgrenzung der segmentationstheoretischen Ansätze von der Neoklassik

Sämtliche segmentationstheoretische Forschungsansätze – unabhängig ob amerikanischen oder deutschen Ursprungs – verbindet die Erkenntnis, dass die neoklassischen Arbeitsmarkttheorien und -modelle nicht in der Lage sind, das tatsächliche Verhalten von Arbeitgebern und Arbeitnehmern auf dem Arbeitsmarkt abzubilden.[28] Angebot und Nachfrage alleine können demnach nicht dieses Verhalten erklären; neben den Marktmechanismen müssen noch weitere Allokationsprinzipien wirksam sein.[29] Im Gegensatz zur neoklassischen Theorie sind die segmentationstheoretischen Ansätze keine in sich geschlossene The-

---

[28] Vgl. für den amerikanischen Raum: Doeringer (1967), S. 206; Harrison/ Sum (1979), S. 689; Creedy (1988), S. 248; Wachter/ Wright (1990), S. 241; Baker/ Gibbs/ Holmstrom (1994), S. 882; vgl. für den deutschen Raum: Lutz/ Sengenberger (1974), S. 43; Sesselmeier/ Blauermel (1990), S. 150.

[29] Vgl. Blossfeld/ Mayer (1987), S. 262.

© Springer Fachmedien Wiesbaden GmbH, ein Teil von Springer Nature 2012
C. Jensen, *Der Einfluss der industriellen Beziehungen auf interne Arbeitsmärkte*,
Edition KWV, https://doi.org/10.1007/978-3-658-24334-0_2

orie, sondern stellen eher ein „Konglomerat von Theorien"[30] dar. Trotz ihrer Unterschied-lichkeit verfolgen sie alle das Ziel, Arbeitsmärkte realitätsnäher als die Neoklassik abzubil-den. Anders als in der Neoklassik wird dabei eine induktive Vorgehensweise verfolgt, Ar-beitsmarktphänomene werden erkannt und dann wird versucht, sie empirisch zu belegen und diese Phänomene in eigenständige Konzepte zu integrieren.[31] Segmentationstheoretische Ansätze entstanden dadurch, dass empirische Befunde nicht mit den herkömmlichen Theo-rien erklärt werden konnten und versucht wurde, eben diese empirischen Erkenntnisse, in ein allgemein gültiges Konzept einzuordnen. Deshalb entstanden Segmentationskonzepte jeweils in einem ganz bestimmten gesellschaftlichen und nationalen Zusammenhang. Das ursprüngliche Konzept der Arbeitsmarktsegmentation entstand in den USA und reflektiert die Unwirksamkeit der umfangreichen Ausbildungs- und Beschäftigungsprogramme, mit Hilfe derer in den 1960-er Jahren versucht wurde, die Rassendiskriminierung auf dem US-amerikanischen Arbeitsmarkt zu überwinden.[32]

2.1.2 Ursprung der Segmentationstheorien in den USA

Kerr (1954) erwähnt in seiner Veröffentlichung *„The Balkanization of Labor Markets"* als einer der ersten Wissenschaftler den Begriff der Arbeitsmarktspaltung[33] und diskutiert die Funktionsweise von Arbeitsmärkten, die durch institutionelle Arrangements formeller und informeller Art voneinander getrennt und beherrscht werden:

> *„It has even been suggested that the only meaningful definition of a labor market is one which calls each place of employment a separate market[...].*"[34]

Dabei wird der Gesamtarbeitsmarkt als ein Konglomerat voneinander (unterschiedlich stark) abgegrenzter Teilarbeitsmärkte mit Mobilitätsbarrieren betrachtet.[35] Kerr (1954) un-terscheidet dabei drei Teilarbeitsmarktsegmente mit Mobilitätsbarrieren[36]:

- *craft labor markets*: entspricht dem berufsfachlichen Teilarbeitsmarkt und beinhaltet die Mitglieder der US-amerikanischen Gewerkschaften und gleichartige Arbeitsplät-ze.

---

[30] Lutz (1987),S. 1.
[31] Vgl. Lutz/ Sengenberger (1980), S. 292; Sesselmeier/ Blauermel (1990), S. 150.
[32] Vgl. Lutz/ Sengenberger (1980), S. 292.
[33] Vgl. Köhler/ Krause (20110), S. 392.
[34] Kerr (1954) zit. nach Kerr (1977), S. 24.
[35] Vgl. Lutz/ Sengenberger (1974), S. 45.
[36] Vgl. dazu Doeringer (1967), S. 207; Doeringer/ Piore (1971), S.10-14.

- *plant labor markets:* entspricht dem betriebsinternen Arbeitsmarkt und beinhaltet alle Arbeitnehmer eines Unternehmens.[37]
- *open labor market:* dient den beiden ersten Segmenten als Arbeitskräftereservoir.

Der interne Arbeitsmarkt (strukturierter Arbeitsmarkt) wird dabei von den ersten beiden Segmenten gebildet, der offene Teilarbeitsmarkt (unstrukturierter Arbeitsmarkt) kann dem externen Arbeitsmarkt zugeordnet werden und folgt den Regeln der neoklassischen Arbeitsmarkttheorie.[38] Laut Kerr ist die Entstehung solch interner Arbeitsmärkte auf institutionelle Regelungen, sowohl auf Arbeitgeber- als auch auf Arbeitnehmerseite, zurückzuführen. Die beiden amerikanischen Wissenschaftler Doeringer und Piore greifen das Konzept Kerrs auf und entwickeln es weiter.[39] Sie definieren den internen Arbeitsmarkt als

> „ [...] administrative unit, such as a manufacturing plant, within which the pricing and allocation of labor is governed by a set of administrative rules and procedures."[40]

Doeringer und Piore unterteilen den US-amerikanischen Arbeitsmarkt nach dem Steuerungsprinzip „Firma" und „Markt" in „interne" und „externe" Arbeitsmärkte. Der interne Arbeitsmarkt ist demnach vom externen Arbeitsmarkt folgendermaßen zu unterscheiden. Auf dem externen Arbeitsmarkt werden Löhne, die Allokation von Arbeitskräften sowie die Weiterbildung direkt von ökonomischen Größen (z.B. Angebot an Arbeitskräften, Veränderungen in der Produktnachfrage) beeinflusst. Die Funktionsweise folgt somit weiterhin der neoklassischen Theorie.[41] Der externe Arbeitsmarkt kann als Rekrutierungsreservoir und Auffangbecken für den internen Arbeitsmarkt angesehen werden. Die Struktur und Funktionsweise des internen Arbeitsmarktes wird ebenfalls von diesen ökonomischen Größen beeinflusst, allerdings wird dieser Einfluss hier zusätzlich überlagert von nicht ökonomischen Größen wie Gewohnheiten, institutionalisierten Regeln oder der Einflussnahme unterschiedlicher Interessensgruppen.[42] Der Konzeption von Doeringer und Piore folgend, ist der idealtypische interne Arbeitsmarkt durch drei zentrale Elemente gekennzeichnet:[43] Das erste Merkmal betrifft die Einstiegsmöglichkeiten für Arbeitnehmer in den internen Arbeitsmarkt, welche nur durch sogenannte „ports of entry" auf unteren Hierarchieebenen gegeben sind.

---

[37] Damit wird – im Gegensatz zu den deutschen segmentationstheoretischen Ansätzen – auch die Randbelegschaft dem internen Arbeitsmarkt zugeordnet.

[38] Vgl. Doeringer (1967), S. 207.

[39] Vgl. Doeringer (1967); Doeringer/ Piore (1971).

[40] Doeringer/ Piore (1971), S. 1f.

[41] Vgl. Sesselmeier/ Blauermel (1990), S. 180.

[42] Vgl. Doeringer (1967), S. 220.

[43] Vgl. grundlegende amerikanische Autoren dazu: Doeringer (1967); Doeringer/ Piore (1971); Williamson/ Wachter/ Harris (1975); Creedy (1988); Wachter/ Wright (1990); Siebert/ Addison (1991).

Diese Eintrittspositionen können zum Screening[44] von neuen Arbeitnehmern verwendet werden, bei positivem Abschneiden auf diesen Plätzen wird Arbeitnehmern die Chance eines Aufstiegs im internen Arbeitsmarkt geboten.[45] Weiterhin besteht ein striktes Quereinstiegsverbot auf höheren Hierarchieebenen. Dieses erste Element führt automatisch zum zweiten: Die Stellen des internen Arbeitsmarktes sind in Aufstiegsleitern oder Mobilitätsketten miteinander verknüpft. Arbeitsplätze auf höheren hierarchischen Ebenen werden durch Beförderung oder Versetzung von Arbeitnehmern, welche sich bereits im internen Arbeitsmarkt befinden, besetzt. Das Kriterium der Seniorität, d.h. unternehmensspezifische Erfahrung, stellt hierbei das zentrale Kriterium für den Aufstieg dar. Die ersten beiden zentralen Merkmale führen zu einer hohen Beschäftigungsstabilität, welche für interne Arbeitsmärkte charakteristisch ist. Die Entgeltstrukturen bilden das dritte Kernelement interner Arbeitsmärkte. Die Entlohnung steigt hierarchieaufwärts an und ist nicht an Personen bzw. Mitarbeiter, sondern an Stellen geknüpft. Veränderungen im Lohnniveau des externen Arbeitsmarktes schlagen sich nur schwach und verzögert in den Entgeltstrukturen des internen Arbeitsmarktes nieder.

Das Forschungswerk von Doeringer und Piore entstand aus der Tatsache heraus, dass die zentralen Probleme des amerikanischen Arbeitsmarktes (z.B. ungleiche Verteilung von Beschäftigungschancen) nicht mit den neoklassischen Arbeitsmarkttheorien erklärt werden konnten. Deshalb war eine der Bestrebungen der beiden Wissenschaftler, die ungleichen Beschäftigungschancen (insbesondere zwischen Schwarzen und Weißen) zu erklären und in einem Modell abzubilden. So entstand neben der Unterscheidung eines internen und externen Arbeitsmarktes die Theorie eines dualen Arbeitsmarktes, bestehend aus einem primären und einem sekundären Segment.[46] Die Unterscheidung der beiden Segmente erfolgt dabei anhand von Einkommens- und Beschäftigungsrisiken. Das primäre Segment ist geprägt von hoher Beschäftigungssicherheit, hohem Qualifikationsniveau, guten Arbeitsbedingungen, geringer Fluktuation, Aufstiegschancen, festgelegten Aufstiegskriterien und einem relativ hohen Lohnniveau. Entsprechend dieser Charakteristika werden die Arbeitsplätze in diesem Segment als „good jobs" bezeichnet. Im Gegenteil dazu sind geringe Beschäftigungssicherheiten, geringe Humankapitalinvestitionen, hohe Fluktuationsraten, geringe Lohnniveaus, schlechte Arbeitsbedingungen und geringe Qualifikationsanforderungen charakteristisch für das sekundäre Arbeitsmarktsegment, auf dem die sogenannten „bad jobs" angesiedelt sind. Diese Unterscheidung zwischen „good jobs" und „bad jobs" stellt das allgemeins-

---

[44] Unter Screening wird dabei eine Beobachtungsphase verstanden, während der die Mitarbeiter vom Arbeitgeber auf ihre Eignung getestet werden können. Beispielsweise kann ein Mitarbeiter zunächst befristet eingestellt werden und bei festgestellter Eignung kann das befristete Arbeitsverhältnis in ein unbefristetes umgewandelt werden. Gleiches gilt auch für die Beschäftigung eines Leiharbeiters, der danach vom entleihenden Unternehmen übernommen wird.

[45] Vgl. Grund/ Kräkel (2001), S. 3; Boockmann/ Hagen (2001), S. 1.

[46] Vgl. Doeringer/ Piore (1971), S. 165f.; ferner: Harrison/ Sum (1979), S.689f.; Köhler/ Preisendörfer (1988), S.151; Sesselmeier/ Blauermel (1990), S. 155; Köhler/ Krause (2010), S.392.

te Konzept zur Differenzierung zwischen Rand- und Stammbelegschaften eines Unternehmens dar.[47]

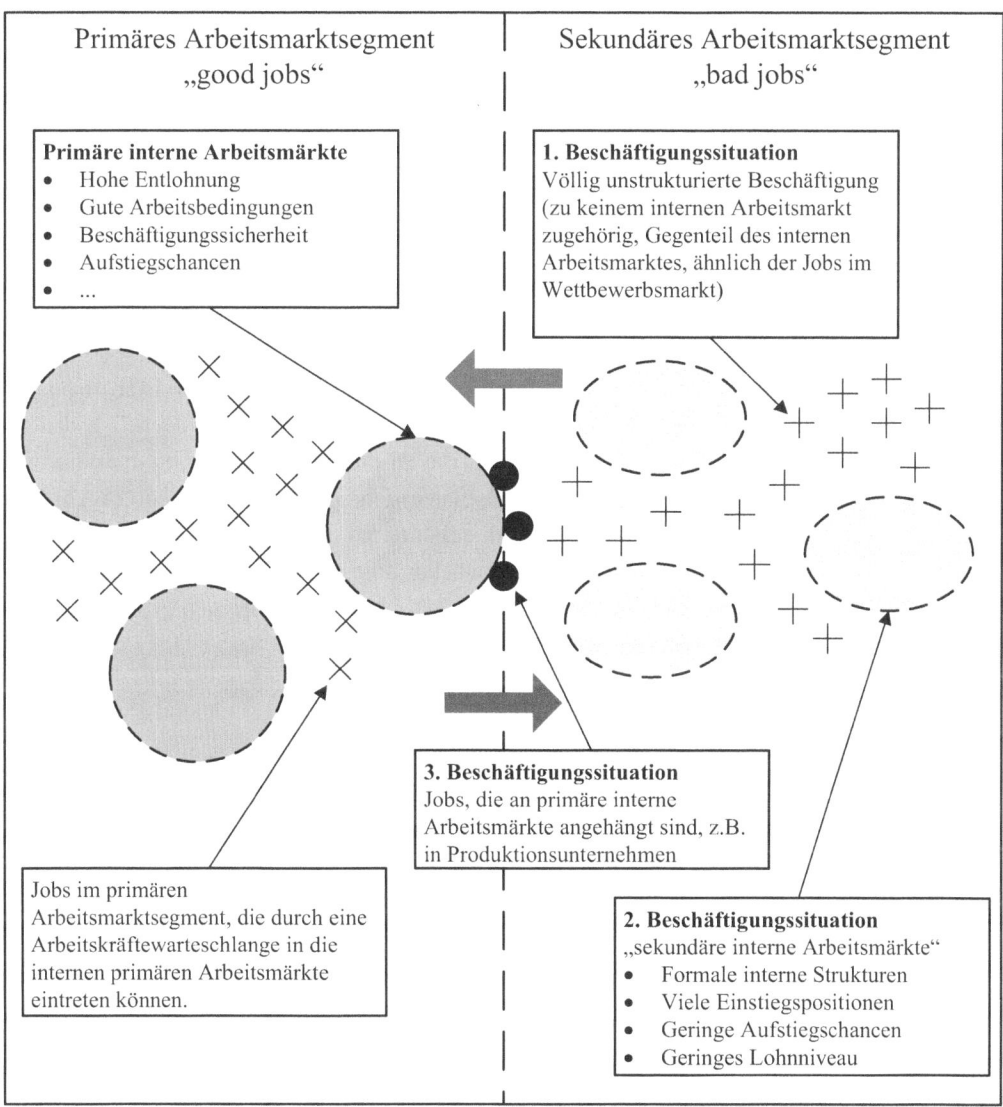

Abbildung 2: *Zusammenhang von dualer Arbeitsmarkttheorie und internem Arbeitsmarkt; Quelle: Eigene Darstellung in Anlehnung an Doeringer und Piore (1971), S.167f.*

---

[47] Vgl. Köhler/ Preisendörfer (1988), S. 269.

Die Zuordnung eines Beschäftigungsverhältnisses zum primären/ sekundären Segment ist bei Doeringer und Piore noch keine Aussage darüber, ob der Arbeitsplatz im internen oder externen Arbeitsmarkt angesiedelt ist. Bei der Unterscheidung primär/ sekundär geht es zunächst nur um die Qualität der Beschäftigung. Das primäre Arbeitsmarktsegment besteht aus einer Vielzahl von internen Arbeitsmärkten. Der Eintritt in diese primären Arbeitsmärkte funktioniert durch eine „Arbeitskräftewarteschlange" (*employment queue*). Potenzielle Mitarbeiter werden nach ihrer Produktivität gerankt und Arbeitgeber bedienen sich entlang dieses Rankings, bis ihr Personalbedarf gesättigt ist. Im Gegensatz dazu können im sekundären Arbeitsmarktsegment mehrere Beschäftigungssituationen unterschieden werden. Erstens kann die Beschäftigung in diesem Segment völlig unstrukturiert sein, und zu keinem internen Arbeitsmarkt gehören, z.B. eine Aushilfskraft in einem Restaurant. Die Beschäftigung kann auch in einem sogenannten „sekundären internen Arbeitsmarkt" angesiedelt sein.

Hierbei handelt es sich um Märkte mit informellen Strukturen, die über viele Eintrittspositionen, geringe Entwicklungsmöglichkeiten sowie geringe Bezahlung verfügen. Im dritten Fall handelt es sich um sekundäre Beschäftigung, die an einen internen Arbeitsmarkt angeschlossen ist, in dem die verbleibenden Arbeitsplätze dem primären Segment zugeordnet sind. Für alle drei Beschäftigungssituationen im sekundären Segment sind die Kräfte, welche interne Arbeitsmärkte entstehen lassen, schwächer ausgeprägt.[48] Abbildung 2 verdeutlicht nochmals die Zusammenhänge zwischen dem Konzept des internen Arbeitsmarktes und der dualen Arbeitsmarkttheorie.

2.1.3 Adaption und Anpassung des Konzeptes für den deutschen Arbeitsmarkt

Die dargestellten Segmentationstheorien und das Konzept des internen Arbeitsmarktes sind in Deutschland aufgegriffen und weiterentwickelt bzw. für den deutschen Arbeitsmarkt angepasst worden. Während die zentralen Elemente interner Arbeitsmärkte – Eintrittspositionen, Organisation der Arbeitsplätze in Aufstiegsleitern, Kopplung der Löhne an Arbeitsplätze und nicht an die individuelle Leistung der Arbeitnehmer – für Deutschland übernommen werden konnten,[49] wurden insbesondere die Segmente und die Segmentationskriterien modifiziert. Lutz und Sengenberger (1974) verbinden im Rahmen des „Münchner Konzepts" die segmentationstheoretischen Ansätze der anglo-amerikanischen Industrial-Relations-Forschung mit einer weiteren von der Neoklassik abweichenden Perspektive des Arbeits-

---

[48] Vgl. Doeringer/ Piore (1971), S. 167f.
[49] Vgl. z.B. Alewell (1993), S. 5.

marktes – der Humankapitaltheorie.[50] Sie entwickeln die Theorie der dreigeteilten Segmentation des Arbeitsmarktes in einen berufsfachlichen Teilarbeitsmarkt, einen unspezifischen und unstrukturierten (Jedermanns-)Arbeitsmarkt und einen betriebsinternen Arbeitsmarkt. Diese drei Teilarbeitsmärkte unterscheiden sich insbesondere durch unterschiedliche Einsatzbereiche der Arbeitnehmerqualifikation bzw. den unterschiedlichen Spezifitätsgrad der Qualifikation.

Arbeitnehmer, welche sich auf dem unstrukturierten Jedermanns-Arbeitsmarkt befinden, verfügen hauptsächlich über branchen- und betriebsspezifische Kenntnisse und Fähigkeiten sowie über eine gewisse physische und psychische Leistungsfähigkeit. Für dieses Segment wird angenommen, dass die Beschäftigung nicht von Stetigkeit und Langfristigkeit geprägt ist.[51] Aus diesem Grund sind Investitionen in spezifische Kennt-nisse und Fähigkeiten kaum lohnenswert. Die Mehrheit der Beschäftigungsverhältnisse auf diesem Arbeitsmarkt ist stark von der Konjunktur abhängig. Bei einer abflauenden Konjunktur und einem damit verbundenen sinkenden Personalbedarf werden Unternehmen zumeist diese Art der Beschäftigungsverhältnisse als erstes beenden. Denn der Verlust an unternehmensspezifischem Kapital wird hier relativ gering ausfallen und kann bei einem wieder steigenden Personalbedarf relativ leicht wieder beschafft werden. Die Funktionsweise dieses Arbeitsmarktsegmentes folgt im Wesentlichen dem neoklassischen Modell. Charakteristisch für fachliche Teilarbeitsmärkte sind fachliche Qualifikationen der Arbeitnehmer, die zwischen verschiedenen Betrieben übertragen und gehandelt werden können. Als klassisches Beispiel führen Lutz und Sengenberger (1974) Krankenschwestern oder Bau- und Handwerksberufe an. Die Funktionsweise dieses Teilarbeitsmarktes entspricht dem neoklassischen Modell, so lange Ungleichgewichte von Angebot und Nachfrage innerhalb dieses Teilarbeitsmarktes ausgeglichen werden. Dies trifft allerdings nicht mehr zu, wenn Arbeitnehmer aus fachlichen Teilarbeitsmärkten in andere Teilarbeitsmärkte übertreten. Auf dem idealtypischen betrieblichen Teilarbeitsmarkt werden nur betriebsspezifische Qualifikationen gehandelt, das heißt, Kenntnisse und Fähigkeiten, die in keinem anderen Betrieb verwertbar sind. Während der fachliche Teilarbeitsmarkt und der Jedermanns-Arbeitsmarkt noch weitestgehend der im neoklassischen Modell vorgeschlagenen Art und Weise folgen, so gilt dies für den betrieblichen Teilarbeitsmarkt längst nicht im gleichen Umfang.[52]

Neben Lutz und Sengenberger (1974) verweisen auch Biehler und Brandes (1981) insbesondere auf die Übertragbarkeit des dreigeteilten Segmentationsansatzes von Kerr, während der dualistische Ansatz von Doeringer und Piore weniger geeignet für den deutschen Ar-

---

[50] Vgl. Lutz/ Sengenberger (1974), S. 44f.; Sengenberger und Lutz verweisen explizit auf diese Verbindung mit der Humankapitaltheorie, obwohl auch Doeringer und Piore bereits humankapitaltheoretische Elemente in ihrem Werk integriert haben. (vgl. Osterman (1987), S. 46).

[51] Vgl. dazu und im Folgenden: Lutz/ Sengenberger (1974).

[52] Vgl. Alewell (1993), S. 2.

beitsmarkt erscheint.[53] Sie greifen ebenfalls auf Kerrs dreigeteilte Segmentation zurück und ordnen dabei das betriebliche und berufsfachliche Segment den internen Arbeitsmärkten zu, während das unstrukturierte Segment den externen Arbeitsmarkt bildet. Sengenberger (1987) entwickelt das qualifikationsspezifische dreigeteilte Segmentationskonzept weiter und definiert als grundlegendes Segmentationskriterium nicht mehr allein die Qualifikation, sondern auch den *„[...] Grad und die Art der (einseitigen oder wechselseitigen) Bindung von Arbeitgebern und Arbeitnehmern auf dem Arbeitsmarkt.“*[54] Demnach besteht keine Bindung der Arbeitnehmer des unstrukturierten Arbeitsmarkes an einen bestimmten Arbeitgeber (und umgekehrt). Arbeitnehmer des berufsfachlichen Teilarbeitsmarktes sind dagegen an eine bestimmte Kategorie von Arbeitgebern gebunden, und der Arbeitgeber ist genauso an eine bestimmte Kategorie von Arbeitnehmer gebunden. Diese Bindung besteht jedoch nur für Kategorien und nicht für einen bestimmten Arbeitgeber oder Arbeitnehmer.[55] Genau diese Bindung des Arbeitnehmers an einen bestimmten Arbeitgeber ist aber ein Kennzeichen des betriebsinternen Arbeitsmarktes. Sind diese betriebsinternen Arbeitsmärkte geschlossen, dann *„[...] wird diese einseitige Beziehung zu einer wechselseitigen Beziehung zwischen Arbeitgeber und Arbeitnehmer.“*[56] Dadurch adaptiert und präzisiert Sengenberger Doeringers und Piores Unterscheidung zwischen internen und externen Märkten für die Beschreibung des deutschen Arbeitsmarktes. Mit internen Arbeitsmärkten sind danach unternehmens- oder betriebsinterne Arbeitsmärkte gemeint, nicht aber zwischenbetriebliche Arbeitsmärkte. Im Gegensatz dazu werden nach der angelsächsischen Definition von Doeringer und Piore (1971) zwischenbetriebliche Arbeitsmärkte, auf denen Regelungen bzgl. der Allokation und Qualifizierung der Arbeitskräfte durch berufsständische Institutionen organisiert sind, ebenfalls durch den Begriff des „internen Arbeitsmarktes“ erfasst.[57]

2.1.4 Betriebszentrierte Arbeitsmarktsegmentation als Besonderheit des deutschen Arbeitsmarktes

Im Zuge der segmentationstheoretischen Forschung hat in Deutschland eine weitere besondere Form der Arbeitsmarktspaltung zunehmend an Bedeutung gewonnen, die Lutz und Sengenberger als „betriebszentriert“ bezeichnen. Dieser innerbetrieblichen Segmentation kommt in Deutschland – im Gegensatz zu den USA – eine hohe Bedeutung zu.[58] Köhler und Preisendörfer (1988) verweisen zwar auf diesen Unterschied zwischen amerikanischer und

---

[53] Vgl. Biehler/ Brandes (1981), S. 126.

[54] Sengenberger (1987), S. 117.

[55] Vgl. Sengenberger (1987), S. 117.

[56] Sengenberger (1987), S. 118.

[57] Vgl. Sengenberger (1987), S. 150.

[58] Vgl. Köhler/ Preisendörfer (1988), S. 268.

deutscher Segmentationstheorie, machen aber auch deutlich, dass das allgemeine Konzept zur Unterscheidung von Rand- und Stammbelegschaften auf die beiden amerikanischen Arbeitsmarktökonomen Doeringer und Piore (1971) und deren Differenzierung in „good" und „bad jobs" zurückgeht. Mit innerbetrieblicher Segmentation ist die Entstehung innerbetrieblicher Teilarbeitsmärkte gemeint, die mehr oder weniger stark nach außen abgeschlossen sind und einen bestimmten Teil der Belegschaft („Stammbelegschaft") beinhalten. Von dieser Stammbelegschaft wird eine hohe Betriebsloyalität und -bindung erwartet, im Gegenzug dazu bietet das Unternehmen der Stammbelegschaft Qualifizierungs- und Aufstiegschancen sowie eine sichere und langfristige Beschäftigungsperspektive.[59] Diese Stammbelegschaft kann als stabil und konjunkturfest angesehen werden, während die Randbelegschaft als instabil und konjunkturanfällig betrachtet wird.[60] So entsteht zwischen Rand- und Stammbelegschaft eine vertikale Spaltung im Arbeitsmarkt.[61] Auch wenn das Kriterium der Beschäftigungsstabilität häufig herangezogen wird, um die Rand- und die Stammbelegschaft voneinander abzugrenzen, so reicht dieser Aspekt alleine nicht aus, um von einer Segmentation im betrieblichen Arbeitsmarkt sprechen zu können. Denn eine tatsächliche Segmentierung findet erst statt, wenn Mobilitätsbarrieren zwischen den Segmenten nachgewiesen werden.[62] Das ist dann der Fall, wenn bestimmte Beschäftigungsgruppen von Aufstiegschancen ausgeschlossen werden oder in schlecht bezahlten Segmenten eingeschlossen sind. Insofern können der Randbelegschaft zwar Arbeitnehmer zugerechnet werden, die über eine geringe Beschäftigungsstabilität verfügen. Von einer wirklichen Segmentation in eine Rand- und Stammbelegschaft kann aber erst dann gesprochen werden, wenn den Arbeitnehmern der Randbelegschaft der Zugang zum internen Arbeitsmarkt und den damit verbundenen Aufstiegsleitern verwehrt bleibt.[63]

Neben den geringeren Aufstiegschancen und dem höheren Beschäftigungsrisiko der Randbelegschaft führen Köhler und Preisendörfer (1988) noch den Aspekt des innerbetrieblichen Status und der Entlohnung der Randbelegschaft an. Arbeitsplätze der Randbelegschaft sind demnach durch niedrigere Qualifikationsanforderungen und dementsprechend auch durch eine geringere Entlohnung gekennzeichnet.[64] Als Segmentationskriterium kann auch die Abgrenzung zwischen dem sogenannten Normalarbeitsverhältnis und der atypischen Beschäftigung herangezogen werden.[65] Unternehmen nutzen die Form der atypischen Beschäftigung, um ihre Beschäftigungsflexibilität, das heißt die Anpassungsfähigkeit an schwan-

---

[59] Vgl. Lutz/ Sengenberger (1980), S. 294.

[60] Vgl. Sengenberger (1987).

[61] Vgl. Lutz/ Sengenberger (1980), S. 299; Boockmann/Hagen (2001),S. 2; Köhler/Krause (2010), S. 394.

[62] Vgl. Bichler/ Brandes (1981), S. 125.

[63] Vgl. Lindbeck/ Snower (2001), S. 176.

[64] Vgl. Köhler/ Preisendörfer (1988), S. 269.

[65] Vgl. Alda/ Bellmann (2003), S. 85.

kende Personalbedarfe, zu erhöhen.[66] Von einem Normalarbeitsverhältnis kann gesprochen werden, wenn das Beschäftigungsverhältnis folgende Kriterien erfüllt:[67]

- Vollzeittätigkeit mit mindestens 21 Wochenstunden[68],
- Unbefristetes Beschäftigungsverhältnis,
- Sozialversicherungspflichtige Tätigkeit sowie
- Identität von Arbeits- und Beschäftigungsverhältnis[69].

Legt man diese Definition zugrunden, können folgenden Beschäftigungsformen als atypisch bezeichnet werden: Teilzeitarbeit, befristete Beschäftigung, Leiharbeit, freie Mitarbeit, Beschäftigung als Praktikant und geringfügige Beschäftigung.

Im Abschnitt 2.1.5 wird die Frage der Abgrenzung dieser beiden Segmente im Rahmen der vorliegenden Arbeit nochmals aufgegriffen und die relevanten Beschäftigungsverhältnisse sowie deren Flexibilisierungspotenzial werden kurz dargestellt. Abbildung 3 zeigt die Verbindung und die Zusammenhänge des amerikanischen dualen Konzeptes (Doeringer/Piore (1971)) mit dem dreigeteilten Münchner Segmentationsansatz (Lutz/Sengenberger (1974)) sowie der betriebszentrierten Arbeitsmarktsegmentation.

Teilarbeitsmärkte	Intern	Extern
Primär **„Good Jobs"**	Interner Arbeitsmarkt (betriebsspezifische Qualifikationen) →**Stammbelegschaft**	Berufsfachlicher Arbeitsmarkt (berufsfachliche Qualifikationen)
Sekundär **„Bad Jobs"**	*Bei Doeringer/Piore und Lutz/Sengenberger nicht besetzt*	Jedermanns-Arbeitsmarkt (allgemeine, unspezifische Qualifkationen) →**Randbelegschaft**

Abbildung 3:   Zusammenhang der verschiedenen segmentationstheoretischen Ansätze; Quelle: Köhler und Krause (2010), S. 393.

---

[66] Vgl. Boockmann/ Hagen (2001), S. 1.

[67] Vgl. Wingerter (2009), S. 1081.

[68] Das statistische Bundesamt hat hier festgelegt, dass Arbeitnehmer mit mehr als der Hälfte der normalen Wochenarbeitszeit noch als Normalarbeitnehmer gelten.

[69] Diese Identität ist z.B. bei einem Leiharbeitnehmer nicht gegeben. Dieser hat ein Arbeitsverhältnis zum Verleiher, steht aber in einem Beschäftigungsverhältnis zum Entleiher.

Stammbelegschaften zeichnen sich durch dominant interne Anpassungsleistungen aus und sind demnach dem Segment des internen Arbeitsmarktes zuzuordnen. Randbelegschaften dagegen sind durch externe Personalflexibilität gekennzeichnet und gelten als Teil sekundärer externer Arbeitsmärkte.[70] Werden Jobs mit den Charakteristika des primären Segments auf dem externen Arbeitsmarkt gehandelt, so sind diese dem berufsfachlichen Teilarbeitsmarkt zuzuordnen. Im idealtypischen Konzept der Segmentationstheorien besteht intern kein Arbeitsmarkt des sekundären Segments.

2.1.5 Die Bedeutung und Gestaltung des internen Arbeitsmarktes vor dem Hintergrund des Resource-based Views

2.1.5.1 *Der Beitrag des systematischen Beschäftigungsmanagements zur Wettbewerbsfähigkeit eines Unternehmens*

Die Bedeutung der betriebszentrierten Arbeitsmarktsegmentation für die Wettbewerbsfähigkeit eines Unternehmens kann vor dem Hintergrund des theoretischen Ansatzes des Resource-based Views gezeigt werden. Es sollen im Folgenden zunächst die Grundzüge dieser konzeptionellen Grundlage beschrieben werden. Darauf aufbauend kann dann verdeutlicht werden, welchen Beitrag der interne Arbeitsmarkt in Kombination mit einer Randbelegschaft für die Wettbewerbsfähigkeit eines Unternehmens leisten kann.

Als Begründerin der ressourcenorientieren Ansätze des strategischen Managements gilt Edith Penrose (1959).[71] In ihrem Werk „The Theory of the Growth of the Firm"[72] betrachtet Penrose Unternehmen als Bündel von Ressourcen und beschreibt interne Ressourcen als Quelle von Wettbewerbsvorteilen. Penrose etabliert dadurch neben der outside-in-Perspektive des Market-based Views eine weitere Sichtweise des strategischen Managements – die inside-out Perspektive.[73] Dabei legt der Market-based View das Structure-Conduct-Performance-Paradigma zugrunde, welches besagt, dass Wettbewerbsvorteile sich aus der Branchenstruktur (*Structure*)und dem strategischen Verhalten der Unternehmen (*Conduct*) heraus erklären. Wesentliches Merkmal des Market-based Views ist die bereits erwähnte outside-in-Perspektive, welche die Absatzmarktperspektive zugrunde legt.[74] Im Gegensatz dazu geht der Resource-based View vom Resource-Performance-Paradigma aus, und damit von der inside-out-Perspektive, wonach die internen Ressourcen eines Unter-

---

[70] Vgl. Köhler/ Krause (2010), S. 396.

[71] Vgl. Wernerfelt (1984), S. 171; Bamberger/ Wrona (1995), S. 4.

[72] Penrose (1959).

[73] Vgl. Bea/ Haas (2005), S. 26; Ridder/ Conrad (2004), S. 1712.

[74] Vgl. Bea/ Haas (2005), S. 26.

nehmens über die Wettbewerbsposition des Unternehmens entscheiden.[75] Demnach entstehen Wettbewerbsvorteile nicht durch die Anpassung an sich verändernde externe Rahmenbedingungen (Market-based View), sondern Wettbewerbsvorteile werden vor allem durch die interne Ressourcenausstattung bestimmt. Im Gegensatz zu anderen Ansätzen des strategischen Managements steht beim Resource-based View nicht die Marktposition des Unternehmens im Zentrum der Betrachtung, sondern das Unternehmen selbst.[76] Oder wie Wernerfelt es beschreibt „[...] analyzing firms from the resource side rather than from the product side."[77] Der Argumentation des Resource-based Views folgend, basieren nachhaltige Wettbewerbsvorteile nicht nur auf der Verfügbarkeit von internen Ressourcen, sondern auch auf der Fähigkeit, diese internen Ressourcen zu schützen, zu erhalten und entsprechend weiterzuentwickeln.[78]

Der Resource-based View beruht auf zwei grundlegenden Annahmen. Zum einen wird angenommen, dass Unternehmen über eine unterschiedliche interne Ressourcenausstattung verfügen. Zum anderen wird die Annahme getroffen, dass diese Ressourcenheterogenität von einer gewissen zeitlichen Stabilität geprägt ist, da die Ressourcen nicht von einer perfekten Mobilität geprägt sind.[79] Diese zeitliche Stabilität ist auch dadurch bedingt, dass nicht jede Ressource das Potenzial hat, einen Wettbewerbsvorteil zu generieren. Nur wenn eine Ressource wertvoll (*valuable*), selten (*rare*), nicht oder schwer imitierbar (*not imitable*) und nicht substituierbar ist, kann sie die Grundlage für Wettbewerbsvorteile bilden.[80] Wie bereits angesprochen, stellen diese Ressourcen nicht per se einen Wettbewerbsvorteil dar, sondern sie müssen auch entsprechend vom Unternehmen genutzt und eingesetzt werden. Durch die Aufnahme des Unternehmens selbst (*organization*) als Kriterium für eine Ressource als potenzieller Wettbewerbsvorteil entsteht der *VRIO-Framework*.[81]

Wernerfelt (1984) definiert unter Einbezug von Caves (1980) eine Ressource wie folgt: „*By a resource is meant anything which could be thought of as a strength or weakness of a given firm. More formally, a firm's resources at a given time could be defined as those (tangible and intangible) assets which are tied semipermanently to the firm.*"[82] Barmey (1991) unterteilt diese Ressourcen in drei Kategorien: *physical capital resources* (z.B. der Zugang zu Rohstoffen, Produktionsanlagen oder finanzielle Mittel), *organiziational capital resources* (z.B. Planungs- und Controllingsysteme) und *human capital resources* (Wissen, Fähigkeiten

---

[75] Vgl. Bea/ Haas (2005), S. 28.
[76] Vgl. Barney (1991), S. 116; Grant (1991), S. 114.
[77] Vgl. Wernerfelt (1984), S. 171.
[78] Vgl. Grant (1991), S. 131.
[79] Vgl. Barney (1991), S. 101.
[80] Vgl. Barney (1991), S. 105f.
[81] Vgl. Barney (1995).
[82] Wernerfelt (1984), S. 172.

und Verhaltensweisen der Mitarbeiter).[83] Dabei stehen im Mittelpunkt der Diskussion von Wettbewerbsvorteilen die organisationalen Ressourcen und die Humanressourcen.[84] Humanressourcen beinhalten nicht nur Fähigkeiten und Kenntnisse, sondern auch Verhaltensweisen und Routinen der Mitarbeiter. Diese sind das Ergebnis komplexer Strukturen und bilden sich in langfristigen Prozessen, was ihre Imitation erschwert und sie zu seltenen und einzigartigen Ressourcen macht.[85] Dadurch wird der Zusammenhang, den der Resource-based View zwischen strategischem Management und dem Strategischen Human Resource Management schafft, evident. Zum einen wird die Bedeutung der Humanressourcen für strategische Fragestellungen betont, zum anderen rücken auch Personalmaßnahmen und deren möglicher Effekt auf die Unternehmensressourcen und damit auf die Schaffung von Wettbewerbsvorteilen in den Vordergrund.[86]

Im Folgenden soll kurz auf die zentralen Kritikpunkte am Resource-based View eingegangen werden. Zum einen wird dem Ansatz eine mangelnde theoretische und empirische Fundierung vorgeworfen.[87] Hinsichtlich der mangelnden empirischen Fundierung wird insbesondere das Problem der Trennung von Ressourcen und der Identifikation der wettbewerbsvorteilstiftenden Ressourcen angeführt.[88] Was die Überwindung der mangelnden theoretischen Fundierung des Ansatzes betrifft, so wird beispielsweise eine Kombination mit anderen theoretischen Ansätzen vorgeschlagen.[89] Zudem wird auch kritisiert, dass eine alleinige Betrachtung der internen Ressourcenperspektive ohnehin nicht sinnvoll sei, vielmehr müsse die ressourcenbasierte Sichtweise mit der marktbasierten Perspektive verknüpft werden, da der Wert der Ressourcen nicht nur intern, sondern auch durch externe Faktoren (z.B. Kundenpräferenzen) bestimmt wird.[90] Porter beschreibt dies als „[...] the resource-based view cannot stand on its own."[91] Ein weiterer zentraler Kritikpunkt liegt darin begründet, dass der Resource-based View keine oder kaum konkrete Hinweise darauf gibt, **wie** eine Ressource zu einem strategischen Wettbewerbsvorteil wird.[92] Vielmehr kann der VRIO-Rahmen dazu dienen, Wettbewerbsvorteile ex-post anhand von Ressourcen zu erklä-

---

[83] Vgl. Barney (1991), S. 101; ferner dazu auch: Barney/ Wright (1998), S. 31; Colbert (2004), S. 341.

[84] Vgl. Colbert (2004), S. 343; Die Bedeutung der organisationalen und der humanen Ressourcen spiegelt sich auch in der Weiterentwicklung des Resource-based Views hin zum Knowledge Based View und den Dynamic Capabilities wider (vgl. zu diesen Ansätzen: Grant (1996); Teece/ Pisano/ Shuen (1997)).

[85] Vgl. Colbert (2004), S. 343; zur Diskussion, ob Arbeitnehmer die Kriterien des VRIO-Frameworks erfüllen, insbesondere auch Barney/ Wright (1998).

[86] Vgl. Colbert (2004), S. 343.

[87] Vgl. z.B. zur mangelnden theoretischen Fundierung: Powell (2001); Priem/ Butler (2001); Freiling (2001); vgl. z.B. zur mangelnden empirischen Fundierung: Arend (2006); Arend/ Léveseque (2010).

[88] Vgl. Priem/ Butler (2001), S. 28.

[89] Vgl. Arend/ Lévesque (2010), S. 927.

[90] Vgl. Priem/ Butler (20019), S. 30.

[91] Michael Porter (2002) zit. nach Argyres, N./ McGahan, A.M. (2002), S. 50.

[92] Vgl. Priem/ Butler (2001), S. 35.

ren.[93] Auch in Bezug auf das Human Resource Management werden kaum Hinweise auf die konkrete Ausgestaltung von HR-Maßnahmen gegeben.[94]

In der vorliegenden Arbeit soll der Resource-based View herangezogen werden, um zu zeigen, welchen Beitrag der interne Arbeitsmarkt in Kombination mit einer Randbelegschaft zur Erlangung von Wettbewerbsvorteilen und damit für den Unternehmenserfolg leisten kann. Im Zentrum steht dabei der Schutz der Humanressourcen zur Erhaltung der Wettbewerbsfähigkeit eines Unternehmens. Eine Verstetigung und Stabilisierung der Beschäftigungssituation und damit der Humanressourcen ist auch eine Zielsetzung eines systematischen Beschäftigungsmanagements.[95] Beschäftigungsmanagement muss aber gleichzeitig auch sicherstellen, dass die personellen Kapazitäten eines Unternehmens an sich ändernde Personalbedarfe angepasst werden können.[96] Nur so können die Personalkosten an sich ändernde Markt- und Absatzsituationen angepasst werden und die Wettbewerbsfähigkeit des Unternehmens erhalten werden. Gelingt dies nicht, so kann auch der Schutz der Humanressourcen nicht gewährleistet werden. Ein Mangel an Flexibilität könnte für das Unternehmen sehr kostenintensiv und damit wettbewerbsgefährdend sein.[97] Seit mehr als 30 Jahren hat insbesondere die OECD die Bedeutung dieser betrieblichen Flexibilität für die Wettbewerbsfähigkeit von Unternehmen betont.[98] Unter Flexibilität kann in diesem Sinne die Anpassungsfähigkeit eines Unternehmens an verschiedene Bedingungskonstellationen, welche sich aus externen Einflussfaktoren ergeben, verstanden werden.[99] Der Begriff der Flexibilität beschreibt somit auch die Möglichkeit, einmal getroffene Entscheidungen zu revidieren und erzeugt somit einen Dispositionsspielraum.[100] Flexibilität kann als grundlegende Voraussetzung angesehen werden, wenn es darum geht, sich neuen Märkten, Technologien und Organisationsformen anzupassen und durch Modernisierung wettbewerbsfähig zu bleiben.[101] Im personalwirtschaftlichen Sinne müssen zur Schaffung der besagten Flexibilität „biegsame" Programme entwickelt und eingesetzt werden, um erhöhte Handlungsmöglichkeiten und damit eine ökonomische Effizienz des Unternehmens zu gewährleisten.[102] Personelle Flexibilität beschreibt somit die Fähigkeit, die Belegschaft in ihrer Größe und ihrer Allokation an die Bedarfssituation anzupassen.[103] Es geht dabei sowohl um die Behebung

---

93 Vgl. Freiling (2001), S. 44.
94 Vgl. Freiling (2001), S. 47.
95 Vgl. Kalleberg (2001), S. 480.
96 Vgl. Osterman (1987), S. 57.
97 Vgl. Osterman (1987), S. 57.
98 Vgl. dazu Brodsky (1994).
99 Vgl. Meffert (1985), S. 121f.
100 Vgl. Hillmer (1987), S. 21.
101 Vgl. Bellmann (2004), S. 135.
102 Vgl. Schanz (2001), S. 255.
103 Vgl. Kalleberg (2001), S. 480.

einer Personalüberdeckung als auch einer Personalunterdeckung.[104] Gleichzeitig ist aber eine Verstetigung der Beschäftigungssituation und damit der Schutz der Humanressourcen zur Sicherung der Wettbewerbsfähigkeit unbedingt sicherzustellen.[105] Dieses Ziel kann erreicht werden durch *„[...] die Schaffung von Flexibilisierungspotenzialen und daraus resultierender Handlungsoptionen."*[106] Diese Zielsetzung vor Augen, soll im Folgenden die Gestaltung des internen Arbeitsmarktes als ein Instrument des systematischen Beschäftigungsmanagements beschrieben werden. Anschließend kann dann gezeigt werden, welchen Beitrag der interne Arbeitsmarkt vor dem Hintergrund des Resource-based Views zur Wettbewerbsfähigkeit eines Unternehmens leisten kann.

2.1.5.2 *Der interne Arbeitsmarkt als Instrument eines systematischen Beschäftigungsmanagements*

Einen ersten Ansatz des internen Arbeitsmarktes als Instrument eines systematischen Beschäftigungsmanagements stellt das Konzept der „flexible firm" dar, welches unter anderem auf Atkinson (1984) zurückgeht, der zwischen interner und externer Flexibilität unterscheidet. Die erste Form der Flexibilität kann durch den internen Arbeitsmarkt geleistet werden. Unter dem Gesichtspunkt eines Beschäftigungssystems kann dieser bezeichnet werden als *„gesamter Bereich der personalwirtschaftlichen Regelungsbefugnisse eines Arbeitgebers mit allen potenziellen Ausprägungen der jeweiligen personalpolitischen Regelungen."*[107] Auch Lepak und Snell (1999) greifen das Konzept des internen Arbeitsmarktes im Rahmen von Beschäftigungssystemen auf und verknüpfen es mit dem Resource-based View. Sie vergleichen die Entscheidung der Internalisierung und der Externalisierung von Beschäftigung mit einer „Make-or-Buy"-Entscheidung. Diese Entscheidung hängt schlussendlich von der Art des Humankapitals ab. Sie unterscheiden hier zwischen dem Wert und der Einzigartigkeit des Humankapitals und machen daran fest, ob eine Make- oder Buy-Entscheidung erfolgt. Darauf aufbauend erfolgt dann auch die Wahl der Beschäftigungsform, wie in Abbildung 4 dargestellt. Ist das Humankapital einzigartig und für das Unternehmen sehr wertvoll, dann kann davon ausgegangen werden, dass Unternehmen dieses Humankapital im internen Arbeitsmarkt selbst generieren (*Make*).

Dieses Humankapital kann als Ressource im Sinne des Resource-based Views verstanden werden, das es zu schützen und zu entwickeln gilt (*Quadrant 1*). Ist das Humankapital jedoch von geringerer Einzigartigkeit oder geringerer Wertigkeit, so kann angenommen wer-

---

[104] Vgl. Bellmann (2004), S. 136.
[105] Vgl. Kalleberg (2001), S. 480.
[106] Wiskemann (2000), S. 99.
[107] Alewell (1993), S. 4.

den, dass die Beschäftigung externalisiert wird (*Buy*).[108] Während die Make-Entscheidung für den internen Arbeitsmarkt spricht, stellt die Buy-Entscheidung den verstärkten Aufbau einer Randbelegschaft dar (Quadrant 3). Neben den beiden Extremfällen gibt es noch die Möglichkeit des Eingehens von Allianzen (z.B. Forschungskooperationen) oder die Möglichkeit der externen Beschaffung von Humankapital. Beide Fälle sind für das Konzept des internen Arbeitsmarktes als Instrument eines systematischen Beschäftigungsmanagements von geringer Relevanz und sollen deshalb im Folgenden vernachlässigt werden.

Durch den Einsatz flexibler Beschäftigungsformen (Quadrant 3) kann die interne Flexibilität, die der interne Arbeitsmarkt mit sich bringt, um eine externe Komponente ergänzt werden. Der Aufbau und die Nutzung interner und externer Flexibilisierungspotenziale sind Gegenstand der folgenden Ausführungen.

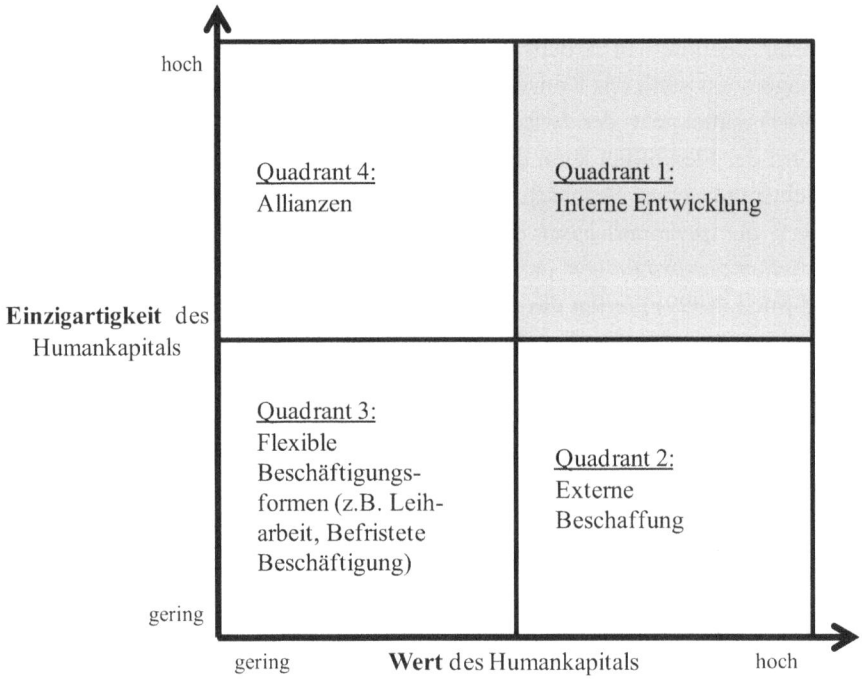

Abbildung 4:   *Wahl der Beschäftigungsform in Abhängigkeit der Einzigartigkeit und des Wertes des Humankapitals; Quelle: Eigene Darstellung in Anlehnung an Lepak/ Snell (1999), S. 37.*

---

[108] Vgl. Lepak/ Snell (1999), S. 37.

Aufbau von Flexibilisierungspotenzialen

Im Rahmen eines systematischen Beschäftigungsmanagements zeichnet sich der interne Arbeitsmarkt, bestehend aus der Stammbelegschaft eines Unternehmens, durch interne Anpassungen an sich verändernde Personalbedarfe an. Er kann als ein bewusst gestaltetes Handlungsfeld personalwirtschaftlicher Maßnahmen bezeichnet werden und kann durch die Gestaltung der personalwirtschaftlichen Teilfunktionsbereiche geformt und gestaltet werden.[109] Die Voraussetzung für einen Kapazitätsausgleich im internen Arbeitsmarkt in wirtschaftlichen Krisenzeiten bilden dabei örtliche Flexibilisierungspotenziale.[110] Denn so können Personalüberhänge in einer Abteilung in Bereiche mit Personalunterdeckung transferiert werden. Dies setzt jedoch auch eine systematische Personalentwicklung voraus, welche ihren Beitrag zur Einsatzflexibilität leisten kann.[111] Eine vorausschauende und strategieorientierte Qualifizierung der Mitarbeiter kann qualitative Flexibilitätspotenziale schaffen. Der Kapazitätsangleich an unterschiedliche Personalbedarfe kann über den internen Arbeitsmarkt zielgerichtet und aktiv vom Unternehmen gesteuert werden.

Zusätzlich zu den örtlichen und qualitativen Flexibilisierungspotenzialen können monetäre Flexibilitätsspielräume durch die entsprechende Gestaltung der Entgeltstrukturen geschaffen werden. Im idealtypischen Konzept des internen Arbeitsmarktes sind die Entgeltstrukturen hierarchieaufsteigend und die Entlohnung ist nicht an Mitarbeiter, sondern an Stellen gekoppelt. Zudem ist das Entgeltniveau des internen Arbeitsmarktes vom externen Lohnniveau entkoppelt.[112] Dieser Aspekt wird durch die Existenz einer tarifvertraglichen Bindung stark relativiert. In Deutschland werden etwa 80 Prozent der Arbeitnehmer nach Tarifverträgen bezahlt.[113] Tarifverträge enthalten Entgeltgruppen, die sich an der Arbeitsaufgabe orientieren. Im Entgeltrahmen-Tarifvertrag (ERA-Tarifvertrag) der Edelmetallindustrie Baden Württemberg heißt es beispielsweise: *„Gegenstand der Bewertung und Einstufung sind die Anforderungen der entsprechend der betrieblichen Arbeitsorganisation übertragenen Arbeitsaufgabe"*(§ 5 ERA-Tarifvertrag).Insofern findet durch eine tarifvertragliche Bindung oder eine Orientierung an einem Tarifvertrag eine Orientierung an der Arbeitsaufgabe, und damit an der Stelle und nicht am Mitarbeiter statt. Neben der Entgelthöhe geht es insbesondere auch um die Frage der Entgeltflexibilisierung, d.h. wie können Entgeltsysteme so gestaltet werden, dass sie sich an die wirtschaftliche Situation des Unternehmens anpassen. So können personelle Kosten an den Unternehmenserfolg gekoppelt werden. Monetäre Flexibilisierungspotenziale können integriert werden, in dem ein Teil der Vergütung mit dem wirt-

---

[109] Vgl. Wiskemann (2000), S. 120f.; ferner Alewell (1993), S. 4.

[110] Vgl. zur Unterscheidung von örtlichen, qualitativen und monetären Flexibilisierungspotenzialen: Bertelsmann Stiftung (1999), S. 88.

[111] Vgl. Oechsler (2003), S. 72.

[112] Vgl. dazu die Literaturangaben in Kapitel 2.1.2.

[113] Vgl. Bundesvereinigung der Deutschen Arbeitgeberverbände (2012).

schaftlichen Erfolg des Unternehmens verknüpft wird. Dies kann durch Gewinn- oder Erfolgsbeteiligungen erfolgen.[114] Zudem besteht die Möglichkeit, Mitarbeiter am Kapital des Unternehmens zu beteiligen. Die Mitarbeiterkapitalbeteiligung kann auf direktem oder indirektem Wege erfolgen. Bei der direkten Beteiligung werden Mitarbeiter am Kapital des Unternehmens beteiligt, in dem sie arbeiten. Dies kann beispielsweise durch die Ausgabe von Belegschaftsaktien oder Aktienoptionen erfolgen.[115] Zudem wurde durch das Mitarbeiterkapitalbeteiligungsgesetz vom April 2009 die indirekte Mitarbeiterkapitalbeteiligung ermöglicht. Ziel dieses Gesetzes war – neben einer stärkeren Nutzung direkter Beteiligungen durch die Erhöhung von Steuerfreibeträgen – auch die Neueinführung eines Mitarbeiterbeteiligungs-Sondervermögens. Letzteres besteht aus mehreren überbetrieblich angesiedelten Investmentfonds, in welchen die Gelder der Arbeitnehmer gebündelt werden, und dann von diesen Fonds in verschiedenen Unternehmen investiert werden. Ziel ist dabei eine Anlagediversifikation und damit eine Risikostreuung.[116]

Das Flexibilisierungspotenzial, welches der interne Arbeitsmarkt mit sich bringt, wird durch die Ergänzung der Stammbelegschaft um eine Randbelegschaft, die sich durch instabile, atypische Beschäftigungsformen auszeichnet, noch weiter ergänzt. Insofern kann die interne Anpassungsfähigkeit durch eine externe Anpassungsfähigkeit erweitert werden.[117] Diese externe Anpassung erfolgt durch die Variation der Randbelegschaftsgröße. Dadurch können der Personalbestand und damit die Personalkosten flexibel an die Bedarfssituation angepasst werden. Diese Anpassung wird erleichtert, wenn die Arbeitsverhältnisse schnell beendet werden können. Weiterhin kann für die Stammbelegschaft angenommen werden, dass Aufstiegsmöglichkeiten und Weiterbildungsmaßnahmen ihr vorbehalten sind, und die Randbelegschaft davon im idealtypischen Fall ausgeschlossen wird. Da in der vorliegenden Arbeit der interne Arbeitsmarkt in Kombination mit der Randbelegschaft im Kontext eines systematischen Beschäftigungsmanagements betrachtet werden soll, wird zunächst das Kriterium der Anpassungsflexibilität als Segmentationskriterium verwendet. Eine tatsächliche Segmentation liegt allerdings erst dann vor, wenn Mobilitätsbarrieren vorliegen. Deshalb wird in der empirischen Untersuchung nicht nur der Zusammenhang zwischen industriellen Beziehungen und der Nutzungsintensität der Beschäftigungsformen der Randbelegschaft analysiert, sondern es werden auch Übertritte von der Rand- in die Stammbelegschaft betrachtet. Dies kann beispielsweise erfolgen durch die Untersuchung der Übernahmen von befristet Beschäftigten in ein unbefristetes Arbeitsverhältnis.

---

[114] Vgl. Bertelsmann Stiftung (1999), S. 35.
[115] Vgl. Baeck/ Diller (1998), S. 1405.
[116] Vgl. Waschbusch/ Sendel-Müller (2011), S. 88f.
[117] Vgl. z.B. Lepak/ Snell (1999),S. 31; Oechsler (2003), S. 74; Köhler/ Krause (2010), S. 294.

Die Anpassungsflexibilität der Arbeitgeberseite geht mit einem höheren Beschäftigungsrisiko der Arbeitnehmerseite einher. Der Stammbelegschaft können demnach Mitarbeiter mit einem unbefristeten Arbeitsvertrag zugeordnet werden, die über ein geringes Beschäftigungsrisiko verfügen. Nach diesem Kriterium der Beschäftigungsstabilität können der Stammbelegschaft auch Mitarbeiter zugerechnet werden, die unbefristet und in Teilzeit angestellt sind. Zwar kann Teilzeitbeschäftigung nach dem in Abschnitt 2.1.4 dargelegten Kriterium nicht dem Normalarbeitsverhältnis zugerechnet werden, trotzdem ist Teilzeitbeschäftigung häufig dauerhaft angelegt und sozial abgesichert.[118] Deshalb wird Teilzeitbeschäftigung von Unternehmen nicht unbedingt dazu genutzt, den personellen Bestand an veränderte wirtschaftliche Rahmenbedingungen und damit veränderte Personalbedarfe anzupassen. Bei Teilzeit besteht der Flexibilisierungswunsch häufig auch auf Arbeitnehmerseite.

Im Folgenden sollen nun Beschäftigungsformen dargestellt werden, die der Randbelegschaft zugeordnet werden können und es soll auch auf das jeweilige Flexibilisierungspotenzial dieser Beschäftigungsformen eingegangen werden.

Geringfügige Beschäftigung

Der Randbelegschaft kann die Teilzeitbeschäftigung zugeordnet werden, wenn sie kein ausreichendes Einkommen sichert; dann fällt sie meist unter die geringfügige Beschäftigung.[119] Die geringfügige Beschäftigung (sogenannte „Mini-Jobs") können der Randbelegschaft zugerechnet werden, da diese Art der Beschäftigung aufgrund ihres geringen Arbeitszeitumfangs prinzipiell nicht als Existenz sichernd angesehen werden kann.[120] Auch sind die Aufstiegschancen bei dieser Beschäftigungsform als eher gering einzuschätzen.[121] Geringfügig beschäftigt ist, wer entweder ein monatliches Entgelt von maximal 400 Euro bezieht oder nur kurzfristig beschäftigt ist, d.h. längstens zwei Monate oder 50 Tage im Jahr angestellt ist.[122] Allerdings gelten für die Beschäftigungsform der geringfügigen Beschäftigung die gleichen arbeitsrechtlichen Arbeitsbedingungen wie für Beschäftigte in Voll-oder Teilzeit. Dies gilt auch für den Kündigungsschutz. Geringfügig Beschäftigte haben ebenfalls Anspruch auf bezahlten Urlaub und Lohnfortzahlung im Krankheitsfall. Für geringfügig Beschäftigte gelten auch die Tarifabschlüsse eines Unternehmens.[123]

---

[118] Vgl. Bertelsmann Stiftung (1999), S. 24.
[119] Vgl. Alda/ Bellmann (2003), S. 87.
[120] Vgl. Eichhorst/ Marx/ Thode (2010), S. 25.
[121] Vgl. dazu die Untersuchung von Freier/ Steiner (2007).
[122] IAB (2009), S. 2.
[123] Vgl. Benkhoff/ Hermet (2008), S. 7.

Tabelle 1 zeigt Gründe für den Einsatz geringfügig Beschäftigter.[124] Demnach stehen an oberster Stelle der geringe Umfang der Tätigkeit (38,56%) und der Wunsch nach mehr Flexibilität im Einsatz der Beschäftigten (33,35%). Vergleichsweise gering fällt der Anteil der Betriebe aus, die geringfügige Beschäftigung auf Wunsch der Mitarbeiter einsetzen (10,58%). Das bedeutet, geringfügige Beschäftigung wird von den Betrieben genutzt, um die personellen Kapazitäten bestmöglich an den Bedarf anzupassen. Die Auswertung zeigt auch, dass geringfügige Beschäftigung weniger im Interesse der Beschäftigten als im Interesse der Betriebe eingesetzt wird.

Wichtigster Grund für den Einsatz geringfügiger Beschäftigung	Prozent
Geringer Umfang der Tätigkeit	38,56
Mehr Flexibilität im Einsatz der Beschäftigten	33,35
Senkung der Lohnkosten	11,11
Einsatz auf Wunsch der Mitarbeiter	10,58
Verlängerung der Betriebszeit	1,79
Sonstiges	4,61

Tabelle 1:   *Gründe für den Einsatz geringfügiger Beschäftigung; Quelle: Eigene Berechnungen mit dem IAB-Betriebspanel 2009; Anmerkung: Gewichtete Ergebnisse.*

Befristete Beschäftigung

Der Randbelegschaft können demnach weiterhin Mitarbeiter mit einem befristeten Arbeitsvertrag zugerechnet werden. Grundsätzlich ist befristete Beschäftigung im Teilzeit- und Befristungsgesetz (TzBfG) geregelt. Hier wird in § 14 TzBfG festgelegt, dass eine Befristung mit oder ohne Sachgrund erfolgen kann. Erfolgt die Befristung ohne Sachgrund, dann kann dies bis zu einer Dauer von zwei Jahren erfolgen, innerhalb dieser Gesamtdauer von zwei Jahren ist höchstens eine dreimalige Verlängerung möglich. Abweichende Regelungen gelten für neugegründete Betriebe und für Arbeitnehmer mit vollendetem 52. Lebensjahr.[125] § 14 Abs.1 TzBfG legt fest, dass die Befristung zulässig ist, wenn sie durch einen sachlichen Grund gerechtfertigt ist. Hier werden acht Beispielfälle definiert, darunter zum Beispiel ein nur vorübergehender Bedarf an Arbeitsleistung, die Vertretung eines anderen Arbeitneh-

---

[124] Die Grundgesamtheit wird dabei von allen Betrieben gebildet, die geringfügige Beschäftigung einsetzen.

[125] Vgl. dazu auch Hromadka/ Maschmann (2011), S. 88.

mers oder die Befristung zur Erprobung. In§ 14 Abs.2 TzBfG wird explizit definiert, dass durch einen Tarifvertrag die Anzahl der Verlängerungen oder die Befristungshöchstdauer abweichend von § 14 Abs.1 TzBfG bestimmt werden darf. Zusätzlich können im Geltungsbereich eines solchen Tarifvertrags nicht tarifgebundene Arbeitgeber und Arbeitnehmer die Anwendung dieser tarifvertraglichen Regelung vereinbaren. Dieser Aspekt wird in Kapitel 4.1.2 nochmals aufgegriffen. Die befristete Beschäftigung bietet im Rahmen eines systematischen Beschäftigungsmanagements insofern Flexibilisierungspotenzial, als dass befristete Verträge nicht zwingend verlängert werden müssen. So kann ein Abbau an personellen Kapazitäten stattfinden, ohne dass eine Kündigung ausgesprochen werden muss. Tabelle 2 stellt die Gründe für den Einsatz befristeter Beschäftigung in den Betrieben dar.[126]

Wichtigster Grund für den Einsatz befristeter Beschäftigung	Prozent
Eignung von Beschäftigten kann mit Blick auf eine Festanstellung besser beurteilt werden	25,62
Unsicherheit bezüglich der weiteren wirtschaftlichen Entwicklung	23,35
Zeitlich begrenzter Ersatzbedarf (z. B. wegen Krankheit, Elternzeit)	19,18
Zusätzlicher Bedarf besteht nur für begrenzte Zeit (z. B. saisonal, einmaliger Auftrag)	17,65
Stellen können nur für einen begrenzten Zeitraum finanziert werden (z. B. über Projekt- oder Haushaltsmittel)	6,64
Leistungsbereitschaft und Motivation der Beschäftigten ist höher	1,10
Sonstiges	6,46

Tabelle 2:   *Gründe für den Einsatz befristeter Beschäftigung; Quelle: Eigene Berechnungen mit dem IAB-Betriebspanel 2009; Anmerkung: Gewichtete Ergebnisse.*

Diesen Ergebnissen zufolge, setzen Betriebe befristete Beschäftigung vor allem ein, um die Eignung von Beschäftigten bzgl. einer Festanstellung zu beurteilen („Screening").Die befristete Beschäftigung könnte demnach auch als eine Art verlängerte Probezeit betrachtet werden. Bewährt sich der zunächst befristet angestellte Mitarbeiter bei der Erfüllung seiner Arbeitsaufgabe, so werden ihm eine unbefristete Festanstellung und damit der Eintritt in den

---

[126] Die Grundgesamtheit wird dabei von allen Betrieben gebildet, die befristete Beschäftigung einsetzen.

internen Arbeitsmarkt gewährt. Weitere zentrale Gründe für den Einsatz befristeter Beschäftigung stellen auch der zeitlich begrenzte Einsatzbedarf und die Unsicherheit bzgl. der weiteren wirtschaftlichen Entwicklung dar. Der letztgenannte Aspekt verdeutlicht die Nutzung der befristeten Beschäftigung als Pufferfunktion in wirtschaftlich schlechten Situationen. Ist nicht sicher, ob der personelle Bedarf dauerhaft besteht, dann wird zunächst auf Beschäftigungsformen der Randbelegschaft gesetzt, bevor es zu einer dauerhaften Festanstellung kommt. Sehr gering fällt der Anteil der Betriebe aus, die befristete Beschäftigung nutzen, um dadurch eine höhere Leistungsbereitschaft bzw. eine höhere Motivation der Beschäftigten zu erreichen.

Leiharbeitnehmer

Einen weiteren zentralen Bestandteil der Randbelegschaft bilden die Leiharbeitnehmer, die relativ schnell und flexibel an die Bedarfssituation angepasst werden können und damit einem hohen Beschäftigungsrisiko ausgesetzt sind. Bei Leiharbeit besteht ein rechtliches Dreiecksverhältnis, durch welches das entleihende Unternehmen vertraglich an den Verleiher gebunden ist.[127] Zwischen Leiharbeitnehmer und Entleiher besteht aber kein arbeitsvertragliches Verhältnis, so dass das entleihende Unternehmen nicht an die Regeln des Kündigungsschutzes gebunden ist. Genau hier liegt das Flexibilisierungspotenzial für das entleihende Unternehmen. Die Regeln des Kündigungsschutzes gelten für das verleihende Unternehmen, nicht aber für das entleihende Unternehmen. Die Beschäftigungsform der Zeitarbeit wird durch das Arbeitnehmerüberlassungsgesetz (AÜG) geregelt. Im Zuge der letzten Reform dieses Gesetzes wurden die Überlassungshöchstdauer, das Wiedereinstellungsverbot sowie das Synchronisationsverbot[128] aufgehoben. Es gelten aber davon unabhängig auch für Leiharbeitnehmer die bereits dargestellten rechtlichen Rahmenbedingungen gemäß Teilzeit- und Befristungsgesetz.[129]

Freie Mitarbeiter und Praktikanten

Eine weitere Beschäftigungsform, welche dem Unternehmen zusätzliches personelles Flexibilisierungspotenzial verschafft, stellt die freie Mitarbeit oder sogenannte selbstständige Erwerbstätigkeit dar. Vorteilhaft für das Unternehmen ist, dass diese Beschäftigungsform meist nicht von Tarifverträgen oder Mindestlohnregelungen sowie von Kündigungsschutzregeln erfasst wird. Dies bietet für die Betriebe Flexibilitätsspielräume, für die Beschäftigten ist diese Beschäftigungsform allerdings mit hohen Beschäftigungsrisiken verbunden.[130]

---

[127] Vgl. Körner (2006), S. 21.
[128] Darunter verstand man das gesetzliche Verbot, die Arbeitsverträge des Leiharbeiters zeitlich mit der Einsatzdauer beim Entleiher zu synchronisieren.
[129] Vgl. Jahn (2005), S. 403.
[130] Vgl. Eichhorst/ Marx/ Thode (2010), S. 23.

Die Beschäftigung von Praktikanten, die befristet erfolgt, kann dem Unternehmen ebenfalls zusätzliches externes Flexibilisierungspotenzial verschaffen.[131] Hier gelten die gleichen Ausführungen, die bereits im Rahmen der befristeten Beschäftigungsverhältnisse angesprochen wurden.Abbildung 5 stellt die Zuordnung der beschriebenen Beschäftigungsverhältnisse zur Stamm- und Randbelegschaft dar. Dabei wird das Kriterium der personellen Anpassungsfähigkeit seitens des Arbeitgebers zugrunde gelegt. Inwiefern die einzelnen Beschäftigungsformen Flexibilitätspotenzial bieten, wurde in diesem Kapitel bereits dargelegt.

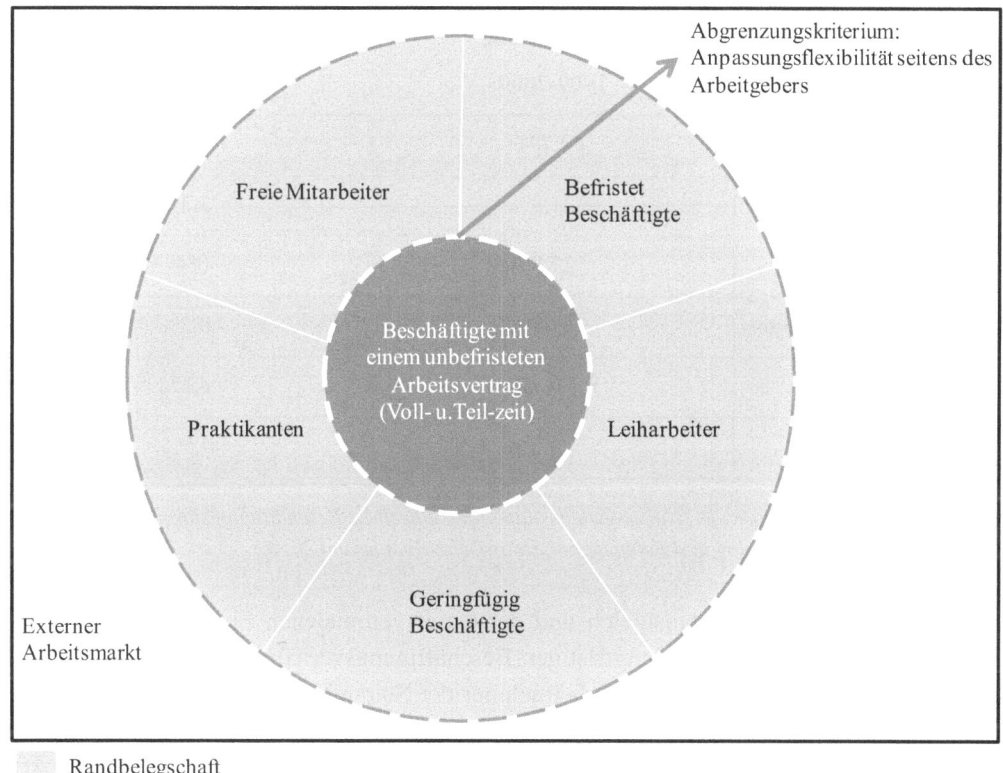

Abbildung 5:   Beschäftigungsverhältnisse der Stamm- und Randbelegschaft; Quelle: Eigene Darstellung.

Betrachtet man Zahlen des Statistischen Bundesamtes zur Beschäftigungsentwicklung der Randbelegschaften im Zeitraum 1999 bis 2009 (Tabelle 3), so werden zwei Aspekte deutlich. Erstens haben die flexiblen Beschäftigungsformen in diesem Zeitraum an Bedeutung gewonnen. Insbesondere die Beschäftigungsformen der Leiharbeit und der geringfügigen

---

[131] Vgl. Eichhorst/ Marx/ Thode (2010), S. 27.

Beschäftigung haben einen starken Zuwachs verzeichnet. Zweitens wurde das Flexibilitäts-potenzial dieser Beschäftigungsformen während der Wirtschafts-und Finanzkrise genutzt. Dies wird besonders evident bei der Betrachtung der Beschäftigungsentwicklung bei den Leiharbeitnehmern und der befristeten Beschäftigung. Der starke Abbau dieser flexiblen Beschäftigungsformen verdeutlicht den Aufbau und die Nutzung einer Randbelegschaft als eine Art Beschäftigungspuffer. Die Gesamtzahl der Normalerwerbstätigen ist dagegen auch während der Wirtschafts- und Finanzkrise relativ konstant geblieben.

	Veränderung 1999-2009	Veränderung 2008-2009
Normalerwerbstätige	- 2,7%	+ 0,3%
Befristet Beschäftigte	+ 21,9%	- 3,3%
Teilzeitbeschäftigte	+ 27,8%	0%
Geringfügig Beschäftigte	+ 47,7%	- 0,2%
Zeitarbeitnehmer	+ 131,4%	- 8,5%
Selbstständige	+ 14,3%	-0,5%

Tabelle 3: Veränderungen der Nutzungsintensitäten der einzelnen Beschäftigungsformen; Quelle: Eigene Darstellung in Anlehnung an: Statistisches Bundesamt 2010.

Neben dem internen Personalausgleich und der damit verbundenen Flexibilität bringt der interne Arbeitsmarkt mit seinen langfristigen Beschäftigungsverhältnissen weitere Vorteile für das Unternehmen, aber auch für Arbeitnehmer der Stammbelegschaft. Beschäftigte der Stammbelegschaft werden durch die Quereinstiegsverbote und eine gewisse Geschlossen-heit des internen Arbeitsmarktes geschützt. Damit dient die Randbelegschaft als eine Art Beschäftigungspuffer. Kommt es im Zuge eines sinkenden Personalbedarfs zu Maßnahmen des Personalabbaus, trifft dieser meist in einem ersten Schritt die Randbelegschaft, wodurch die Beschäftigungsstabilität der Stammbelegschaft im Sinne des Resource-based Views er-höht werden kann.[132] Das Unternehmen profitiert im Gegenzug von der dadurch entstehen-den Bereitschaft der Mitarbeiter, ihr vorhandenes Wissen an Kollegen weiterzugeben, die neu in den internen Arbeitsmarkt eintreten.[133] Dieses On-the-job Training spielt für den Aufbau von unternehmensspezifischem Humankapital und damit für die Existenz interner

---

[132] Vgl. Alda/ Bellmann (2003), S. 94; Wiskemann (2000), S. 97; Boockmann/ Hagen (2001), S.1; Köhler/ Krause (2010), S. 391.

[133] Vgl. Jirjahn (2006), S. 218.

Arbeitsmärkte eine zentrale Rolle. Die Bindung der Mitarbeiter ans Unternehmen steigt durch eine langfristige Karriereplanung, wodurch das unternehmensspezifische Wissen gewahrt und Fluktuationskosten gesenkt werden können. Kosten, die dem Arbeitnehmer für die Auswahl, Einstellung, Einarbeitung und Weiterbildung der Arbeitnehmer entstehen, können als versunkene Kosten betrachtet werden, welche im Falle eines Ausscheidens des Mitarbeiters verloren gehen. Durch längerfristige Beschäftigungsverhältnisse, die charakteristisch sind für den internen Arbeitsmarkt, hat das Unternehmen eine größere Investitionssicherheit.[134] Ein weiterer Vorteil bietet sich für das Unternehmen dadurch, dass bei der Besetzung von Schlüsselpositionen auf höheren Hierarchieebenen das Risiko einer Fehlbesetzung sinkt.[135] Unternehmen können zudem potenzielle neue Mitarbeiter aus der Randbelegschaft rekrutieren und können die Mitarbeiter der Randbelegschaft so einem Screening unterziehen bevor sich das Unternehmen dauerhaft an den Mitarbeiter bindet, in dem er in die Stammbelegschaft aufgenommen wird. Bewährt sich ein Mitarbeiter beispielsweise innerhalb einer befristeten Beschäftigung, so kann sein Arbeitsverhältnis in ein unbefristetes umgewandelt werden. Selbiges gilt auch für die Einstellung ehemalig als Leiharbeiter Beschäftigte. Insofern könnte die befristete Beschäftigung oder auch die Beschäftigung als Leiharbeitnehmer als eine Art verlängerte Probezeit betrachtet werden.

Nachdem im vorausgegangenen Abschnitt die unterschiedlichen Flexibilisierungspotenziale des internen Arbeitsmarktes dargestellt wurden, fasst Abbildung 6 nochmals die Übertragung des idealtypischen Konzepts des internen Arbeitsmarktes auf denselben als Instrument eines systematischen Beschäftigungsmanagements zusammen.

Die relative Größe des internen Arbeitsmarktes wird dabei durch die Anteile der Beschäftigungsformen der Randbelegschaft bestimmt. Je stärker die Nutzung von befristeter Beschäftigung, Leiharbeit, freier Mitarbeit, Praktikanten und geringfügiger Beschäftigung ausfällt, desto geringer fällt die relative Größe des internen Arbeitsmarktes aus.

Die Offenheit des internen Arbeitsmarktes wird durch die Anzahl der Ein- und Austritte in und aus dem internen Arbeitsmarkt bestimmt. Unter Eintritte fallen beispielsweise Neueinstellungen oder die Übernahme befristet Beschäftigter in ein unbefristetes Arbeitsverhältnis sowie die feste Einstellung ehemaliger Leiharbeiter.

Je mehr ein Unternehmen in die Qualifizierung seiner Mitarbeiter investiert, desto flexibler können die Mitarbeiter im Unternehmen eingesetzt werden. Dies führt zu einer starken Ausprägung interner Karrierepfade im Unternehmen. Im Rahmen der Entgeltgestaltung spielt nicht nur die Frage der Entgelthöhe eine Rolle, sondern es geht auch um die Entgelt-

---

[134] Vgl. Gerlach/ Jirjahn (1999), S. 183.
[135] Vgl. Grund/ Kräkel (2001), S. 4.

flexibilisierung. Durch diese kann ein Teil des Entgelts und damit der Personalkosten an die wirtschaftliche Situation des Unternehmens angepasst werden.

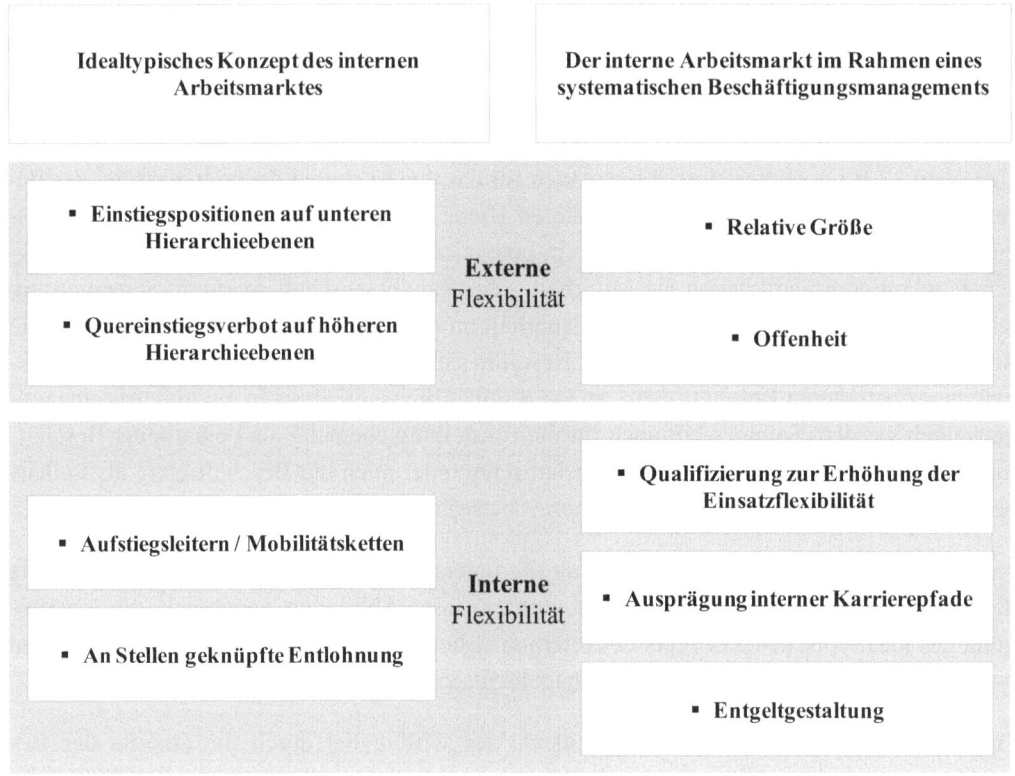

Abbildung 6:   Das Konzept des internen Arbeitsmarktes im Rahmen eines systematischen Beschäftigungs-
                managements; Quelle: Eigene Darstellung.

Vor dem Hintergrund des Resource-based Views kann das Konzept des internen Arbeitsmarktes als Instrument eines systematischen Beschäftigungsmanagements einen bedeutenden Beitrag zum Aufbau und zum Schutz von unternehmensspezifischem Humankapital leisten und dadurch dem Unternehmen einen Wissens- und damit einen Wettbewerbsvorteil verschaffen.[136] Dieser Zusammenhang ist auch in Abbildung 7 nochmals zusammenfassend dargestellt.

---

[136] Vgl. Oberst/ Schank/ Schnabel (2007), S. 1160.

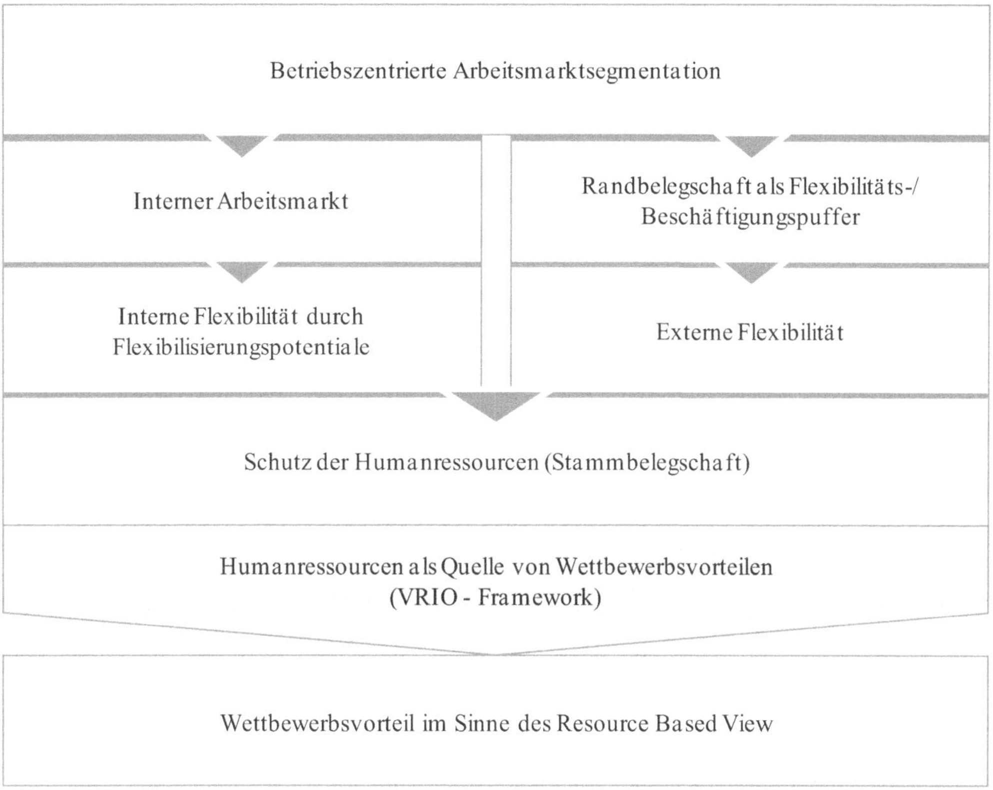

```
┌─────────────────────────────────────────────────────────────┐
│           Betriebszentrierte Arbeitsmarktsegmentation        │
├───────────────────────────┬─────────────────────────────────┤
│                           │                                 │
│    Interner Arbeitsmarkt  │  Randbelegschaft als Flexibilitäts-/ │
│                           │      Beschäftigungspuffer       │
├───────────────────────────┼─────────────────────────────────┤
│  Interne Flexibilität durch │                               │
│  Flexibilisierungspotentiale │      Externe Flexibilität    │
├───────────────────────────┴─────────────────────────────────┤
│        Schutz der Humanressourcen (Stammbelegschaft)         │
├─────────────────────────────────────────────────────────────┤
│  Humanressourcen als Quelle von Wettbewerbsvorteilen         │
│                   (VRIO - Framework)                         │
└─────────────────────────────────────────────────────────────┘
┌─────────────────────────────────────────────────────────────┐
│    Wettbewerbsvorteil im Sinne des Resource Based View       │
└─────────────────────────────────────────────────────────────┘
```

Abbildung 7:   Das Konzept des internen Arbeitsmarktes in Kombination mit einer Randbelegschaft vor dem Hintergrund des Resource-based Views; Quelle: Eigene Darstellung.

Die Stammbelegschaft wird zum einen durch die Schaffung von Flexibilitätsdimensionen geschützt und der interne Arbeitsmarkt kann als Instrument eines systematischen Beschäftigungsmanagements durch den vom Unternehmen steuerbaren, internen Personalausgleich eine gewisse interne Flexibilität schaffen und eine beträchtliche quantitative und qualitative personelle Anpassung leisten.[137] In Krisenzeiten, und damit in Zeiten geringeren Personalbedarfs, trägt aber nicht nur die Möglichkeit der internen Versetzung von Beschäftigten zur Kapazitätsanpassung bei. Vielmehr sind von zentraler Bedeutung auch der Aufbau und die Nutzung einer Randbelegschaft als Beschäftigungspuffer, welche zum Schutz der Stammbelegschaft und der darin enthaltenen Humanressourcen einen zentralen Beitrag leisten kann. Durch die schnelle und in der Regel unkomplizierte Reduktion der Randbelegschaft kann die Beschäftigung angeglichen werden ohne die Humanressourcen der Stammbelegschaft zu

---

[137] Vgl. Lutz/ Sengenberger (1980), S. 295.

reduzieren. Dadurch kann die interne Flexibilität um eine externe Komponente ergänzt werden.

Im Folgenden soll nun gezeigt werden, welche Rahmenbedingungen für die Gestaltung interner Arbeitsmärkte durch die Voice-Orientierung des deutschen Systems der industriellen Beziehungen gegeben sind.

2.2 Die Voice-Orientierung des deutschen Systems der industriellen Beziehungen

2.2.1 Betriebliche und überbetriebliche Mitbestimmung als zwei Säulen eines dualen Systems

Die Gestaltung des internen Arbeitsmarktes durch personalwirtschaftliche Instrumente und seine Nutzung als Instrument eines strategischen Beschäftigungsmanagements in Kombination mit einer Randbelegschaft kann nur unter Berücksichtigung eines arbeitsrechtlichen Regelungsrahmens erfolgen.[138] Dieser ist im deutschen System der Arbeitgeber-Arbeitnehmer-Beziehungen durch eine hohe Dichte an gesetzlichen und tarifvertraglichen Regelungen sowie durch ausgeprägte Rechte der Arbeitnehmervertreter gekennzeichnet.[139] Deutschland hat im internationalen Vergleich nicht nur die am stärksten geregelte Mitbestimmung, sondern sie ist auch weltweit einzigartig und das Kennzeichen der deutschen Arbeitgeber-Arbeitnehmer-Beziehungen.[140] Dies gilt sowohl für die Unternehmens- als auch für die betriebliche Ebene.[141] Dabei kann Mitbestimmung definiert werden als *„gesetzliche Teilnahme der Arbeitnehmer oder ihrer Vertreter (zum Beispiel des Betriebsrates) in Arbeitsgemeinschaft mit dem Arbeitgeber am Willensbildungsprozess im Unternehmen.“*[142] Auf der betrieblichen Ebene wählen Arbeitnehmer Betriebsräte, die die Arbeitnehmerinteressen gegenüber dem Arbeitgeber vertreten. Zwar existieren Betriebsräte auch in anderen Ländern, doch die weitreichenden Rechte, welche dem Betriebsrat in Deutschland zugestanden werden, sind weltweit einzigartig.[143] Auf der überbetrieblichen Ebene findet eine Partizipation der Arbeitnehmer insbesondere über Gewerkschaftsvertreter statt.[144] Im Rahmen der Mitbestimmung auf Unternehmensebene wählen Arbeitnehmer Vertreter, die ihre Interessen im Aufsichtsrat repräsentieren.[145] Ziel der Mitbestimmung ist, dass die Be-

---

[138] Vgl. Oechsler (2003), S. 77.

[139] Vgl. Müller-Jentsch (1995), S. 15; Oechsler (2004), S. 54.

[140] Vgl. Addison/ Bellmann/ Schnabel/ Wagner (2002), S. 3; Wächter (2004), S. 1240.

[141] Vgl. Addison/ Kraft/ Wagner (1993), S. 305; Schmidt/ Trinczek (1999), S. 109; Niedenhoff (2005b), S. 24.

[142] Niedenhoff (2005b), S. 24.

[143] Vgl. Addison/ Kraft/ Wagner (1993), S. 306.

[144] Vgl. Liebel/ Oechsler/ Holstegge (1994), S. 420.

[145] Vgl. Niedenhoff (2005a), S. 2.

schäftigten über Arbeitnehmervertreter an Entscheidungen beteiligt werden, die sie direkt oder indirekt betreffen.[146] Die betriebliche Mitbestimmung in Deutschland ist eingebettet in ein duales System der industriellen Beziehungen.[147] Das deutsche System wird als dual beschrieben, da die Arbeitnehmerinteressen gegenüber dem Arbeitgeber einerseits durch den Betriebsrat (betriebliche Regelungsebene) und andererseits durch die Gewerkschaft (tarifliche oder überbetriebliche Regelungsebene) vertreten werden.[148] Auf der tariflichen Regelungsebene schließen Gewerkschaften und Arbeitgeberverbände (bzw. Arbeitgeber) Tarifverträge ab. Die Partizipationsrechte des Betriebsrates sind auf der betrieblichen Ebene angesiedelt und es können nach §§77 und 88 BetrVG Betriebsvereinbarungen zwischen Arbeitgeber und Betriebsrat abgeschlossen werden.[149] Müller-Jentsch (1995) beschreibt diese Dualität des deutschen Systems als „[...] *eine funktionale Differenzierung der Austragung und Verarbeitung von Interessenskonflikten in zwei – nach Interessen, Akteuren und Durchsetzungsformen – voneinander getrennten Arenen.*"[150] Auf der tariflichen Ebene werden demnach vorwiegend die „Verkaufsbedingungen" der Arbeitskraft festgelegt, beispielsweise Lohnsätze, Arbeitszeiten und Rahmenbedingungen der Beschäftigungsverhältnisse. Unter bestimmten Voraussetzungen darf auf dieser Ebene das Mittel des Arbeitskampfes (Streik, Aussperrung) eingesetzt werden, um die Interessen durchzusetzen. Arbeitskampfmaßnahmen dürfen dagegen auf der betrieblichen Ebene keine Anwendung finden. Hier werden die konkreten „Arbeitsbedingungen" der Arbeitskraft geregelt.[151] Neben dieser beschriebenen Dualität der industriellen Beziehungen in Deutschland nennt Müller-Jentsch (1995) weitere vier Merkmale, welche dieses System auszeichnen:[152]

- *Intermediarität:* Sowohl Betriebsrat als auch Gewerkschaft haben eine vermittelnde Rolle inne. Der Betriebsrat soll die Interessen der Arbeitnehmer unter Beachtung der wirtschaftlichen Betriebsziele vertreten (§ 2 Abs. 1 BetrVG). Gewerkschaften übernehmen nicht nur eine Schutz- und Verteilungsfunktion für ihre Mitglieder, sondern auch eine Friedens- und Ordnungsfunktion für die Unternehmen.[153]
- *Verrechtlichung:* Die starke Dichte von rechtlichen Regelungen auf betrieblicher und tarifvertraglicher Ebene gesteht dem Betriebsrat eine – zumindest formal – unabhängige Position zu.[154]

---

[146] Vgl. Hromadka/ Maschmann (2010), S. 215.

[147] Vgl. grundlegend zum dualen System der industriellen Beziehungen: Müller-Jentsch (1995); ferner: Addison/ Bellmann/ Schnabel/ Wagner (2004), S. 399; Frick (1996a), S. 408; Addison/ Teixeira/ Zwick (2010), S. 248.

[148] Vgl. Sadowski/ Backes-Gellner/ Frick (1995), S. 493; Gerlach/ Jirjahn (2001), S. 140f.; Hübler/ Jirjahn (2003), S. 471.

[149] Vgl. Liebel/ Oechsler/ Holstegge (1994), S. 418.

[150] Müller-Jentsch (1995), S. 13.

[151] Vgl. Müller-Jentsch (1995), S. 14.

[152] Vgl. Müller-Jentsch (1995), S. 15ff.

[153] Vgl. Hromadka/ Maschmann (2010), S. 51.

[154] Vgl. Fischer/ Weitbrecht (1995), S. 378.

- *Zentralisierung*: Das deutsche Tarifverhandlungssystem ist durch starke zentralistische Züge geprägt. Es werden Lohnabkommen und Tarifverträge für großflächige Industrie- und Wirtschaftssektoren abgeschlossen.
- *Repräsentativität*: Betriebsräte und Gewerkschaften haben einen repräsentativen Charakter. Beide kollektiven Interessensvertretungen stellen ihre Forderungen zwar im Namen der Mitarbeiter bzw. der Mitglieder, sie benötigen dafür aber nicht die Zustimmung der Belegschaft oder der Gewerkschaftmitglieder. Dadurch wird beiden Organen eine Unabhängigkeit zugestanden.

Bezüglich des Zusammenspiels von betrieblicher und tariflicher Regelungsebene greift grundsätzlich §77 Abs. 3 BetrVG. Dieser besagt, dass Arbeitsentgelte und sonstige Arbeitsbedingungen, die durch einen Tarifvertrag geregelt sind, nicht Gegenstand einer Betriebsvereinbarung sein können. Davon kann gemäß §3TVG nur in zwei Fällen abgewichen werden. Zum einen können auf betrieblicher Ebene für den Arbeitnehmer günstigere Bedingungen ausgehandelt werden (z.B. betriebliche Sonderzahlungen) oder die beiden Tarifvertragsparteien ermächtigen die betriebliche Ebene explizit dazu, Vereinbarungen über Arbeitsbedingungen zu treffen, welche tarifvertraglich geregelt sind oder bis dato waren.[155]

Das Verhältnis zwischen Gewerkschaft und Betriebsrat ist durch das Dualitätsprinzip bestimmt. Danach besitzt der Betriebsrat zwar eine formale Unabhängigkeit von der Gewerkschaft, aber faktisch besteht zwischen beiden eine enge Verbindung und gegenseitige Beeinflussung. Betriebsräte und Gewerkschaften ergänzen sich hinsichtlich ihrer Arbeit teilweise gegenseitig. Dafür sind mehrere Gründe anzuführen. Ein Großteil der Betriebsratsmitglieder ist auch Mitglied einer Gewerkschaft.[156] Betriebsräte werben beispielweise oft neue Mitglieder für die Gewerkschaften, im Gegenzug bieten Gewerkschaften häufig Schulungen für Betriebsräte an.[157] Insofern können die Einflüsse des Betriebsrates und der Gewerkschaften nicht voneinander isoliert betrachtet werden, sondern es sind auch Wechselwirkungen zwischen den beiden Ebenen der industriellen Beziehungen zu beachten. Haipeter (2010) geht hier sogar noch einen Schritt weiter und beschreibt Betriebsräte als neue Tarifakteure. Aufbauend auf einer Studie, welche Tarifabweichungen in der Metall- und Chemieindustrie beschreibt, arbeitet er die Rolle von Betriebsräten bei der Gestaltung dieser Tarifabweichungen heraus. Demnach kommt Betriebsräten eine sehr aktive Rolle bei der Gestaltung der Arbeitsbedingungen zu, da sie über Tarifunterschreitungen mit dem Management verhandeln und im Gegenzug dafür beispielsweise Vereinbarungen über Beschäftigungssicherungen einfordern.

---

[155] Vgl. dazu auch Haipeter (2010), S. 13.

[156] Vgl. z.B. zur engen Verbindung von Betriebsräten und Gewerkschaften: Sadowski/ Backes-Gellner/ Frick (1995), S. 493; Frick (1996a), S. 412; Addison/ Siebert (2000), S. 16; Jirjahn (2003), S. 652; Kotthoff (2004), S. 590; Addison/ Teixeira/ Zwick (2010), S. 249.

[157] Vgl. Kotthoff (2004), S. 590.

2.2.2 Das Tarifvertragssystem als Regelungsrahmen der überbetrieblichen Mitbestimmung

Auch wenn das Tarifvertragssystem und die damit verbundene überbetriebliche Partizipation der Arbeitnehmer durch das Tarifverfassungsgesetz (TVG) geregelt ist, so wird die Tarifautonomie doch aus dem Grundgesetz (GG) und der darin verankerten Koalitionsfreiheit abgeleitet (§ 9 Abs. 3 GG). Das Tarifverfassungssystem stammt aus dem Jahre 1949 und wurde in den Jahren 1969 und 1974 verändert bzw. erweitert. In Tarifverträgen werden die Rechte und Pflichte der Tarifvertragsparteien geregelt. Nach § 2 Abs. 1TVG sind Tarifvertragsparteien Gewerkschaften, einzelne Arbeitgeber sowie Vereinigungen von Arbeitgebern (Arbeitgeberverbände). Als Spitzenorganisationen werden Zusammenschlüsse von Gewerkschaften und Vereinigungen von Arbeitgebern bezeichnet, die bei Vorliegen einer entsprechenden Vollmacht, im Namen der ihnen angeschlossenen Verbände, Tarifverträge abschließen können (§ 2 Abs. 2 TVG). Ein Tarifvertrag im Sinne des Tarifvertragsgesetzes ist demnach ein

> „[...]schriftlicher Vertrag zwischen einem oder mehreren Arbeitgebern oder Arbeitgeberverbänden und einer oder mehreren Gewerkschaften zur Regelung von arbeitsrechtlichen Rechten und Pflichten der Tarifvertragsparteien und zur Festsetzung von Rechtsnormen über Inhalt, Abschluss und Beendigung von Arbeitsverhältnissen sowie über betriebliche und betriebsverfassungsrechtliche Fragen und gemeinsame Einrichtungen der Vertragsparteien."[158]

Tarifautonomie bedeutet, dass die Tarifvertragsparteien die Arbeits- und Wirtschafsbedingungen selbstständig, das heißt im Wesentlichen ohne staatliche Eingriffe, verhandeln und in Tarifverträgen schriftlich festhalten können.[159] Die zentrale Idee des Tarifvertragssystems ist es, dass die einzelnen Akteure der industriellen Beziehungen ihre Interessen in kollektiven Verhandlungsprozessen vertreten und gegebenenfalls durchsetzen können. Die Mitglieder der Tarifvertragsparteien sind für die Dauer des Tarifvertrags an die darin festgesetzten Rechte und Pflichten gebunden.[160] Tritt ein Unternehmen aus dem Arbeitgeberverband aus, so bleibt die Tarifgebundenheit trotzdem solange bestehen, bis die Laufzeit des Tarifvertrags endet (§ 3 Abs. 3 TVG). Nach Ablauf des Tarifvertrags gelten die Rechtsnormen desselben weiter, solange bis diese durch eine andere Abmachung ersetzt werden (§ 4 Abs. 5 TVG). Diese „andere Abmachung" kann ein Tarifvertrag, eine Betriebsvereinbarung, eine Sprechervereinbarung oder eine vertragliche Abrede sein.[161] Ein Tarifvertrag besteht aus zwei Teilen: einem schuldrechtlichen (=obligatorischen) Teil und einem normati-

---

[158] Hromadka/Maschmann (2010), S. 41.
[159] Vgl. Keller (2004), S. 220.
[160] Vgl. Liebel/ Oechsler/ Holstegge (1994), S. 420.
[161] Vgl. Hromadka/ Maschmann (2010), S. 76.

ven Teil.[162] Der erstere Teil regelt die Rechtsbeziehungen der Tarifvertragsparteien zueinander. Zum Beispiel werden hier gewöhnlich die Friedens-und Durchführungspflicht geregelt sowie das Inkrafttreten, die Laufzeit und die Kündigung des Tarifvertrages.[163] Der normative Teil eines Tarifvertrags regelt die Arbeitsverhältnisse der tarifgebundenen Arbeitsvertragsparteien und wirkt dabei wie ein Gesetz. Hierunter fallen auch die Inhaltsnormen, welche den Inhalt eines Arbeitsverhältnisses regeln. Beispiele hierfür sind Regelungen von Entgelten, Entgeltformen, Leistungszulagen, Urlaub, Arbeitszeit oder Sonn- und Feiertagsarbeit.[164] Auch wenn die in Tarifverträgen vereinbarten Entgelthöhen nur für Gewerkschaftsmitglieder rechtlich bindend sind, so bezahlen die meisten Unternehmen auch den nicht gewerkschaftlich organisierten Arbeitnehmern den tariflich vereinbarten Lohn.[165] Durch diese Gleichbehandlung von gewerkschaftlich organisierten und nicht gewerkschaftlich organisierten Arbeitnehmern versuchen Arbeitgeber zu vermeiden, den nicht gewerkschaftlich organisierten Arbeitnehmern einen Grund für den Eintritt in die Gewerkschaft zu geben.[166]

Aktuell (Stand 31.12.2010) bestehen in Deutschland knapp 74.000, in das Tarifregister des Bundesarbeitsministeriums für Arbeit und Soziales eingetragene, Tarifverträge.[167] Tabelle 4 gibt einen Überblick über die insgesamt gültigen Tarifverträge am Jahresende 2010.Davon sind 476 für allgemeinverbindlich erklärt worden.[168] Ist ein Unternehmen nicht tarifgebunden, so kann es durch eine Allgemeinverbindlichkeitserklärung des Bundesministers für Arbeit und Soziales, den Normen des Tarifvertrags unterworfen werden (§ 5 Abs.1 TVG).

Nach Hromadka und Maschmann (2010) kommen einem Tarifvertrag vier Funktionen zu:[169]

- *Schutzfunktion*: Arbeitnehmer sollen durch einen Tarifvertrag davor geschützt werden, dass die Arbeitgeberseite die Arbeitsvertragsbedingungen einseitig festsetzt.
- *Verteilungsfunktion*: Durch Tarifverträge soll eine angemessene Beteiligung der Arbeitnehmer am Sozialprodukt sichergestellt werden. Zudem legen Tarifverträge durch ihre Differenzierung der Entgeltgruppen die Einkommensverteilung unter den Arbeitnehmern fest.
- *Ordnungsfunktion*: Anhand von Tarifverträgen können Arbeitsverträge typisiert werden und erleichtern so deren Abschluss. Zudem bleiben die damit verbundenen Personalkosten für das Unternehmen kalkulierbar.

---

[162] Vgl. Hromadka/ Maschmann (2010), S. 42.
[163] Vgl. Hromadka/ Maschmann (2010), S. 43.
[164] Vgl. Hromadka/ Maschmann (2010), S. 45f.
[165] Vgl. Guertzgen (2010), S. 2837.
[166] Vgl. Kohaut/ Schnabel (2003), S. 195.
[167] Vgl. Bispinck (2011), S. 13.
[168] Vgl. BMAS (2011).
[169] Vgl. Hromadka/ Maschmann (2010), S. 51.

- *Friedensfunktion*: Der Arbeitgeber kann darauf vertrauen, dass er während der Tarifvertragslaufzeit nicht mit Arbeitskämpfen konfrontiert wird.

Nach dem Inhalt lassen sich Tarifverträge in Entgelttarifverträge, Entgeltrahmentarifverträge, Manteltarifverträge und Tarifverträge über einzelne Themen einteilen. Regelungen der Vergütung finden sich in Entgelttarifverträgen wieder, allgemeinere Vergütungsfragen, wie zum Beispiel Entgeltarten und Entgeltgruppen, sind im Entgeltrahmentarifvertrag geregelt. Mantel- oder Rahmentarifverträge beinhalten die Regelung aller übrigen Arbeitsbedingungen, soweit sie nicht in sonstigen Tarifverträgen geregelt sind. Klassische Beispiele für Inhalte eines Manteltarifvertrages sind Urlaubs- und Arbeitszeitregelungen. Tarifverträge über einzelne Materien beinhalten beispielsweise Regelungen bezüglich der Gewährung vermögenswirksamer Leistungen, der Stellung gewerkschaftlicher Vertrauensleute oder der Schlichtung.[170] Theoretisch könnten diese Inhalte in einem einzigen Tarifvertrag geregelt werden, dennoch werden unterschiedliche Tarifverträge abgeschlossen, da sie meist unterschiedliche Laufzeiten und/oder einen unterschiedlichen räumlichen Geltungsbereich aufweisen. Bezüglich der Tarifvertragsparteien lassen sich Verbandstarifverträge (zwischen einem Arbeitgeberverband und einer Gewerkschaft) und Firmentarifverträge (zwischen einem Arbeitgeber und einer Gewerkschaft) unterscheiden.[171] Verbandstarifverträge gelten dabei branchenweit, während Firmentarifverträge nur bei einem Arbeitgeber Anwendung finden.[172] Von den etwa 46.000 bestehenden Ursprungsverträgen[173] entfallen 35% auf Verbandstarifverträge und 65% auf Firmentarifverträge. Trotzdem wird ein größerer Anteil von Beschäftigten von den Verbandstarifverträgen erfasst.[174] Zudem orientieren sich ca. 40% der nicht tarifgebundenen Betriebe an einem Branchentarifvertrag.[175] Sowohl die Arbeitgeberverbände als auch die Gewerkschaften verzeichnen seit den 1980er Jahren sinkende Mitgliederzahlen.[176] Insbesondere in den neuen Bundesländern sind viele Arbeitgeber aus den Arbeitgeberverbänden ausgetreten oder ihnen ferngeblieben. Die Arbeitgeberverbände haben darauf regiert, in dem sie eine sogenannte OT-Mitgliedschaft anbieten. Hat ein Arbeitgeber eine OT-Mitgliedschaft, so kann er trotzdem die vom Arbeitgeberverband angebotenen Dienstleistungen (Rechtsbeistand, Information und Erfahrungsaustausch), in Anspruch nehmen, ohne jedoch einer Tarifvertragsbindung unterworfen zu sein (OT).[177] Seit den 1990er Jahren ist eine Dezentralisierungstendenz der tariflichen Entgeltfindung zu beobach-

---

[170] Vgl. Hromadka (1985), S. 47ff.
[171] Vgl. Hromadka/ Maschmann (2010), S. 48.
[172] Vgl. Kohaut/ Schnabel (2003), S. 194.
[173] Ursprungstarifverträge = Gesamtsumme der Tarifverträge – Änderungs- und Parallelverträge.
[174] Vgl. Bispinck (2010), S. 109.
[175] Vgl. Bispinck (2011), S. 19.
[176] Vgl. Keller (2004), S. 214f.
[177] Vgl. Hromadka/ Maschmann (2010), S. 65.

ten.[178] Statt einer überbetrieblichen Regelung durch Verbandstarifverträge, werden Entgeltfragen zunehmend auf Unternehmens- oder Betriebsebene durch einen Firmentarifvertrag
geregelt. Neben dieser Dezentralisierung ist gleichzeitig eine kontinuierlich abnehmende
Tarifvertragsbindung zu beobachten.[179] Tarifvertragliche Regelungen haben im deutschen
Arbeitsrecht eine besondere Stellung und einen Vorrang gegenüber Betriebsvereinbarungen
und Einzelarbeitsverträgen. Tarifverträge gelten unmittelbar und zwingend für die durch
Gewerkschaftsmitgliedschaft erfassten Einzelarbeitsverhältnisse, können nicht durch einen
Einzelarbeitsvertrag umgangen werden und haben, wie bereits in Kapitel 2.2.1 angespro-
chen, eine Sperrwirkung gegenüber Betriebsvereinbarungen.[180]

	Mantel-TV	TV mit Man-telbe-stimmungen	Vergütungs-TV	Änderungs- und Parallel-TV	Insgesamt
Verbands-tarifvertrā-ge	1.650	11.349	3.108	20.577	**36.684**
Firmen-tarif-verträge	6.974	17.563	6.369	6.369	**37.275**
Gesamt	**8.624**	**28.912**	**9.477**	**26.946**	**73.959**

Tabelle 4:   Anzahl der insgesamt gültigen Tarifverträge zum 31.12.2010; Quelle: Bispinck (2011), S. 13.

In Bezug auf das Konzept des internen Arbeitsmarktes ist insbesondere ein Einfluss der tariflichen Regelungsebene im Bereich der Entgeltgestaltung gegeben. Dies gilt sowohl für
die Entgelthöhe als auch für die flexiblen Entgeltbestandteile. Weiterhin sind mögliche tarifvertraglich festgelegte Quoten von befristet Beschäftigten und Zeitarbeitnehmern zu beachten sowie tarifvertragliche Regelungen zu den Einsatzbedingungen befristet Beschäftigter und Leiharbeitnehmer. Tarifverträge können zudem Regelungen zur Beschäftigungssicherung enthalten, was sich auf die Ein- und Austritte in und aus dem internen Arbeitsmarkt
auswirken könnte. Im Rahmen der Qualifizierung sind Weiterbildungsqualifizierungstarif-
verträge zu beachten. Auf den Umfang und die Relevanz für die einzelnen Aspekte des internen Arbeitsmarktes wird in Kapitel vier genauer eingegangen.

---

[178] Vgl. Guertzgen (2010), S. 2837.

[179] Vgl. hierzu z.B. Bahnmüller/ Kuhlmann/ Schmidt/ Sperling (2010), S. 242, die Autoren sprechen hier bereits von
einer „Krise des Tarifvertragssystems" in Deutschland.

[180] Vgl. dazu auch Kohaut/ Schnabel (2003), S. 196.

2.2.3 Regelung der Partizipationsrechte des Betriebsrates im BetrVG

Die Mitbestimmungsrechte des Betriebsrates sind grundsätzlich im Betriebsverfassungsgesetz geregelt.[181] Das Gesetz, welches Bestandteil des deutschen kollektiven Arbeitsrechts ist, wurde am 19.Juli 1952 verabschiedet und 1972 novelliert.[182] Die letzte Reform fand im Jahr 2001 statt, auf die im Verlauf dieses Kapitels noch eingegangen wird. Das Betriebsverfassungsgesetz institutionalisiert dabei die vertrauensvolle Zusammenarbeit zwischen Arbeitgeber und Betriebsrat, welche „zum Wohle der Arbeitnehmer und des Betriebs" erfolgen soll (§§ 2 und 74 BetrVG).

Betriebsgröße	Sachverhalt	BetrVG
5 wahlberechtigte Arbeitnehmer	Betriebsrat kann gewählt werden.	§ 1
101 wahlberechtigte Arbeitnehmer	Wirtschaftsausschuss ist zu bilden.	§ 106
200 Arbeitnehmer	Ein Mitglied des Betriebsrates ist für seine Tätigkeit als Betriebsrat freizustellen.	§ 38
201 Arbeitnehmer	Betriebsrat kann einen Betriebsausschuss bilden.	§§ 9, 27
1001 Arbeitnehmer	Arbeitgeber hat jährlich schriftlich über die wirtschaftliche und soziale Entwicklung des Unternehmens zu berichten.	§ 110 Abs. 1

Tabelle 5:   Zusammenhang von Betriebsgröße und Regelungen im Betriebsverfassungsgesetz; Quelle: in Anlehnung an Hromadka und Maschmann (2010), S. 238.

Das Betriebsverfassungsgesetz besitzt Gültigkeit für die Arbeitnehmer eines Betriebs und regelt die Zusammenarbeit zwischen Arbeitgeber und Arbeitnehmer im Betrieb. Arbeitnehmer im Sinne des Betriebsverfassungsgesetzes sind Arbeiter und Angestellte sowie die zu ihrer Berufsausbildung Beschäftigten (§ 5 Abs.1 BetrVG).[183]Für leitende Angestellte findet zudem das Sprecherausschussgesetz[184] Anwendung und das Betriebsverfassungsgesetz nur dann, wenn es ausdrücklich bestimmt wird.[185] Für Arbeitnehmer in Unternehmen mit einer

---

[181] Vgl. Backes-Gellner/ Frick/ Sadowski (1997), S. 329; Walker (2004), S. 614.
[182] Vgl. Oechsler (2011), S. 2.
[183] Vgl. Kricsfalussy-Hrabár (1993), S .1.
[184] Das Sprecherausschussgesetz regelt die Vertretung von leitenden Angestellten im Betrieb.
[185] Dies gilt z.B. im § 105 BetrVG bei der Einstellung leitender Angestellten.

Tätigkeit in mehreren Mitgliedsstaaten der Europäischen Union findet das Gesetz über Europäische Betriebsräte Gültigkeit.[186] Das Bundespersonalvertretungsgesetz und die Personalvertretungsgesetze gelten für die Beschäftigten im öffentlichen Dienst. Von der Zahl der Arbeitnehmer in einem Betrieb hängt es ab, ob ein Betriebsrat gewählt wird, wie groß dieser ist und wie viele Betriebsratsmitglieder für ihre Tätigkeit freizustellen sind (§§ 1 und 9 BetrVG). Auch hängt von der Unternehmensgröße ab, ob ein Wirtschafts- und/oder ein Betriebsausschuss zu bilden sind (§ 106 BetrVG). Tabelle 5 zeigt diese Zusammenhänge auf.

Nicht nur die Anzahl der Betriebsratsmitglieder ist von der Betriebsgröße abhängig. Weiterhin treten bestimmte Partizipationsrechte des Betriebsrates erst ab einer gewissen Arbeitnehmeranzahl in Kraft. Beispielsweise kann der Betriebsrat erst ab einer Betriebsgröße von mehr als 500 Arbeitnehmern die Aufstellung von Auswahlrichtlinien bei Einstellungen, Versetzungen, Umgruppierungen und Kündigungen verlangen (§ 95 Abs. 2 BetrVG). Auf solche Fälle wird in Kapitel vier näher eingegangen, wenn eine mögliche Einflussnahme anhand der Rechte des Betriebsrates untersucht wird. Dabei werden diese Einflussmöglichkeiten differenziert nach Betriebsgröße betrachtet.

Das Betriebsverfassungsgesetz definiert Mitbestimmungsrechte des Betriebsrates in sozialen, personellen und wirtschaftlichen Angelegenheiten sowie in der Förderung der Berufsbildung.[187] Der Begriff Mitbestimmung kann hier etwas irreführend sein, da es sich dabei – je nach Intensität der Mitbestimmung – auch nur um ein Mitwirkungsrecht handeln kann. Bei einem Mitwirkungsrecht hat der Arbeitgeber den Betriebsrat zu informieren, zu unterrichten, anzuhören oder ihm eine Beratung zu ermöglichen. Die Mitwirkung ist dadurch gekennzeichnet, dass der Arbeitgeber das endgültige Entscheidungsrecht behält. Im Gegensatz dazu bedeutet Mitbestimmung, dass eine Maßnahme des Arbeitgebers nicht ohne Zustimmung des Betriebsrates getroffen werden kann. Kommt es dabei zu keiner Einigung zwischen Arbeitgeber und Betriebsrat, entscheidet eine dritte Stelle. Die Entscheidung wird dann durch die Einigungsstelle oder das Arbeitsgericht getroffen.[188] Tabelle 6 gibt einen Überblick über die Mitbestimmungs- und Mitwirkungsrechte des Betriebsrates gemäß Betriebsverfassungsgesetz.

---

[186] Vgl. Hromadka/ Maschmann (2010), S. 229.

[187] Vgl. Niedenhoff (2005b), S. 26.

[188] Vgl. Hromadka/ Maschmann (2010), S. 341f.

Beteiligungsart		Beispiele	Entscheidung bei Nicht-Einigung
Mitbestimmung	Mitbestimmung i.e.S.	§§ 87, 91, 98, 112	Einigungsstelle
	Erzwingbares Initiativrecht	§ 93	(Arbeitsgericht[189])
	Eingeschränktes Zustimmungsverweigerungsrecht	§§ 99	Arbeitsgericht
Mitwirkung	Beratungsrecht	§§ 90, 96, 106, 111	Arbeitgeber
	Anhörungsrecht	§ 102	
	Informationsrecht	§ 105	
	Vorschlagsrecht	§ 92 (2)	

Tabelle 6:   *Mitbestimmungs- und Mitwirkungsrechte des Betriebsrates gemäß Betriebsverfassungsgesetz; Quelle: In Anlehnung an Hromadka und Maschmann (2010), S.342*

Reformiertes Betriebsverfassungsgesetz

Das „Gesetz zur Reform des Betriebsverfassungsgesetzes" ist am 28.7.2001 in Kraft getreten und modifiziert das seit fast 30 Jahren unveränderte Betriebsverfassungsgesetz an vielen Stellen. Im Folgenden soll insbesondere auf die Änderungen eingegangen werden, welche im Kontext des internen Arbeitsmarktes in Kombination mit einer Randbelegschaft von Relevanz sind. Es soll an dieser Stelle kein Überblick über die komplette Gesetzesreform gegeben werden.

Hauptziel der Reform war eine Erleichterung der Errichtung von Betriebsräten und eine Erweiterung der Partizipationsrechte des Betriebsrates.[190] Am stärksten betroffen von der Novellierung sind Betriebe mit einer Größe von 100 – 300 Beschäftigten.[191] Zudem bedeutet die Gesetzesnovelle die Aufgabe der Unterscheidung von Arbeitern und Angestellten. Diese werden zwar noch als Teilgruppe der Arbeitnehmer benannt, dies spielt aber für die Wahl und Zusammensetzung des Betriebsrates keine Rolle (§ 5 Absatz 1 Satz 1 BetrVG).[192] Aufgrund der Tatsache, dass insbesondere kleine Betriebe oft als „mitbestimmungsfreie Zone" angesehen werden, wurde das Wahlverfahren in Betrieben mit 5 bis 50 wahlberechtigten

---

[189] Regelung durch das Arbeitsgericht eigentlich nicht notwendig, da die Rechtslage eindeutig ist.
[190] Vgl. Addison/ Bellmann/ Schnabel/ Wagner (2002), S. 6.
[191] Vgl. Hübler (2003), S. 78.
[192] Vgl. Rose (2004), S. 1737.

Arbeitnehmern stark vereinfacht (§ 14a Abs.1 BetrVG). Zudem kann dieses vereinfachte Wahlverfahren in Betrieben mit 51 bis 100 Arbeitnehmern zwischen Wahlvorstand und Arbeitgeber festgelegt werden (§14a Absatz 5 BetrVG).Der § 3 BetrVG wurde grundlegend überarbeitet. Es sind nun auch Vertretungsstrukturen möglich, welche vom Betriebsrat, Gesamtbetriebsrat und Konzernbetriebsrat abweichen. Nach der Neufassung von § 4 BetrVG gelten Betriebsteile weiterhin als selbstständige Betriebe, wenn sie räumlich weit vom Hauptbetrieb entfernt sind und durch Aufgabenbereich und Organisation eigenständig sind. Allerdings haben Arbeitnehmer eines Betriebsteils, in dem kein eigener Betriebsrat besteht, die Möglichkeit an der Wahl des Betriebsrates im Hauptbetrieb teilzunehmen.

Ein weiteres Ziel der Gesetzesnovelle war die stärkere Einbeziehung der Randbelegschaften in die Mitbestimmung.[193] Gemäß § 7 BetrVG sind grundsätzlich alle Arbeitnehmer eines Betriebes wahlberechtigt, wenn sie am Wahltag das 18. Lebensjahr vollendet haben. Im Betriebsverfassungsgesetz heißt es in § 5 *„Arbeitnehmer im Sinnendes Gesetzes sind Arbeiter und Angestellte einschließlich der zu ihrer Berufsausbildung Beschäftigten [...]"*. Keine Arbeitnehmer sind demnach freie Mitarbeiter – welche mittels Dienst-oder Werkverträgen im Unternehmen tätig werden – und Leiharbeiter[194]. Freie Mitarbeiter sind bei Betriebsratswahlen nicht wahlberechtigt, was sich auch durch die neue Gesetzeslage nicht geändert hat. Seit der Gesetzesnovelle kommt Leiharbeitern jedoch eine differenziertere Rolle zu. Sie wählen zum einen im Betrieb des Verleihers, da sie auch während der Zeit ihrer Arbeitsleistung bei einem Entleiher Angehörige des Verleihers bleiben (§ 14 Abs.1 AÜG). Zum anderen sind sie im Betrieb des Entleihers wahlberechtigt, wenn sie dort länger als drei Monate eingesetzt sind (§ 7 Satz 2 BetrVG). Von dieser Ausweitung des Wahlrechts sind demnach auch Beschäftigte von Fremdfirmen erfasst, welche für einen bestimmten Zeitraum in dem betreffenden Unternehmen arbeiten.[195] Leiharbeiter sind im Betrieb des Entleihers jedoch nicht wählbar, haben also kein passives Wahlrecht (§ 14 Abs. 2 AÜG). Nach §14 AÜG kommt den Leiharbeitnehmern das Recht zu, die Sprechstunden des Betriebsrates aufzusuchen, an den Betriebs- und Jugendversammlungen teilzunehmen sowie die Rechte der §§ 81, 82 Abs. 1 und die §§ 84 bis 86 des Betriebsverfassungsgesetzes wahrzunehmen. Abgesehen von diesen gewährten Rechten kommt ihnen jedoch nicht die Stellung betriebsangehöriger Arbeitnehmer zu.[196] Für die Ermittlung der Betriebsratsgröße bzw. für die Anzahl der freizustellenden Betriebsratsmitglieder zählen die nach § 7 Satz 2 BetrVG wahlberechtigten Arbeitnehmer nicht mit.[197] Dadurch wird dem Betriebsrat im entleihenden Unternehmen keine weitere Kapazität für die Betreuung der Leiharbeitnehmer zugestanden.[198] Aller-

---

[193] Vgl. Körner (2006), S. 4.
[194] Vgl. Hromadka/ Maschmann (2010), S. 237.
[195] Vgl. Däubler (2001), S. 368.
[196] Vgl. Rose (2004), S. 1738.
[197] Vgl. Rose (2004), S. 1738.
[198] Vgl. Körner (2006), S. 34.

dings kann im Rahmen einer Betriebsvereinbarung festgelegt werden, dass bei der Ermittlung der Gesamtbeschäftigtenzahl und der damit verbundenen Anzahl an Betriebsratsmitgliedern die Leiharbeitnehmer mitgerechnet werden.[199]

Es handelt sich bei diesen Leiharbeitnehmern nicht um Arbeitnehmer im Sinne des Betriebsverfassungsgesetzes. Denn dieser zeichnet sich durch ein Arbeitsverhältnis zum Betriebsinhaber und durch die tatsächliche Integration in die Betriebsorganisationaus. Mangels eines arbeitsvertraglichen Verhältnisses zum entleihenden Unternehmen fallen sie nicht in den Begriff des Arbeitnehmers gemäß § 9 BetrVG.[200]

Durch die Gesetzesreform wurde die Betriebsratsgröße erhöht. Der Betriebsrat besteht nach dem neuen Gesetz schon bei 51 bis 100 Arbeitnehmern (bisher lag die Grenze bei 151 Arbeitnehmern) aus fünf Mitgliedern und bei Betrieben mit 101 bis 200 Arbeitnehmern (bisher 300 Arbeitnehmer) aus sieben Mitgliedern. Dementsprechend erhöhen sich die Mitgliederzahlen in den nächsten Unternehmensgrößenklassen (§ 9 BetrVG). Die Gesetzesnovelle zieht nicht nur eine größere Anzahl an Betriebsratsmitgliedern nach, sondern erhöht auch die Anzahl der freizustellenden Betriebsratsmitglieder. Bereits in Betrieben ab 200 Arbeitnehmern (bisher ab 300 Arbeitnehmern) ist ein Betriebsratsmitglied freizustellen (§ 38 Abs. 1 BetrVG).

Im Zuge der Erweiterung der Partizipationsrechte des Betriebsrates ist insbesondere der in § 80 BetrVG aufgenommene Absatz 8 zu erwähnen, nach welcher der Betriebsrat die Aufgabe hat, die Beschäftigung im Betrieb zu fördern und zu sichern. Weiterhin wird dem Betriebsrat im neu aufgenommenen §92a BetrVG ein Vorschlags- und Beratungsrecht für Maßnahmen der Beschäftigungssicherung und Beschäftigungsförderung eingeräumt. Gegenstand können hier beispielsweise eine flexible Arbeitszeitgestaltung oder die Qualifizierung der Arbeitnehmer sein. Stimmt der Arbeitgeber den Vorschlägen des Betriebsrates zu und sind soziale Angelegenheiten davon betroffen (z.B. Arbeitszeitgestaltung und Qualifizierungsmaßnahmen), dann können diese Beratungen zum Abschluss einer Betriebsvereinbarung nach § 88 BetrVG führen.[201] In der ursprünglichen Fassung des Betriebsverfassungsgesetzes kam dem Betriebsrat erst in Betrieben mit mehr als 1000 Arbeitnehmern ein Initiativrecht bezüglich den Auswahlrichtlinien über die bei Einstellungen, Versetzungen, Umgruppierungen und Kündigungen zu beachtenden fachlichen und persönlichen Voraussetzungen sowie sozialen Gesichtspunkten zu. Dieses Initiativrecht besteht durch die Gesetzesreform nun schon in Betrieben ab 500 Arbeitnehmern (§ 95 Abs. 2 BetrVG). Analog zur Berechnungsgrundlage für die Betriebsratsgröße und die Anzahl der freizustellenden Betriebsratsmit-

---

[199] Vgl. Zumbeck (2009), S. 106.
[200] Vgl. BAG, 16.04.2003, 7 ABR 53/02.
[201] Vgl. Löwisch (2001), S. 1795.

glieder sind hier Leiharbeitnehmer nicht zu beachten.[202] Bereits vor der Gesetzesreform konnte der Betriebsrat nach § 96 BetrVG Abs. 1 Satz 2 und 3 verlangen, dass der Arbeitgeber mit ihm Fragen der Berufsbildung der Arbeitnehmer berät und der Betriebsrat konnte dem Arbeitgeber hierzu Vorschläge bereiten. Dieses Initiativrecht wurde durch die Gesetzesreform erweitert: Der Betriebsrat kann nun auch verlangen, dass der Arbeitgeber den Berufsbildungsbedarf ermittelt und das Ergebnis mit dem Betriebsrat erörtert (§ 96 Abs. 1 Satz 2 BetrVG). Der in § 97 neu eingefügte Absatz 2 räumt dem Betriebsrat ein weiteres Mitbestimmungsrecht im engeren Sinne zu: Hat der Arbeitgeber Maßnahmen geplant oder durchgeführt, die dazu führen, dass sich die Tätigkeit der betroffenen Arbeitnehmer ändert und ihre beruflichen Kenntnisse und Fähigkeiten zur Erfüllung ihrer Aufgaben nicht mehr ausreichen, so hat der Betriebsrat bei der Einführung von Maßnahmen der betrieblichen Berufsbildung mitzubestimmen.

Im Rahmen personeller Einzelmaßnahmen im § 99 BetrVG wird als Anwendungsbereich nicht mehr der Betrieb sondern das Unternehmen angeführt. Dies führt dazu, dass kleinere Betriebe größerer Unternehmen dem § 99 BetrVG unterstellt werden. Dasselbe gilt für den Anwendungsbereich der Partizipationsrechte bei Betriebsänderungen. Auch hier gilt als Bezugspunkt nicht mehr der Betrieb, sondern das Unternehmen. Die Erweiterung des § 99 Abs. 2 Satz 3 führt dazu, dass als Zustimmungsverweigerungsgrund des Betriebsrates auch gilt, wenn ein im Betrieb befristet Beschäftigter bei unbefristeter Einstellung nicht berücksichtigt wird. Diese Nichtbeachtung muss vom Betriebsrat hingenommen werden, wenn sie durch betriebliche Gründe gerechtfertigt ist. Beispielsweise kann der Arbeitgeber geltend machen, dass bei Einsatz des befristet Beschäftigten auf dieser Stelle erhebliche Einarbeitungs- oder Weiterbildungskosten anfallen würden.[203]

Der Betriebsrat hat Mitbestimmungs- und Mitwirkungsrechte in Angelegenheiten, die relevant sind für die Entstehung und Funktionsweise interner Arbeitsmärkte. Hierzu zählen beispielsweise Personalplanung, Einstellungen, Versetzungen oder Kündigungen. Auch in Entgeltfragen hat der Betriebsrat ausgeprägte Mitwirkungs- und Mitbestimmungsrechte. Je nach Intensität der Mitbestimmung kann eine unterschiedlich starke Einflussnahme auf das Gesamtkonzept des internen Arbeitsmarktes erwartet werden. Auch hier findet eine ausführliche argumentative Darstellung in Kapitel vier statt. Die rechtlichen Möglichkeiten des Betriebsrates lassen den Schluss zu, dass der Betriebsrat Einfluss nehmen *kann* auf zentrale ökonomische Größen im Unternehmen und auf die relevanten Aspekte des internen Arbeitsmarktes im Rahmen eines systematischen Beschäftigungsmanagements. Vorab muss aber noch der Frage nachgegangen werden, wen der Betriebsrat vertritt, d.h. ob er sich als Vertreter

---

[202] Vgl. Löwisch (2001), S. 1795.
[203] Vgl. Löwisch (2001), S.1797.

der gesamten Belegschaft sieht oder ob er primär die Interessen der Stammbelegschaft vertritt.

2.2.4 Die Insider-Outsider-Problematik der Mitbestimmung

Im Zuge der segmentationstheoretischen Forschung in Deutschland stellen Lutz und Sengenberger (1980) erstmals die These auf, dass der Betriebsrat Einfluss nimmt auf die innerbetriebliche Segmentation in Form von Rand- und Stammbelegschaften bzw. dass der Betriebsrat dazu beträgt, den betriebsinternen Arbeitsmarkt institutionell zu verfestigen.[204] Dies wäre dann der Fall, wenn der Betriebsrat sich primär als Interessensvertreter der Stammbelegschaft verstehen und nicht die Interessen der gesamten Belegschaft vertreten würde. In diesem Zusammenhang findet das Insider-Outsider-Modell häufig Anwendung, demnach Insider über bessere Beschäftigungsbedingungen verfügen als Outsider.[205] Das Insider-Outsider-Verhältnis findet sich beispielsweise zwischen Beschäftigten und Arbeitslosen, zwischen Kurzzeit- und Langzeitarbeitslosen, aber auch zwischen Mitarbeitern mit einem unbefristeten und einem befristeten Arbeitsvertrag wieder.[206] Insider versuchen nach dem Modell Regeln durchzusetzen, welche ihre eigene Position weiter stärken und die Position der Outsider weiter schwächen.[207] Dadurch gesteht das Modell den Arbeitnehmern, allerdings nur den Insidern, eine gewisse Marktmacht zu.[208] Dem Modell zufolge, sind die Insider mit besseren Beschäftigungsbedingungen konfrontiert als dies für die Outsider der Fall ist.[209] Das Insider-Outsider-Modell wird beispielsweise als Erklärungsansatz für die Existenz von Gewerkschaften herangezogen.[210] Demnach schließen sich die Insider zu Gewerkschaften zusammen, um im Lohnverhandlungsprozess ihre Macht zur Lohnsteigerung einzusetzen. Bezogen auf das System des internen Arbeitsmarktes stellt die Stammbelegschaft die Insider, während die Randbelegschaft und der externe Arbeitsmarkt die Outsider beinhaltet. Die Stammbelegschaft verfügt demnach über eine gewisse Verhandlungsmacht gegenüber dem Unternehmen, da das Unternehmen mit Kosten konfrontiert wäre, wenn Mitarbeiter der Stammbelegschaft das Unternehmen verlassen würden oder sich weigern würden, mit Outsidern zusammenzuarbeiten.[211] Zudem arbeitet die Stammbelegschaft unter besseren Beschäftigungsbedingungen als die Randbelegschaft. Dies schlägt sich in jedem

---

[204] Vgl. Lutz/ Sengenberger (1980), S. 299; dazu auch: Köhler/ Krause (2010), S.394.

[205] Vgl. dazu grundlegend: Swinton (1977); Lindbeck/ Snower (1986); Lindbeck/ Snower (2001).

[206] Vgl. Lindbeck/ Snower (2001), S. 166.

[207] Vgl. Swinton (1977), S. 401.

[208] Vgl. Lindbeck/ Snower (1986), S. 235.

[209] Vgl. Lindbeck/ Snower (2001), S. 165.

[210] Vgl. Lindbeck/ Snower (2001), S. 166.

[211] Vgl. Kleinhenz/ Falck (2004), S. 298.

Fall durch eine höhere Beschäftigungssicherheit der Stammbelegschaft nieder. Betrachtet man als Vergleichsgruppe die Leiharbeitnehmer, dann hat die Stammbelegschaft auch monetär bessere Arbeitsbedingungen als die Randbelegschaft. Die Stammbelegschaft kann ihre Verhandlungsmacht dazu nutzen, um die eigenen Arbeitsbedingungen weiter zu verbessern und in einer wirtschaftlich günstigen Situation durch höhere Lohnforderungen am Unternehmenserfolg beteiligt zu werden.[212] Insider können ihre Macht auch dazu einsetzen, die Löhne der Outsider nach oben zu treiben um die Wahrscheinlichkeit zu senken, dass Insider durch günstigere Outsider ersetzt werden.[213] Dies wäre eine Erklärung dafür, warum sich Gewerkschaften für höhere Löhne in der Zeitarbeitsbranche aussprechen, auch wenn die betreffenden Arbeitnehmer nicht in der Gewerkschaft sind.

Es ist nicht eindeutig geklärt, welche Position der Betriebsrat hier einnimmt. In der Literatur wird zwar häufig davon gesprochen, dass angenommen werden kann, dass der Betriebsrat die Interessen der Stammbelegschaft vertritt, damit deren Beschäftigungsstabilität erhöht und so zu einer Verfestigung der innerbetrieblichen Segmentation beiträgt.[214] Allerdings legt das Betriebsverfassungsgesetz hier etwas anderes fest. Denn demnach findet das Betriebsverfassungsgesetz und damit auch die betriebliche Mitbestimmung Anwendung für alle Arbeitnehmer eines Betriebes. Arbeitgeber und Betriebsrat sollen gemäß § 2 Abs. 1 BetrVG zum „Wohl des Arbeitnehmers und des Betriebes" zusammenarbeiten. Befristet Beschäftigte und geringfügig Beschäftigte stellen ohne Zweifel Arbeitnehmer dar, deren Interessen es zu vertreten gilt. Unklarer wird die Situation allerdings bei Leiharbeitern. Wie bereits dargelegt, sind diese zwar wahlberechtigt, gelten aber nicht als Arbeitnehmer im Sinne der Betriebsverfassung. Körner (2006) beschreibt die Stellung des Betriebsrates hinsichtlich des Einsatzes von Leiharbeit als ein Dilemma: Auf der einen Seite vertritt der Betriebsrat die Stammbelegschaft im entleihenden Unternehmen, auf der anderen Seite soll er aber auch für die Randbelegschaft eintreten. Letztere wird aber häufig als Konkurrenz zur Stammbelegschaft angesehen. Diese Bedrohung bringt der Gesamtbetriebsratsvorsitzende der BMW AG, Wolfgang Schoch, wie folgt zum Ausdruck:

> „Es kann nicht angehen, dass in Betrieben Stammmitarbeiter entlassen und dafür Zeitarbeitskräfte mit geringfügiger Entlohnung eingesetzt werden."[215]

Ein Ziel der Reform des Betriebsverfassungsgesetzes war auch die Annäherung der Stamm- und der Randbelegschaft. Allerdings zeigt eine Studie von Rudolph und Wassermann (2005), welche in Kapitel 4.1.1 nochmals aufgegriffen wird, dass dies nur bedingt erreicht

---

[212] Vgl. Lindbeck/ Snower (2001), S. 167.

[213] Vgl. Lindbeck/ Snower (2001), S. 169.

[214] Vgl. z.B. Sadowski/ Backes-Gellner/ Frick (1995), S. 502; Alda/ Bellmann (2003), S. 86; Abraham (2004), S. 119; Gerlach/ Jirjahn (2001), S. 146; Bellmann/ Ellguth (2006), S. 496.

[215] Schoch, M. (2011).

werden konnte. Insofern bleibt die Frage nach der Position des Betriebsrates gegenüber der Randbelegschaft vorerst ungeklärt[216] und soll im Rahmen der empirischen Untersuchung nochmals aufgegriffen und untersucht werden.

Die Position der Gewerkschaften stellt sich hier einfacher bzw. klarer dar. Gewerkschaften haben grundsätzlich eine ablehnende Haltung gegenüber atypischen Beschäftigungsformen, dies betrifft insbesondere die Beschäftigungsform der Arbeitnehmerüberlassung.[217] Der Deutsche Gewerkschaftsbund (DGB) bezieht in einem Thesenpapier zur Beschäftigungs-form der Arbeitnehmerüberlassung klar Stellung. In der offiziellen Stellungnahmen heißt es unter anderem, dass Leiharbeit dazu eingesetzt werde, die Mitbestimmung zu umgehen, und dass Leiharbeit reguläre Jobs verdränge.[218] Auch die Vereinte Dienstleistungsgewerkschaft (ver.di) bezieht eine offizielle und eindeutig ablehnende Position zu atypischen Beschäfti-gungsformen.[219] Dasselbe gilt für die Industriegewerkschaft Metall (IG Metall), welche 2008 die Kampagne „Gleiche Arbeit – Gleiches Geld" startete um sich für grundlegende Reformen des Arbeitnehmerüberlassungsgesetzes einzusetzen. Die Leiharbeit müsse darauf begrenzt werden, kurzfristige Auftragsspitzen abzudecken und müsse insbesondere gleich bezahlt werden.[220]

Die Insider-Outsider-Problematik zwischen der Stamm- und Randbelegschaft würde dann verschärft werden, wenn industrielle Beziehungen in Form von Betriebsräten und Gewerk-schaften zur Existenz von kleinen, abgegrenzten und ausgeprägten internen Arbeitsmärkten führen würden. Dabei muss der Mitbestimmung gar nicht zwingend eine aktive Rolle zu-kommen. Vielmehr könnte es auch der Fall sein, dass Unternehmen, welche über einen Be-triebsrat und/oder eine tarifvertragliche Bindung verfügen, interne Arbeitsmärkte kleinhal-ten und abgrenzen, um die verlorene Flexibilität zu kompensieren. Diese Frage soll in den nächsten beiden Kapiteln theoretisch beleuchtet werden.

Nachdem die betriebliche und überbetriebliche Mitbestimmung als Rahmenbedingungen bei der Gestaltung des internen Arbeitsmarktes dargestellt wurden, soll nun der Frage nachge-gangen werden, welche Auswirkungen der Mitbestimmung auf interne Arbeitsmärkte zu erwarten sind. Dazu sollen im folgenden Kapitel drei die beiden konkurrierenden Theorien über die Auswirkungen der betrieblichen Mitbestimmung – die Property Rights Theorie und die Partizipationstheorie – vorgestellt und insbesondere ihre Positionen zur Mitbestimmung erläutert   werden.

---

[216] Vgl. z.B. zur uneindeutigen Position von Betriebsräten gegenüber atypisch Beschäftigten: Boockmann/ Hagen (2003).

[217] Vgl. z.B. Bispinck (2010), S. 46.

[218] Vgl. DGB (2008).

[219] Vgl. ver.di (2010).

[220] Vgl. o.V. (2011a).

3 Neue Institutionenökonomie versus Partizipationstheorie –zwei konkurrierende Denkschulen über die ökonomischen Effekte der Mitbestimmung

In der wissenschaftlichen Diskussion über die Auswirkungen der Mitbestimmung stehen sich zwei konkurrierende Denkschulen gegenüber: die Property Rights Theorie – als Vertreter der Neuen Institutionenökonomie bzw. der personalökonomischen Ansätze – und die Partizipationstheorie als Vertreter der verhaltenswissenschaftlichen Ansätze der Personalwirtschaftslehre. Beide Theorien versuchen der Frage nachzugehen, inwiefern Mitbestimmungsrechte ökonomisch effizient sein können.[221] In den Kapiteln 3.1 und 3.2 werden diese beiden Theorien und insbesondere ihre Positionen zu den Auswirkungen der betrieblichen und überbetrieblichen Mitbestimmung dargestellt. Kapitel 3.3 liefert anschließend eine kritische Betrachtung der theoretischen Ansätze. Die dargestellten Theorien und damit verbundenen Argumentationslinien werden in Kapitel vier wieder aufgegriffen, um den Einfluss der betrieblichen und überbetrieblichen Mitbestimmung auf interne Arbeitsmärkte diskutieren zu können.

3.1 Property Rights Theorie als Vertreter der Neuen Institutionenökonomie

Die Property Rights Theorie bildet zusammen mit der Prinzipal-Agenten-Theorie und der Transaktionskostentheorie die Neuen Institutionenökonomischen Ansätze („New Institutional Economics"). Im Zentrum dieser Ansätze steht jeweils die Analyse von Institutionen (z.B. Verfügungsrechte, Verträge, Hierarchien, Märkte) in deren Rahmen ökonomischer Austausch stattfindet. Ziel dieser Analyse ist es, die Struktur, die Verhaltensweisen, die Effizienz sowie den Wandel dieser Institutionen zu erklären. Allen Ansätzen liegt das Menschenbild des Homo Oeconomicus zugrunde, dessen Handlungen von Rationalität, Eigennutz und Nutzenmaximierung geprägt sind.[222] Trotz dieser Gemeinsamkeiten unterscheiden sich die drei theoretischen Ansätze der Neuen Institutionenökonomie in der Spezifizierung der Fragestellungen und der Variablen, so dass bislang noch nicht von einer einheitlichen Institutionenökonomischen Theorie der Organisation gesprochen werden kann.[223]

Die Property Rights Theorie geht insbesondere auf Coase (1937) zurück und wurde von Furubotn und Pejovich (1974), Alchian und Demsetz (1972) sowie Jensen und. Meckling (1976) aufgegriffen und weiterentwickelt. Im Gegensatz zur traditionellen neoklassischen

---

[221] Vgl. Junkes/ Sadowski (1999), S. 56 und S. 58; ferner: Blume/ Gerstberger (2007), S. 226.

[222] Vgl. Furubotn/ Pejovich (1972), S. 1137; Ebers/ Gotsch (2006), S. 247.

[223] Vgl. Ebers/ Gotsch (2006), S. 248.

© Springer Fachmedien Wiesbaden GmbH, ein Teil von Springer Nature 2012
C. Jensen, *Der Einfluss der industriellen Beziehungen auf interne Arbeitsmärkte*,
Edition KWV, https://doi.org/10.1007/978-3-658-24334-0_3

Sichtweise zeichnet sich die Property Rights Theorie durch eine größere Realitätsnähe aus und ist damit auch durch eine größere empirische und praktische Relevanz gekennzeichnet. Die Theorie berücksichtigt nicht nur Gewinnmaximierungsziele von Unternehmungen, sondern sie erkennt vielmehr an, dass Unternehmungen durch individuelle Handlungen gestaltet werden. Welche individuellen Handlungen dabei ergriffen werden, hängt von den unterschiedlichen Präferenzen und Zielen der Individuen im Unternehmen ab.[224]

Ausgangspunkt dieser Theorie ist die Überlegung, dass nicht das Eigentum an einem Gut von Wert ist, sondern erst die damit verbundenen Rechte, bestimmte Handlungen an und mit diesem Gut durchzuführen.[225] Dabei werden vier Arten von Verfügungsrechten unterschieden: (1) das Recht ein Gut zu nutzen (*usus*), (2) das Recht, die Erträge der Nutzung einzubehalten (*usus fructus*), (3) das Recht, die Form oder die Substanz des Gutes zu verändern (*abusus*) sowie (4) das Recht, alle oder einzelne der genannten Verfügungsrechte auf andere zu übertragen (*ius abutendi*).[226] Die Kosten, die dabei für die Durchsetzung, Bestimmung und Übertragung von Verfügungsrechten anfallen, werden als Transaktionskosten bezeichnet. Die Property Rights Theorie trifft hier die Annahme, dass diese Transaktionskosten in praktisch allen relevanten Fällen größer als Null sind.[227] Diese entstehenden Transaktionskosten mindern so den Nettonutzen, der aus der Ressourcennutzung entsteht. Die Property Rights Theorie legt einen streng ökonomischen Maßstab zugrunde. Deshalb werden Verfügungsrechte letztendlich so strukturiert, dass sie sich im Besitz derjenigen befinden, die unter Berücksichtigung der Transaktionskosten den relativ größten Nutzen aus ihnen ziehen können.[228] Eine Kernaussage der Property Rights Theorie lautet demnach: *„Akteure werden [...] solche Formen der Ressourcennutzung wählen und solche Verfügungsrechtsstrukturen etablieren, die ihren Nettonutzen maximieren.“*[229] Eine exklusive, d.h. eindeutige und uneingeschränkte, Übertragung von Verfügungsrechten wird demnach als die zentrale Voraussetzung für eine effiziente Güterallokation angesehen.[230]

Im Rahmen der Mitbestimmungsdiskussion wird mit Hilfe des Property Rights Ansatzes analysiert, inwiefern Mitbestimmung durch gewählte Arbeitnehmervertreter effizient sein kann.[231] Durch die Mitbestimmung kommt es zu einer Trennung zwischen Eigentum und Kontrolle, und damit zu einem ökonomisch relevanten Sachverhalt im Sinne der Property Rights Theorie.[232] Der Argumentation der Theorie folgend, führt die Beteiligung von

---

[224] Vgl. Ebers/ Gotsch (2006), S. 256.
[225] Vgl. Furubotn/ Pejovich (1972), S. 1137; Ganske (1996), S. 7 und 13.
[226] Vgl. Furubotn/ Pejovich (1972), S. 1140.
[227] Vgl. Furubotn/ Pejovich (1972), S. 1137.
[228] Vgl. Ebers/ Gotsch (2006), S. 249.
[229] Ebers/ Gotsch (2006), S. 250.
[230] Vgl. Frick (1997), S. 174.
[231] Vgl. FitzRoy/ Kraft (2004), S. 4.
[232] Vgl. Junkes/ Sadowski (1999), S. 56.

Arbeitnehmern, und damit von einer weiteren Interessengruppe neben den Anteilseignern, an unternehmerischen Entscheidungen zu einer „Verwässerung" bzw. einer „Ausdünnung" von Entscheidungsrechten.[233] In diesem Sinne stellt Mitbestimmung eine systematische Quelle für Ineffizienzen dar.[234] Bei Entscheidungsprozessen kann es zu langwierigen Diskussionen zwischen Arbeitgeberseite und Arbeitnehmervertretern kommen, was die Entscheidungsfindung verzögert und dadurch die Flexibilität hemmt. Bezogen auf das deutsche System der Mitbestimmung führt Wenger an, dass das Betriebsverfassungsgesetz den Arbeitnehmern das Recht zugesteht, „ [...]Umstellungen des betrieblichen Leistungserstellungsprozesses zu blockieren oder für ihre Durchführung einen finanziellen Ausgleich zu verlangen. [...] Die Rechtslage eröffnet ein weites Feld von Obstruktionsmöglichkeiten, das die relative Verhandlungsstärke des Arbeitgebers erheblich zu dessen Nachteil beeinflusst".[235] Von Weizsäcker argumentiert, dass die Einheit der Entscheidungsfindung im Unternehmen, als Voraussetzung für volkswirtschaftliches Funktionieren, durch die Mitbestimmung gefährdet sei.[236] Dies sei damit zu erklären, dass Mitbestimmung die Koordinations- und Verhandlungskosten einer Entscheidung und deren Implementierung ansteigen lässt.[237] Mitbestimmung sei nur dann effizient, wenn die Arbeitnehmer die Bereitschaft zeigten, auf so viel Lohn zu verzichten, wie es ihrem geminderten Grenzprodukt entspricht. Sinkt beispielsweise das Grenzprodukt der Arbeitnehmer durch die Mitbestimmung um 20%, während der Arbeitnehmer bereit ist auf 30% seines Lohnes zu verzichten, dann erhöht Mitbestimmung sogar die Wertschöpfung eines Unternehmens.[238] Ist das nicht der Fall, dann führt Mitbestimmung zu einer geringeren Effizienz im Unternehmen und der Unternehmenserfolg wird geschmälert.[239] Durch die Trennung von residualen Entscheidungsrechten und residualen Einkommensansprüchen führt Mitbestimmung dazu, dass Arbeitnehmer an Entscheidungen beteiligt werden, deren Risiken und nachteiligen Folgen sie nicht voll zu tragen haben.[240] Arbeitnehmer können so ihre Mitbestimmungsrechte dazu nutzen, um an dem Unternehmensgewinn teilzuhaben, allerdings ohne auch am Risiko beteiligt zu werden.[241] Pejovich beschreibt dies als „divorce between decision making and risk bearing"[242]. Dieser Argumentation folgend, sollen der Partei die unverdünnten Verfügungsrechte zuge-

---

[233] Vgl. z.B. Furubotn (1978), S. 131: attenuation of property rights in capital; Pejovich (1978), S. 19; Michaelis/ Picot (1987), S. 92 und 117.

[234] Vgl. Furubotn (1978); Pejovich (1978); Jensen/ Meckling (1979), S. 474; Ganske (1996), S. 21; Gerum (2007), S. 11.

[235] Wenger, E. (2008), S. 466.

[236] Vgl. von Weizsäcker (1984), S. 147f.

[237] Vgl. Frick (1997), S. 175.

[238] Vgl. von Weizsäcker (1984), S. 147f.

[239] Vgl. FitzRoy/ Kraft (2004), S. 5.

[240] Vgl. Pejovich (1978), S. 19; Sadowski (2002), S. 276.

[241] Vgl. Sadowski (2002), S. 276.

[242] Pejovich (1978), S: 53.

standen werden, die auch die Folgen von Entscheidungen zu tragen haben, d.h. die Eigentümer oder das von ihnen beauftragte Management.[243]

Die gesetzlich vorgeschriebene Mitbestimmung kann aufgrund unterschiedlicher Zielfunktionen der Arbeitnehmer und Arbeitgeber nicht zu Pareto-Optimalität führen.[244] Die Planungshorizonte und Risikoneigungen der Arbeitnehmer und der Arbeitgeber (bzw. der Kapitalgeber) fallen auseinander.[245] Beispielsweise könnten Arbeitnehmer oder deren Vertreter (Betriebsräte oder Gewerkschaften) versuchen, höhere Gewinne durch höhere Löhne abzuschöpfen, notwendigen Personalabbau in einer schlechten wirtschaftlichen Lage zu verzögern oder Dividendenzahlungen zu verringern. Diese Faktoren können dazu führen, dass der Unternehmenswert (z.B. gemessen durch die Bewertung am Aktienmarkt) sinkt und mitbestimmte Unternehmen Schwierigkeiten bekommen, an Eigenkapital zu gelangen.[246] Langfristig kann das die Wettbewerbsfähigkeit des Unternehmens gefährden und einen Standortnachteil durch die Mitbestimmung bedeuten.[247]

Die Denkschule der Property Rights Theorie leugnet nicht, dass Mitbestimmung durchaus auch positive Effekte haben kann. Jensen und Meckling (1979) verweisen hier auf Vorteile wie beispielsweise „*security, management participation, self-realization*"[248]. Aber die daraus entstehenden Vorteile können die negativen Effekte der Mitbestimmung nicht vollständig kompensieren. Ansonsten würde Mitbestimmung auf freiwilligem Wege zustande kommen und müsste nicht durch Gesetze festgelegt werden. Demnach ist das Hauptargument der Property Rights Theorie nicht theoretischer, sondern empirischer Natur:

> „*If codetermination is beneficial to both stockholders and labor, why do we need laws which force firms to engage in it? Surely, they would do so voluntarily. The fact that stockholders must be forced by law to accept codetermination is the best evidence we have that they are adversely affected by it.*"[249]

Aus diesem Grund lehnt die Property Rights Theorie staatliche Eingriffe in die Entscheidungsrechte von Unternehmen in Form von Mitbestimmungsgesetzen ab.[250]

Vertreter der Transaktionskostentheorie argumentieren hier jedoch, dass dieses Argument nur in einer Welt ohne Verhandlungskosten Sinn macht. Wenn individuelle Verhandlungen

---

[243] Vgl. Blume/ Gerstberger (2007), S. 226.

[244] Vgl. Junkes/ Sadowski (1999), S. 56; Gurdon/ Rai (1990), S. 290.

[245] Vgl. Frick (1997), S. 174.

[246] Vgl. Höpner (2003), S. 158.

[247] Vgl. Hörisch (2009), S. 113.

[248] Jensen/ Meckling (1979), S. 473.

[249] Jensen/ Meckling (1979), S. 474.

[250] Vgl. FitzRoy/ Kraft (2004), S. 5.

kostspielig seien, d.h. Transaktionskosten verursachen, könnten sich kollektive Verhandlungen mit Arbeitnehmervertretern durchaus lohnen.[251]

3.2 Partizipationstheoretische Ansätze und deren Verknüpfung mit der Exit-Voice-Theorie

Im Rahmen der wissenschaftlichen Diskussion um die Auswirkungen der Mitbestimmung bildet die Partizipationstheorie die theoretische Gegenposition zur Property Rights Theorie.[252] Im Gegensatz zur Property Rights Theorie argumentieren Vertreter der Partizipationstheorie[253], dass der Markt nicht immer automatisch zur besten Lösung führe.[254]

Die Partizipationstheorie beruht auf humankapitaltheoretischen Überlegungen und damit auf einem erweiterten Kapitalbegriff. Das Erfolgsmaß der Property Rights Theorie wird dabei als nicht ausreichend angesehen, da die positiven Effekte der Mitbestimmung nicht genügend Beachtung finden.[255] Während die Property Rights Theorie von einem rational opportunistischen Mitarbeiter ausgeht, der das Ziel einer maximalen Vergütung bei minimaler Arbeitsleistung anstrebt, vertritt die Partizipationstheorie die Ansicht, dass Beschäftigte sich intrinsisch für die Unternehmensziele motivieren lassen.[256]

Die Partizipationstheorie stellt keine in sich geschlossene Theorie dar, sondern ist vielmehr ein Sammelbegriff für verschiedene Theoriestränge. Um möglichst viele Aspekte der Mitbestimmung zu erfassen, kann die Partizipationstheorie mit dem Exit-Voice-Modell verknüpft werden. Das Exit-Voice-Modell geht grundlegend auf Hirschman (1970) zurück. Zentrale Idee dieses Modells ist es, dass Institutionen eine kollektive Artikulation von Interessen erlauben.[257] Hirschman (1970) nennt hier als Ausgangssituation ein Unternehmen, das mit einer Qualitätsverschlechterung seiner Produkte konfrontiert wird. Nach Hirschmans Argumentation gibt es zwei Möglichkeiten für das Unternehmen von diesem Problem zu erfahren: Die Kunden kaufen die Produkte nicht mehr und kaufen dafür bei einem Konkurrenzunternehmen ein (Abwanderung bzw. Exit). Das Unternehmen erfährt von der Kundenunzufriedenheit indirekt durch einen sinkenden Umsatz. Die zweite Möglichkeit besteht darin, dass sich die Kunden beschweren, auf direktem oder indirektem Weg (Wider-

---

[251] Vgl. Sadowski (2002), S. 277; Hörisch (2009), S. 113.

[252] Vgl. Junkes/ Sadowski (1999), S. 58.

[253] Vgl. grundlegend zur Partizipationstheorie: McCain (1980); Smith (1991); Freeman (1976); Freeman/ Lazear (1995).

[254] Vgl. FitzRoy/ Kraft (2004), S. 5.

[255] Vgl. Junkes/ Sadowski (1999), S. 58.

[256] Vgl. Blume/ Gerstberger (2007), S. 226.

[257] Vgl. Hirschman (1970).

spruch bzw. Voice). Das Unternehmen kann die Ursache der Qualitätsprobleme suchen bzw. beheben und verliert auf diesem Wege seine Kunden nicht. Grundidee ist, dass Institutionen (z.B. im dargestellten Fall ein systematisches Beschwerdemanagement) die kollektive Artikulation von Interessen erlauben, und dadurch die Exit-Option verhindern. Übertragen auf Mitbestimmung stellen Gewerkschaften oder Betriebsräte diese Institution dar, welche die kollektive Artikulation von Interessen möglich macht.[258] FitzRoy und Kraft (1985) betonen jedoch, dass in Deutschland insbesondere der Betriebsrat diese Voice-Funktion auf der betrieblichen Ebene einnimmt. Gewerkschaften fungieren dagegen insbesondere bei der Entgeltfindung als Voice-Institution.[259]

Freeman (1976), als einer der zentralen Vertreter der Partizipationstheorie, baut seine Argumentation auf dem Exit-Voice-Modell von Hirschmann (1970) auf. Freeman (1976) verwendet das Modell von Hirschmann als Ausgangspunkt, um die Auswirkungen von Gewerkschaften außerhalb des monetären Bereiches zu untersuchen. Bei Unzufriedenheit haben Mitarbeiter die Wahl zwischen „Exit" und „Voice".[260] Entscheiden sich Mitarbeiter für „Exit", müssen sie nicht unbedingt das Unternehmen verlassen (explizite Kündigung), sondern können auch auf andere Art und Weise diese Einstellung zum Ausdruck bringen (innere Kündigung), zum Beispiel durch Reduktion ihrer Arbeitsleistung oder durch Absentismus.[261] Sämtliche Formen dieses Verhaltens können negative Auswirkungen auf den Unternehmenserfolg haben. Diese inneren Kündigungen sind für den Arbeitgeber sehr problematisch, denn obwohl keine angemessene Leistung des Mitarbeiters erfolgt, muss das Unternehmen weiterhin Entgelt an den Mitarbeiter bezahlen. Aber auch explizite Kündigungen sind für das Unternehmen mit Kosten verbunden, welche anfallen, wenn neue Mitarbeiter gesucht und eingearbeitet werden müssen. Zudem ist das Unternehmen nicht über die Gründe des Weggangs der Mitarbeiter informiert, so dass die Gefahr besteht, dass die neu eingestellten und eingearbeiteten Mitarbeiter aus denselben Gründen wieder das Unternehmen verlassen.[262] Dieses Verhalten kann, zumindest teilweise, vermieden werden, wenn Mitarbeiter ihre Interessen und Wünsche gegenüber dem Management zum Ausdruck bringen können. Um diese Weiterleitung von relevanten Informationen an das Management und eine effiziente Abstimmung von Interessen zwischen Management und Belegschaft zu gewährleisten, ist es effizienter, ein Kollektivorgandafür einzusetzen als den individuellen Weg zu wählen.[263] Weiterhin können Arbeitsbedingungen als öffentliches Gut angesehen werden, so dass hier eine individuelle Lösung als nicht effizient angesehen werden kann und deshalb

---

[258] Vgl. Dilger (2002), S. 68.

[259] Vgl. FitzRoy/ Kraft (1985), S. 542.

[260] Vgl. dazu auch Kraft (1986), S. 697.

[261] Vgl. Freeman (1976), S. 362.

[262] Vgl. Dilger (2002), S. 69.

[263] Vgl. Schmidt/ Trinczek (1999), S. 111.

eher unwahrscheinlich ist.[264] Der einzelne Mitarbeiter wird es nicht als lohnend ansehen, seine Interessen alleine gegenüber dem Management zu vertreten.[265] Er würde das Risiko eingehen, dass seine Kritik nicht positiv aufgenommen wird und er die negativen Konsequenzen alleine zu tragen hat.[266] Im Falle eines Erfolgs profitieren aber auch die anderen Mitarbeiter, die jedoch kein Risiko auf sich genommen haben, d.h. es kann ein Free-Rider-Problem auftauchen.[267] Hier können Betriebsräte und Gewerkschaften als kollektive Institution – als „Voice" – agieren,[268] als „ [...] direct channel of communication between workers and management"[269]. Eine Mitbestimmungsinstitution kann so dazu beitragen, die Informationsasymmetrien zwischen Belegschaft und dem Management zu verringern. Die Beschäftigten werden sich eher und vertrauensvoller an einen Arbeitnehmervertreter wenden als an die Arbeitgeberseite direkt. Insbesondere der Betriebsrat kann hier auf der betrieblichen Ebene eine zentrale Rolle einnehmen. Ein Betriebsrat als Kollektivorgan kann diese Punkte leichter als der einzelne Mitarbeiter gegenüber dem Management ansprechen, da er durch spezielle Rechte geschützt ist. Zudem wird das Management die Interessen des Betriebsrates ernst nehmen, da er die Interessen der ganzen Belegschaft vertritt und das Management meist an einer dauerhaft kooperativen Zusammenarbeit mit dem Betriebsrat interessiert ist.[270]

Das Management kann so die Arbeitsbedingungen stärker an den Präferenzen der Mitarbeiter ausrichten um dadurch deren Motivation zu steigern und die Fluktuation zu senken.[271] Neben der Reduktion von Informationsasymmetrien kann Mitbestimmung auch dazu beitragen, Vertrauensprobleme zwischen Management und Belegschaft zu verringern.[272] Beispielsweise kann bei der strategischen Nutzung von Informationen ein Vertrauensproblem entstehen. Es ist anzunehmen, dass Arbeitnehmer über weniger Informationen verfügen als Arbeitgeber und dass erstere bereit sind, in Krisenzeiten Zugeständnisse (z.B. bezüglich der Entlohnung) zu machen. Insofern könnte für Arbeitgeber ein Anreiz bestehen eine solche Krise vorzutäuschen.[273] Umgekehrt könnten Arbeitnehmer Informationen über technologische Verbesserungen oder Möglichkeiten zur Produktivitätssteigerung zurückhalten, da sie befürchten, dass diese Informationen vom Management gegen ihre Interessen (z.B. Rationalisierungsmaßnahmen) verwendet werden könnten.[274] Zudem werden Mitarbeiter, wenn sie

---

[264] Vgl. Freeman (1976), S. 364; Addison/ Kraft/ Wagner (1993), S. 313; Addison/ Schnabel/ Wagner (2001), S. 669.

[265] Vgl. Addison/ Kraft/ Wagner (1993), S. 669.

[266] Vgl. Dilger (2002), S. 69.

[267] Vgl. Jirjahn (2003), S. 650.

[268] Vgl. FitzRoy/ Kraft (1987), S. 494; Addison/ Kraft/ Wagner (1993), S. 314.

[269] Freeman (1976), S. 364.

[270] Vgl. Dilger (2002), S. 70.

[271] Vgl. Jirjahn (2006), S. 215.

[272] Vgl. Berthold (2001), S. 507.

[273] Vgl. Sadowski (2002), S. 281.

[274] Vgl. Gerlach/ Jirjahn (1999), S. 186; Jirjahn (2006), S. 216.

über die Hintergründe von unternehmerischen Entscheidungen informiert werden, diese Entscheidungen (z.B. Lohnkürzungen in wirtschaftlich schlechten Zeiten) auch eher akzeptieren.

Ein weiteres Argument der Partizipationstheorie entsteht vor dem Hintergrund der Humankapitaltheorie. Smith (1991) unterscheidet in diesem Ansatz zwischen allgemeinem und unternehmensspezifischem Humankapital. Investitionen in spezifisches Humankapital erhöhen den Wert des Mitarbeiters für das Unternehmen, dies gilt jedoch nicht für den Wert des Mitarbeiters auf dem externen Arbeitsmarkt. Deshalb bedeutet für den Beschäftigten eine Investition in unternehmensspezifisches Humankapital immer ein gewisses Risiko. Denn diese Investitionen werden zu „Sunk Costs", wenn die Kooperationsbeziehung zwischen Arbeitnehmer und Unternehmen scheitert.[275] Allgemein fühlen sich Mitarbeiter durch die Mitbestimmung sicherer und sind deshalb auch eher bereit, in ihr unternehmensspezifisches Humankapital zu investieren:

> „Without some form of due process protection for these investments, including over how they will be developed, we may expect them to be much smaller than the optimum. Codetermination law, by providing guaranteed joint decision making at the workplace and, generally, seats for employees on the board of directors, offers such protection."[276]

Insofern entkräften Partizipationstheoretiker das Argument der Property Rights Theorie, dass nur den Eigentümern (bzw. dem beauftragten Management) unverdünnte Verfügungsrechte zugestanden werden sollten. Denn nicht nur die Eigentümer investieren in das Unternehmen, sondern auch die Arbeitnehmer stellen Kapital, genauer gesagt unternehmensspezifisches Humankapital, bereit.[277] Demnach würde es zu kurz greifen, nur Finanzkapitalgeber als Investoren und damit als Entscheidungsträger im Unternehmen zu betrachten. Auch Arbeitnehmer investieren in das Unternehmen, wenn auch kein Finanzkapital so doch Humankapital, was unumstritten an Bedeutung gewinnt. Werden Arbeitnehmer ebenfalls als Investoren betrachtet, dann kann das Argument der Property Rights Theoretiker entkräftet werden, dass Mitbestimmung zu einer Verwässerung und Verdünnung von Entscheidungsrechten führe. Oder wie Pejovich es beschreibt als „[...] divorce between decision making and risk bearing"[278].Arbeitnehmer tragen dann als Investoren ebenfalls einen Teil des Risikos. Investiert ein Mitarbeiter in unternehmensspezifische Kenntnisse oder zieht er mit seiner Familie an den Arbeitsort um, so riskiert er im Falle des Scheiterns der Kooperationsbezie-

---

[275] Vgl. Frick/ Speckbacher/ Wentges/ Schmid (1999), S. 749.

[276] Smith (1991), S. 277.

[277] Vgl. Frick/ Speckbacher/ Wentges/ Schmid (1999), S. 748f.

[278] Pejovich (1978), S. 19.

hung mit seinem Arbeitnehmer die Quasirente[279] dieser Investition.[280] Der Arbeitnehmer hat insofern ein starkes Interesse an einer langfristigen Beziehung mit dem Arbeitgeber.[281] Ohne Mitbestimmung würden Arbeitnehmer die Gefahr laufen, dass der Arbeitgeber versucht, die Quasirente abzuschöpfen. Insofern kann Mitbestimmung eine opportunitätsreduzierende Funktion übernehmen:

> *„Although systematic evidence on the prevalence of management (or shareholder) opportunism toward employees is not available, I think it is clear, that a majority of employees believe it is very widespread; and this belief alone will affect economic behaviour in general and willingness to make firm specific investments in particular."*[282]

Die Partizipationstheorie leugnet nicht, dass mit der Mitbestimmung auch Kosten und Nachteile verbunden sind. Aber die Vorteile überwiegen dabei die Nachteile.[283] Gurdon/Rai (1990) beschrieben dies als *„expanded pie in which all parties can gain."* Indem Mitbestimmung die Kommunikation zwischen Management und Belegschaft fördert, können Konflikte zwischen den beiden Parteien vermieden oder zumindest abgeschwächt werden.[284] Mitbestimmung kann eine Möglichkeit darstellen die Bedürfnisse und Interessen von Management und Belegschaft miteinander zu vereinbaren.[285] Der Argumentation der Partizipationstheorie folgend, kann Mitbestimmung die Effizienz der Organisation erhöhen, den Unternehmenserfolg positiv beeinflussen und somit dem Unternehmen einen Wettbewerbsvorteil verschaffen.[286]

3.3   Kritische Betrachtung der theoretischen Grundlagen

Der zentrale Kritikpunkt an der Property Rights Theorie ist das zugrunde gelegte Menschenbild des Homo Oeconomicus. Dieses Menschenbild *„[...] wird als unzulängliche Grundlage für die Erklärung menschlichen Verhaltens kritisiert."*[287] Diesem Kritikpunkt wirkt die Partizipationstheorie entgegen, indem sie davon ausgeht, dass Mitarbeiter sich

---

[279] Unter Quasirente versteht man die Differenz zwischen dem Wert einer Ressource bei kombinierter Verwendung innerhalb der Kooperationsbeziehung und ihrem Wert bei nächstbester Verwendung im Falle eines Scheiterns der Kooperationsbeziehung (Dilger/ Frick/ Speckbacher (1999), S.7).

[280] Vgl. Dilger/ Frick/ Speckbacher (1999), S. 26.

[281] Vgl. Kraft (1986), S. 698.

[282] Smith (1991), S. 277.

[283] Vgl. Junkes/ Sadowski (1999), S. 59.

[284] Vgl. FitzRoy/ Kraft (2004), S. 5.

[285] Vgl. Gurdon/ Rai (1990), S. 289.

[286] Vgl. Frick (1996a), S. 411.

[287] Vgl. Alewell (1996), S. 671.

nicht nur extrinsisch, sondern auch intrinsisch motivieren lassen.[288] Ein weiterer Kritikpunkt an der Theorie der Verfügungsrechte stellt die Tatsache dar, dass – wie bereits einleitend zur Partizipationstheorie dargestellt – der Humankapitalfaktor nicht berücksichtigt wird, d.h. Investitionen in Wissen und Fähigkeiten finden keine Beachtung.[289] Zudem wird der Theorie vorgeworfen, die positiven Aspekte zu sehr in den Hintergrund zu stellen, welche sich bei einer Verdünnung von Verfügungsrechten ergeben können.[290] Im Kontext der Mitbestimmung bedeutet dies, dass die positiven Aspekte der Arbeitnehmerpartizipation vernachlässigt werden. Dies ist der Tatsache geschuldet, dass die ökonomischen Theorieansätze – zu welchen auch die Property Rights Theorie zählt – sich nur auf ökonomische Effizienzkriterien stützen.[291] Weiche Faktoren, wie zum Beispiel Mitarbeiterzufriedenheit, werden hier vernachlässigt. Allerdings ist zu beachten, dass sich diese weichen Kriterien auf ökonomische Kriterien, wie z.B. Personalfluktuation und die damit verbundenen Kosten, auswirken können.

Kritik an der Partizipationstheorie bezieht sich weniger auf die Theorie direkt als allgemein auf die verhaltenswissenschaftlichen Ansätze. Erschwerend kommt hinzu, dass es nicht „die" Partizipationstheorie an sich gibt, sondern der Begriff vielmehr einen Sammelbegriff für mehrere Theorien, darunter auch die Exit-Voice-Theorie darstellt. Wirft man der Property Rights Theorie vor, dass die Effizienzkriterien zu einseitig formuliert und damit zu vereinfachend und abstrahierend formuliert sind, so besteht die Kritik an den verhaltenswissenschaftlichen Theorien daran, dass eine zu geringe Reduzierung der Komplexität vorgenommen wird. Dies wiederum erschwert die Formulierung von konkreten Vermutungen und die vereinfachende Darstellung von Zusammenhängen.[292] Grundsätzlich wird den verhaltenswissenschaftlichen Theorien der Personalwirtschaftslehre eine mangelnde theoretische Fundierung vorgeworfen.[293] Die verhaltenswissenschaftlichen Ansätze gehen von der Annahme aus, dass der Mensch sich intrinsisch motivieren lässt. Diese intrinsische Motivation kann jedoch bei Verwendung monetärer Anreize (was zu extrinsischer Motivation führt) eine Verdrängung der intrinsischen Motivation führen. Es kann sogar zu einem im Vergleich zur Ausgangslage niedrigeren Motivationszustand kommen. Dieser Effekt wird als „Crowding-Out-Effekt" beschrieben.[294] Demnach ist die intrinsische Motivation nicht von einer hohen Stabilität gekennzeichnet, was Kritik an dem Menschenbild der verhaltenswissenschaftlichen Ansätze nach sich ziehen kann.

---

[288] Vgl. Blume/ Gerstberger (2007), S. 226; Ganske (1996), S. 61; Krüsselberg (1983), S. 74f.

[289] Vgl. Smith (1991), S. 261.

[290] Vgl. Ebers/ Gotsch (2006), S. 257; Göbel (2002), S. 257.

[291] Vgl. Picot (1991), S.158.

[292] Vgl. Backes-Gellner (1996), S. 307; Berger/ Bernhard-Mehlich (2006), S. 208f.

[293] Vgl. Grieger/ Bartölke/ Ridder (2004), S. 22f.

[294] Vgl. Frey/ Jegen (2001), S. 589 und S. 594 f.

Tabelle 7 stellt die zentralen Elemente der beiden theoretischen Ansätze sowie die Kritikpunkte an denselben nochmals gegenüber.

	Property Rights Ansatz	Partizipationstheorie
Hauptvertreter	Coase, Furubotn, Pejovich, Alchian, Demsetz, Jensen, Meckling	Hirschman, Freeman, Lazear, Smith
Verhaltensannahmen/ Menschenbild	Homo oeconomicus	Mensch ist intrinsisch motivierbar.
Bewertung der Mitbestimmung/ Hauptargumente	<ul><li>Mitbestimmung als Verwässerung der Entscheidungsrechte.</li><li>Mitbestimmung kann positive Effekte haben, diese werden aber durch negative überkompensiert.</li><li>Wenn Mitbestimmung vorteilhaft wäre, dann würde sie auf freiwilligem Wege zustande kommen und müsste nicht per Gesetz erzwungen werden.</li></ul>	<ul><li>Mitbestimmung als kollektive Stimme (Voice), die zur Reduktion von Informationsasymmetrien zwischen Management und Arbeitnehmern beiträgt.</li><li>Mitbestimmung senkt Fluktuation und erhöht die Bereitschaft der Mitarbeiter in unternehmensspezifisches Humankapital zu investieren.</li></ul>
Zentrale Kritikpunkte	<ul><li>Zugrunde gelegtes Menschenbild des Homo Oeconomicus</li><li>Einseitige Konzentration auf Effizienzkriterien</li></ul>	<ul><li>Zu geringe Abstraktion von Zusammenhängen</li><li>Mangelnde theoretische Fundierung</li><li>Geringe Beständigkeit der intrinsischen Motivation</li></ul>

Tabelle 7: Gegenüberstellung von Partizipationstheorie und Property Rights Theorie; Quelle: Eigene Darstellung.

Zusammenfassend lässt sich festhalten, dass die beiden konkurrierenden Theorien die zwei Facetten der starken Mitbestimmung in Deutschland widerspiegeln. Diese beiden Facetten wurden bereits in der Einleitung dieser Arbeit kurz aufgegriffen. Zum einen kann die starke Partizipation dazu führen, dass das Vertrauen und die Kooperation zwischen Belegschaft und Management gesteigert werden, was sich positiv auf die Unternehmensperformance auswirken würde. Genau das ist die Sichtweise der Partizipationstheorie bzw. der Exit-Voice-Theorie. Auf der anderen Seite kann Mitbestimmung aber auch dazu genutzt werden, Entscheidungen des Managements zu verhindern oder zumindest zu verzögern, was wiederum die Argumentationslinie der Property Rights Theorie widerspiegelt.

Die dargestellten theoretischen Grundlagen werden im folgenden Kapitel vier genutzt, um gemeinsam mit den rechtlichen Möglichkeiten und ausgewählten Studien eine Einflussnahme der industriellen Beziehungen auf die zentralen Aspekte interner Arbeitsmärkte im Rahmen eines systematischen Beschäftigungsmanagements zu untersuchen.

4 Mögliche Einflüsse der industriellen Beziehungen: rechtliche Handlungsspielräume, theoretische Ansätze und empirische Evidenz

Das folgende Kapitel ist nach den zentralen Charakteristika interner Arbeitsmärkte im Rahmen eines systematischen Beschäftigungsmanagements (siehe Abbildung 6) aufgebaut: der relativen Größe und Offenheit des internen Arbeitsmarktes (Kapitel 4.1), der Qualifizierung zur Erhöhung der Einsatzflexibilität(Kapitel 4.2) sowie den internen Karrierepfaden (Kapitel 4.3) und der Entgeltgestaltung im internen Arbeitsmarkt (Kapitel 4.4).

Die rechtlichen Handlungsspielräume der betrieblichen und überbetrieblichen Ebene werden mit den Argumentationslinien der theoretischen Ansätze verknüpft, um Arbeitshypothesen für die empirische Untersuchung ableiten zu können. Dabei ist zu beachten, dass in Unternehmen mit Betriebsrat bzw. in tarifgebundenen Unternehmen die Argumente der Partizipationstheorie – verknüpft mit dem Exit-Voice-Ansatz – eine zentrale Rolle spielen. In diesen Unternehmen können Betriebsräte und Gewerkschaften ihre Voice-Funktion im Sinne der Belegschaft geltend machen.

Fall a)	*Fall c)*	*Fall d)*	*Fall b)*
keine Tarifvertragsbindung	Tarifvertragsbindung	Betriebsrat	Tarifvertragsbindung
kein Betriebsrat	kein Betriebsrat	keine Tarifvertragsbindung	Betriebsrat
Property Rights Theorie	Zwischenfälle		Partizipationstheorie

Abbildung 8: *Zusammenhang zwischen Ausprägungen der industriellen Beziehungen und den theoretischen Ansätzen; Quelle: Eigene Darstellung.*

Verfügt ein Unternehmen über einen Betriebsrat und eine Tarifvertragsbindung, so folgt es der Argumentationslinie der Partizipationstheorie. Im Gegensatz dazu ist zu erwarten, dass Unternehmen ohne Betriebsrat bzw. ohne Tarifvertragsbindung der Argumentationslinie der Property Rights Theorie folgen, da es hier nicht zu einer „Verwässerung" von Entscheidungsrechten kommt, sondern die Entscheidungsrechte vielmehr gebündelt beim Unternehmen liegen. Deshalb sollen Hypothesen für mitbestimmungsfreie Unternehmen im Sinne

© Springer Fachmedien Wiesbaden GmbH, ein Teil von Springer Nature 2012
C. Jensen, *Der Einfluss der industriellen Beziehungen auf interne Arbeitsmärkte*,
Edition KWV, https://doi.org/10.1007/978-3-658-24334-0_4

der Property Rights Theorie (*Fall a*)) abgeleitet werden und Hypothesen für mitbestimmte Unternehmen (*Fall b*)) im Sinne der Partizipationstheorie abgeleitet werden. Besteht eine Tarifvertragsbindung ohne dass ein Betriebsrat existiert (*Fall c*)) bzw. verfügt ein Unternehmen über einen Betriebsrat und ist nicht tarifgebunden (*Fall d*)), so liegt eine Mischform bzw. ein Zwischenfall der beiden theoretischen Ansätze vor. Für diese beiden Zwischenfälle sollen keine Hypothesen abgeleitet werden, da hier zwei konkurrierende Denkschulen innerhalb eines Falles aufeinander treffen. Diese beiden Fälle werden aber im Rahmen der empirischeeln Untersuchung aufgegriffen und diskutiert.Abbildung 8 veranschaulicht die Zusammenhänge zwischen Ausprägungsformen der industriellen Beziehungen und den konkurrierenden theoretischen Ansätzen der Mitbestimmung.

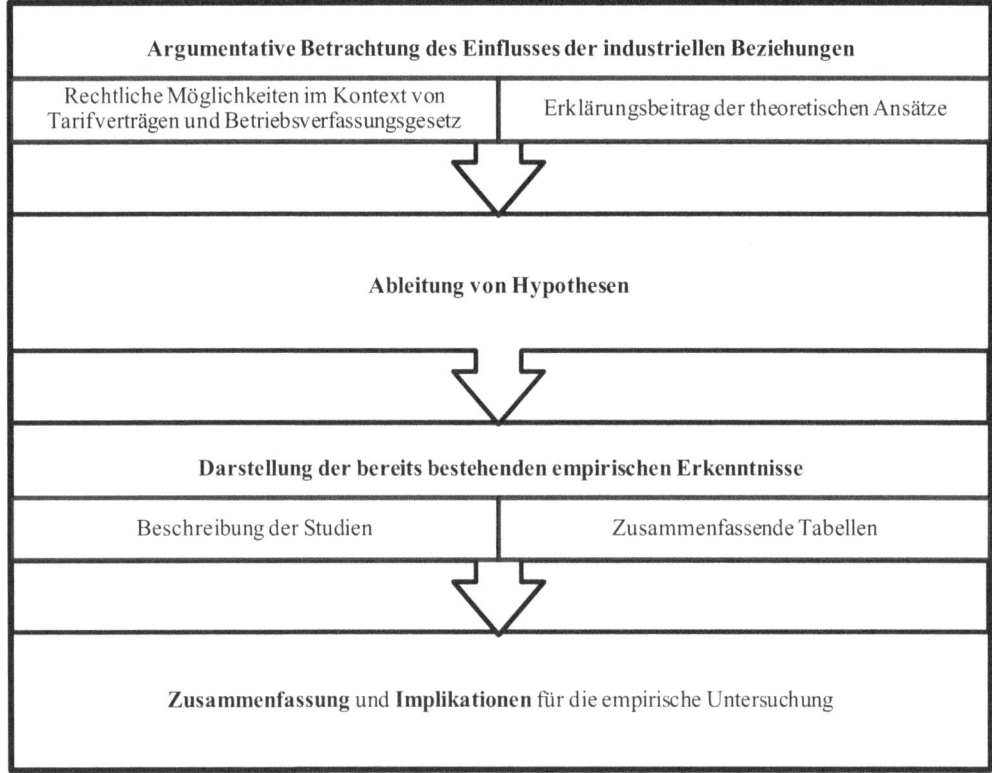

Abbildung 9: *Zugrunde gelegte Argumentationsstruktur für die einzelnen Aspekte interner Arbeitsmärkte; Quelle: Eigene Darstellung.*

Die abgeleiteten Hypothesen für die *Fälle a*) und *b*) werden im Anschluss mit den Ergebnissen ausgewählter empirischer Studien verglichen. Wird im Folgenden von „industriellen Beziehungen" gesprochen, so sind damit – in Anlehnung an die vorherrschende Literatur[295] – die Existenz eines Betriebsrates und das Kriterium der Tarifvertragsbindung gemeint. Abbildung 9 visualisiert den Aufbau der zugrunde gelegten Argumentation in den Kapiteln 4.1.2, 4.1.3, 4.1.4 sowie 4.2 bis 4.4.

4.1 Größe und Offenheit des internen Arbeitsmarktes

4.1.1 Einflussfaktoren auf die Größe und Offenheit des internen Arbeitsmarktes

Auch wenn die Größe des internen Arbeitsmarktes (Stammbelegschaft) in Relation zur Randbelegschaft und die Offenheit des internen Arbeitsmarktes zwei unterschiedliche Aspekte darstellen, so beeinflussen sich diese beiden Aspekte bzw. die darauf einwirkenden Maßnahmen auch gegenseitig. Stellt ein Unternehmen beispielsweise verstärkt unbefristet ein, so bedeutet das eine größere Offenheit, aber gleichzeitig auch ein Anwachsen des internen Arbeitsmarktes im Verhältnis zur Randbelegschaft.

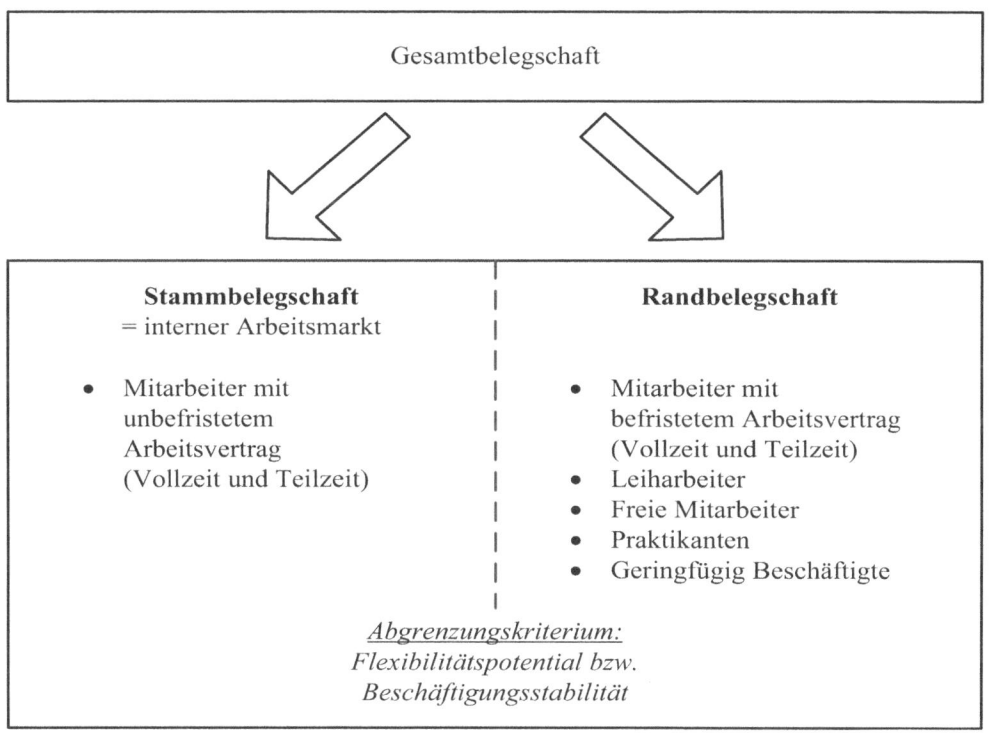

Abbildung 10: Unterscheidung von Stamm- und Randbelegschaft; Quelle: Eigene Darstellung.

---

[295] Vgl. dazu die Literaturangaben zum dualen System der industriellen Beziehungen in Kapitel 2.2.1.

Um zu analysieren, inwiefern der Betriebsrat und eine Tarifvertragsbindung in einem Zusammenhang mit dem Verhältnis von Rand- und Stammbelegschaft stehen, muss dieser mögliche Zusammenhang nicht nur zur Größe und dem Verhältnis der beiden Belegschaftsteile betrachtet werden, sondern auch hinsichtlich des Einsatzes der einzelnen in der Rand- und Stammbelegschaft vorzufindenden Beschäftigungsformen, welche in Abbildung 10 nochmals dargestellt sind.

Dabei wird das in Kapitel 2.1.5 beschriebene Abgrenzungskriterium der Anpassungsflexibilität seitens des Arbeitgebers bzw. des Beschäftigungsrisikos seitens des Arbeitnehmers verwendet. Analysiert werden soll in diesem Kapitel folglich die mögliche Einflussnahme der industriellen Beziehungen auf die Aspekte, welche die Größe und Offenheit des internen Arbeitsmarktes beeinflussen. Die relative Größe des internen Arbeitsmarktes wird dabei durch die Größe der Randbelegschaft bestimmt. Letztere setzt sich zusammen aus befristet Beschäftigten, Leiharbeitnehmern, freien Mitarbeitern, Praktikanten sowie geringfügig Beschäftigten.

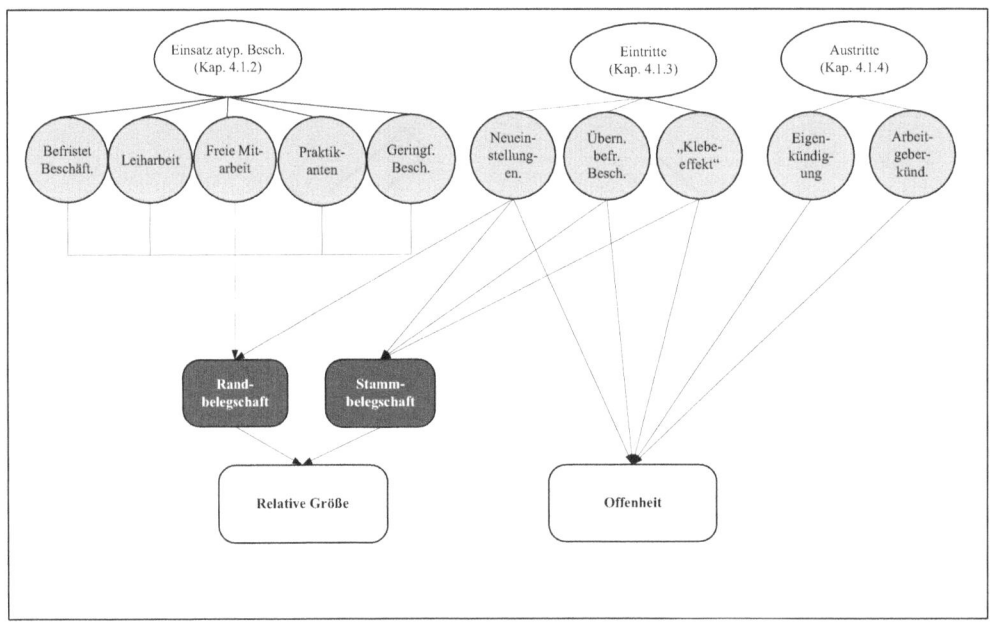

Abbildung 11:   Einflussfaktoren auf die Größe und Offenheit des internen Arbeitsmarktes und deren Wechselwirkungen; Quelle: Eigene Darstellung.

Die Ein- und Austritte beeinflussen sowohl die Größe als auch die Offenheit des internen Arbeitsmarktes. Unter einem Eintritt können dabei sowohl befristete und unbefristete Neueinstellungen als auch Übergänge von der Rand- in die Stammbelegschaft verstanden werden. Übernahmen von befristeten in unbefristete Arbeitsverhältnisse oder die feste Einstellung ehemaliger Leiharbeitnehmer stellen dabei Beispiele für einen Übergang von der Rand- in die Stammbelegschaft dar. Austritte aus dem internen Arbeitsmarkt können erfolgen durch die Kündigung seitens des Mitarbeiters oder des Betriebes. Einen Überblick über diese beschriebenen Aspekte sowie deren Zusammenhang und Wechselwirkungen gibt Abbildung 11.

4.1.2 Einsatz atypischer Beschäftigung

Der ökonomischen Sichtweise der Property Rights Theorie folgend, können Entscheidungen in Unternehmen ohne Betriebsrat und Tarifvertragsbindung schneller und unkomplizierter getroffen werden. Es müssen weder die Partizipationsrechte des Betriebsrates beachtet werden, noch müssen etwaige tarifvertragliche Regelungen berücksichtigt werden. Insofern sind Unternehmen ohne Betriebsrat flexibler und können sich schneller an verändernde wirtschaftliche Rahmenbedingungen anpassen.[296]

Unternehmen setzen atypische Beschäftigungsformen vor allem dazu ein, um ihre Flexibilität und Anpassungsfähigkeit zu erhalten und aufzubauen.[297] Ist beispielsweise unsicher, ob eine steigende Nachfrage und damit ein erhöhter Personalbedarf von Dauer sind, dann schließen Unternehmen keine langfristigen Arbeitsverträge ab, sondern vergrößern zunächst nur die Randbelegschaft, da diese schneller und ohne die bei Normalarbeitsverhältnissen anfallenden Kündigungskosten reduziert werden kann.[298] Bei einem Unternehmen ohne Betriebsrat könnten hier zwei mögliche Effekte eintreten. Zum einen kann argumentiert werden, dass ein Unternehmen ohne Betriebsrat ohnehin über eine bessere Flexibilität und Anpassungsfähigkeit verfügt als Konkurrenzunternehmen mit Betriebsrat und deswegen nicht gezwungen ist, eine Randbelegschaft und damit Flexibilitätspotenzial aufzubauen. Das betreffende Unternehmen kann seine Flexibilität auch durch den Einsatz von Arbeitszeitvariationen (Überstunden, Kurzarbeit, etc.) innerhalb der Stammbelegschaft erreichen und benötigt dafür nicht die Zustimmung des Betriebsrates nach § 87 Abs. 1 Satz 2 BetrVG. Selbst wenn das ultima-ratio Mittel der Kündigung ergriffen werden muss, so kann dies erfolgen, ohne dass die Zustimmung des Betriebsrates eingeholt werden muss. Insofern könnten Unternehmen ohne Betriebsrat einen geringeren Anreiz haben, Arbeitsplätze in der Stammbelegschaft durch Arbeitsplätze in der Randbelegschaft zu ersetzen.[299] Zum anderen können flexible Beschäftigungsformen aber auch problemloser eingesetzt werden, da diese Einstel-

---

[296] Vgl. dazu die Literaturangaben im Kapitel 3.1.
[297] Vgl. Alda/ Bellmann (2003), S. 86.
[298] Vgl. Jahn (2005), S. 397; Bellmann (2004), S. 136.
[299] Vgl. Boockmann/ Hagen (2003), S. 361.

lungen nicht der Zustimmung des Betriebsrates bedürfen. Ein Unternehmen ohne Betriebs-rat könnte diesen Handlungsspielraum nutzen, um seine personelle Flexibilität gegenüber einem betrieblich mitbestimmten Unternehmen weiter auszubauen. Das würde bedeuten, dass die Stammbelegschaft möglichst klein gehalten wird.

Da die Property Rights Theorie eine streng ökonomische Sichtweise zugrunde legt und in diesem Sinne die Personalkosten möglichst gering und flexibel halten möchte, ist vor dem Hintergrund dieser Theorie anzunehmen, dass ein Unternehmen ohne Betriebsrat seinen internen Arbeitsmarkt (Stammbelegschaft) möglichst klein hält und etwaige Be-schäftigungsschwankungen weitestgehend über die Variation der Randbelegschaftsgröße abfedert.

Dieser Handlungsspielraum eines Unternehmens ohne Betriebsrat würde durch eine nicht vorhandene Tarifvertragsbindung noch vergrößert werden. Denn im Gegensatz zu einem tarifvertragsgebundenen Unternehmen würden die Möglichkeiten einer Ka-pazitätsanpassung in Form von Arbeitszeitvariationen durch tarifvertragliche Regelungen nicht eingeschränkt, was der Argumentation der Property Rights Theorie entspricht. Auch enthalten viele Tarifverträge Regelungen bezüglich der Beschäftigungssicherung, so dass sich personelle Anpassungen während der tarifvertraglichen Laufzeit schwierig gestalten oder mit hohen Kosten verbunden sind.[300] Mit solchen Regelungen sind nicht tarifgebunde-ne Unternehmen – zumindest auf tarifvertraglicher Ebene – nicht konfrontiert. Das heißt, die Anpassungskosten bei einem nicht tarifgebundenen Unternehmen fallen bei einem Nachfragerückgang geringer aus. Insofern kann angenommen werden, dass nicht tarifver-tragsgebundene Unternehmen andere Möglichkeiten der flexiblen Reaktion auf Nachfrage-schwankungen nutzen können. Aber auch hier könnten nicht tarifgebundene Unternehmen atypische Beschäftigungsformen zusätzlich einsetzen um ihre Anpassungsfähigkeit weiter zu erhöhen. In nicht tarifgebundenen Unternehmen bestehen zudem keine tarifvertraglichen Regelungen, welche die Nutzungsintensität von befristeter Beschäftigung oder Leiharbeit einschränken. Es soll die gleiche Argumentation wie bei einem Unternehmen mit Betriebs-rat angewandt werden. Legt man die ökonomische Sichtweise der Property Rights Theorie zugrunde, nach der die personellen Kosten möglichst flexibel und gering gehalten werden sollen, wird eine nicht vorhandene Tarifvertragsbindung vom Unternehmen dazu genutzt werden, seine Stammbelegschaft möglichst klein zu halten.

Vor dem Hintergrund der Property Rights Theorie lässt sich demnach die folgende Hy-pothese für den *Fall a)* ableiten:

---

[300] Vgl. Kaiser/ Pfeiffer (2001), S. 322.

(H1a): Ist ein Unternehmen nicht tarifgebunden und besteht zudem kein Betriebsrat, so steht dies in einem positiven Zusammenhang mit der Randbelegschaftsgröße und damit in einem negativen Zusammenhang mit der relativen Größe des internen Arbeitsmarktes.

Der Einsatz und die Nutzung atypischer Beschäftigungsformen können bei Vorhandensein eines Betriebsrates und/ oder einer Tarifvertragsbindung nur unter Beachtung der Partizipationsrechte des Betriebsrates bzw. möglicher tarifvertraglicher Regelungen erfolgen. Diese Rechte müssen bei der partizipationstheoretischen Betrachtung des Einsatzes und der Nutzung atypischer Beschäftigungsformen berücksichtigt werden.

Auf der betrieblichen Regelungsebene sind allgemeine Rechte zu beachten, welche im weitesten Sinne nicht nur den Einsatz atypischer Beschäftigung, sondern alle Aspekte des internen Arbeitsmarktes in Kombination mit einer Randbelegschaft tangieren. Gemäß § 92 BetrVG hat der Betriebsrat ein Mitwirkungsrecht bei der Personalplanung. Der Arbeitgeber hat den Betriebsrat bei sich aus der Personalplanung ergebenden personellen Maßnahmen zu unterrichten und sich mit ihm zu beraten (§ 92 Abs.1 BetrVG). Bei der Einführung und Durchführung der Personalplanung hat der Betriebsrat ein Vorschlagsrecht (§ 92 Abs. 2 BetrVG). Ein ebenso allgemeines Recht stellt das Vorschlags- und Beratungsrecht hinsichtlich der Beschäftigungssicherung dar (§ 92a Abs.1 BetrVG). Lehnt der Arbeitgeber die Vorschläge ab, so hat er diese Ablehnung zu begründen. In Betrieben, welche mehr als 100 Arbeitnehmer beschäftigen, muss diese Ablehnung sogar schriftlich begründet werden (§ 92a Abs. 2 BetrVG). Weiterhin ist in Unternehmen mit mehr als 100 ständig beschäftigten Arbeitnehmern ein Wirtschaftsausschuss zu bilden. Dessen Aufgabe ist es, mit dem Arbeitgeber zu beraten und den Betriebsrat zu unterrichten (§ 106 BetrVG). Auch hier geht es um für die Personalplanung relevante Aspekte, wie zum Beispiel Rationalisierungsvorhaben.

Grundsätzlich hat der Betriebsrat in Betrieben mit mehr als 20 Arbeitnehmern ein Mitbestimmungsrecht, genauer gesagt ein eingeschränktes Zustimmungsverweigerungsrecht bei jeder Einstellung(§ 99 BetrVG). Der Betriebsrat kann nach §99 Abs. 2 BetrVG aus bestimmten Gründen die Zustimmung zu einer Einstellung verweigern, z.B. wenn die Einstellung einer nach § 95 BetrVG geltenden Richtlinie verstoßen würde (§ 99 Abs.2 Satz 3 BetrVG). Denn gemäß § 95 BetrVG bedürfen Richtlinien bezüglich der Personalauswahl der Zustimmung des Betriebsrates. In Unternehmen mit mehr als 500 Arbeitnehmern kann der Betriebsrat die Aufstellung von Auswahlrichtlinien verlangen.

Weiterhin kann der Betriebsrat einer Einstellung widersprechen, wenn die Einstellung gegen ein Gesetz, eine Verordnung, einen Tarifvertrag oder eine Betriebsvereinbarung verstößt. Dieses eingeschränkte Zustimmungsverweigerungsrecht greift auch bei der Einstellung von Leiharbeitnehmern. Zudem kann er der Einstellung widersprechen, wenn die Besorgnis entsteht, dass durch die Einstellung Nachteile für die im Betrieb beschäftigten Arbeitnehmer (z.B. Kündigung) entstehen könnten. Ein weiteres Widerspruchsrecht hat der Betriebsrat, wenn der für die Einstellung in Aussicht kommende Bewerber den Betriebsfrieden stören würde.[301] Bei einer Verweigerung der Zustimmung zur Einstellung hat der Betriebsrat unter Angabe der unter §99 Abs. 2 BetrVG aufgeführten Gründe dies dem Arbeitgeber innerhalb einer Woche mitzuteilen. Kommt es nicht zu einer schriftlichen Mitteilung seitens des Betriebsrates an den Arbeitgeber innerhalb einer Woche, so gilt die Zustimmung des Betriebsrates als erteilt. Stimmt der Betriebsrat einer Einstellung nicht zu, so muss seine Zustimmung im arbeitsgerichtlichen Verfahren ersetzt werden, d.h. das Arbeitsgericht ersetzt die Betriebsratszustimmung (§ 99 Abs.4 BetrVG).

Im Rahmen einer vorläufigen personellen Maßnahme nach § 100 BetrVG kann der Arbeitgeber aus dringenden sachlichen Gründen, die Einstellung vorläufig durchführen, auch dann, wenn der Betriebsrat sich noch nicht geäußert hat bzw. seine Zustimmung nicht erteilt hat. Der Arbeitgeber hat dann jedoch gegenüber dem Arbeitnehmer eine Informationsverpflichtung bzgl. der Sach- und Rechtslage und der Betriebsrat ist über diese vorläufige Maßnahme unverzüglich zu informieren. Sollte der Betriebsrat die Meinung des Arbeitgebers über die dringenden sachlichen Gründe nicht teilen, so hat der Betriebsrat dies dem Arbeitgeber unverzüglich mitzuteilen. Dann muss der Arbeitgeber die Zustimmung des Betriebsrates innerhalb von drei Tagen durch eine Feststellung des Arbeitsgerichtes über die dringenden sachlichen Gründe ersetzen. Lehnt das Gericht die Ersetzung der Zustimmung des Betriebsrates ab oder stellt es fest, dass diese Maßnahme nicht dringend sachlich begründet ist, so endet die personelle Maßnahme mit Ablauf von zwei Wochen nach Rechtskraft der Entscheidung. Auf diesen Sachverhalt wird in Kapitel 4.1.3 im Rahmen der Eintritte in den internen Arbeitsmarkt nochmals näher eingegangen (siehe dazu auch Abbildung 12).

Um eine Einstellung handelt es sich sowohl beim erstmaligen Abschluss eines Arbeitsvertrages als auch bei jedem weiteren Arbeitsvertrag. Insofern hat der Betriebsrat ein Mitbestimmungsrecht sowohl bei einer unbefristeten als auch einer befristeten Einstellung sowie einer Verlängerung eines befristeten Arbeitsvertrages.[302] Damit ist auch die Einstellung von Praktikanten mitbestimmungspflichtig und fällt unter §99 BetrVG. Allerdings liefert das Betriebsverfassungsgesetz dem Betriebsrat keine explizite Grundlage dafür, mit dem Arbeitgeber über den Einsatz befristeter Arbeitsverträge zu verhandeln.[303] Nach § 20 TzBfG hat der Arbeitgeber den Betriebsrat über die Anzahl der befristet beschäftigten Arbeitnehmer und ihren Anteil an der Gesamtbelegschaft des Betriebes und des Unternehmens zu in-

---

[301] Vgl. Niedenhoff (2005b), S. 65.

[302] Vgl. Hromadka/ Maschmann (2010), S. 410.

[303] Vgl. Boockmann/ Hagen (2003), S. 363.

formieren. Bei der Beschäftigung freier Mitarbeiter im Unternehmen hat der Betriebsrat kein Mitbestimmungsrecht. Allerdings hat der Betriebsrat generell einen Anspruch auf Unterrichtung hinsichtlich der Beschäftigung von Personen, die nicht in einem Arbeitsverhältnis zu Arbeitgeber stehen (§ 80 Abs. 2 Satz 1 BetrVG). Insofern hat der Betriebsrat auch ein Unterrichtungsrecht die Beschäftigung von freien Mitarbeitern im Unternehmen betreffend.[304] Beim Einsatz von Leiharbeit im Betrieb, werden dem Betriebsrat mehr Rechte zugestanden als dies bei der Beschäftigungsform der freien Mitarbeit der Fall ist. Grundsätzlich ist Leiharbeit durch das Arbeitnehmerüberlassungsgesetz geregelt und muss durch die Bundesagentur für Arbeit erlaubt werden.[305] Hinsichtlich der Mitbestimmung beim Einsatz von Leiharbeitnehmern regelt das Arbeitnehmerüberlassungsgesetz explizit, dass vor der Übernahme eines Leiharbeitnehmers zur Arbeitsleistung im entleihenden Unternehmen der Betriebsrat des Entleihers nach § 99 BetrVG zu beteiligen ist (§ 14 Abs.3 AÜG). Wird beispielsweise per Tarifvertrag der Anteil von Leiharbeitnehmern an der Belegschaft begrenzt und eine Einstellung eines Leiharbeitnehmers verstößt gegen diese tarifvertragliche festgelegte Regelung, so kann der Betriebsrat dieser Einstellung widersprechen.[306] Zudem kann auch – wie im Folgenden noch beispielhaft dargelegt werden soll – im Rahmen einer Betriebsvereinbarung der Anteil der Leiharbeitnehmer im Unternehmen geregelt werden. Auch dann kann der Betriebsrat der Einstellung widersprechen. Es kann durch eine Betriebsvereinbarung aber auch festgelegt werden, dass beim Einsatz von Leiharbeitnehmern ein vereinfachtes Zustimmungsverfahren greift bzw. es kann festgelegt werden, in welchen Fällen der Betriebsrat grundsätzlich die Zustimmung zum Einsatz von Leiharbeitnehmern geben wird.[307]

Insgesamt hat der Betriebsrat bei Einstellungen und damit auch beim Einsatz atypischer Beschäftigung – mit Ausnahme der freien Mitarbeiter – ein eingeschränktes Zustimmungsverweigerungsrecht (in Unternehmen mit mind. 20 Arbeitnehmern) und kann damit einen starken Einfluss auf die Größe der Randbelegschaft ausüben. Der Betriebsrat kann den Arbeitgeber zwar nicht grundsätzlich davon abhalten, eine Einstellung vorzunehmen aber er kann den Einstellungsprozess verzögern und erschweren.[308]

Zusätzlich zu den dargestellten Mitwirkungs- und Mitbestimmungsrechten des Betriebsrates können Arbeitgeber und Betriebsrat eine Betriebsvereinbarung über den Einsatz und den Anteil von flexiblen Arbeitsverträgen abschließen.[309] Mit betrieblichen Vereinbarungen zu Leiharbeit und befristeter Beschäftigung befasst sich beispielsweise die Arbeit von Zum-

---

[304] Vgl. BAG, 15.12.1998, 1 ABR 9/98, BAGE 90, S. 288-302.

[305] Vgl. Jahn (2005), S. 403.

[306] Solche Regelungen finden sich beispielsweise bei Volkswagen wieder (vgl. Volkswagen AG 2008).

[307] Vgl. Zumbeck (2009), S. 122.

[308] Vgl. Boockmann/ Hagen (2001), S. 5.

[309] Vgl. Boockmann/ Hagen (2003), S. 363.

beck (2009). Für ihre Untersuchung legt die Autorin alle in der Hans-Böckler-Stiftung vorhandenen Betriebsvereinbarungen zugrunde und findet insgesamt 110 betriebliche Vereinbarungen, welche sich mit den Beschäftigungsformen der Leiharbeit oder der befristeten Beschäftigung auseinandersetzen. Dabei kann laut Zumbeck (2009) der Regelungsinhalt sehr unterschiedlich ausfallen. In manchen Fällen wird per Betriebsvereinbarung lediglich geregelt, dass befristet Beschäftigte nicht in den Geltungsbereich der Betriebsvereinbarung fallen und infolgedessen beispielsweise keine Leistungen aus dem Sozialplan erhalten.[310] In einer Betriebsvereinbarung können aber auch Größenordnungen festgelegt werden, innerhalb derer befristet Beschäftigte eingesetzt werden dürfen. Dies geschieht beispielsweise in einer Betriebsvereinbarung im Bereich Chemische Industrie und in einer Betriebsvereinbarung im metallverarbeitenden Gewerbe.[311]

Bezüglich des Einsatzes von Leiharbeitnehmern werden oft präzisere Regelungen in der Betriebsvereinbarung getroffen. Hier können genaue Quoten oder Einsatzbereiche von Leiharbeitnehmern geregelt sein.[312] Die Ford-Werke GmbH legt beispielsweise in ihrer Betriebsvereinbarung vom 17.07.2003 für die Werke Saarlouis und Köln-Niehl folgende Regelung für den Einsatz von Leiharbeitnehmern fest:

„Die jeweilige Anzahl der Leiharbeitnehmer für die Abdeckung von nicht planbaren Abwesenheiten beträgt 3% der regelmäßig im jeweiligen Produktionsbereich tätigen Ford-Beschäftigten. Für Launchsituationen und besondere Fertigungssituationen können insgesamt weitere 8% der regelmäßig im jeweiligen Produktionsbereich tätigen Ford-Beschäftigten eingesetzt werden.“[313]

Eine ähnliche Regelung trifft die Adam Opel AG in ihrer Betriebsvereinbarung vom 29.03.2004 für die Bochumer Werke:

„Die Anzahl der Leiharbeitnehmer darf maximal 3 Prozent der jeweiligen Stammbelegschaft betragen. Die Gründe für den Personalbedarf müssen gegenüber dem Betriebsrat dargelegt werden.“[314]

In dieser Regelung wird dem Betriebsrat damit ein weiterer Gestaltungsspielraum zugestanden.

---

[310] Vgl. Zumbeck (2009), S. 80.
[311] Vgl. Zumbeck (2009), S. 65.
[312] Vgl. Zumbeck (2009), S. 43 und 53.
[313] Ford AG (2003), S. 1f.
[314] Opel AG (2004), S. 1f.

In einer Betriebsvereinbarung kann nicht nur die Quote festgelegt werden, sondern es kann auch festgehalten werden, dass Leiharbeitnehmer im Rahmen von Neueinstellungen gegenüber externen Bewerbern bevorzugt werden.[315]

Zur Beantwortung der Frage, wie der Betriebsrat diese beschriebenen, weitgehenden Partizipationsrechte bzgl. des Einsatzes und der Nutzungsintensität der flexiblen Beschäftigungsformen einsetzen wird, sollen diese rechtlichen Handlungsspielräume mit der Partizipationstheorie verknüpft werden. Dieser Theorie folgend, ist der Betriebsrat die Stimme („Voice") bzw. der Interessensvertreter der Arbeitnehmer gegenüber dem Arbeitgeber.[316] Es stellt sich deshalb die Frage, ob der Einsatz atypischer Beschäftigung im Interesse der Arbeitnehmer ist, wobei hier verschiedene Arbeitnehmergruppen mit unterschiedlichen Interessen zu beachten sind. Dabei soll zunächst angenommen werden, dass der Betriebsrat sich als Interessensvertreter der Stammbelegschaft sieht.[317] Durch den Aufbau einer Randbelegschaft wird die Stammbelegschaft geschützt, da in Zeiten sinkenden Personalbedarfs zunächst Anpassungen in der Randbelegschaft vorgenommen werden können, bevor Arbeitsplätze in der Stammbelegschaft abgebaut werden müssen.[318] Insofern könnte angenommen werden, dass der Betriebsrat im Interesse der Stammbelegschaft positiv auf den Einsatz atypischer Beschäftigung einwirkt.[319] Die Stammbelegschaft wird geschützt und ist deshalb auch eher bereit, in ihr unternehmensspezifisches Humankapital zu investieren.[320] Umgekehrt besteht jedoch auch die Gefahr, dass das Unternehmen die Stammbelegschaft zunehmend verkleinert und unbefristete Arbeitsverhältnisse durch atypische Beschäftigungsverhältnisse ersetzt um die Flexibilität des Unternehmens zu erhöhen.[321] Dies wäre dann nicht mehr im Interesse der Stammbelegschaft, und würde bedeuten, dass der Betriebsrat dem Aufbau einer Randbelegschaft eher kritisch gegenübersteht. Diese kritische Haltung könnte sich auch darin begründen, dass der Betriebsrat sich nicht nur als Interessensvertreter der Stammbelegschaft sondern als Interessensvertreter aller Arbeitnehmer sieht, wie es – zumindest in Ansätzen – auch im Betriebsverfassungsgesetz festgelegt wird.

Es kann angenommen werden, dass sämtliche Arbeitnehmer ein unbefristetes Arbeitsverhältnis bevorzugen. Da eine Trennung der betrieblichen und überbetrieblichen Ebene praktisch nicht möglich ist, könnte auch die grundsätzlich negative Haltung der Gewerk-

---

[315] Vgl. Zumbeck (2009), S. 59.

[316] Vgl. dazu die Literaturangaben in Kapitel 3.2.

[317] Vgl. Gerlach/ Jirjahn (1999), S. 193; Alda/ Bellmann (2003), S. 86.

[318] Vgl. Gerlach/ Jirjahn (1999), S. 190.

[319] Vgl. Boockmann/ Hagen (2003), S. 362.

[320] Vgl. Smith (1991), S.277; Benkhoff/ Hermet (2008), S.15.

[321] Vgl. Boockmann/ Hagen (2003), S. 362.

schaften gegenüber Leiharbeit und befristeter Beschäftigung eine eher kritische Haltung des Betriebsrates hinsichtlich des Einsatzes atypischer Beschäftigung begründen.[322]

Eine Antwort auf die Frage, im welchem Zusammenhang der Betriebsrat zur Nutzungsintensität der Beschäftigungsformen der Randbelegschaft steht, kann erste Erkenntnisse darüber liefern, ob der Betriebsrat die Insider-Outsider-Trennung im Unternehmen weiter verschärft. Allerdings muss in einem zweiten Schritt auch beachtet werden, in welchem Zusammenhang der Betriebsrat zu den Übertritten von der Rand- in die Stammbelegschaft (feste Einstellung ehemaliger Leiharbeitnehmer oder die unbefristete Übernahmen von befristet Beschäftigten) steht.

Wie bereits in Kapitel 2.1.5 angedeutet, ist beim Einsatz atypischer Beschäftigung auch die tarifvertragliche Regelungsebene zu beachten, da neben Betriebsvereinbarungen auch Tarifverträge Regelungen zum maximalen Anteil und zur Einsatzdauer von befristet Beschäftigten und Leiharbeitnehmern im Unternehmen enthalten können. Bezüglich der befristeten Beschäftigung legt § 14 Abs. 2 TzBfG hier fest, dass durch einen Tarifvertrag die Anzahl der Verlängerungen oder die Befristungshöchstdauer abweichend von § 14 Abs. 1 TzBfG bestimmt werden darf.

Die Volkswagen AG hat beispielsweise mit der IG Metall einen *„Tarifvertrag über die Vergütung und Einsatzbedingungen von Zeitarbeitnehmern"* (gültig vom 20. Oktober 2008 bis 31.12.2012) abgeschlossen, der umfassende Regelungen zum Einsatz von Zeitarbeitnehmern beinhaltet:

> *„Die Volkswagen AG verpflichtet sich, im Durchschnitt von 2 Kalenderjahren nicht mehr als 5% Zeitarbeitnehmer pro Standort zu beschäftigen; Bemessungsgrundlage ist die Gesamtbelegschaft des jeweiligen Standortes. [...] Ist die vereinbarte Beschäftigungsquote erreicht oder überschritten, sind zwischen Werkmanagement und Betriebsrat Maßnahmen zu beraten, wie die Einhaltung der vereinbarten Beschäftigungsquote im Bezugszeitraum sichergestellt werden kann. Im Zusammenhang mit dem Einsatz von Zeitarbeitnehmern bleiben die gesetzlichen Mitbestimmungsrechte des Betriebsrates unberührt."*[323]

Neben der Nutzungsintensität werden in diesem Tarifvertrag auch die Einsatzdauer sowie die Vergütungsbedingungen der bei Volkswagen eingesetzten Zeitarbeitnehmer geregelt.

Die Deutsche Lufthansa AG hat mit ver.di ebenfalls einen Tarifvertrag abgeschlossen, der die Nutzungsintensität von Zeitarbeit regelt. Darin wird festgelegt, dass der Anteil von Zeit-

---

[322] Vgl. zur kritischen Haltung der Gewerkschaften: Kaiser/ Pfeiffer (2000).
[323] Volkswagen AG (2008), S. 3.

arbeitnehmern in den Unternehmen des Konzerns bei maximal 12,5 Prozent (gemessen an der Stammbelegschaft) liegen darf.[324]

Beispiele für tarifvertragliche Regelungen zum Einsatz befristeter Beschäftigung finden sich in der Film- und Medienbranche. Der Hauptverband Deutscher Filmtheater e.V. (HDF Kino e.V.) hat mit ver.di einen Tarifvertrag abgeschlossen, der festlegt, dass

> *„ [...] die Zahl der in einem befristeten Arbeitsverhältnis beschäftigten Mitarbeiter die Quote von 10 Prozent der Gesamtzahl der Mitarbeiter des Betriebes nicht übersteigt. Außerhalb einer Befristung aus sachlichem Grund ist eine Befristung nach dem Gesetz über Teilzeitarbeit und befristete Arbeitsverträge nur einmal zulässig“*[325]

Der letzte Teil dieser Regelung macht Gebrauch von § 14 Abs. 2 TzBfG wonach in einem Tarifvertrag eine abweichende Regelung zu § 14 Abs. 1 TzBfG hinsichtlich der Gesamtdauer und der Anzahl der Verlängerungen getroffen werden darf.

Insgesamt wird die betriebliche Regelungsebene durch die tarifvertragliche Ebene gestützt, so dass ein sich verstärkender Effekt zu erwarten ist.

Auch bei der tarifvertraglichen Regelungsebene stellt sich die Frage, welche Interessen die Gewerkschaften beim Einsatz und der Nutzungsintensität atypischer Beschäftigung verfolgen. Es kann angenommen werden, dass Gewerkschaften ein Interesse an langfristigen Beschäftigungsverhältnissen für ihre Mitglieder haben.[326] Zudem wurde in Kapitel 2.2.4 im Rahmen des Insider-Outsider-Modells die ablehnende Haltung der Gewerkschaften zur atypischen Beschäftigung dargestellt. Es kann angenommen werden, dass Gewerkschaften ein sehr starkes Interesse daran haben, die Nutzungsintensität atypischer Beschäftigung einzudämmen und entsprechende tarifvertragliche Regelungen durchzusetzen. Insofern kann vor dem Hintergrund der Partizipationstheorie ein negativer Einfluss von Gewerkschaften auf den Einsatz atypischer Beschäftigung erwartet werden. Es könnte von Gewerkschaftsseite auch die Befürchtung bestehen, dass Unternehmen zunehmend versuchen, unbefristete Arbeitsverträge durch flexible Arbeitsformen, welche sich in der Randbelegschaft wiederfinden, zu ersetzen.

Verknüpft man die durch die betriebliche und überbetriebliche Regelungsebene gegebenen Mitbestimmungsrechte mit der Partizipationstheorie, so kann für den *Fall b)* die folgende Hypothese abgeleitet werden.

---

[324] Vgl. zum Tarifabschluss: ver.di (2010b).
[325] HDF Kino e.V. (2002), S. 11.
[326] Vgl. dazu Kaiser/ Pfeiffer (2001), S. 322.

(H1b):   *Ist ein Unternehmen tarifgebunden und verfügt es zudem über einen Betriebsrat, so steht dies in einem negativen Zusammenhang mit der Randbelegschaftsgröße und damit in einem positiven Zusammenhang mit der relativen Größe des internen Arbeitsmarktes.*

Erkenntnisse aus empirischen Arbeiten

Es sollen im Folgenden Studien zum Einsatz flexibler Beschäftigungsformen dargestellt und in Tabelle 8 nochmals zusammengefasst werden.

Boockmann und Hagen (2001) untersuchen mit sieben Wellen des IAB-Betriebspanels (1993-1999) Einflussfaktoren auf den Einsatz der atypischen Beschäftigungsformen befristete Beschäftigung, freie Mitarbeit und Zeitarbeit. Sie kommen anhand eines Probit-Modells zu dem Ergebnis, dass Unternehmen mit Betriebsrat befristete Arbeitsverträge häufiger einsetzen. Die Zusammenhänge zwischen Betriebsrat und freier Mitarbeiter bzw. zwischen Betriebsrat und Leiharbeit sind nicht signifikant. Den Ergebnissen von Boockmann und Hagen (2001) zufolge, liegen zwischen tarifvertraglicher Bindung und dem Einsatz atypischer Beschäftigungsformen keine signifikanten Zusammenhänge vor, lediglich der Zusammenhang zwischen Branchentarifvertragsbindung und freier Mitarbeit ist signifikant und negativ.

Kaiser und Pfeiffer (2001) untersuchen Daten des Dienstleistungssektors den Einfluss einer Tarifvertragsbindung auf den Einsatz von Zeitarbeit und freier Mitarbeit im Unternehmen. Sie finden empirische Evidenz dafür, dass eine Tarifvertragsbindung die Wahrscheinlichkeit signifikant erhöht, dass die Beschäftigungsform der Zeitarbeit im Unternehmen eingesetzt wird. Weiterhin steht ihren Ergebnissen zufolge, eine Tarifvertragsbindung in einem signifikant negativen Zusammenhang zum Einsatz von freier Mitarbeit im Unternehmen.

Mit Daten des IAB-Betriebspanels (1997-1999) analysieren Boockmann und Hagen (2003) nicht nur Einflussfaktoren auf die Wahrscheinlichkeit, dass befristete Arbeitsverträge abgeschlossen werden, sondern sie betrachten in diesem Zusammenhang auch den Anteil befristet Beschäftigter im Unternehmen. Die Autoren kommen zu dem Ergebnis, dass Unternehmen bei Vorhandensein eines Betriebsrates mit einer höheren Wahrscheinlichkeit befristete Arbeitsverträge abschließen. Auch wenn die Wahrscheinlichkeit höher ist, dass befristete Arbeitsverträge eingesetzt werden, so fällt der Anteil der befristet Beschäftigten in Unternehmen mit Betriebsrat geringer aus als in Unternehmen ohne Betriebsrat. Eine Branchentarifvertragsbindung übt dagegen einen dämpfenden Einfluss auf die Wahrscheinlichkeit aus, dass befristete Arbeitsverträge im Unternehmen eingesetzt werden, diese tarifvertragliche Bindung übt aber keinen Einfluss auf den Anteil befristeter Arbeitsverträge im Unternehmen aus. Bei einer Wiederholung ihrer Schätzung für Betriebe mit 21-100 Beschäftigten, verlieren die gefundenen signifikanten Zusammenhänge teilweise an Signifikanz. Die beiden Autoren verweisen zudem darauf, dass das Ergebnis zum Zusammenhang zwischen Tarifvertragsbindung und befristeten Arbeitsverträgen mit Vorsicht zu betrachten ist, da sie in ihrer Untersuchung, die sich über einen längeren Zeitraum erstreckt(Boockmann und Hagen (2001)), keine empirische Evidenz für diesen Zusammenhang finden.

Bellmann (2004) untersucht auf Basis des IAB-Betriebspanels 2002 betriebliche Kontextfaktoren, welche die Nutzung des Instruments der Zeitarbeit fördern bzw. behindern. Anhand eines Probit-Modells kommt er zu dem Ergebnis, dass ein Betriebsrat einen positiven signifikanten Einfluss auf die Entscheidung ausübt, Leiharbeitnehmer im Unternehmen einzusetzen. Dieser Einfluss ist auch bei einer tarifvertraglichen Bindung stets positiv, ist allerdings nur für Betriebe in Ostdeutschland signifikant. Zur Untersuchung der Kontextfaktoren für den Anteil der Leiharbeitskräfte verwendet er ein Tobit-Modell und kommt zu dem Ergebnis, dass Betriebsrat und Tarifvertragsbindung einen signifikant positiven Einfluss auf den Anteil der Leiharbeitnehmer im Unternehmen haben.

Meyer und Pfeifer (2005) finden mit vier Wellen des Hannoveraner Firmenpanel keine empirische Evidenz für einen signifikanten Einfluss von Betriebsräten oder Tarifverträgen auf die Anzahl befristet Beschäftigter.

Ein Ziel der Reform des Betriebsverfassungsgesetzes von 2001 war es auch, Stamm- und Randbelegschaft im Unternehmen anzunähern. Auf Basis von Fallstudien untersuchen Wassermann und Rudolph (2005) in diesem Zusammenhang, ob es durch die Reform des Betriebsverfassungsgesetzes von 2001 zu einer Integration der Leiharbeitnehmer in die Stammbelegschaft gekommen ist und inwiefern das Wahlrecht der Leiharbeiter in die Integration der betrieblichen Mitbestimmung beigetragen hat. Sie kommen zu dem Ergebnis, dass es kaum zu einer Annäherung von Rand- und Stammbelegschaft im Unternehmen gekommen ist.

Benkhoff und Hermet (2008) untersuchen anhand von qualitativen Interviews die Ausgestaltung und Verbreitung von geringfügiger Beschäftigung im Einzelhandel. Sie gehen von der Annahme aus, dass bei Vorhandensein eines Betriebsrates geringfügige Beschäftigung weniger eingesetzt wird. In halbstrukturierten Interviews in 22 Filialen von 18 Einzelhandelsunternehmen verschiedener Branchen sowie in einer Unternehmenszentrale befragen die Autoren Personalverantwortliche, Betriebsräte und Mitarbeiter des Stammpersonals sowie geringfügig beschäftigte Mitarbeiter. Sie finden keinen Einfluss des Betriebsrates, obwohl die Haltung der Betriebsräte zur geringfügigen Beschäftigung als *„positiv bis zurück-*

haltend"[327] eingeschätzt wird. Auch was den Einfluss der Gewerkschaft angeht, ergibt sich in ihrer Studie kein einheitliches Bild.

Autor(en) (Jahr)	Untersuchter Aspekt	Indikator der industriellen Beziehungen	Beachtung der vier Fälle	Daten-grundlage	Ergebnis
Boockmann und Hagen (2001)	Einsatz atypischer Beschäftigungsformen (Befristete Verträge, Freie Mitarbeiter, Leiharbeit)	Existenz Betriebsrat; Tarifvertragsbindung	nein	IAB-Betriebspanel 1993 - 1999	Signifikant positiver Einfluss des Betriebsrates auf befristete Arbeitsverträge; positiver, aber nicht signifikanter, Einfluss des Betriebsrates auf Leiharbeit und negativer, aber nicht signifikanter, Einfluss des Betriebsrates auf freie Mitarbeit. Negative, aber nicht signifikante Zusammenhänge zwischen tarifvertraglicher Bindung und dem Einsatz atypischer Beschäftigungsverhältnisse, nur der Zusammenhang zwischen Branchentarifvertragsbindung und dem Einsatz freier Mitarbeiter ist signifikant und negativ.
Kaiser und Pfeiffer (2001)	Einsatz von Leiharbeit und Freier Mitarbeit	Tarifvertragsbindung	nein	SSBS (1996-1999)	Signifikanter und positiver Zusammenhang zwischen einer Tarifvertragsbindung und dem Einsatz von Leiharbeit. Signifikanter und negativer Zusammenhang zwischen Tarifvertragsbindung und dem Einsatz von freier Mitarbeit.
Boockmann und Hagen (2003)	Einsatz befristeter Beschäftigung und Anteil Befristet Beschäftigter im Unternehmen	Existenz Betriebsrat; Tarifvertragsbindung	nein	IAB-Betriebspanel 1997 -1999	Zusammenhang zwischen Betriebsrat und dem Einsatz von befristeter Beschäftigung ist signifikant und positiv; Zusammenhang zwischen dem Anteil befristeter Beschäftigung und einem Betriebsrat ist signifikant und negativ. Eine Branchentarifvertragsbindung senkt die Wahrscheinlichkeit signifikant, dass befristete Arbeitsverträge eingesetzt werden, kein signifikanter Zusammenhang zwischen einer Tarifvertragsbindung und dem Anteil befristet Beschäftigter im Unternehmen.
Bellmann (2004)	Leiharbeit	Existenz Betriebsrat; Tarifvertragsbindung	nein	IAB-Betriebspanel 2002	Betriebsräte stehen in einem signifikant positiven Zusammenhang zur Entscheidung, Leiharbeitnehmer zu beschäftigten. Dieser Zusammenhang gilt auch für eine Tarifvertragsbindung, allerdings ist dieser Zusammenhang nur für ostdeutsche Betriebe signifikant. Der Zusammenhang von beiden Variablen der industriellen Beziehungen ist positiv und signifikant zum Anteil der Leiharbeitnehmer.

---

[327] Benkhoff/ Hermet (2008), S. 15.

Autor(en) (Jahr)	Untersuchter Aspekt	Indikator der industriellen Beziehungen	Beachtung der vier Fälle	Daten-grundlage	Ergebnis
Meyer und Pfeifer (2005)	Arbeitsnach-frage nach be-fristet Beschäf-tigten	Existenz Betriebsrat; Tarifvertrags-bindung	nein	Hannoveraner Firmenpanel 2000-2004	Negativer, aber nicht signifikanter Zu-sammenhang zwischen Betriebsrat bzw. Tarifvertragsbindung und der Arbeits-nachfrage nach befristet Beschäftigten.
Wassermann und Rudolph (2005)	Annäherung von Rand- und Stammbeleg-schaft durch Novellierung BetrVG	Existenz Betriebsrat	nein	Fallstudien	Kaum Annäherung von Rand- und Stammbelegschaft durch die Novellie-rung des BetrVG.
Benkhoff und Hermet (2008)	Nachfrage nach geringfügiger Beschäftigung	Existenz Betriebsrat	nein	Halbstruk-turierte In-terviews im sächsischen Einzelhandel	Die Autoren erkennen keine eindeutigen Hinweise dafür, dass Betriebsräte und Gewerkschaften die Nachfrage nach geringfügiger Beschäftigung beeinflus-sen. Sie stellen jedoch eine positive bis zurückhaltende Haltung der Betriebsräte zur geringfügigen Beschäftigung fest.

Tabelle 8:   *Studien zum Zusammenhang zwischen industriellen Beziehungen und atypischer Beschäfti-gung; Quelle: Eigene Darstellung.*

Insgesamt scheint der Betriebsrat einen positiven Einfluss auf die Entscheidung, flexible Arbeitsformen einzusetzen und damit eine Randbelegschaft als Beschäftigungspuffer aufzu-bauen, zu nehmen. Dies würde Hypothese 1b widersprechen. Mit dem Anteil der atypischen Beschäftigung im Unternehmen beschäftigt sich nur die Studie von Hagen und Boockmann (2003) und Bellmann (2004). Den Einfluss einer Tarifvertragsbindung betreffend, ergeben die bisherigen Studien ein heterogenes Bild.

4.1.3 Eintritte in den internen Arbeitsmarkt

Eines der zentralen Argumente der Property Rights Theoretiker gegen Mitbestimmung ist, dass es zu einer verzögerten Entscheidungsfindung im Unternehmen kommt, da die Entscheidungsrechte verwässert werden. Beschäftigungsflexibilität bedeutet auch, einmal getroffene Entscheidungen revidieren zu können.[328] Ein Unternehmen ohne Betriebsrat ist zwar ebenfalls den Restriktionen des deutschen Arbeitsrechts bei einer Kündigung ausgesetzt, der Kündigungsprozess wird aber hier durch einen Betriebsrat nicht noch zusätzlich erschwert.[329] Insofern kann ein Unternehmen ohne Betriebsrat einen Eintritt in den internen Arbeitsmarkt einfacher revidieren als ein Unternehmen mit Betriebsrat. Aus diesem Grund wäre es möglich, dass ein Unternehmen ohne Betriebsrat eher einen Eintritt in den internen Arbeitsmarkt zulässt als ein betrieblich mitbestimmtes Unternehmen. Es könnte aber auch sein, dass ein Unternehmen ohne Betriebsrat seine Flexibilität weiter ausbauen möchte und deshalb möglichst wenig Eintritte in den internen Arbeitsmarkt zulässt. Wie in Kapitel 4.1 soll auch hier die ökonomische Sichtweise der Property Rights Theorie zugrunde gelegt werden. Demnach wird ein Unternehmen ohne Betriebsrat die Anzahl der Eintritte in den internen Arbeitsmarkt und damit die Stammbelegschaftsgröße möglichst gering halten. Diese Argumentation kann auf nicht tarifgebundene Unternehmen übertragen werden. Da die Anpassungskosten hier aufgrund nicht vorhandener tarifvertraglicher Regelungen hinsichtlich der Beschäftigungssicherung geringer ausfallen, könnte zwar angenommen werden, dass ein nicht tarifgebundenes Unternehmen eher Eintritte in den internen Arbeitsmarkt zulässt, da diese Entscheidung einfacher zu revidieren ist. Trotzdem greift hier die ökonomische Sichtweise der Property Rights Theorie, nach der die Anzahl der Eintritte in den internen Arbeitsmarkt – und damit verbunden die Stammbelegschaftsgröße – möglichst gering gehalten werden sollten.

Es kann demnach die folgende Hypothese für *Fall a)* abgeleitet werden:

(H2a):   *Ist ein Unternehmen nicht tarifgebunden und besteht zudem kein Betriebsrat, so steht dies in einem negativen Zusammenhang mit der Neueinstellungsrate und mit der Eintrittsrate durch Übertritte von der Rand- in die Stammbelegschaft.*

Ist ein Unternehmen tarifgebunden und/ oder verfügt es über einen Betriebsrat, so sind bei den Eintritten in den internen Arbeitsmarkt die Partizipationsmöglichkeiten des Betriebsrates sowie entsprechende tarifvertragliche Regelungen zu beachten.

Der Betriebsrat hat nicht nur ein eingeschränktes Zustimmungsverweigerungsrecht bei jeder Einstellung (in Unternehmen mit mehr als 20 Arbeitnehmern), sondern er hat auch ein er-

---

[328] Vgl. Hillmer (1987), S. 21.
[329] Zur Mitbestimmung im Kündigungsprozess siehe ausführlich Kapitel 4.1.3.

zwingbares Initiativrecht hinsichtlich der internen Ausschreibung von Stellen. Dieses Initiativrecht ist im Gegensatz zum Zustimmungsverweigerungsrecht bei der Einstellung unabhängig von der Arbeitnehmeranzahl. Gemäß § 93 BetrVG kann der Betriebsrat erzwingen, dass Stellen vor ihrer Besetzung intern im Betrieb ausgeschrieben werden. Findet diese interne Ausschreibung nicht statt, so kann der Betriebsrat seine Zustimmung bei einer externen Einstellung verweigern (§ 99 Abs. 2 Satz 5 BetrVG). Wird ein befristetes Arbeitsverhältnis in ein unbefristetes umgewandelt, so hat der Betriebsrat gemäß § 99 BetrVG ein eingeschränktes Zustimmungsverweigerungsrecht. Dieses Mitbestimmungsrecht gilt jedoch nicht, wenn ein befristetes Probearbeitsverhältnis nach Ablauf der Probezeit in ein unbefristetes Arbeitsverhältnis umgewandelt wird, vorausgesetzt, dass dem Betriebsrat vor der Einstellung auf Probe mitgeteilt worden ist, dass der Arbeitnehmer bei Bewährung auf unbestimmte Zeit weiterbeschäftigt werden würde.[330] Weiterhin kann der Betriebsrat einer unbefristeten Einstellung widersprechen, wenn ein geeigneter befristet beschäftigter Arbeitnehmer bei der Besetzung dieser unbefristeten Stelle keine Berücksichtigung findet.[331] Diese Entscheidung des Arbeitgebers kann allerdings durch betriebliche Gründe gerechtfertigt sein, zum Beispiel dadurch, dass der befristet Beschäftigte diese Position nur verbunden mit erheblichen Einarbeitungs- und Weiterbildungskosten wahrnehmen könnte.[332] Wird ein Leiharbeitnehmer übernommen, d.h. er soll fest im entleihenden Unternehmen angestellt werden, so entspricht dies einer Einstellung, welche gemäß § 99 BetrVG der Zustimmung des Betriebsrates bedarf

Abbildung 12 fasst den Ablauf einer Einstellung unter Berücksichtigung der Partizipationsrechte des Betriebsrates nochmals zusammen. Unter Einstellungen fallen in diesem Sinne sowohl Neueinstellungen (unbefristete und befristete Einstellungen), Einsätze von Leiharbeitnehmern im entleihenden Unternehmen sowie Übertritte von der Rand- in die Stammbelegschaft (unbefristete Übernahmen von befristet Beschäftigten, Einstellung ehemaliger Leiharbeitnehmer).

Für die Offenheit des internen Arbeitsmarktes sind jedoch nur unbefristete Einstellungen, Umwandlungen von befristeten in unbefristete Arbeitsverträge und Übernahmen von Leiharbeitnehmern relevant.

Der Betriebsrat kann bei Eintritten in den internen Arbeitsmarkt mitbestimmen (in Unternehmen mit mind. 20 Arbeitnehmern) und kann durch sein erzwingbares Initiativrecht, bzgl. der internen Ausschreibung von Arbeitsplätzen, die Offenheit des internen Arbeitsmarktes einschränken.

---

[330] Vgl. BAG, 07.08.1990, 1 ABR 68/89, BAGE 65, S. 329-337.
[331] Vgl. Körner (2006), S. 28.
[332] Vgl. Löwisch (2001), S. 1797.

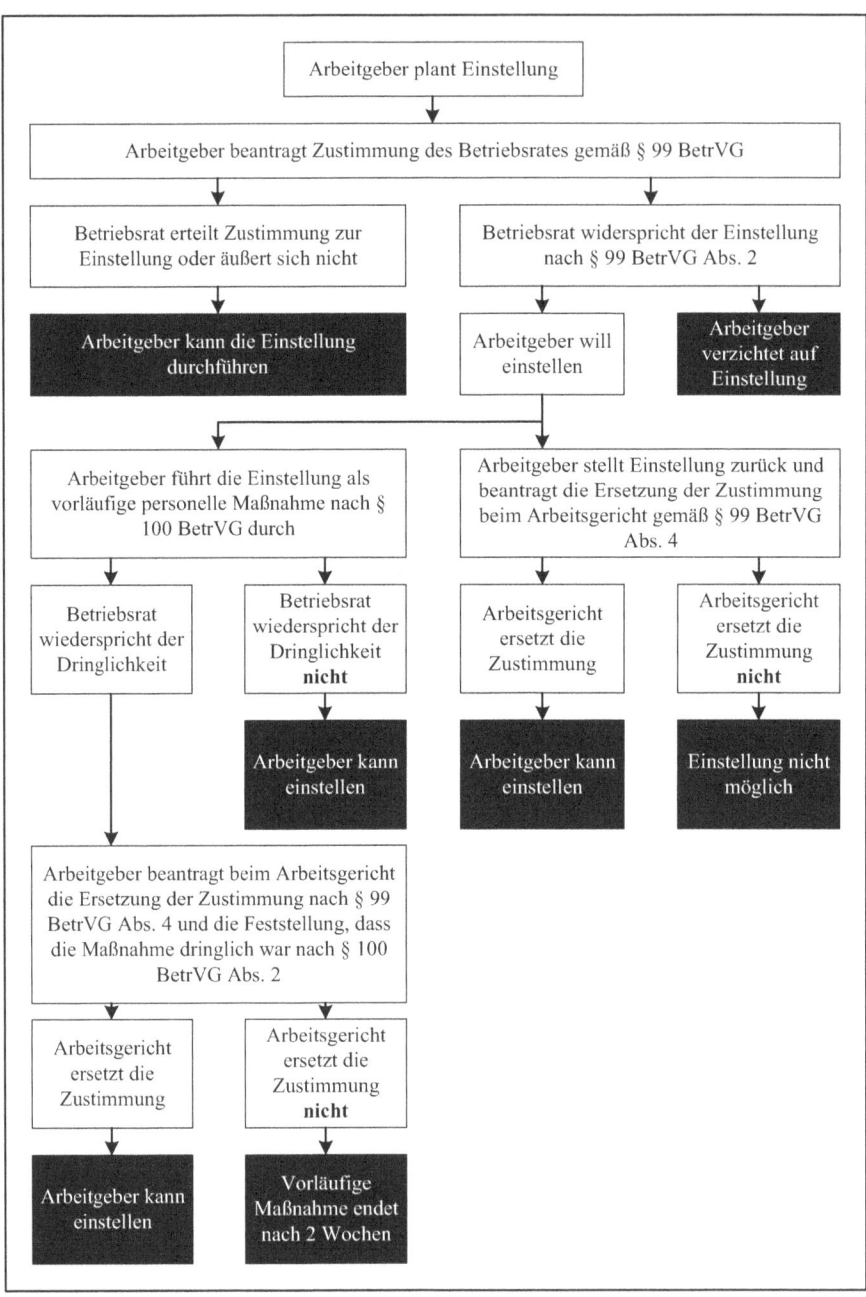

Abbildung 12: Ablauf einer Einstellung unter Beachtung des Betriebsrates; Quelle: Niedenhoff (2005b), S. 68.

Partizipationstheoretisch stellt sich analog zum Einsatz atypischer Beschäftigung die Frage, ob der Betriebsrat sich als Interessensvertreter aller Arbeitnehmer im Betrieb sieht oder nur die Interessen der Stammbelegschaft vertritt. Ist Letzteres der Fall, dann ist ein dämpfender Einfluss des Betriebsrates auf sämtliche Formen des Eintrittes in den internen Arbeitsmarkt zu erwarten und damit eine Verstärkung der Insider-Outsider Verhältnisse zwischen Stamm- und Randbelegschaft.[333] Der Betriebsrat wird in einer guten wirtschaftlichen Lage eher versuchen, Lohnerhöhungen für die bestehende Belegschaft (Insider) durchzusetzen, als Neueinstellungen oder Übertritte von der Rand- in die Stammbelegschaft zuzulassen.[334] Bei unbefristeten Neueinstellungen ist dieser dämpfende Einfluss unabhängig von der Frage, ob der Betriebsrat nur die Stammbelegschaft vertritt oder als Vertreter aller Beschäftigten auftritt. Der Betriebsrat wird hier versuchen Neueinstellungen zu vermeiden, um die bestehende Belegschaft bei einem wieder sinkenden Personalbedarf vor Anpassungsmaßnahmen zu schützen. Dadurch wird die Insider-Outsider-Trennung zwischen Belegschaft und externem Arbeitsmarkt verstärkt.[335] Bei befristeten Einstellungen, welche im engeren Sinne keinen Eintritt in den internen Arbeitsmarkt sondern lediglich in die Randbelegschaft darstellen, greift die gleiche Argumentation wie in Kapitel 4.1.1 beim Einsatz atypisch Beschäftigter dargestellt. Hinsichtlich des Übertrittes von der Rand- in die Stammbelegschaft – in Form von Umwandlungen befristeter Arbeitsverhältnisses in unbefristete oder Übernahmen von Leiharbeitern – ist nun die Frage entscheidend, wessen Interessen der Betriebsrat vertritt. Ist das primäre Interesse des Betriebsrates, die Stammbelegschaft zu vertreten und zu schützen, dann wird er Übergänge von der Rand- in die Stammbelegschaft sehr stark einschränken, da er den internen Arbeitsmarkt klein halten will, um auch bei einem sinkenden Personalbedarf die Arbeitsplätze der Stammbelegschaft garantieren zu können. Sieht sich der Betriebsrat jedoch als Interessensvertreter aller Arbeitnehmer, wie es auch das Betriebsverfassungsgesetz festlegt, dann wird der Betriebsrat diese Übertritte von der Rand- in die Stammbelegschaft fördern, da es von Vorteil für die Mitarbeiter der Randbelegschaft ist, Zugang zum internen Arbeitsmarkt zu bekommen. Insofern kann von Betriebsratsseite ein negativer Einfluss auf die Neueinstellungsrate aber ein positiver Einfluss zu den Übertritten von der Rand- in die Stammbelegschaft erwartet werden.

Tarifvertragliche Regelungen sind für Eintritte in den internen Arbeitsmarkt eher bedeutungslos. Allerdings kann hier ein indirekter Effekt auftreten. Wird tarifvertraglich eine Vereinbarung zur Beschäftigungssicherung festgelegt, so könnte dies dazu führen, dass weniger Neueinstellungen vorgenommen werden, da hier die Revision dieser Entscheidung erschwert werden könnte.

---

[333] Vgl. Gerlach/ Jirjahn (1999), S. 199.

[334] Vgl. Addison/ Schnabel/ Wagner (2001), S. 670; Addison/ Teixeira (2006), S. 3.

[335] Vgl. Addison/ Kraft/ Wagner (1993), S. 312.

Wie bereits in Kapitel 4.1.1 angesprochen, kann angenommen werden, dass Gewerkschaften an langfristigen Beschäftigungsverhältnissen für ihre Mitglieder interessiert sind. Deshalb könnte ein positiver Einfluss der Gewerkschaft erwartet werden. Allerdings sind hier die rechtlichen Möglichkeiten einer Einflussnahme über die tarifvertragliche Ebene nicht gegeben. Kombiniert mit dem bereits beschriebenen Zusammenhang zwischen Betriebsrat und Neueinstellungsrate bzw. Eintrittsrate in den internen Arbeitsmarkt lässt sich für den *Fall b)* die folgende Hypothese ableiten:

(H2b): *Ist ein Unternehmen tarifgebunden und verfügt es zudem über einen Betriebsrat, so steht dies in einem negativen Zusammenhang mit der Neueinstellungsrate, aber in einem positiven Zusammenhang mit der Eintrittsrate durch Übertritte von der Rand- in die Stammbelegschaft.*

Erkenntnisse aus empirischen Arbeiten

Studien zum Einfluss des Betriebsrates auf Eintritte in den internen Arbeitsmarkt konzentrieren sich auf Einstellungen bzw. Beschäftigungsentwicklung und -nachfrage. Frick und Sadowski (1995) und Backes-Gellner, Frick und Sadowski (1997) untersuchen anhand einer repräsentativen Umfrage unter 2392 Unternehmen aus dem Jahr 1987 unter anderem Einflussgrößen auf Einstellungen. Dabei kommen sie zu dem Ergebnis, dass der Einfluss des Betriebsrates auf Einstellungen nicht signifikant ist. Frick und Sadowski (1995) finden aber empirische Evidenz dafür, dass der gewerkschaftliche Organisationsgrad einen signifikant positiven Einfluss auf Neueinstellungen nimmt.

Ein nicht signifikanter Einfluss des Betriebsrates auf die Beschäftigungsentwicklung ist auch das Ergebnis einer empirischen Untersuchung von Gerlach und Jirjahn (1999), welche auf vier Wellen des Hannoveraner Firmenpanels basiert. Im Gegensatz dazu finden Addison, Schnabel und Wagner (2001) einen signifikant negativen Einfluss des Betriebsrates auf Einstellungen. Dieser Einfluss verliert jedoch seine Signifikanz, wenn die Analyse nur für Betriebe mit 21-100 Arbeitnehmern durchgeführt wird. Dilger (2002) verwendet als unabhängige Variable nicht nur die Existenz eines Betriebsrates sondern das NIFA-Panel erlaubt Dilger zudem eine Unterscheidung von fünf Betriebsratstypen: antagonistisch, schwierig, kooperativ, desinteressiert und ausgeschlossen. Dabei wird ein „antagonistischer" Betriebsrat beschrieben als *„die meisten technischen oder organisatorischen Veränderungen müssen gegen den Betriebsrat durchgesetzt werden".* Bei einem „schwierigen" Betriebsrat ist es *„[...] manchmal schwierig, dem Betriebsrat die gemeinsamen Betriebs- und Belegschaftsinteressen zu vermitteln."*[336] Ein „kooperativer" Betriebsrat unterstützt uneingeschränkt tech-

---

[336] Dilger (2002), S. 90.

nische oder organisatorische Veränderungen. Der „desinteressierte" Betriebsrat sieht technische oder organisatorische Veränderungen nicht als sein Aufgabenfeld an und der „ausgeschlossene" Betriebsrat wird an solchen Veränderungsprozessen nicht beteiligt.[337] Anhand von Daten des NIFA-Panels und der Bochumer Betriebsratsbefragung kommt er dabei zu dem Ergebnis, dass ein antagonistischer, schwieriger und kooperativer Betriebsrat einen signifikant negativen Einfluss nimmt auf die Einstellungsrate; für die anderen beiden Betriebsratstypen ist dieser Zusammenhang auch negativ, wenn auch nicht signifikant.

Addison, Bellmann, Schnabel und Wagner (2004) betrachten nicht den Einfluss einer Existenz eines Betriebsrates sondern den Effekt einer Einführung eines Betriebsrates. Mit Daten des IAB-Betriebspanels vergleichen sie Unternehmen, welche einen Betriebsrat zwischen 1996 und 2000 einrichten, und solchen Unternehmen, die keinen Betriebsrat bilden. Dabei können sie keinen signifikanten Einfluss der Betriebsratseinrichtung auf das Beschäftigungswachstum feststellen.

Mit Daten des Betriebshistorikpanels gehen Koller, Schnabel und Wagner (2007) der Frage nach, ob die im Betriebsverfassungsgesetzt festgelegte Schwelle bzgl. der Freistellung von Betriebsräten einen Einfluss auf die Beschäftigungsentwicklung nimmt. Dabei finden sie keine empirische Evidenz dafür, dass die alte Freistellungsschwelle von 300 Beschäftigten oder die nach der Betriebsverfassungsreform geltende Schwelle von 200 Beschäftigten Einfluss auf das Beschäftigungswachstum nimmt.

Zu einem interessanten Ergebnis kommen Addison und Teixeira (2006): Basierend auf Daten des IAB-Betriebspanels zeigen sie, dass die Existenz eines Betriebsrates mit einem negativen Beschäftigungswachstum von ca. zwei bis drei Prozent pro Jahr verbunden ist. Dabei findet in einer weiteren Schätzung auch der *Fall b)* Beachtung. Für diese Ausprägung der industriellen Beziehungen finden die Autoren einen negativen Zusammenhang zum Beschäftigungswachstum. Jirjahn (2008) knüpft an die Studie von Addison und Teixeira (2006) an und verweist auf die Bedeutung der Spezifikation der Betriebsgröße für den geschätzten Zusammenhang zwischen Betriebsrat und Beschäftigungswachstum. Nur wenn die Betriebsgröße linear in die Schätzung eingeht, zeigt sich ein negativer Zusammenhang. Jirjahn (2006) beruft sich auf internationale Studien, welche einen nicht-linearen Zusammenhang zwischen Beschäftigungswachstum und der Betriebsgröße zeigen.[338] Insofern sollte für die logarithmierte Betriebsgröße kontrolliert werden, da ansonsten ein fehlerhafter Zusammenhang unterstellt wird. Fließt die Betriebsgröße linear in die Schätzmodelle ein,

---

[337] Vgl. Dilger (2002), S. 90.

[338] Vgl. Jirjahn (2008), S. 208; Jirjahn beruft sich hier z.B. auf die Studien von Evans (1987), Dunne/ Hughes (1994) und Harhoff/ Stahl/ Woywode (1998).

dann ist der Zusammenhang zwischen Betriebsrat und Beschäftigungswachstum nicht mehr signifikant.[339]

Ebenfalls keinen signifikanten Zusammenhang finden Heywood, Jirjahn und Tsertsvardze (2010) zwischen der Existenz eines Betriebsrats bzw. zwischen einer Tarifvertragsbindung und der Einstellung älterer Mitarbeiter im Unternehmen. Dabei finden auch die *Fälle c)* und *d)* Beachtung; allerdings treten hier auch keine signifikanten Effekte auf. Kaiser und Pfeiffer (2001) finden mit Daten des Dienstleistungssektors empirische Evidenz dafür, dass eine Tarifvertragsbindung einen negativen Einfluss auf Einstellungen nimmt.

Eine sehr interessante Studie führen Backes-Gellner und Tuor (2007) basierend auf Daten des Instituts für Mittelstandsforschung in Bonn durch. Sie untersuchen den Signalling-Effekt des Betriebsrates bzgl. der Qualität des Arbeitsplatzes. Ihren Ergebnissen zufolge übt ein Betriebsrat einen positiven Signalling-Effekt aus, da Betriebe mit Betriebsrat einen geringen Anteil an nicht besetzten Stellen aufweisen. Zwischen Tarifvertragsbindung und dem Anteil der nicht besetzten Stellen besteht weder ein eindeutiger noch ein signifikanter Zusammenhang.

Insgesamt kommen die Studien entweder zu dem Ergebnis, dass der Einfluss des Betriebsrates auf die relevanten Aspekte nicht signifikant ist (Frick und Sadowski (1995), Gerlach und Jirjahn (1999), Addison, Bellmann, Schnabel und Wagner (2004), Jirjahn (2008), Heywood, Jirjahn und Tsertsvardze (2010)) oder sie stellen sogar einen negativen Einfluss des Betriebsrates auf die beschriebenen Größen fest (Addison, Schnabel und Wagner (2001); Dilger (2002) und Addison und Teixeira (2006). Was den Einfluss einer Tarifvertragsbindung betrifft, vermitteln die Studien nur ein sehr fragmentarisches Bild. Insofern kann noch keine Aussage hinsichtlich der Hypothesen 2a und 2b getroffen werden. Tabelle 9 stellt die ausgewählten ökonomischen Studien nochmals zusammenfassend dar.

---

[339] Vgl. Jirjahn (2008), S. 285.

Autor(en) (Jahr)	Untersuchter Aspekt	Indikator der industriellen Beziehungen	Beachtung der vier Fälle	Daten-grundlage	Ergebnis
Frick/Sadowski (1995); Backes-Gellner/Frick/Sadowski (1997)	Einstellungen	Existenz Betriebsrat; gewerkschaftlicher Organisationsgrad	nein	Repräsentative Umfrage unter mehr als 2000 Unternehmen mit mind. 5 Mitarbeitern	Kein signifikanter Einfluss des Betriebsrates auf Einstellungen. Signifikanter und positiver Zusammenhang zwischen dem gewerkschaftlichem Organisationsgrad und Neueinstellungen.
Gerlach/Jirjahn (1999)	Beschäftigungsentwicklung	Existenz Betriebsrat	nein	1.-4.Welle des Hannoveraner Firmenpanels	Positiver, aber nicht signifikanter Zusammenhang zwischen Betriebsrat und Beschäftigungsentwicklung.
Addison/Schnabel/Wagner (2001)	Einstellungen	Existenz Betriebsrat	nein	1.Welle des Hannoveraner Firmenpanels	Signifikanter und negativer Einfluss des Betriebsrates auf Einstellungen; in der Größenklasse von 21-100 Beschäftigten ist dieser Zusammenhang nicht mehr signifikant.
Dilger (2002)	Einstellungen	Existenz Betriebsrat mit Unterscheidung von verschiedenen Typen	nein	NIFA-Panel (1994 und 1996) und Bochumer Betriebsrätebefragung	Signifikanter und negativer Zusammenhang zwischen Einstellungsrate und den Betriebsratstypen antagonistisch, schwierig und kooperativ. Für die anderen Betriebsratstypen (desinteressiert und ausgeschlossen) ist dieser negative Zusammenhang nicht signifikant.
Kaiser/Pfeiffer (2001)	Einstellungen	Tarifvertragsbindung	nein	SSBS	Signifikanter und negativer Einfluss einer Tarifvertragsbindung auf Einstellungen.
Addison/Bellmann/Schnabel/Wagner (2004)	Beschäftigungswachstum	Einführung eines Betriebsrates zwischen 1996 und 2000	nein	IAB-Betriebspanel 1996 und 2000	Einführung eines Betriebsrates steht in einem negativen, aber nicht signifikanten Zusammenhang zur Einführung eines Betriebsrates.
Addison/Texeira (2006)	Beschäftigungswachstum	Existenz Betriebsrat; Tarifvertragsbindung	Ja (*Fall b)*)	IAB-Betriebspanel 1993-2001	Signifikanter und negativer Zusammenhang zwischen der Existenz eines Betriebsrates und der Beschäftigungsentwicklung; Positiver aber nicht signifikanter Zusammenhang zwischen Tarifvertragsbindung und Beschäftigungsentwicklung. In einer weiteren Schätzung findet auch der *Fall b)* Beachtung. Der Zusammenhang ist hier signifikant und negativ.

Autor(en) (Jahr)	Untersuchter Aspekt	Indikator der industriellen Beziehungen	Beachtung der vier Fälle	Daten-grundlage	Ergebnis
Koller, Schnabel und Wagner (2007)	Beschäftigungswachstum	Betrachtung der Freistellungsschwelle (vor und nach der Reform des Betriebsverfassungsgesetzes	nein	Betriebs-historikpanel 1999-2003	Keine Hinweise dafür, dass die alte oder die neue Freistellungsschwelle das Beschäftigungswachstum bremsen.
Jirjahn (2008)	Beschäftigungswachstum	Existenz Betriebsrat	nein	IAB-Be-triebspanel 1993 - 2001	Kein signifikanter Effekt der betrieblichen Mitbestimmung auf das Beschäftigungswachstum, wenn die Betriebsgröße richtig spezifiziert (d.h. logarithmiert) in die Schätzgleichung einfließt.
Backes-Gellner und Tuor (2007)	Anteil der vakanten Stellen an ausgeschriebenen Stellen	Existenz Betriebsrat; Tarifvertragsbindung	nein	Datensatz mit kleinen und mittel-ständischen Unternehmen[340]	Signifikanter und negativer Zusammenhang zwischen Betriebsrat und dem Anteil an vakanten Stellen. Weder signifikanter noch eindeutiger Zusammenhang zwischen Tarifvertragsbindung und dem Anteil an vakanten Stellen.
Heywood/ Jirjahn/ Tsertsvardze (2010)	Einstellung von Mitarbeitern älter als 50 Jahre	Existenz Betriebsrat	Ja (*Fall c*) und *d*))	Hannoveraner Firmenpanel 2002	Negativer aber nicht signifikanter Zusammenhang für den Fall b); positive aber nicht signifikante Zusammenhänge für die *Fälle c*) und *d*)

Tabelle 9:   *Studien zum Zusammenhang zwischen industriellen Beziehungen und Eintritten in den internen Arbeitsmarkt; Quelle: Eigene Darstellung.*

---

[340] Studie wurde 1999 durchgeführt im Auftrag des Instituts für Mittelstandsforschung Bonn.

4.1.4 Austritte aus dem internen Arbeitsmarkt

Zu unterscheiden ist bei Austritten aus dem internen Arbeitsmarkt zwischen der Kündigung seitens des Arbeitgebers sowie der arbeitnehmerseitigen Entscheidung das Unternehmen zu verlassen (Eigenkündigung). Der Begriff der Fluktuation erfasst alle Formen der Personalabgänge, dabei werden Entlassungen als organisationsinitiierte Fluktuation und Eigenkündigungen als individuumsorientierte Fluktuation aufgefasst, während Pensionierungen oder Todesfälle als unvermeidbare Fluktuation bezeichnet werden.[341] Sofern keine genauere Angabe erfolgt, soll der Begriff der Fluktuation im Rahmen der ausgewählten Studien alle Personalabgänge beschreiben.

Ein Unternehmen ohne Betriebsrat spiegelt die Argumentationslinie der Property Rights Theoretiker wider und kann den Weg der Kündigung seitens des Arbeitgebers einfacher gehen als ein betrieblich mitbestimmtes Unternehmen. Die Kündigungsentscheidung liegt – unter Beachtung der Arbeitnehmerrechte – beim Arbeitgeber. Dies könnte dazu führen, dass ein Unternehmen ohne Betriebsrat eine höhere Wahrscheinlichkeit aufweist, arbeitgeberseitige Kündigungen auszusprechen. Ist ein Unternehmen nicht tarifgebunden, so müssen auch keine Vereinbarungen zur Beschäftigungssicherung beachtet werden und betriebsbedingte Kündigungen können einfacher durchgeführt werden. Bezüglich arbeitnehmerseitiger Kündigungen kann die Property Rights Theorie keinen direkten Erklärungsbeitrag liefern. Es kann allerdings angenommen werden, dass es aufgrund der unterschiedlichen Zielfunktionen von Arbeitgeber- und Arbeitnehmerseite, welche die Property Righst Theorie annimmt, auch zu einer erhöhten arbeitnehmerseitigen Kündigungsrate kommen kann. Insofern kann vor dem Hintergrund der Property Rights Theorie die folgende Hypothese abgeleitet werden:

(H3a):   Ist ein Unternehmen nicht tarifgebunden und besteht zudem kein Betriebsrat, so steht dies in einem positiven Zusammenhang mit der Personalabgangsrate. Dies gilt sowohl für das Ausscheiden infolge der Kündigung seitens des Arbeitnehmers als auch infolge der Kündigung seitens des Betriebes.

Bei der Betrachtung der Austritte bei einem Unternehmen, das über einen Betriebsrat verfügt und/ oder durch eine tarifvertragliche Bindung gekennzeichnet ist, sind die entsprechenden Partizipationsrechte des Betriebsrates sowie tarifvertragliche Regelungen zu beachten.

Grundsätzlich ist der Betriebsrat vor jeder Kündigung seitens des Arbeitgebers zu hören (§ 102 Abs.1 Satz 1 BetrVG). Dazu gehören die außerordentliche und ordentliche Kündigung,

---

[341] Vgl. Nieder (2004), S. 758f.

die Änderungskündigung, die Kündigung vor Arbeitsantritt, die Kündigung in der Probezeit sowie bei einer „verabredeten Kündigung", bei der der Arbeitnehmer gegen Erhalt einer Abfindung verspricht, keine Kündigungsschutzklage zu erheben.[342] Der Betriebsrat hat ein Informationsrecht hinsichtlich der Gründe für die arbeitgeberseitige Kündigung. Wird die Kündigung ohne Anhörung des Betriebsrates ausgesprochen, so ist die Kündigung nicht wirksam. Die zeitliche Vorgabe *vor* der Kündigung" bedeutet, dass der Betriebsrat angehört werden muss, bevor die Kündigung den Machtbereich des Arbeitgebers verlässt.[343] Außerdem muss der Betriebsrat gemäß § 95 Abs. 1 BetrVG bei der Mitarbeiterauswahl im Rahmen von Kündigungen zustimmen. In Betrieben mit mehr als 500 Mitarbeitern hat er überdies ein erzwingbares Initiativrecht bezüglich der Aufstellung von Auswahlrichtlinien bei Kündigungen (§ 95 Abs. 2 BetrVG). Bei diesen Auswahlrichtlinien geht es beispielsweise um die Aufstellung von Richtlinien im Rahmen betriebsbedingter Kündigungen. Hier finden soziale Gesichtspunkte (Lebensalter, Betriebszugehörigkeit, Unterhaltsverpflichtungen) Beachtung.[344]

Nach § 102 Abs. 2 BetrVG kann der Betriebsrat einer Kündigung innerhalb der Fristen (bei ordentlicher Kündigung innerhalb einer Woche und bei außerordentlicher Kündigung innerhalb von drei Tagen) dieser Kündigung widersprechen, wenn einer oder mehrere der in § 102 Abs. 3 BetrVG aufgeführten Gründe gegeben sind, z.B. wenn die Auswahlrichtlinien bei der Kündigung nach § 95 BetrVG nicht eingehalten wurden oder wenn die Weiterbeschäftigung des Arbeitnehmers auf einem anderen Arbeitsplatz im selben Betrieb oder in einem anderen Betrieb des Unternehmens möglich ist. Hat der Betriebsrat fristgerecht widersprochen, kann der Arbeitgeber sich über diesen Widerspruch hinwegsetzen. Allerdings ist der Arbeitgeber dann verpflichtet, dem Arbeitnehmer mit der Kündigung eine Kopie der Stellungnahme des Betriebsrates zukommen zu lassen. Widerspricht der Betriebsrat frist- und ordnungsgemäß und klagt der betroffene Arbeitnehmer nach dem Kündigungsschutzgesetz auf eine Feststellung, dass das Arbeitsverhältnis durch die Kündigung nicht aufgehoben wird, so ist der Arbeitgeber verpflichtet, den Arbeitnehmer bei unveränderten Arbeitsbedingungen weiter zu beschäftigen bis der Rechtsstreit abgeschlossen ist. Sollte die Weiterbeschäftigung für den Arbeitgeber zu einer unzumutbaren wirtschaftlichen Belastung führen oder sollte die Klage des Arbeitnehmers keine Aussicht auf Erfolg bieten oder der Widerspruch des Betriebsrat unbegründet sein, so kann das Gericht den Arbeitgeber per einstweiliger Verfügung von dieser Verpflichtung auf Weiterbeschäftigung entbinden (§ 102 Abs. 5 BetrVG). Abbildung 13 zeigt den Ablauf einer beabsichtigten arbeitgeberseitigen Kündigung unter Beachtung des Betriebsrates.

---

[342] Vgl. Hromadka/ Maschmann (2010), S. 424.
[343] Vgl. Hromadka/ Maschmann (2010), S. 424.
[344] Vgl. Hromadka/ Maschmann (2010), S. 403.

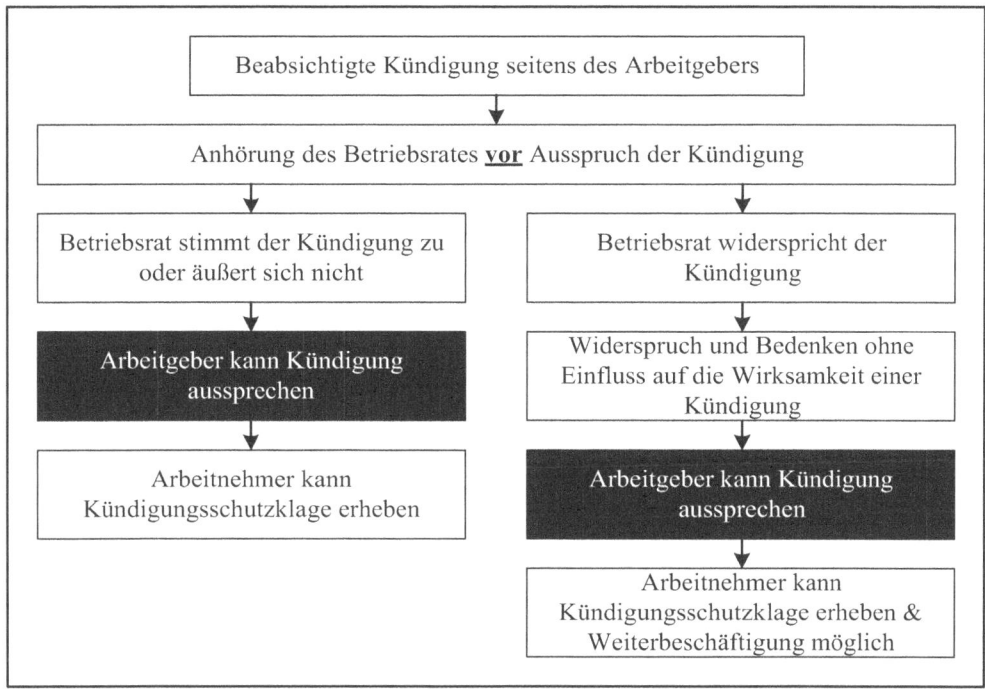

Abbildung 13: Arbeitgeberseitige Kündigung unter Beachtung des Betriebsrates; Quelle: Niedenhoff (2005b), S. 72.

Nach § 111 Abs. 1 BetrVG muss der Betriebsrat in Unternehmen mit mehr als 20 Arbeitnehmern rechtzeitig und umfassend über eine anstehende Betriebsänderung unterrichtet werden, wenn diese Betriebsänderung wesentliche Nachteile für die Belegschaft (z.B. Wegfall von Arbeitsplätzen) haben könnte. Darüber hinaus ist mit ihm, mit dem Ziel, einen Interessenausgleichnach § 112 Abs. 1 BetrVG herbeizuführen, zu beraten. Des Weiteren muss ein Sozialplan, mit der Intention die wirtschaftlichen Nachteile für die Mitarbeiter zu mildern, aufgestellt werden (§ 112 Abs. 2 BetrVG). Hier kommt dem Betriebsrat gemäß §112 Abs. 4 BetrVG ein Mitbestimmungsrecht im engeren Sinne zu.

Die Anhörung des Betriebsrates ist nicht erforderlich bei der Nichtverlängerung befristeter Arbeitsverhältnisse, bei Aufhebungsverträgen sowie bei Eigenkündigungen.[345] Wenn der Betriebsrat auch kein direktes Mitbestimmungs- oder Mitwirkungsrecht bei der Entscheidung des Arbeitnehmers hat, das Unternehmen zu verlassen, so hat er doch Mitbestimmungs- und Mitwirkungsrechte, welche die Arbeitszufriedenheit und damit die Austrittsentscheidung beeinflussen können.

---

[345] Vgl. Hromadka/ Maschmann (2010), S. 424.

Der Betriebsrat hat Beschwerden vom Arbeitnehmer entgegenzunehmen und diese gegebenenfalls an den Arbeitgeber weiterzuleiten (§ 85 Abs.1 BetrVG). Dies spiegelt exakt die Argumentationslinie der Partizipationstheorie wider, wonach der Betriebsrat als Sprachrohr der Belegschaft fungiert. Weiterhin bestehen Mitbestimmungs- und Mitwirkungsrechte im Rahmen der Weiterbildung und des Entgelts. Beide Aspekte können ebenfalls auf die Mitarbeiterzufriedenheit und damit auf die Fluktuation Einfluss nehmen.[346] Eine detaillierte Darstellung der Rechte erfolgt in Kapitel 4.2 und 4.3.

Im Gegensatz zu Einstellungen hat der Betriebsrat bei Kündigungen kein Mitbestimmungsrecht im engeren Sinne, sondern er muss lediglich gehört werden. Insofern kann der Betriebsrat Austritte in einem geringeren Maße beeinflussen als Eintritte in den internen Arbeitsmarkt. Eine Tarifvertragsbindung kann einen negativen Einfluss auf arbeitgeberseitige Kündigungen nehmen, da manche Tarifverträge Beschäftigungssicherungsvereinbarungen enthalten und damit betriebsbedingte Kündigungen für einen bestimmten Zeitraum ausgeschlossen werden. Insgesamt betrachtet, verstärken sich die tarifliche und betriebliche Regelungsebene.

Hinsichtlich der Eigenkündigung von Mitarbeitern trifft die Partizipationstheorie eine klare Aussage.[347] Der Exit-Voice-Argumentation folgend, muss der Mitarbeiter nicht die Option „Exit" wählen, um eventuelle Unzufriedenheit auszudrücken. Stattdessen kann der Betriebsrat als Interessensvertreter der Arbeitnehmer fungieren und damit die Option „Voice" umsetzen.[348] Folglich sollte die Existenz eines Betriebsrates dazu führen, dass die Personalpolitik stärker an den Präferenzen der Mitarbeiter ausgerichtet ist, dadurch die Mitarbeiterzufriedenheit erhöht und so die Rate der individuumsinduzierten Fluktuation gesenkt wird.[349] Es könnte auch sein, dass die Partizipation als solche von den Mitarbeitern wertgeschätzt wird. Wenn der Mitarbeiter an Entscheidungen beteiligt wird, welche die Gestaltung seines Arbeitsplatzes betreffen, dann kann das zu einer höheren Arbeitszufriedenheit und damit zu einer geringeren Fluktuationsneigung führen.[350] Auch Gewerkschaften oder deren Vertreter können solch eine Voice-Option darstellen.[351] Insofern kann auch ein hoher gewerkschaftlicher Organisationsgrad oder eine Tarifvertragsbindung einen negativen Einfluss auf Eigenkündigungen nehmen.

---

[346] Vgl. Nieder (2004), S. 762.

[347] Vgl. dazu insbesondere: Freeman (1976), S. 361; ferner z.B.: Kraft (1986), S. 697; Addison/ Kraft/ Wagner (1993), S. 312; Frick (1996a), S. 408.

[348] Vgl. Kraft (1986), S. 698.

[349] Vgl. Jirjahn (2006), S. 218.

[350] Vgl. Kraft (1986), S. 698.

[351] Vgl. dazu grundlegend: Freeman (1976).

Den Einfluss des Betriebsrates auf Entlassungen betreffend, ist der Erklärungsbeitrag der Theorie zwar nicht eindeutig, kann aber dennoch eine Schlussfolgerung zulassen. Wenn der Betriebsrat seiner Rolle als Stimme der Belegschaft nachkommt, dann könnte er Probleme, welche zu einer Exit-Handlung des Mitarbeiters führen könnten, rechtzeitig an das Management herantragen und eventuell lösen. So kommt es zu keiner verminderten Arbeitsleistung oder einer Kurzschlussreaktion des Mitarbeiters, welche eine Kündigung des Arbeitnehmers nach sich ziehen könnte. Zudem ist der Betriebsrat am Schutz der Belegschaft interessiert und wird sich dafür einsetzen, Kündigungen zu umgehen, wenn dies möglich ist oder die Kündigung nicht absolut gerechtfertigt ist (z.B. verhaltensbegründet). Eine Tarifvertragsbindung könnte insofern einen negativen Einfluss auf arbeitgeberseitige Kündigungen ausüben, als der Ausschluss betriebsbedingter Kündigungen tarifvertraglich vereinbart werden kann.

Es kann somit folgende Hypothese für *Fall b)* abgeleitet werden:

(H3b):   *Ist ein Unternehmen tarifgebunden und verfügt es zudem über einen Betriebsrat, so steht dies in einem negativen Zusammenhang mit der Personalabgangsrate. Dies gilt sowohl für das Ausscheiden infolge der Kündigung seitens des Arbeitnehmers als auch infolge der Kündigung seitens des Betriebes.*

Erkenntnisse aus empirischen Arbeiten

Eine der meist zitierten Arbeiten bezüglich des Zusammenhangs von Mitbestimmung und Fluktuation stammt von Kraft (1986), der eine Befragung in ca. 60 Unternehmen der Metallindustrie durchführt. Dabei operationalisiert er die Mitbestimmung durch einen Partizipationsindex (individuelle Voice-Komponente) sowie durch den Anteil der gewerkschaftlich organisierten Mitarbeiter und die Existenz eines Betriebsrates (kollektive Voice-Komponente). Die Fluktuation wird anhand der Wahrnehmung des Managements gemessen (hoch oder niedrig). Anhand einer Probitschätzung[352] kommt der Autor zu dem Ergebnis, dass die individuelle Voice-Komponente einen signifikant negativen Einfluss auf die Fluktuation nimmt, während die kollektive Voice-Komponente keinen signifikanten Einfluss auf die Fluktuation nimmt. Schasse (1991) zeigt mit vier Wellen der Sozio-ökonomischen Paneldaten (1984-1987) und mit den Bremer Daten 1981 (repräsentative Querschnittsbefragung von Arbeitnehmern und Arbeitgebern), dass die Gewerkschaftsmitgliedschaft einen signifikant positiven Einfluss auf die Betriebszugehörigkeit nimmt. Jung und Winkelmann (1993) untersuchen mit der ersten Welle des sozio-ökonomischen Panels von 1984 den Ein-

---

[352] Fluktuation wird hier durch die Dummy-Variable QUIT ausgedrückt, welche den Wert 1 annimmt, wenn die Fluktuation als hoch eingeschätzt wird und den Wert 0, wenn die Fluktuation als niedrig eingeschätzt wird.

fluss der Gewerkschaftsmitgliedschaft auf Eigenkündigungen und Entlassungen in den Jahren 1974 bis 1984. Sie stellen einen signifikant negativen Einfluss der Mitgliedschaft in einer Gewerkschaft auf die beiden untersuchten Größen fest.

Frick und Sadowski (1995), Sadowski, Backes-Gellner und Frick (1995), Backes-Gellner, Frick und Sadowski (1997), Frick (1996a) und Frick (1996b) kommen anhand einer repräsentativen Umfrage von mehr als 2000 deutschen Unternehmen zu dem Ergebnis, dass die Existenz eines Betriebsrates einen signifikant negativen Einfluss auf Eigenkündigungen und Entlassungen nimmt. Der gewerkschaftliche Organisationsgrad nimmt hingegen keinen signifikanten Einfluss auf Eigenkündigungen und Entlassungen.

Auch Gold (1999) kommt mit Daten des Hannoveraner Firmenpanels zu dem Ergebnis, dass der Betriebsrat einen dämpfenden Einfluss auf negative Anpassungen des Personalbestandes (darunter auch Kündigungen und Eigenkündigungen) nimmt. Ebenfalls mit Daten des Hannoveraner Firmenpanels kommen Schnabel und Wagner (1999) zu dem Resultat, dass die Existenz eines Betriebsrat die Personalabgangsrate negativ beeinflusst. Zudem ist in Unternehmen mit Betriebsrat der Anteil der länger als 10 Jahre im Betrieb Beschäftigten signifikant höher. Interessanterweise kommen Addison und Siebert (2000) zu einem anderen Ergebnis, wenn sie aus dem Hannoveraner Firmenpanel nur Unternehmen mit weniger als 1000 Arbeitnehmern betrachten. Dann ist der Einfluss des Betriebsrates auf die Fluktuation nicht mehr signifikant. Addison, Schnabel und Wagner (2001) stellen ebenfalls anhand des Hannoveraner Firmenpanels einen negativen Einfluss des Betriebsrates fest; dieser ist aber nicht mehr signifikant, wenn die Analyse in der Größenklasse von 21 bis 100 Arbeitnehmern wiederholt wird.

Eine Verstärkung des negativen Betriebsratseinflusses auf Fluktuation durch eine Tarifvertragsbindung stellen Frick und Möller (2003), Frick (2005) und Doellgast (2010) fest. Dilger (2002) kommt zu dem Ergebnis, dass insbesondere ein kooperativer Betriebsrat einen signifikant negativen Einfluss auf die Fluktuations- und die Personalabgangsrate nimmt. Anhand des IAB-Betriebspanels untersuchen Addison, Bellmann, Schnabel und Wagner (2004), ob die Einführung eines Betriebsrates einen Einfluss auf die Fluktuation nimmt. Sie können hier keinen signifikanten Effekt feststellen.

Abraham (2004) kommt anhand des IAB-Betriebspanels zu einem eher ungewöhnlichen Ergebnis. Der Autor findet einen signifikant positiven Einfluss des Betriebsrates auf die absolute Zahl der Personalabgänge. Bezüglich des Einflusses des Betriebsrates auf eine Ausstellungsquote von mehr als 5% kommt die Studie zu keinem einheitlichen Ergebnis.

Andrews, Bellmann, Schank und Upward (2007) untersuchen die Hypothese, dass Beschäftigte in Betrieben, welche mehrheitlich in ausländischem Besitz sind, höhere Fluktuationsraten aufweisen. Dabei kommen sie unter anderem zu dem Ergebnis, dass Betriebsräte in einem signifikant negativen Zusammenhang mit Fluktuationsraten stehen und Tarifverträge in einem positiven Zusammenhang. Signifikant ist dieser Zusammenhang nur für Branchentarifverträge.

Doellgast (2008) kommt anhand einer Umfrage unter Call-Centern zu dem Ergebnis, dass Unternehmen mit Betriebsrat und Tarifbindung eine signifikant geringere Fluktuationsrate aufweisen als nicht mitbestimmte Unternehmen. Diese Fluktuationsrate fällt bei der Existenz eines Betriebsrates ohne gleichzeitige Tarifbindung geringer aus als bei gleichzeitiger Existenz von Betriebsrat und Tarifbindung.

Einen sehr interessanten Zusammenhang finden Jirjahn, Mohrenweiser und Backes-Gellner (2011) in ihrer Untersuchung mit Daten des Instituts für Mittelstandsforschung Bonn. Sie betrachten den Zusammenhang zwischen dem Zeitraum des Bestehens eines Betriebsrates und der Fluktuationsrate. Sie kommen zu dem Ergebnis, dass diese beiden Größe in einem signifikant negativen Zusammenhang stehen.

Hirsch, Schank und Schnabel (2009) beziehen als eine der ersten Autoren in ihre Studie neben betriebsbezogenen Merkmalen auch personenbezogene Merkmale ein. Sie untersuchen mit Linked-Employer-Employee-Daten den Einfluss des Betriebsrates auf Übergänge von einem Arbeitsverhältnis in ein anderes Arbeitsverhältnis sowie Übergänge von einem Arbeitsverhältnis zu einem Zustand der Nicht-Beschäftigung. Auf beide Übergänge übt der Betriebsrat einen negativen Einfluss aus, dieser ist jedoch bei Männern stärker ausgeprägt. Auch Boockmann und Steffes (2010) beziehen in ihre Analyse personenbezogene Merkmale ein. Sie kommen ebenfalls mit Linked-Employer-Employee-Daten zu dem Ergebnis, dass ein Betriebsrat oder eine Tarifvertragsbindung in einem positiven Zusammenhang mit der Beschäftigungsdauer stehen.

Tabelle 10 stellt die Studien zum Zusammenhang zwischen industriellen Beziehungen und Austritten aus dem internen Arbeitsmarkt (Entlassungen und Eigenkündigungen) zusammenfassend dar.

Insgesamt vermitteln die Studien eher das Bild, dass ein Betriebsrat, die Mitgliedschaft in einer Gewerkschaft bzw. eine tarifvertragliche Bindung einen negativen Einfluss auf Eigenkündigungen und Entlassungen ausübt. Damit kann die Argumentation der Partizipationstheorie bestätigt werden wonach eine Institution, die als kollektive Stimme fungiert, dazu führt, dass die Beschäftigungsstabilität erhöht wird. Genau das würde Hypothese 3b stützen. Ein Teil der Studien findet jedoch keinen signifikanten Einfluss, einige wenige Studien kommen sogar zu einem eher gegenteiligen Ergebnis.

Betrachtet man die Erklärungsbeiträge der beiden konkurrierenden Theorien und des aktuellen Forschungsstandes zum Einfluss des Betriebsrates auf den Einsatz atypischer Beschäftigung sowie auf Ein- und Austritte aus dem internen Arbeitsmarkt, so scheint der Betriebsrat einen eher restriktiven Einfluss auf die Offenheit des internen Arbeitsmarktes zu nehmen. Dies könnte andeuten, dass der Betriebsrat die Stammbelegschaft eher klein hält, um deren Sicherung im Falle eines sinkenden Personalbedarfs gewährleisten zu können. Dies ergänzt sich mit der Erkenntnis, welche aus den Studien zum Zusammenhang von industriellen Beziehungen und dem Einsatz atypischer Beschäftigung, wonach der Betriebsrat einen eher positiven Einfluss auf den Aufbau einer Randbelegschaft nimmt. So kann die Stammbelegschaft in wirtschaftlich schlechten Situationen vor Anpassungsmaßnahmen geschützt werden.

Autor(en) (Jahr)	Unter- suchter Aspekt	Indikator der industriellen Beziehungen	Beach- tung der vier Fälle	Daten- grundlage	Ergebnis
Kraft (1986)	Fluktuati- on	Existenz Betriebsrat; Anteil Ge- werk- schaftsmit- glieder im Betrieb, Par- tizipationsin- dex	nein	Befragung von ca. 60 Unternehmen der Metallin- dustrie (durch- schnittlich 626 Mitar- beiter)	Insignifikant positiver Betriebsratseinfluss und Einfluss des Anteils der Gewerk- schaftsmitglieder sowie statistisch signifi- kant negativer Regressionskoeffizient für den Partizipationsindex.
Schasse (1991)	Betriebs- zuge- hörig- keits- dauer	Mitgliedschaft in einer Ge- werkschaft	nein	Sozio-öko- nomische Paneldaten (4 Wellen von 1984-1987) und Bremer Daten 1981	Gewerkschaftsmitglieder weisen eine signifikant längere Betriebszugehörigkeit auf als nicht organisierte Arbeitnehmer.
Jung/Winkelmann (1993)	Eigen- kündi- gungen und Ent- lassungen	Mitgliedschaft in einer Ge- werkschaft	nein	1.Welle des deutschen sozio-öko- nomischen Panels (1984)	Signifikant negativer Einfluss der Mitglied- schaft in einer Gewerkschaft auf Eigen- kündigungen und Entlassungen.
Frick/Sadwoski (1995); Sadwoski/Backes- Gellner/Frick (1995); Backes-Gell- ner/Frick/Sadowksi (1997); Frick (1995a); Frick (1996b);	Entlas- sungen und Eigen- kündi- gungen	Existenz Betriebsrat; gewerkschaft- licher Organisations- grad	nein	Repräsenta- tive Umfrage unter mehr als 2000 Unter- nehmen mit mindestens 5 Mitarbeitern	Betriebsrat mit signifikant negativem Ein- fluss auf Entlassungen und Eigenkündi- gungen. Positiver aber nicht signifikanter Zusam- menhang zwischen gewerkschaftlichem Organisationsgrad und Entlassungen. Ne- gativer aber nicht signifikanter Zusammen- hang zwischen gewerkschaftlichem Orga- nisationsgrad und Eigenkündigungen.

Autor(en) (Jahr)	Untersuchter Aspekt	Indikator der industriellen Beziehungen	Beachtung der vier Fälle	Datengrundlage	Ergebnis
Gold (1999)	Positive und negative Anpassungen des Personalbestandes	Existenz Betriebsrat	nein	Hannoveraner Firmenpanel (1994-1997)	Betriebsrat mit signifikant negativem Einfluss auf positive und negative Anpassungen des Personalbestandes.
Schnabel/Wagner (1999)	Fluktuation und Betriebszugehörigkeit	Existenz Betriebsrat	nein	Hannoveraner Firmenpanel (1994 und 1995)	Signifikant negativer Einfluss des Betriebsrates auf die Personalabgangsrate; positiver und signifikanter Einfluss des BR auf den Anteil der länger als 10 Jahre Beschäftigten.
Addison/Siebert/Wagner/Wei (2000)	Fluktuation	Existenz Betriebsrat	nein	Hannoveraner Firmenpanel (1994) (nur Unternehmen< 1000 Arbeitnehmer werden beachtet)	Negativer aber nicht signifikanter Zusammenhang zwischen Betriebsrat und Fluktuation.
Addison/Schnabel/Wagner (2001)	Fluktuation	Existenz Betriebsrat	nein	Hannoveraner Firmenpanel	Signifikant negativer Einfluss des BR auf Fluktuation, dieser negative Einfluss ist aber nicht mehr signifikant, wenn die Untersuchung für Unternehmen mit 21-100 Arbeitnehmern durchgeführt wird.
Frick/Möller (2003); Frick (2005)	Entlassungen und Eigenkündigungen	Existenz Betriebsrat; Tarifvertragsbindung	Ja (Fall b), c) und d))	IAB-Betriebspanel (1998 und 2000)	Signifikant negativer Einfluss des Betriebsrates auf Entlassungen und Eigenkündigungen (Fall d)); dies gilt auch für eine Tarifvertragsbindung (Fall c)) Bei Existenz eines BR und gleichzeitiger Bindung an einen Tarifvertrag (Fall b)) fällt dieser negative Effekt noch stärker aus;
Dilger (2002)	Fluktuations- und Personalabgangsrate	Existenz eines Betriebsrates mit Unterscheidung von verschiedenen Typen	nein	NIFA-Panel (1994 u.1996) und Bochumer Betriebsrätebefragung	Insbesondere ein kooperativer Betriebsrat hat einen signifikant negativen Einfluss auf die Fluktuations- und Personalabgangsrate
Addison/ Bellmann/ Schnabel/ Wagner (2004)	Veränderung der Fluktuationsrate	Einführung Betriebsrat zwischen 1996 und 2000	nein	IAB-Betriebspanel 1996 und 2000	Positiver aber nicht signifikanter Zusammenhang zwischen der Einführung eines Betriebsrates und der Veränderung in der Fluktuationsrate.

Autor(en) (Jahr)	Unter-suchter Aspekt	Indikator der industriellen Beziehungen	Beach-tung der vier Fälle	Datengrund-lage	Ergebnis
Abraham (2004)	Absolute Zahl der Personal-abgänge und eine Ausstel-lungs-quote > 5%	Existenz Betriebsrat	nein	IAB-Be-triebspanel 1993 und 2001.	Signifikanter und positiver Einfluss des Betriebsrates auf die absolute Zahl der Personalabgänge; kein eindeutiger Zusam-menhang zwischen Betriebsrat und einer Ausstellungsquote > 5%.
Andrews, Bellmann, Schank und Upward (2007)	Fluktua-tions-rate	Existenz Betriebsrat; Branchen- und Hausta-rifbindung	nein	LIAB-Daten 2000 - 2005	Zusammenhang zwischen Betriebsrat und Fluktuationsrate ist signifikant und negativ. Zusammenhang zwischen Tarifvertrag und Fluktuationsrate ist positiv, aber nicht signifikant.
Doellgast (2008)	Fluktua-tions-rate	Existenz Betriebsrat; Tarifvertrags-bindung	Ja (Fall b) und d))	Umfrage unter deutschen Call-Centern	Unternehmen mit Betriebsrat und/oder Tarifvertragsbindung weisen eine signifi-kant geringere Fluktuationsrate auf; diese fällt bei der Existenz eines Betriebsrates ohne Tarifbindung (Fall d) geringer aus als bei gleichzeitiger Existenz eines Be-triebsrates und einer Tarifbindung.
Hirsch/Schank/ Schna-bel (2009)	Übergän-ge zwi-schen Jobs, Übergän-ge zur Nicht-Be-schäfti-gung	Existenz Betriebsrat	nein	LIAB-Daten 2000-2002	Negativer Einfluss auf den Wechsel in einen anderen Job und auf den Wechsel in die Nicht-Beschäftigung.
Jirjahn, Mohrenweiser und Backes-Gellner (2011)	Fluktua-tions-rate	Existenzdauer eines Be-triebsrates	nein	Daten des Instituts für Mittelstands-forschung Bonn (2005)	Zwischen der Existenzdauer eines Betriebs-rates und der Fluktuationsrate besteht ein signifikanter und negativer Zu-sammenhang.
Boockmann/Steffes (2010)	Beschäfti-gungsdau-er	Existenz Betriebsrat; Tarifvertrags-verbindung	nein	LIAB-Daten 1991-2001	Betriebsrat und Tarifvertragsbindung mit signifikantem und positivem Einfluss auf Beschäftigungsdauer.

Tabelle 10:   Studien zum Zusammenhang zwischen industriellen Beziehungen und Austritten aus dem internen Arbeitsmarkt; Quelle: Eigene Darstellung.

4.2 Aufbau von Humankapital im internen Arbeitsmarkt

Im Gegensatz zur Partizipationstheorie, beruht die **Property Rights Theorie** nicht auf einem erweiterten Kapitalbegriff, welcher das Wissen und die Ausbildung der Mitarbeiter als Kapital ansieht. Ist die Institution des Betriebsrates oder eine Tarifbindung nicht vorhanden, so liegen die Entscheidungsrechte bezüglich der Ausgestaltung und Intensität der Weiterbildung beim Arbeitgeber. Die Gefahr eines Hold-up und ex-post opportunistischem Verhalten seitens des Arbeitgebers, besteht in Unternehmen ohne Betriebsrat eher als in betrieblich mitbestimmten Unternehmen. Dies muss jedoch nicht unbedingt einen Einfluss auf die Entscheidung des Arbeitgebers, Weiterbildung zu fördern, haben. Aber es könnte sehr wohl die Effektivität dieser Maßnahmen senken, da die komplementäre Form der Investition seitens der Arbeitnehmern in Form von Anstrengung und intrinsischer Motivation eventuell nicht gegeben ist. Dies könnte sich negativ auf die Intensität der Weiterbildung auswirken. Es kann demnach die folgende Hypothese abgeleitet werden:

(H4a):   Ist ein Unternehmen nicht tarifgebunden und besteht zudem kein Betriebsrat, so steht dies in einem negativen Zusammenhang mit der Weiterbildungsintensität.

Betrachtet man die mögliche Beeinflussung der Weiterbildungsintensität durch industrielle Beziehungen, so sind weitgehende Partizipationsrechte des Betriebsrates sowie entsprechende Regelungen in Tarifverträgen zu beachten.

Im Rahmen des 2001 neu hinzugekommenen Vorschlagsrechts im §92a BetrVG zur Sicherung und Förderung der Beschäftigung wird in diesem Paragraphen insbesondere auf die Möglichkeit der Qualifizierung der Arbeitnehmer verwiesen. Weitere Mitwirkungs- und Mitbestimmungsrechte bezüglich betrieblicher Bildungsmaßnahmen werden dem Betriebsrat in den §§ 96-98 BetrVG zugestanden. Gemäß §96 BetrVG kommen dem Betriebsrat und dem Arbeitgeber eine Förderungspflicht für die Berufsbildung der Arbeitnehmer zu. Berufsbildung umfasst dabei die Berufsausbildung, Fortbildung und Umschulung sowie sonstige Maßnahmen,[353] welche den Arbeitnehmern die für die Ausfüllung ihres Arbeitsplatzes und ihrer beruflichen Tätigkeit notwendigen Kenntnisse und Fähigkeiten verschaffen sollen.[354] Bei der Ermittlung des Berufsbildungsbedarfs kommt dem Betriebsrat ein Initiativrecht zu. Der Betriebsrat kann vom Arbeitgeber verlangen, dass dieser den Berufsbildungsbedarf ermittelt und mit ihm Fragen der Berufsbildung diskutiert. Hier kommt dem Betriebsrat zusätzlich ein Vorschlagsrecht zu. Weiterhin hat der Betriebsrat gemäß §97 BetrVG ein Beratungsrecht bei der Errichtung betrieblicher Bildungseinrichtungen, der Ausstattung solcher Einrichtungen, der Einführung betrieblicher Bildungsmaßnahmen und der

---

[353] Vgl. Hromadka/ Maschmann (2010), S. 404.
[354] Vgl. BAG 5.11.1985, 1 ABR 49/83.

Teilnahme an außerbetrieblichen Bildungsmaßnahmen. Der Betriebsrat hat hier lediglich ein Beratungsrecht, er kann somit aber die Einführung einer bestimmten Maßnahme nicht erzwingen.[355] Ein Mitbestimmungsrecht im engeren Sinne kommt dem Betriebsrat nach §97 Abs. 2 BetrVG dann zu, wenn der Arbeitgeber Maßnahmen plant oder durchgeführt hat, die zu einer so nachhaltigen Änderung der Tätigkeit der betroffenen Arbeitnehmer führen, dass ihre Kenntnisse und Fähigkeiten nicht mehr zur Erfüllung ihrer Aufgabe ausreichen. Insofern greift bei drohenden Entlassungen nicht nur ein Widerspruchsrecht nach § 102 Abs. 3 Satz 4 BetrVG sondern auch §97 Abs. 2 BetrVG, wenn der Qualifikationsverlust durch den Arbeitgeber veranlasst ist.[356] Nach § 98 BetrVGAbs. 1 und Abs. 6 hat der Betriebsrat grundsätzlich bei der Durchführung von betrieblichen Bildungsmaßnahmen und sonstigen im Betrieb durchgeführten Bildungsmaßnahmen mitzubestimmen. Für die Berufsbildung gilt dabei die obige Definition. Unter sonstigen Bildungsmaßnahmen sind Maßnahmen zu verstehen, welche keinen Bezug zur aktuellen oder zukünftigen Tätigkeit des Arbeitnehmers haben (z.B. Erste-Hilfe-Kurse, Sprachkurse etc.). Nicht dazu gehören Veranstaltungen, die der Freizeitbeschäftigung oder der Unterhaltung dienen (z.B. Sport- und Hobbykurse).[357] Dieses Mitbestimmungsrecht nach §98 BetrVG gilt für die Auswahl von mit der Berufsbildung beauftragten Personen und für die Auswahl von Teilnehmern an betrieblichen Bildungsmaßnahmen (wenn Arbeitnehmer für außerbetriebliche Maßnahmen freigestellt werden oder der Arbeitgeber die dadurch entstehenden Kosten ganz oder teilweise trägt).

---

[355] Vgl. Niedenhoff (2005b), S. 77.
[356] Vgl. Hromadka/ Maschmann (2010), S. 405.
[357] Vgl. Hromadka/ Maschmann (2010), S. 405.

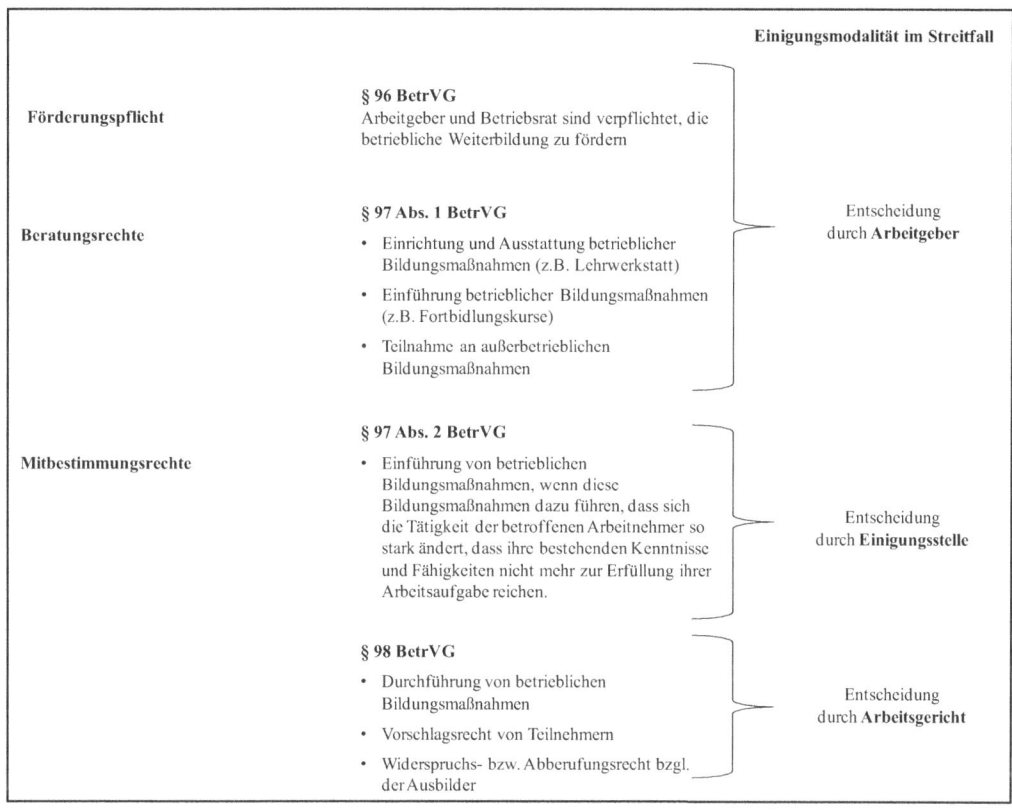

		Einigungsmodalität im Streitfall
Förderungspflicht	**§ 96 BetrVG** Arbeitgeber und Betriebsrat sind verpflichtet, die betriebliche Weiterbildung zu fördern	
Beratungsrechte	**§ 97 Abs. 1 BetrVG** • Einrichtung und Ausstattung betrieblicher Bildungsmaßnahmen (z.B. Lehrwerkstatt) • Einführung betrieblicher Bildungsmaßnahmen (z.B. Fortbildungskurse) • Teilnahme an außerbetrieblichen Bildungsmaßnahmen	Entscheidung durch **Arbeitgeber**
Mitbestimmungsrechte	**§ 97 Abs. 2 BetrVG** • Einführung von betrieblichen Bildungsmaßnahmen, wenn diese Bildungsmaßnahmen dazu führen, dass sich die Tätigkeit der betroffenen Arbeitnehmer so stark ändert, dass ihre bestehenden Kenntnisse und Fähigkeiten nicht mehr zur Erfüllung ihrer Arbeitsaufgabe reichen.	Entscheidung durch **Einigungsstelle**
	§ 98 BetrVG • Durchführung von betrieblichen Bildungsmaßnahmen • Vorschlagsrecht von Teilnehmern • Widerspruchs- bzw. Abberufungsrecht bzgl. der Ausbilder	Entscheidung durch **Arbeitsgericht**

Abbildung 14: Rechtliche Möglichkeiten des Betriebsrates bei der betrieblichen Weiterbildung; Quelle: Eigene Darstellung in Anlehnung an: Niedenhoff (2005b), S.77.

Abbildung 14 fasst die Rechte des Betriebsrates im Rahmen der betrieblichen Weiterbildung nochmals zusammen.

Im Kontext der Partizipationstheorie ist anzunehmen, dass der Betriebsrat die durch das Betriebsverfassungsgesetzt gegebenen Partizipationsrechte nutzt, um einen positiven Einfluss auf das betriebliche Weiterbildungsverhalten ausübt. Dies kann durch mehrere Aspekte begründet werden.

Durch Weiterbildung wird die Anpassung an sich verändernde Rahmenbedingungen der Arbeitswelt verbessert, was die Arbeitsplatzsicherheit der Beschäftigten erhöhen kann.[358] Zudem besteht durch eine Höherqualifizierung die Möglichkeit einer Eingruppierung in eine

---

[358] Vgl. Hübler (2003), S. 83.

höhere Entgeltgruppe, worauf der Betriebsrat ebenfalls Einfluss nehmen kann.[359] Durch die Voice-Funktion des Betriebsrates können die betrieblichen Weiterbildungsmaßnahmen stärker an den Bedürfnissen und Präferenzen der Beschäftigen ausgerichtet werden, was nicht nur die Weiterbildungsintensität positiv beeinflussen könnte, sondern auch die Effektivität dieser Maßnahmen.[360] Weiterbildung kann erst dann effektiv sein, wenn komplementäre Investitionen der Arbeitnehmer in Form von Anstrengung auf das betriebliche Weiterbildungsangebot erfolgen.[361] Da durch die Existenz eines Betriebsrates diese komplementäre Investition eher gewährleistet ist, könnte auch die Bereitschaft der Unternehmen, die betrieblichen Weiterbildungsmaßnahmen zu finanzieren, steigen. Ein weiteres Argument für den positiven Einfluss des Betriebsrates auf die betriebliche Weiterbildung lässt sich vor dem Hintergrund der Hold-up Problematik und des möglichen ex-post-Opportunismus des Arbeitgebers bzw. vor dem Hintergrund der Humankapitaltheorie anführen.[362] Die Hold-up-Problematik entsteht dadurch, dass der Mitarbeiter in unternehmensspezifisches Humankapital investiert, was im Falle eines Unternehmenswechsels für den Mitarbeiter wertlos wäre. Die Kosten dieser Investition können Aufwand, Verzicht auf einen Teil des Entgelts, um eine Fortbildungsmaßnahme in Voll- oder Teilzeit durchzuführen, oder eine Beteiligung an den Kosten dieser Weiterbildungsmaßnahme sein. Der Arbeitgeber könnte sich nach der getätigten Investition opportunistisch verhalten (ex-post-Opportunismus) in dem er den Arbeitnehmern keine höher qualifizierte bzw. besser bezahlte Position anbietet. Dies gilt insbesondere für die Investitionen in unternehmensspezifisches Humankapital, was für den Arbeitnehmer bei einem Unternehmenswechsel wertlos wäre.[363] Durch das Vorhandensein eines Betriebsrates kann die Hold-up-Problematik und die Gefahr des ex-post-Opportunismus seitens des Arbeitgebers verhindert oder zumindest abgeschwächt werden.[364] Der Betriebsrat kann im Sinne der Partizipationstheorie als eine Institution angesehen werden, welche Vertrauen und Loyalität zwischen Arbeitnehmer und Arbeitgeber aufbaut. Dies dürfte sich positiv auf die Bereitschaft des Arbeitnehmers auswirken, in die eigene Humankapitalausstattung, insbesondere auch in die unternehmensspezifische, zu investieren.[365] Partizipationstheoretisch ist insgesamt ein positiver Zusammenhang zwischen der Existenz eines Betriebsrates und der betrieblichen Weiterbildung zu erwarten.

Auf der tariflichen Regelungsebene können Gewerkschaften über den Abschluss von Qualifizierungstarifverträgen Einfluss auf die Weiterbildungsaktivitäten im Unternehmen ausüben und dadurch auch auf den Aufbau von Humankapital. Qualifizierungstarifverträge sind

---

[359] Vgl. Bellmann/ Ellguth (2006), S. 494f.

[360] Vgl. Gerlach/ Jirjahn (2001), S. 145.

[361] Vgl. Jirjahn (2006), S. 219.

[362] Vgl. Gerlach/ Jirjahn (2001), S. 145.

[363] Vgl. Bühner (2005), S. 119-121.

[364] Vgl. Gerlach/ Jirjahn (2001), S. 145.

[365] Vgl. Addison/ Kraft/ Wagner (1993), S.313; Jirjahn (2006), S. 219.

sehr selten. Es wird geschätzt, dass etwa nur ein Prozent aller Tarifverträge Regelungen zur Weiterbildung enthalten. Dementsprechend gering ist auch der Anteil der Arbeitnehmer, welche tarifvertraglich einen Anspruch auf Freistellung für Weiterbildungsmaßnahmen geltend machen können. Dieser Anteil wird auf etwa ein bis drei Prozent geschätzt.[366] Auch wird der Einfluss von Qualifizierungsmaßnahmen auf die betriebliche Weiterbildungspraxis als eher gering eingeschätzt.[367]

Ein Beispiel für einen Qualifizierungstarifvertrag stellt der Qualifizierungstarifvertrag der Metall- und Elektroindustrie Baden-Württemberg dar. Hier wird unter anderem der individuelle Anspruch jedes Mitarbeiters auf ein regelmäßiges Gespräch mit dem Vorgesetzten über Weiterbildungsbedarf und über Maßnahmen festgelegt. Ein weiterer Regelungsinhalt stellt die Kostenübernahme durch den Arbeitgeber dar. Zudem regelt der Qualifizierungstarifvertrag Ansprüche bezüglich der Freistellung von Arbeitnehmern für Qualifizierungsmaßnahmen.[368]

Insgesamt kann der Einfluss der tarifvertraglichen Ebene auf die Weiterbildungsaktivität im Unternehmen zwar als gering, aber dennoch als positiv eingeschätzt werden.

Vor dem Hintergrund der Partizipationstheorie kann insgesamt ein positiver Einfluss einer tarifvertraglichen Bindung auf die Weiterbildungsintensität antizipiert werden. Eine hohe Intensität der Weiterbildung dürfte durchaus im Sinne der Beschäftigten liegen. Da Gewerkschaften diese Interessen im Sinne ihrer Voice-Funktion repräsentieren, kann angenommen werden, dass Gewerkschaften dieses Interesse durch die Gestaltung entsprechender tarifvertraglicher Regelungen vertreten.

Verknüpft man diese Betrachtung mit den Partizipationsrechten des Betriebsrates und dessen Interesse an einer Weiterbildung der Beschäftigten, so lässt sich die folgende Hypothese für den *Fall b)* ableiten:

(H4b):   *Ist ein Unternehmen tarifgebunden und verfügt es zudem über einen Betriebsrat, so steht dies in einem positiven Zusammenhang mit der Weiterbildungsintensität.*

Erkenntnisse aus empirischen Arbeiten

Im Folgenden sollen nun Studien betrachtet werden, welche den Zusammenhang zwischen Betriebsrat und Weiterbildung untersucht haben.

---

[366] Vgl. Bahnmüller/ Fischbach/ Jentgens (2005), S. 4.

[367] Vgl. Bahnmüller/ Fischbach/ Jentgens (2005), S. 17; Dustmann/ Schönberg (2005), S. 7.

[368] Vgl. IG Metall (2006).

Mit vier Wellen des Hannoveraner Firmenpanels kommen Gerlach und Jirjahn (2001) zu dem Ergebnis, dass Betriebsräte und betriebliche Weiterbildung in einem positiven Zusammenhang stehen. Sie finden empirische Evidenz dafür, dass Betriebe mit Betriebsrat eine höhere Wahrscheinlichkeit aufweisen, dass der Arbeitgeber die betriebliche Weiterbildung finanziert. Auch die Weiterbildungsausgaben pro Mitarbeiter stehen in einem positiven Zusammenhang mit einem Betriebsrat im Unternehmen. Ein positiver Zusammenhang besteht ihren Ergebnissen zufolge auch zwischen einer tarifvertraglichen Bindung und dem Angebot von betrieblicher Weiterbildung. Kein signifikanter Zusammenhang besteht zwischen der Wahrscheinlichkeit, dass die betriebliche Weiterbildung finanziert wird und einer Tarifvertragsbindung. Letztere übt jedoch einen positiven Einfluss auf die Weiterbildungsausgaben pro Kopf aus.

Hübler (2003) verwendet Daten des IAB-Betriebspanels und des Hannoveraner Firmenpanels um den direkten und indirekten Einfluss des Betriebsrates auf die betriebliche Investitionstätigkeit zu untersuchen. Ein direkter Einfluss liegt dann vor, wenn der Betriebsrat Investitionstätigkeiten verhindert, um dadurch einen höheren Betrag für die Erhöhung des Entgelts zur Verfügung zu haben. Ein indirekter Einfluss liegt dann vor, wenn der Betriebsrat Investitionen fördert oder bremst, welche das Management in Ergänzung zu den geplanten Investitionen vornehmen möchte, und so dessen Einführung (z.B. von neuen Technologien) begünstigt oder erschwert. Darunter fallen zum Beispiel betriebliche Reorganisations- und Weiterbildungsmaßnahmen. Hübler kommt in diesem Zuge zu dem Ergebnis, dass ein positiver Zusammenhang zwischen dem Betriebsrat und Weiterbildungsaktivitäten besteht. Dies gilt insbesondere dann, wenn durch die Weiterbildung der Umgang mit technologischen Neuerungen oder neuartigen Produkten erlernt werden soll. Damit wird die Annahme unterstützt, dass ein Betriebsrat die Weiterbildungsaktivitäten positiv beeinflusst, da dadurch die Arbeitsplatzsicherheit erhöht werden kann.[369]

Mit Daten des IAB-Betriebspanels findet Zwick (2004) keinen signifikanten Einfluss des Betriebsrates auf die Weiterbildungsintensität. Der gefundene Zusammenhang zwischen Betriebsrat und dem Einfluss der Weiterbildung auf die Produktivität ist signifikant und positiv.

Hinsichtlich des Einflusses des Betriebsrates auf die Wahrscheinlichkeit, dass ein Unternehmen Personalentwicklung betreibt oder nicht, kommt Zwick (2005) zu dem Ergebnis, dass dieser Einfluss signifikant positiv ist. Zudem beeinflusst eine tarifvertragliche Bindung die Wahrscheinlichkeit, dass ein Betrieb Weiterbildungsmaßnahmen durchführt, signifikant positiv.

---

[369] Vgl. Hübler (2003), S. 85.

Ebenfalls anhand von Daten des IAB-Betriebspanels untersuchen Bellmann und Ellguth (2006) die Auswirkungen der Reform des Betriebsverfassungsgesetzes auf die Weiterbildung. Sie stellen fest, dass Betriebe mit Betriebsrat eher Weiterbildung anbieten und dass Betriebe mit Betriebsrat eine höhere Weiterbildungsintensität aufweisen. Diese Unterschiede zwischen Betrieben mit und ohne Betriebsrat sind teilweise signifikant. Es zeigt sich jedoch kein signifikanter Zusammenhang zwischen Betriebsrat und der Veränderung der Weiterbildungsintensität.

Im Gegensatz zur eindeutigen Position der Partizipationstheorie und den eindeutig gegebenen Möglichkeiten durch das Betriebsverfassungsgesetz vermitteln die Studien insgesamt ein eher heterogenes Bild, was die Auswirkungen eines Betriebsrates auf den Aufbau von Humankapital betrifft. In der Summe ist jedoch ein positiver Betriebsratseinfluss auf die Weiterbildungsintensität und damit auf den Aufbau von Humankapital zu erkennen. Dies würde Hypothese 4b bzgl. der Weiterbildungsintensität stützen.

Autor(en) (Jahr)	Untersuchter Aspekt	Indikator der industriellen Beziehungen	Beach-tung der vier Fälle	Daten-grundlage	Ergebnis
Gerlach/Jirjahn (2001)	Finanzierung von Weiterbildung durch den Arbeitgeber und Weiterbildungsausgaben pro Kopf	Existenz Betriebsrat	nein	1.-4. Welle des Hannoveraner Firmenpanel (1994 - 1997)	Positiver und signifikanter Einfluss des Betriebsrates auf die Wahrscheinlichkeit, dass Weiterbildung angeboten und finanziert wird. Positiver und signifikanter Zusammenhang zwischen Betriebsrat und den Weiterbildungsausgaben pro Kopf. Positiver aber nicht signifikanter Zusammenhang zwischen Tarifvertragsbindung und der Wahrscheinlichkeit, dass Weiterbildung finanziert wird. Positiver und signifikanter Zusammenhang zwischen Tarifvertragsbindung und den Weiterbildungsausgaben pro Kopf.
Hübler (2003)	Weiterbildung	Existenz Betriebsrat	nein	2. und 4. Welle des Hannoveraner Firmenpanels (1994 u. 1996) und IAB Betriebspanel 2000	Positiver und signifikanter Zusammenhang zwischen einem Betriebsrat und der betrieblichen Weiterbildungsaktivität. Dies gilt besonders dann wenn durch die Weiterbildung der Umgang mit Innovationen erlernt werden soll.
Zwick (2004)	Weiterbildungsintensität Einfluss der Weiterbildung auf die Produktivität	Existenz Betriebsrat	nein	IAB-Betriebspanel 1997 und 1998	Positiver, aber nicht signifikanter Zusammenhang zwischen Betriebsrat und Weiterbildungsintensität. Positiver und signifikanter Zusammenhang zwischen Betriebsrat und dem Einfluss der Weiterbildungsintensität auf die Produktivität.
Zwick (2005)	Weiterbildungsentscheidung	Existenz Betriebsrat; Tarifvertragsbindung	nein	IAB-Betriebspanel 1997 - 2001	Signifikanter und positiver Einfluss eines Betriebsrates und einer Tarifvertragsbindung auf die Wahrscheinlichkeit, dass ein Betrieb Weiterbildung betreibt.
Bellmann/Ellguth (2006)	Weiterbildungsentscheidung und –intensität	Existenz Betriebsrat	nein	IAB-Betriebspanel 1996 - 2005.	Betriebe mit Betriebsrat weisen eine höhere Wahrscheinlichkeit auf Weiterbildung anzubieten und auch die Weiterbildungsintensität fällt im Schnitt höher aus. Es zeigt sich kein signifikanter Effekt des reformierten BetrVG auf die Veränderung der Weiterbildungsintensität.

Tabelle 11:   Studien zum Zusammenhang zwischen industriellen Beziehungen und Weiterbildung; Quelle: Eigene Darstellung.

4.3 Ausprägung interner Karrierepfade

Die Property Rights Theorie liefert keinen direkten Erklärungsbeitrag für den Einfluss eines Betriebsrates oder einer tarifvertraglichen Bindung auf die Karrierepfade. Da ein Indikator für interne Karrierepfade die Betriebszugehörigkeit bzw. die Fluktuation darstellt, können hier die Annahmen aus Kapitel 4.1.3 übernommen werden, nach denen es in nicht mitbestimmten Unternehmen zu einer erhöhten Fluktuationsrate kommt. Diese würde zu schwach ausgeprägten internen Karrierepfaden führen. Es kann deshalb für den *Fall a)* die folgende Hypothese abgeleitet werden:

(H5a):   *Ist ein Unternehmen nicht tarifgebunden und besteht zudem kein Betriebsrat, so steht dies in einem negativen Zusammenhang mit der Förderung interner Karrierepfade und der Bevorzugung interner vor externer Stellenbesetzung.*

In einem Unternehmen mit Betriebsrat sind auch bei den internen Karrierepfaden zunächst das allgemeine Mitwirkungsrecht des Betriebsrates bei der Personalplanung (§§ 92 und 92a BetrVG) von Relevanz. Ein weiteres Partizipationsrecht, das bereits erwähnt wurde und hier von besonderer Bedeutung ist, stellt das erzwingbare Initiativrecht des Betriebsrates bei der internen Stellenausschreibung gemäß § 93 BetrVG dar. Hier kann der Betriebsrat die internen Karrierepfade von Mitarbeitern fördern, indem Stellen zuerst intern ausgeschrieben werden, bevor sie mit einem externen Bewerber besetzt werden. Insofern kann dieses Mitbestimmungsrecht sowohl die Offenheit des internen Arbeitsmarktes stark beeinflussen als auch interne Karrierepfade im Unternehmen fördern. Zudem kann es vom Betriebsrat dazu genutzt werden, die Insider-Outsider-Trennung zu verstärken. Weiterhin hat der Betriebsrat bei Versetzungen– analog zu Einstellungen – ein eingeschränktes Zustimmungsverweigerungsrecht (§ 99 Abs.1 BetrVG). Er kann unter bestimmten Umständen, welche bereits bei der Einstellung dargestellt wurden, seine Zustimmung zu dieser personellen Maßnahme verweigern und damit individuelle Karrierepfade beeinflussen. Gemäß § 95 BetrVG sind nicht nur Richtlinien über die personelle Auswahl bei Einstellungen mitbestimmungspflichtig, sondern auch Richtlinien bei Versetzungen. Wie bereits dargestellt, kann der Betriebsrat in Betrieben mit mehr als 500 Arbeitnehmern die Aufstellung von Richtlinien über die personelle Auswahl bei Einstellungen, Umgruppierungen, Versetzungen und Kündigungen sogar verlangen. §95 Abs. 3 BetrVG erläutert was unter einer Versetzung im Sinne des Gesetzes zu verstehen ist. Dabei differenziert der Gesetzgeber zwischen einer räumlichen und einer inhaltlichen Versetzung. Wird ein Arbeitnehmer länger als einen Monat von Arbeitsplatz A an Arbeitsplatz B versetzt, dann handelt es sich um eine räumliche Versetzung, die mitbestimmungspflichtig ist. Bleibt der Mitarbeiter räumlich an seinem Arbeitsplatz und übernimmt inhaltlich aber eine völlig neue Aufgabe, dann liegt eine inhaltliche Versetzung vor. Dies ist beispielsweise der Fall bei Versetzung auf eine andere Kostenstelle oder wenn eine Versetzung von einer Innendienst- auf eine Außendiensttä-tigkeit vorliegt.[370] Die Bestimmung des jeweiligen Arbeitsplatzes gilt jedoch nicht als Ver-setzung, wenn Arbeitnehmer nach der Eigenart ihres Arbeitsverhältnisses nicht ständig an einem bestimmten Arbeitsplatz beschäftigt sind (§ 95 Abs.3 BetrVG). Unter diese Mitar-beitergruppe fallen z.B. Kundendienstmitarbeiter, Reinigungs- und Montagekräfte sowie Außendienstmitarbeiter.[371] Verweigert der Betriebsrat seine Zustimmung zur Versetzung, so kann der Arbeitgeber die Versetzung als vorläufige personelle Maßnahme nach § 100 Be-trVG durchführen. Das Vorgehen erfolgt dabei analog zu einer Einstellung welche als vor-läufige personelle Maßnahme durchgeführt wird (Abbildung 12).

Auf der tarifvertraglichen Ebene greifen die bei den Austritten dargestellten möglichen ta-rifvertraglichen Regelungen, welche einen Einfluss auf die Fluktuation bzw. Betriebs-zugehörigkeit und damit auf die Ausprägung interner Karrierepfade nehmen können.

Bei der Anwendung der Partizipationstheorie auf die Ausprägung interner Karrierepfade sollten die vorhandenen Voice-Optionen durch die betriebliche und überbetriebliche Mitbe-stimmung die Fluktuation senken und damit interne Karrierepfade und interne Stellenbeset-zungen positiv beeinflussen. Es können damit in Anlehnung an die Argumentationslinie in Kapitel 4.1.3 die folgenden Hypothesen abgeleitet werden:

(H5b):   Ist ein Unternehmen tarifgebunden und verfügt es zudem über einen Betriebsrat,
           so steht dies in einem positiven Zusammenhang mit der Förderung interner Kar-
           rierepfade und der Bevorzugung interner vor externer Stellenbesetzung.

Erkenntnisse aus empirischen Arbeiten

Zum direkten Zusammenhang zwischen industriellen Beziehungen und internen Kar-rierepfaden besteht keine empirische Evidenz. Dies ist der Tatsache geschuldet, dass diese Untersuchung nur mit einem umfangreichen firmeninternen Datensatz möglich wäre. Nur so könnten individuelle Karrierepfade nachvollzogen werden. Dieser Ansatz wird von Oberst, Schank und Schnabel (2007) gewählt, die Personaldaten eines Unternehmens auswerten, um Merkmale des internen Arbeitsmarktes zu untersuchen. Allerdings kann hier kein Vergleich eines Betriebes mit und ohne Betriebsrat beziehungsweise mit und ohne tarifvertragliche Bindung durchgeführt werden. Verwendet man Unternehmensdaten auf Makroebene, wie z.B. das IAB-Betriebspanel, dann können interne Karrierepfade nur über andere Größen approximiert werden. Eine Möglichkeit ist hier die Betrachtung der Ein- und Austritte in

---

[370] Vgl. Niedenhoff (2005b), S. 65.
[371] Vgl. Niedenhoff (2005b), S. 65.

und aus dem internen Arbeitsmarkt. Je geringer ausgeprägt die Fluktuation und die Einstiegspositionen in den internen Arbeitsmarkt sind, desto geschlossener ist der interne Arbeitsmarkt und desto stärker ausgeprägt sind die internen Karrierepfade. Untersuchungen zum Zusammenhang zwischen Ein- bzw. Austrittsgrößen und Betriebsräten bzw. Gewerkschaften wurden in Kapitel 4.1.3 bereits dargestellt. Hier zeigte sich – wenn signifikant – ein eher dämpfender Einfluss der industriellen Beziehungen auf diese Größen.

Im Rahmen der empirischen Untersuchung wird neben den Fluktuationsgrößen auch eine Dummy-Variable betrachtet, welche den Wert eins annimmt, wenn der zukünftige Bedarf an Fachkräften über interne Maßnahmen anstelle von externer Neueinstellung gedeckt wird. Eine genaue Variablenbeschreibung und Operationalisierung der Bevorzugung interner Stellenbesetzung und damit der Förderung interner Karrierepfade erfolgt in Kapitel 5.3.5.

4.4 Entgeltstrukturen

Da die zentralen Aspekte interner Arbeitsmärkte im Rahmen eines systematischen Beschäftigungsmanagements betrachtet werden, spielen bei der Entgeltgestaltung die Entgelthöhe und flexible Entgeltbestandteile eine zentrale Rolle (vgl. dazu die Erklärungen in Kapitel 2.1.5). Im folgenden Abschnitt 4.4 soll zunächst auf den Einfluss der industriellen Beziehungen auf die Entgelthöhe eingegangen werden, bevor dann der Zusammenhang zwischen betrieblicher und überbetrieblicher Mitbestimmung und flexiblen Entgeltbestandteilen dargestellt wird.

Der Property Rights Theorie folgend, gehen die Interessen und die Planungshorizonte der Arbeitnehmer- und Arbeitgeberseite auseinander. Hinsichtlich der Entgeltgestaltung wird diese Interessensdifferenz besonders evident. Es ist anzunehmen, dass die Arbeitgeberseite an einem eher moderaten Entgeltniveau interessiert ist. In Betrieben ohne Betriebsrat wird die Arbeitgeberseite eher die eigenen Interessen durchsetzen können. Hinsichtlich der Entgeltgestaltung ist deshalb zu erwarten, dass höhere Gewinne in wirtschaftlich erfolgreichen Zeiten nicht direkt in Form von Entgelterhöhungen an die Belegschaft weitergegeben werden, sondern an die Investoren in Form von Dividenden oder an das Management in Form von Bonuszahlungen ausgezahlt werden. Dies spiegelt das der Property Rights Theorie zugrundeliegende Menschenbild des Homo Oeconomicus wider. Insofern ist in Unternehmen ohne Betriebsrat nicht nur ein geringeres Entgeltniveau zu erwarten als in betrieblich mitbestimmten Unternehmen, sondern es kann auch erwartet werden, dass Mitarbeiter nicht am Erfolg des Unternehmens beteiligt werden.

Folgt man der Argumentationslinie der Property Rights Theorie, so spricht sich die Theorie gegen eine „Verwässerung von Entscheidungsrechten" aus. Durch die Beteiligung von Arbeitnehmern am Kapital des Unternehmens kommt es eben zu dieser Ausdünnung von Entscheidungsrechten und diese stellt laut Property Rights Theorie eine Quelle für Ineffizienzen dar.[372] Insofern kann erwartet werden, dass ein nicht mitbestimmtes Unternehmen, das die Argumentationslinie der Property Rights Theorie widerspiegelt, sich gegen die Beteiligung von Arbeitnehmern am Kapital des Unternehmens ausspricht.

Für den *Fall a)* kann die folgende Hypothese abgeleitet werden:

(H6a):   *Ist ein Unternehmen nicht tarifgebunden und besteht zudem kein Betriebsrat, so steht dies in einem negativen Zusammenhang mit dem Einsatz von Gewinn- oder Erfolgsbeteiligungen und dem Einsatz von Kapitalbeteiligungen.*

Bei der Entgeltgestaltung in einem betrieblich und/ oder überbetrieblich mitbestimmten Unternehmen muss das Zusammenspiel von betrieblicher und tariflicher Regelungsebene zwingend Beachtung finden.[373] Charakteristisch für das deutsche System der Entgeltfindung ist die überbetriebliche Regelung durch Branchen- oder Firmentarifverträge.[374] Für einen großen Teil der Arbeitnehmer erfolgt die Entgeltfindung durch die auf der tariflichen Ebene festgelegten Entlohnungsgrundsätze. Insbesondere Lohn- und Gehaltstarifverträge sind hier bedeutend, da sie Entgelthöhen bzw. Entgeltgruppen beinhalten.[375] In Tarifverträgen können neben Entgeltgruppen und damit verbundenen Entgelthöhen auch Ansprüche auf Gewinn- oder Erfolgsbeteiligungen festgelegt werden. Beispielweise legt die Volkswagen AG in ihrem Tarifabschluss 2010 fest, dass für die Tarifbeschäftigten ein tariflich vereinbarter Anspruch auf Erfolgsbeteiligung besteht:

„ [...]Die Erfolgsbeteiligung beträgt 10 Prozent des operativen Ergebnisses der Marke Volkswagen und wird an alle Beschäftigten im Tarif ausgeschüttet. "[376]

Auch die Kapitalbeteiligung von Mitarbeitern, insbesondere die Ausgabe von Belegschaftsaktien, kann tarifvertraglich geregelt werden. So legte die Hamburger Hafen und Logistik AG (HHLA) bei ihrem Börsengang 2007 beispielsweise fest, dass Arbeitnehmer[377], vergünstigte Aktien bis zu einem Betrag von höchstens 2.800 Euro (gemessen am Platzie-

---

[372] Vgl. dazu die Literaturangaben in Kapitel 3.1.
[373] Vgl. Jirjahn (2003), S. 649; Addison/ Teixeira/ Zwick (2010), S. 248.
[374] Vgl. Kohaut/ Schnabel (2003), S. 195.
[375] Vgl. Oechsler (2011), S. 376.
[376] Volkswagen AG (2011).
[377] Arbeitnehmer, die sich zum Zeitpunkt des ersten Handelstages mindestens seit einem Jahr in einem ungekündigten Arbeitsverhältnis befanden. Auszubildende konnten Aktien bis zu 1.400 Euro erwerben, für Teilzeitbeschäftigte galt die Höchstgrenze anteilig.

rungspreis) erwerben können.[378] Die Regelung von Kapitalbeteiligungen in Haustarifverträgen ist unproblematisch, in Flächentarifverträgen sind derartige Regelungen bislang nicht bekannt geworden. Ein Haustarifvertrag darf Mitarbeitern nur die Möglichkeit einräumen Aktien zu erwerben, er darf Mitarbeiter aber nicht zwingen, Aktionär zu werden.[379]

Die Rolle der Gewerkschaften zum allgemeinen Entgeltniveau kann hier eindeutig beschrieben werden: *„Everyone 'knows' that unions raise wages"*[380]. Demnach ist auch hier zu erwarten, dass Gewerkschaften ein Interesse an tarifvertraglichen Regelungen haben, welche die Beschäftigten am Unternehmenserfolg teilhaben lässt. Allerdings nur dann, wenn dies zusätzlich zum Entgelt erfolgt.

Gewerkschaften standen Kapitalbeteiligungen am Unternehmen lange Zeit sehr ablehnend gegenüber. Heute ist die Haltung der Gewerkschaften zu Kapitalbeteiligungen als komplexer und differenzierter zu beurteilen. Dabei knüpfen Gewerkschaften die Kapitalbeteiligung der Belegschaft an eine Reihe von Bedingungen. Darunter auch die Forderung der Absicherung des doppelten Risikos.[381] Grundsätzlich kann die Haltung der Gewerkschaften nicht mehr als ablehnend bezeichnet werden, aber sie präferieren überbetriebliche Lösungen, welche das doppelte Risiko vermindern.[382] Zudem fürchten sie, dass Kapitalbeteiligungen dazu führen könnten, dass Tariferhöhungen geringer ausfallen.

In der Literatur wird immer wieder betont, dass eine Tarifvertragsbindung zu einer Reduktion von Verteilungskonflikten auf betrieblicher Ebene führt. Dies hätte dann zur Folge, dass sich Betriebsräte nicht für eine Umverteilung der betrieblichen Rente, sondern stärker für deren Schaffung, das heißt für die Steigerung der betrieblichen Leistungsfähigkeit einsetzen.[383] Auch das Betriebsverfassungsgesetz zielt auf eine Vermeidung von Verteilungskonflikten zwischen Management und Betriebsrat ab, denn Betriebsräte haben kein formales Recht sich in Lohnverhandlungen einzumischen.[384] Vielmehr übernehmen Gewerkschaften bei der Entgeltfindung eine Voice-Funktion. § 77 Abs. 3 BetrVG regelt hier explizit, dass Fragen der Entgeltfindung, welche durch einen Tarifvertrag oder zumindest üblicherweise durch einen Tarifvertrag geregelt sind, nicht Gegenstand einer Betriebsvereinbarung sein dürfen, es sei denn, es ist eine Öffnungsklausel vorhanden, welche dies ausdrücklich erlaubt. Existiert keine Öffnungsklausel, so kann eine Zahlung von übertariflichem Entgelt nur einzelvertraglich geregelt werden. Zwar erlaubt §4 Abs. 3 TVG die Abweichung von

---

[378] Vgl. Hamburger Hafen und Logistik AG (2007).

[379] Vgl. Baeck/ Diller (1998), S. 1406.

[380] Freeman/ Medoff (1984), S. 43.

[381] Vgl. Stracke/ Martins/ Peters/ Nerdinger (2007), S. 77f.

[382] Vgl. Stracke/ Martins/ Peters/ Nerdinger (2007), S. 79.

[383] Vgl. Jirjahn (2003), S. 650.

[384] Vgl. Addison/ Schnabel/ Wagner (1999), S. 246; Hübler/ Jirjahn (2003), S. 474.

tarifvertraglichen Regelungen, wenn die abweichende Vereinbarung für den Arbeitnehmer günstiger ist. Doch hier greift nicht das Günstigkeitsprinzip des arbeitsrechtlichen Regelungsrahmens sondern das Spezialitätsprinzip, demnach gilt § 77Abs. 3 BetrVG.[385]

Weiterhin unterliegt der Betriebsrat grundsätzlich der Friedenspflicht, es dürfen keine Maßnahmen des Arbeitskampfes eingesetzt werden um Entgeltforderungen gegenüber dem Management durchzusetzen (§ 74 Abs. 2 BetrVG). Trotzdem können zwischen Betriebsrat und Management informelle Lohnverhandlungen stattfinden. Dies kann dann dazu führen, dass übertarifliche Löhne bezahlt werden oder dazu, dass Mitarbeiter höher eingruppiert werden, als es den Anforderungen ihrer Arbeitsplätze entspricht.[386] Hier kann der Betriebsrat sein im Betriebsverfassungsgesetzt fest geschriebenes Zustimmungsverweigerungsrecht nach §99 Abs. 1 geltend machen. Der Betriebsrat kann unter bestimmten Umständen seine Zustimmung zu einer Ein- und Umgruppierung verweigern und damit auf das Entgeltniveau und die Entgeltstrukturen im Unternehmen Einfluss nehmen.

Bei Fragen der betrieblichen Lohngestaltung hat der Betriebsrat ein Mitbestimmungsrecht im engeren Sinne. Zwar werden die Grundentgelthöhen bzw. Entgeltgruppen bei einer Tarifvertragsbindung meist auf der tariflichen Ebene geregelt, doch das Mitbestimmungsrecht greift insbesondere für die Ein- und Umgruppierung, die Aufstellung von Entlohnungsgrundsätzen und die Einführung und Anwendung von neuen Entlohnungsmethoden sowie deren Änderung. Ebenso gilt dieses Mitbestimmungsrecht bei der Festsetzung von Akkord- und Prämiensätzen sowie vergleichbarer leistungsbezogener Entgelte, einschließlich der Geldfaktoren (§ 87 Abs. 1 Satz 10 und 11 BetrVG). Gemäß § 95 BetrVG sind neben Richtlinien über die Personalauswahl bei Einstellungen auch Richtlinien bei Umgruppierungen mitbestimmungspflichtig. In Betrieben mit mehr als 500 Arbeitnehmern kann der Betriebsrat die Aufstellung von Richtlinien über die personelle Auswahl bei Einstellungen, Umgruppierungen, Versetzungen und Kündigungen sogar verlangen.

Grundsätzlich unterliegen die Entgeltgestaltung und damit auch Erfolgs- bzw. Gewinnbeteiligungen und Kapitalbeteiligungen der Mitbestimmung des Betriebsrates nach § 87 Abs. 1Satz 10 BetrVG. Zudem können flexible Entgeltbestandteile in Form von Erfolgs- oder Gewinnbeteiligungen auch Gegenstand einer Betriebsvereinbarung sein. Die AUDI AG legt in ihrer Betriebsvereinbarung vom 08. April 2005 beispielsweise folgendes fest:

„Die gemeinsamen Anstrengungen von Audi Management und Belegschaft in den nächsten Jahren sollen sich lohnen. Neben der Arbeitsplatzsicherheit steht deshalb eine erweiterte Erfolgsbeteiligung aller Mitarbeiter ganz obenan. Die bisherige Mitarbeiter-Erfolgsbeteiligung (MEB) wird durch eine ergebnisabhängige Komponente

---

[385] Vgl. Oechsler (2011), S. 377.
[386] Vgl. Addison/ Schnabel/ Wagner (1999), S. 247f.; Jirjahn (2003), S. 651; Hübler/ Jirjahn (2003), S. 474.

*erweitert: Zehn Prozent der Ergebnisverbesserung oberhalb eines definierten Min-
destbetrages werden an die Belegschaft ausgeschüttet.*"[387]

§ 88 Satz 3 BetrVG regelt explizit, dass über Kapitalbeteiligungen, z.B. in Form von Belegschaftsaktien oder Aktienoptionen, Betriebsvereinbarungen abgeschlossen werden können.
Aber auch hier gilt – wie auch bei tarifvertraglichen Regelungen – der Grundsatz, dass in
einer Betriebsvereinbarung nur die Möglichkeit einer Kapitalbeteiligung festgelegt werden
darf. Ein Mitarbeiter darf nicht dazu verpflichtet werden Kapital (z.B. in Form von Aktien)
zu erwerben.[388]

Demnach kann die flexible Gestaltung von Entgeltstrukturen sowohl Gegenstand von Tarifverträgen als auch von Betriebsvereinbarungen sein.

Die Partizipationstheorie bezieht hier eine eindeutige Position. Es dürfte durchaus im Interesse der Arbeitnehmer liegen, dass der Betriebsrat einen positiven Einfluss auf das betriebliche Entgeltniveau nimmt und damit auch in einem positiven Zusammenhang zur Beteiligung der Mitarbeiter am unternehmerischen Erfolg steht. Bei Kapitalbeteiligungen stellt
sich die Situation differenzierter dar. Grundsätzlich kann die Belegschaft als risikoavers bezeichnet werden. Deshalb kann angenommen werden, dass Betriebsräte im Sinne der Belegschaft das sogenannte „doppelte Risiko", welches eine Kapitalbeteiligung mit sich bringt,
vermeiden. Dieses Risiko beschreibt die Situation, wonach die Beschäftigten in einer
schlechten wirtschaftlichen Lage nicht nur um ihre Arbeitsplätze fürchten müssen, sondern
auch um ihre Ersparnisse, die sie im Unternehmen angelegt haben. Insofern kann für den
Fall b) folgende Hypothese abgeleitet werden:

(H6b):   *Ist ein Unternehmen tarifgebunden und verfügt es zudem über einen Betriebsrat,
so steht dies in einem positiven Zusammenhang mit dem Einsatz von Gewinn-
oder Erfolgsbeteiligungen, jedoch in einem negativen Zusammenhang mit dem
Einsatz von Kapitalbeteiligungen.*

Erkenntnisse aus empirischen Arbeiten

Eine der ersten empirischen Arbeiten zum Zusammenhang zwischen der Existenz eines Betriebsrates und dem betrieblichen Entgeltniveau stammt von FitzRoy und Kraft (1985). Die
Autoren finden anhand von Interviewdaten mit etwa 60 Unternehmen der Metallindustrie in
ihrer Regressionsanalyse Evidenz dafür, dass ein Betriebsrat die Gehälter signifikant positiv

---

[387] Vgl. Audi AG (2005), S. 4.
[388] Vgl. Baeck/ Diller (1998), S. 1406.

beeinflusst, während sein Einfluss auf den Stundenlohn nicht signifikant ist. Der gewerkschaftliche Organisationsgrad steht dagegen in einem statistisch signifikanten positiven Zusammenhang mit Gehältern und Stundenlöhnen.

Es existiert eine Vielzahl weiterer Studien, die sich mit dem Zusammenhang von Betriebsräten, Tarifverträgen und dem betrieblichen Lohnniveau auseinandergesetzt haben. Insgesamt scheint die Existenz eines Betriebsrates, wenn überhaupt ein Einfluss signifikant nachgewiesen werden kann, in einem positiven Zusammenhang mit der Entgelthöhe zu stehen.[389] Dabei kommt Jirjahn (2003) zu dem Ergebnis, dass eine Tarifvertragsbindung diesen positiven Zusammenhang zwischen Betriebsrat und Entgelthöhe abschwächt. Gerlach und Meyer (2007) finden hingegen einen verstärkenden Effekt einer Tarifvertragsbindung für den positiven Einfluss des Betriebsrates auf die Entgelthöhe. Addison, Texeira und Zwick (2010) untersuchen den Einfluss des Betriebsrates und einer Tarifvertragsbindung auf die Entgelthöhe. Auch diese Studie kommt zu dem Ergebnis, dass sowohl ein Betriebsrat als auch eine Tarifvertragsbindung die Entgelthöhe positiv beeinflusst. Dieser positive Einfluss ist stärker als der Einfluss einer Tarifvertragsbindung auf die Entgelthöhe bzw. der Betriebsratseinfluss wird durch eine Tarifvertragsbindung noch verstärkt. Hübler und Jirjahn (2003) untersuchen den Einfluss des Betriebsrates in Betriebsgrößenklasse von 100 bis 300 Mitarbeitern. Nach seinen Ergebnissen besteht kein statistisch gesicherter Zusammenhang zwischen einem Betriebsrat und dem betrieblichen Entgeltniveau. Zu diesem Ergebnis kommt er sowohl für tarifgebundene als auch für nicht tarifgebundene Unternehmen.

Es soll an dieser Stelle kein Überblick über alle Studien zu dem Zusammenhang von industriellen Beziehungen und dem allgemeinen Lohnniveau gegeben werden, es soll vielmehr eine Darstellung von Studien erfolgen, die den Zusammenhang von industriellen Beziehungen und flexiblen Entgeltbestandteilen untersucht haben.

Heywood, Hubler und Jirjahn (1998) untersuchen mit der ersten Welle des Hannoveraner Firmenpanels den Zusammenhang von Betriebsräten und Akkordlohn bzw. Gewinnbeteiligung. Sie finden einen signifikant positiven Zusammenhang zwischen Betriebsräten und dem Einsatz von Akkordlöhnen, allerdings verliert dieser Zusammenhang seine Signifikanz, wenn nur tarifgebundene Betriebe betrachtet werden. Der positive Zusammenhang zwischen Betriebsräten und dem Einsatz von Gewinnbeteiligung ist nur in tarifgebundenen Betrieben signifikant. Hinsichtlich einer Tarifvertragsbindung finden die Autoren einen positiven aber nicht signifikanten Zusammenhang zwischen Tarifvertragsbindung und Akkordlohn sowie einen signifikanten und negativen Zusammenhang zwischen Tarifvertragsbindung und Gewinnbeteiligung.

---

[389] Vgl. z.B. Brinkmann/ Karr/ Kühl/ Peters/ Stooß (2007); Addison/ Schnabel/ Wagner (1999); Addison/ Schnabel/ Wagner (2001).

Heywood und Jirjahn (2002) untersuchen mit zwei Wellen des Hannoveraner Firmenpanels den Einfluss des Betriebsrates auf den Einsatz von Akkordlöhnen, Prämienentlohnung und Gewinnbeteiligung der Belegschaft. Dabei kommen sie zu dem Ergebnis, dass ein Betriebsrat in einem positiven Zusammenhang mit dem Einsatz von Akkordlöhnen, Prämienentlohnung und Gewinnbeteiligung steht. Diese signifikant positiven Zusammenhänge gelten allerdings nur in tarifgebundenen Betrieben. In Betrieben ohne tarifvertragliche Bindung zeigen sich keine signifikanten Zusammenhänge zwischen Betriebsrat und den Einsatz von Akkordlöhnen, Prämienentlohnung und Gewinnbeteiligung.

Die Ergebnisse scheinen die Hypothese 6b bzgl. der Gewinnbeteiligung zu stützen.

Autor(en) (Jahr)	Untersuchter Aspekt	Indikator der industriellen Beziehungen	Beachtung der vier Fälle	Daten-grundlage	Ergebnis
Heywood, Hubler und Jirjahn (1998)	Akkordlohn, Gewinnbetei-ligung	Existenz Betriebsrat; Tarifvertragsbindung	Ja (*Fall b*) und *d*))	1. Welle des Hannoveraner Firmenpanels (1994)	Signifikant positiver Zusammenhang zwischen Betriebsrat und Akkordlohn, dieser Zusammenhang ist allerdings bei alleiniger Betrachtung nicht tarifgebundener Betriebe nicht signifikant. Signifikant positiver Zusammenhang zwischen Betriebsrat und Gewinnbeteiligung in tarifgebundenen Betrieben. Bei Betrachtung aller Betriebe ist dieser Zusammenhang nicht mehr signifikant. Positiver, aber nicht signifikanter Zusammenhang zwischen Tarifvertragsbindung und Akkordlohn. Signifikanter und negativer Zusammenhang zwischen Tarifvertragsbindung und Gewinnbeteiligung.
Heywood/Jirjahn (2002)	Akkordlohn, Prämienentloh-nung, Gewinn-beteiligung	Existenz Betriebsrat	Ja (*Fall b*) und *d*))	1. und 3. Welle des Hannoveraner Firmenpanels (1994 und 1996)	Signifikante und positive Zusammenhänge zwischen Betriebsrat und dem Einsatz von Prämienentlohnung, Akkordlöhnen und Gewinnbeteiligung in tarifgebundenen Betrieben. In nicht tarifgebundenen Betrieben hat der Betriebsrat einen positiven aber nicht signifikanten Einfluss auf den Akkordlohn und Prämienlohn und einen negativen, aber nicht signifikanten Einfluss auf die Gewinnbeteiligung.

Tabelle 12:   Aktueller Forschungsstand zum Zusammenhang von industriellen Beziehungen und Entgeltstrukturen; Quelle: Eigene Darstellung.

4.5 Zwischenfazit

Die vorhergehenden Ausführungen haben gezeigt, dass rechtliche Möglichkeiten zur Einflussnahme von Betriebsräten und Gewerkschaften in unterschiedlichem Ausmaß gegeben sind. Bei der Größe und Offenheit sowie dem Aufbau von Humankapital gibt die tarifvertragliche Regelungsebene nur einen Rahmen vor bzw. spielt eine untergeordnete Rolle. Der Betriebsrat kann hingegen hier eine zentrale und gestaltende Rolle übernehmen. Im Rahmen der Entgeltstrukturen stellt sich die Situation differenzierter dar. Für den Großteil der Arbeitnehmer erfolgt die Entgeltfindung auf der tarifvertraglichen Ebene. Der Betriebsrat kann hier dennoch Einfluss nehmen durch seine Mitwirkungs- und Mitbestimmungsrechte bei der Ausgestaltung des Entgelts oder durch Betriebsvereinbarungen zur Regelung von Gewinn- oder Kapitalbeteiligungen. Insofern spielen die überbetriebliche und die betriebliche Mitbestimmung beide eine sehr wichtige Rolle für die Entgeltstrukturen im internen Arbeitsmarkt. Was die Karrierepfade betrifft, so kann der direkte Einfluss der tariflichen Regelungsebenezwar eher vernachlässigt werden, allerdings kann sich hier über den dämpfenden Einfluss auf die Fluktuation ein indirekter und positiver Zusammenhang zeigen. Dagegen kann der Betriebsrat durch seine Mitbestimmungs- und Mitwirkungsrechte einen direkten Einfluss auf die Bevorzugung interner vor externer Stellenbesetzung nehmen und damit interne Karrierepfade im Unternehmen fördern.

Den Einsatz atypischer Beschäftigung und damit den Aufbau einer Randbelegschaft betreffend, liefert die Property Rights Theoriekeinen eindeutigen Erklärungsbeitrag. Allerdings kann angenommen werden, dass ein Unternehmen ohne Betriebsrat bzw. ohne Tarifvertragsbindung einer ökonomischen Sichtweise folgt und daher versuchen wird, die Stammbelegschaft möglichst klein zu halten und damit auch einen restriktiven Einfluss auf die Eintrittsrate in den internen Arbeitsmarkt ausübt. Die Möglichkeit von Personalfreisetzungen wird eher von Unternehmen ohne Betriebsrat und Tarifvertragsbindung genutzt werden, da diese Entscheidungen unter Beachtung der Arbeitnehmerrechte alleine beim Arbeitgeber liegen und dadurch Personalfreisetzungen als personelle Anpassungsmaßnahme eher durchgeführt werden. Hinsichtlich der Entgeltstrukturen ist zu erwarten, dass ein Unternehmen ohne Betriebsrat und tarifvertragliche Bindung mit einer geringeren Wahrscheinlichkeit unternehmerische Gewinne an die Beschäftigten in Form von Gewinn- und Erfolgsbeteiligungen weitergibt. Zudem ist hier auch zu erwarten, dass keine Kapitalbeteiligung von Mitarbeitern erfolgt, da dies eine Ausdünnung von Entscheidungsrechten darstellen würde.

Partizipationstheoretisch kann die Frage nach dem Zusammenhang zwischen Betriebsräten bzw. Gewerkschaften und dem Einsatz atypischer Beschäftigung bzw. Eintritten in den internen Arbeitsmarkt nur bedingt geklärt werden. Von Gewerkschaftsseite ist eher ein restriktiver Einfluss zu erwarten, die Position des Betriebsrates ist hier nicht eindeutig geklärt, wie in Kapitel 4.1.1 und 4.1.2 ausführlich dargestellt wurde. Sollte der Betriebsrat – wie es auch im Betriebsverfassungsgesetz festgelegt ist – sich als Interessensvertreter aller Arbeitnehmer sehen, so ist ein restriktiver Einfluss des Betriebsrates auf die Randbelegschaftsgröße und damit ein positiver Einfluss auf die relative Größe des internen Arbeitsmarktes und auf Übergänge von der Rand- in die Stammbelegschaft zu erwarten. Der Partizipationstheorie folgend, ist ein negativer Einfluss einer Tarifvertragsbindung bzw. des Betriebsrates auf Austritte aus dem internen Arbeitsmarkt zu antizipieren. Sowohl von Betriebsrats- als auch von Gewerkschaftsseite ist ein positiver Einfluss auf die Beteiligung der Belegschaft am Unternehmensgewinn zu erwarten.

Die beschriebenen Einflüsse auf betrieblicher und überbetrieblicher Ebene wurden verknüpft, um Hypothesen abzuleiten. Tabelle 13 stellt nochmals die Hypothesen zusammen, welche unter Beachtung der rechtlichen Rahmenbedingungen und der theoretischen Erklärungsansätze abgeleitet wurden.

Die ausgewählten ökonomischen Studien liefern kein eindeutiges Bild, wie die vorangehenden Ausführungen deutlich gemacht haben. Lediglich der durch die Partizipationstheorie zu erklärende negative Zusammenhang zwischen betrieblicher/überbetrieblicher Mitbestimmung und Fluktuation, scheint sich empirisch zu bestätigen. Dies gilt auch für den positiven Zusammenhang zwischen betrieblicher/überbetrieblicher Mitbestimmung und dem Einsatz einer Randbelegschaft. Letztere Erkenntnis kann aber nur unter Vorbehalt gewonnen werden, da hier die Anzahl der Studien eher begrenzt ist.

Um den Einfluss der industriellen Beziehungen auf das Gesamtkonzept des internen Arbeitsmarktes abschätzen und beurteilen zu können, soll im Folgenden eine empirische Untersuchung durchgeführt werden. Diese zeichnet sich zum einen dadurch aus, dass der Einfluss des Betriebsrates und einer tarifvertraglichen Bindung auf die zentralen Charakteristika interner Arbeitsmärkte mit dem gleichen Datensatz für den gleichen Zeitraum untersucht wird. Zudem finden die in Abbildung 8 dargestellten vier Fälle von möglichen Ausprägungen der industriellen Beziehungen explizit Beachtung. Aufbauend auf den empirischen Ergebnissen können so Aussagen zum Einfluss der industriellen Beziehungen auf das Gesamtkonzept des internen Arbeitsmarktes im Rahmen eines systematischen Beschäftigungsmanagements getroffen werden.

Zentrale Aspekte des internen Arbeitsmarktes		*Hypothesen*
(1) Relative Größe		*(H1a): Ist ein Unternehmen nicht tarifgebunden und besteht zudem kein Betriebsrat, so steht dies in einem positiven Zusammenhang mit der Randbelegschaftsgröße und damit in einem negativen Zusammenhang mit der relativen Größe des internen Arbeitsmarktes.*
		(H1b): Ist ein Unternehmen tarifgebunden und verfügt es zudem über einen Betriebsrat, so steht dies in einem negativen Zusammenhang mit der Randbelegschaftsgröße und damit in einem positiven Zusammenhang mit der relativen Größe des internen Arbeitsmarktes.
(2-3) Offenheit	**(2) Eintritte**	*(H2a): Ist ein Unternehmen nicht tarifgebunden und besteht zudem kein Betriebsrat, so steht dies in einem negativen Zusammenhang mit der Neueinstellungsrate und mit der Eintrittsrate durch Übertritte von der Rand- in die Stammbelegschaft.*
		(H2b): Ist ein Unternehmen tarifgebunden und verfügt es zudem über einen Betriebsrat, so steht dies in einem negativen Zusammenhang mit der Neueinstellungsrate, aber in einem positiven Zusammenhang mit der Eintrittsrate durch Übertritte von der Rand- in die Stammbelegschaft.
	(3) Austritte	*(H3a): Ist ein Unternehmen nicht tarifgebunden und besteht zudem kein Betriebsrat, so steht dies in einem positiven Zusammenhang mit der Personalabgangsrate. Dies gilt sowohl für das Ausscheiden infolge der Kündigung seitens des Arbeitnehmers als auch infolge der Kündigung seitens des Betriebes.*
		(H3b): Ist ein Unternehmen tarifgebunden und verfügt es zudem über einen Betriebsrat, so steht dies in einem negativen Zusammenhang mit der Personalabgangsrate. Dies gilt sowohl für das Ausscheiden infolge der Kündigung seitens des Arbeitnehmers als auch infolge der Kündigung seitens des Betriebes.

(4) Qualifizierung zur Er-höhung der Einsatz-flexibilität	*(H4a): Ist ein Unternehmen nicht tarifgebunden und besteht zu-dem kein Betriebsrat, so steht dies in einem negativen Zu-sammenhang mit der Weiterbildungsintensität.*
	(H4b): Ist ein Unternehmen tarifgebunden und verfügt es zudem über einen Betriebsrat, so steht dies in einem positiven Zu-sammenhang mit der Weiterbildungsintensität.
(5) Karrierepfade / Interne Stellenbesetzung	*(H5a): Ist ein Unternehmen nicht tarifgebunden und besteht zu-dem kein Betriebsrat, so steht dies in einem negativen Zu-sammenhang mit Zusammenhang mit der Förderung inter-ner Karrierepfade und der Bevorzugung interner vor ex-terner Stellenbesetzung.*
	(H5b): Ist ein Unternehmen tarifgebunden und verfügt es zudem über einen Betriebsrat, so steht dies in einem positiven Zusammenhang mit der Förderung interner Karrierepfade und der Bevorzugung interner vor externer Stellenbeset-zung.
(6) Entgeltstrukturen	*(H6a): Ist ein Unternehmen nicht tarifgebunden und besteht zu-dem kein Betriebsrat, so steht dies in einem negativen Zu-sammenhang mit dem Einsatz von Gewinn- oder Erfolgs-beteiligungen und dem Einsatz von Kapitalbeteiligungen.*
	(H6b): Ist ein Unternehmen tarifgebunden und verfügt es zudem über einen Betriebsrat, so steht dies in einem positiven Zusammenhang mit dem Einsatz von Gewinn- oder Er-folgsbeteiligungen, jedoch in einem negativen Zusam-menhang mit dem Einsatz von Kapitalbeteiligungen.

Tabelle 13: Hypothesen zur Einflussnahme der industriellen Beziehungen auf die zentralen Aspekte in-terner Arbeitsmärkte im Rahmen eines systematischen Beschäftigungsmanagements; Quelle: Eigene Darstellung.

5 Anlage der empirischen Untersuchung

Im folgenden Kapitel wird zunächst in Abschnitt 5.1 das IAB-Betriebspanel als Datengrundlage der empirischen Untersuchung beschrieben. In Kapitel 5.2 werden die im Rahmen der empirischen Untersuchung eingesetzten Analysemethoden (Logistische Regressionsanalyse und Tobit-Schätzung) kurz dargestellt. Das sich anschließende Kapitel 5.3 ist nach den zentralen Aspekten interner Arbeitsmärkte gegliedert und stellt darauf basierend die Konzeptspezifikationen und Operationalisierungen vor.

5.1 Das IAB-Betriebspanel als Datengrundlage

Als Datengrundlage für die empirische Untersuchung dient das IAB-Betriebspanel. Das IAB-Betriebspanel wird seit 1993 jährlich vom Institut für Arbeitsmarkt und Berufsforschung (IAB) durchgeführt und ist eine repräsentative Arbeitgeberbefragung. Zunächst wurde die Befragung nur in Westdeutschland durchgeführt, 1996 wurde sie dann auch auf ostdeutsche Betriebe ausgeweitet.[390] Eine Panelstudie, d.h. eine Längsschnittstudie zeichnet sich dadurch aus, dass über einen bestimmten Zeitraum dieselben Untersuchungsobjekte (hier Betriebe) betrachtet werden.[391] Im Rahmen des IAB-Betriebspanels werden mittlerweile 16.000 Betriebe zu unterschiedlichen beschäftigungspolitischen Themen befragt.[392] Zu diesen befragten Themenbereichen gehören unter anderem Beschäftigtenanzahl und -struktur, Arbeitszeit, Lohn- und Investitionssummen, Umsatz, Wirtschaftszweig, Betriebsalter, Tarifbindung sowie betriebliches Weiterbildungsverhalten.[393]

Diese 16.00 Betriebe werden in einer Zufallsstichprobe aus der Betriebsdatei der Bundesagentur für Arbeit gezogen, welche zwei Millionen Betriebe umfasst.[394] Das IAB-Betriebspanel zeichnet sich dadurch aus, dass es repräsentativ für die Gesamtheit aller Betriebe (mit mindestens einem sozialversicherungspflichtigen Beschäftigten) ist.[395] Die Ziehung der Stichprobe erfolgt dabei geschichtet nach zehn Betriebsgrößenklassen und 20 Wirtschaftszweigen.[396] Jedes Jahr finden im dritten Quartal Interviews in denselben Betrieben statt, welche von Infratest Sozialtest durchgeführt werden. Dadurch können Beschäftigungsentwicklungen einerseits durch den Vergleich von aggregierten Querschnittsdaten be-

---

[390] Vgl. Fischer/ Janik/ Müller/ Schmucker (2009), S. 134.
[391] Vgl. Fahrmeir/ Künstler/ Pigeot/ Tutz (2003), S. 28.
[392] Vgl. IAB (2011).
[393] Jacobebbinghaus (2008), S. 15.
[394] Vgl. IAB (2011).
[395] Vgl. Kühl (2007), S. 286.
[396] Vgl. Jacobebbinghaus (2008), S. 15f.

© Springer Fachmedien Wiesbaden GmbH, ein Teil von Springer Nature 2012
C. Jensen, *Der Einfluss der industriellen Beziehungen auf interne Arbeitsmärkte*,
Edition KWV, https://doi.org/10.1007/978-3-658-24334-0_5

obachtet werden. Andererseits ist es auch möglich, betriebsindividuelle Verläufe über die Teilnahmezeit hinweg zu beobachten.[397] Die Datenerhebung findet zum einen durch von Infratest Sozialtest durchgeführte Interviews statt. Es besteht aber zusätzlich die Möglichkeit für die Unternehmen, nicht sofort verfügbare Informationen nachträglich in den Fragebogen einzutragen und den Fragebogen dann zurückzusenden. Diese Möglichkeit wird insbesondere von größeren Betrieben genutzt.[398] Das IAB-Betriebspanel zeichnet sich durch eine relativ hohe Rücklaufquote aus, welche zwischen 63 und 73% liegt.[399] Der Datenzugriff kann entweder durch Datenfernverarbeitung oder durch einen Gastaufenthalt am Forschungsdatenzentrum des Instituts für Arbeitsmarkt- und Berufsforschung in Nürnberg erfolgen. In dieser Arbeit wurde der Weg der kontrollierten Datenfernverarbeitung gewählt.

5.2 Grundlagen der verwendeten Analyseverfahren

5.2.1 Das logistische Regressionsmodell

Es soll kurz das lineare Regressionsmodell vorgestellt werden, bevor darauf aufbauend die logistische Regression als Verfahren erläutert wird. Die Regressionsanalyse erfreut sich in der empirischen Forschung aufgrund ihrer Flexibilität einer hohen Beliebtheit und ist eines der am häufigsten eingesetzten Verfahren. Das Verfahren der Regressionsanalyse wird insbesondere verwendet, um Zusammenhänge zwischen einer abhängigen und einer oder mehreren unabhängigen Variablen quantitativ zu erklären oder um Werte der abhängigen Variable zu prognostizieren.[400] Bei der Verwendung der Begriffe „abhängiger" und „unabhängiger" Variable muss jedoch klargestellt werden, dass es sich bei der Kausalbeziehung, die in einer Regressionsanalyse unterstellt wird, oft nur um eine Vermutung handelt.[401] Um diese Vermutungen aufstellen zu können, wird Wissen benötigt, das über die Kenntnisse des statistischen Verfahrens der Regressionsanalyse hinausgeht. Insbesondere können theoretische Ansätze herangezogen werden, um Vermutungen über Wirkungszusammenhänge aufstellen zu können.[402]

Werden diese aus der Modelltheorie abgeleiteten Zusammenhänge mittels der Regressionsanalyse überprüft, so kann auch nach der empirischen Überprüfung nicht zweifelsfrei von einer Kausalität zwischen der abhängigen und der unabhängigen Variable gesprochen

---

[397] Vgl. Kühl (2007), S. 286.

[398] Vgl. Fischer/ Janik/ Müller/ Schmucker (2009), S. 139.

[399] Vgl. Fischer/ Janik/ Müller/ Schmucker (2009), S. 140.

[400] Vgl. Backhaus/ Erichson/ Plinke/ Weiber (2011), S. 56; Rottmann/ Auer (2010), S. 417.

[401] Vgl. Backhaus/ Erichson/ Plinke/ Weiber (2011), S. 57.

[402] Vgl. Rottmann/ Auer (2010), S. 415.

werden. Die Regressionsanalyse vermag nur Korrelationen zwischen der abhängigen und der unabhängigen Variable nachzuweisen. Diese eventuell nachgewiesenen Korrelationen stellen eine notwendige, aber noch keine hinreichende Bedingung für Kausalität dar.[403] Insofern kann das Ergebnis einer Regressionsanalyse nur die Stärke und die Richtung eines quantitativen Zusammenhangs zeigen, jedoch keine Kausalität nachweisen.[404]

Geht es um die Wahrscheinlichkeit, mit der ein bestimmtes Ereignis eintritt, dann ist die abhängige Variable dichotom und kann im einfachsten Fall nur die Werte eins oder null annehmen. Man spricht dann von einer binär-logistischen Regression. Diese soll auch in der vorliegenden Arbeit Anwendung finden. Ähnlich wie bei der linearen Regressionsanalyse können die Gewichte ermittelt werden, mit denen die identifizierten unabhängigen Variablen die Wahrscheinlichkeit beeinflussen, dass ein bestimmtes Ereignis eintritt, d.h. die abhängige Variable den Wert eins annimmt.[405] Die Schätzung sollte in diesem Fall nicht mittels der linearen Regression erfolgen, da die Annahmen der Normalverteilung der Residuen und der Homoskedastizität[406] bei einer dichotomen abhängigen Variable verletzt wären.[407] Die logistische Regression gehört – wie auch die lineare Regressionsanalyse und die Diskriminanzanalyse – zu den strukturprüfenden Verfahren.[408]

Im Rahmen der Modellformulierung wird auf Basis von sachlogischen Argumenten entschieden, welche Einflussgrößen die Eintrittswahrscheinlichkeit eines Ereignisses bestimmen. Die Modellparameter werden mittels der Maximum-Likelihood-Methode[409] geschätzt:

$$LL = \sum_{k=1}^{K} \left[y_k \cdot ln\left(\frac{1}{1 + e^{-z_k}}\right)\right] + \left[(1 - y_k) \cdot ln\left(\frac{1}{1 + e^{-z_k}}\right)\right] \rightarrow max!$$

mit

$$z_k = \beta_0 + \sum_{j=1}^{J} \beta_j \cdot x_{jk} + u_k$$

---

[403] Vgl. Backhaus/ Erichson/ Plinke/ Weiber (2011), S. 57.

[404] Vgl. Rottmann/ Auer (2010), S. 417.

[405] Vgl. Backhaus/ Erichson/ Plinke/ Weiber (2011), S. 257-267.

[406] Konstante Varianz der Streuung der Residuen (vgl. Backhaus/ Erichson/ Plinke/ Weiber (2011), S. 90).

[407] Vgl. Pampel (2000), S. 9f.; Kohler/ Kreuter (2008), S. 261.

[408] Vgl. Backhaus/ Erichson/ Plinke/ Weiber (2011), S. 251.

[409] Bei der Maximum-Likelihood-Methode werden die Parameter in einem schrittweisen Iterationsverfahren so bestimmt, dass die Wahrscheinlichkeit, die beobachteten Ereignisse abzubilden, maximiert wird. (vgl. Kraft (1997), S. 628; Fahrmeir/ Künstler/ Pigeot/ Tutz (2003), S. 375.

Die Beobachtungsanzahl wird durch K ausgedrückt, y_k stellt die Ausprägung der unabhängigen Variable bei der k-ten Beobachtung dar, J ist die Anzahl der unabhängigen Variablen, x_{jk} stellt die die Ausprägung der unabhängigen Variable x_j bei der k-ten Beobachtung dar. $ß_j$ sind die Regressionskoeffizienten und u_k drückt den Fehlerterm aus.

Bei der Interpretation der Regressionskoeffizienten ist zu beachten, dass kein linearer Zusammenhang zwischen den unabhängigen Variablen und der über den logistischen Ansatz bestimmten Eintrittswahrscheinlichkeit besteht. Damit ist nur die Richtung des Zusammenhangs der unabhängigen Variablen mühelos möglich.[410] Bei der Prüfung des Gesamtmodells kann auf drei Arten von Gütekriterien zurückgegriffen werden: Kriterien basierend auf der Log Likelihood-Funktion, der Pseudo-R-Quadrat-Statistiken und der Beurteilung der Klassifikationsergebnisse.[411]

Der sogenannte Likelihood bildet die Wahrscheinlichkeit ab, unter den gegebenen Schätzungen die empirisch beobachteten Werte zu erhalten. Es kann anstelle des Likelihood-Wertes das -2-fache des logarithmierten Likelihood (-2LL) als Prüfgröße verwendet werden, da diese Größe einer Chi-Quadrat-Verteilung folgt. Diese Prüfgröße wird als Devianz bezeichnet und kann inhaltlich mit der Fehlerquadratsumme beim linearen Regressionsmodel verglichen werden. Anzustreben sind bei der Devianz Werte nahe null, denn dann kann die Nullhypothese („Das Modell besitzt eine perfekte Anpassung") nicht abgelehnt werden.[412] Beim Likelihood-Ratio-Test wird als Testgröße der LL-Wert des Nullmodells mit dem LL-Wert des vollständigen Modells verglichen. Die Testgröße ist asymptotisch Chi-Quadratverteilt. Der Likelihood-Ratio-Test ist inhaltlich mit dem F-Test der linearen Regressionsanalyse vergleichbar.[413] Zur Beurteilung der Gesamtgüte des Modells können auch Klassifikationsergebnisse verwendet werden. Dabei werden die empirisch beobachteten Gruppenzugehörigkeiten mit den durch die logistische Regressionsgleichung geschätzten Gruppenzugehörigkeiten verglichen. Das Klassifikationsergebnis kann dann mit dem Hosmer-Lemeshow-Test überprüft werden, dessen Teststatistik einer Chi-Quadrat-Verteilung folgt. Dabei sollte der Test mindestens auf dem 10%-Niveau signifikant sein. Zudem sollte das Klassifikationsergebnis über dem *Proportional Chance Criterion*[414] liegen.[415]

Bei der Logit-Regression gibt es kein Bestimmtheitsmaß, das dem R-Quadrat der Regression gleicht. Deshalb schlägt McFadden (1973) die Berechnung eines „Pseudo-R^2" vor. Dabei wird die Modellgüte durch den Vergleich des Log Likelihood-Wertes des voll-

---

[410] Vgl. Kohler/ Kreuter (2008), S. 275.

[411] Vgl. Backhaus/ Erichson/ Plinke/ Weiber (2011), S. 257-267.

[412] Vgl. Kraft (1997), S. 630.

[413] Vgl. Backhaus/ Erichson/ Plinke/ Weiber (2011), S. 269.

[414] Das PCC berechnet sich durch $(\alpha^2 + (1-\alpha)^2)$ wobei α den Anteil der größeren Gruppe darstellt.

[415] Vgl. Kraft (1997), S. 631f.

ständigen Modells (LL$_1$) mit dem LogLikelihood-Wert des Grundmodells (LL$_0$) verglichen. Basierend auf einer Chi-Quadrat-Verteilung kann so ermittelt werden ob das Log-Likelihood durch die unabhängigen Variablen signifikant verbessert wurde.

Dabei berechnet sich der Wert des Pseudo-R^2 wie folgt:

$$Pseudo\text{-}R^2 = 1 - (LL_1 / LL_0)$$

Weitere Pseudo-R^2-Statistiken, die berechnet werden können, sind Cox und Snell-R^2 sowie Nagelkerke-R^2, die sich wie folgt berechnen:[416]

$$Cox \,\&\, Snell\text{-}R^2 = 1 - \left[\frac{L_0}{L_V}\right]^{\frac{2}{K}}$$

mit

$L_0 =$ Likelihood des Nullmodells

$L_V =$ Likelihood des vollständigen Modells

K=   Stichprobenumfang

$$Nagelkerke\text{-}R^2 = \frac{1 - \left[\frac{L_0}{L_V}\right]^{\frac{2}{K}}}{R^2_{max}}$$

mit $R^2_{max} = 1 - (L_0)^{2/K}$

Liegen die Werte dieser Hilfsgröße zwischen 0,2 und 0,4, kann bereits von guter Modellanpassung gesprochen werden.[417]

Die Signifikanz der geschätzten Koeffizienten (Prüfung der Merkmalsvariablen) erfolgt mittels eines Likelihood-Ratio-Tests.[418]

Zentrale Voraussetzung zur Anwendung der Logistischen Regression ist die statistische Unabhängigkeit der Regressoren. Es sollte weder Autokorrelation noch Multikollinearität bestehen.[419] Ersteres kann ausgeschlossen werden, da es sich um keine Zeitreihenanalyse handelt, letzteres wird durch Beachtung des VIF-Faktors bei der Aufnahme neuer Variablen

---

[416] Vgl. Backhaus/ Erichson/ Plinke/ Weiber (2011), S. 270.

[417] Vgl. Urban (1993), S. 62.

[418] Es kann auch mittels der Wald-Statistik geprüft werden. In der vorliegenden Arbeit wird das Softwarepaket STATA verwendet und hier werden die Signifikanzen automatisch mittels Likelihood-Ratio-Test geprüft.

[419] Vgl. Kraft (1997), S. 627.

delt, letzteres wird durch Beachtung des VIF-Faktors bei der Aufnahme neuer Variablen unter Kontrolle gehalten. Voraussetzung für die Anwendung des der logistischen Regression zugrundeliegenden Maximum-Likelihood-Prinzips ist eine Beobachtungszahl von mindestens 50.[420] Diese Bedingungen kann im vorliegenden Datensatz problemlos erfüllt werden.

Nachfolgende Tabelle fasst die Gütekriterien der logistischen Regression nochmals zusammen:

	Gütekriterium	**Angestrebter Wert**
Gesamtmodell	Pseudo-R^2	Werte > 0,2
	Likelihood-Ratio-Test	Möglichst hoher Chi^2 – Wert, Signifikanzniveau < 0,05
Klassifikationsergebnis	Hosmer-Lemeshow-Chi^2	(Prob > Chi^2) > 0,1
	Proportional Chance Criterion (PCC)	PCC < Correctly Classified

Tabelle 14:   Gütekriterien der logistischen Regression; Quelle: Eigene Darstellung in Anlehnung an: Herrmann (2008), S. 636.

5.2.2 Die Tobit-Schätzung

Die Anwendung der gewöhnlichen multiplen Regressionsanalyse kann problematisch sein, wenn die abhängige Variable ein Anteilswert ist.[421] Die abhängige Variable kann dann nur den Wert Null oder positive Werte bis eins annehmen. Man spricht dann von limitierten oder zensierten Daten.[422] Der Wert der abhängigen Variable y ist nur bekannt, wenn er einen bestimmten Schwellenwert übersteigt und damit nicht für alle Beobachtungen bekannt. Die erklärenden Variablen sind dagegen für alle Beobachtungen bekannt, auch für die zensierten Daten.[423]

---

[420] Vgl. Kraft (1997), S. 629.
[421] Vgl. Hox (2002), S. 93.
[422] Vgl. Long (2011), S. 187.
[423] Vgl. Breen (1996), S. 4.

Die Verteilungsannahmen der OLS-Schätzung sind insbesondere dann verletzt, wenn eine Konzentration von Werten an dem unteren oder oberen Grenzwert vorliegt.[424] Für solch zensierte Daten kann eine Tobit-Regression durchgeführt werden, die eine Erweiterung des Probit-Modells[425] darstellt und grundlegend auf den US-amerikanischen Ökonom und Nobelpreisträger Tobin (1958) zurückgeht.[426] Tobin beschäftigte sich mit den Ausgaben für dauerhafte Konsumgüter. Als weiteres Beispiel nennt Tobin Ausgaben von Haushalten für Luxus-Güter, die als abhängige Variable in die Schätzung einfließen. Für einen Großteil der Beobachtungen nimmt hier die abhängige Variable den Wert Null an. Eine OLS-Schätzung würde hier zu verzerrten Ergebnissen führen, eine Probit-Schätzung wäre nur dann sinnvoll, wenn es nur um die Entscheidung Kauf oder Nicht-Kauf gehen würde.[427]

Die Tobit-Schätzung stellt ein simultanes zweistufiges Schätzverfahren dar. Dabei werden ein Modell mit einer dichotomen abhängigen Variablen und ein Modell mit einer metrisch skalierten abhängigen Variablengleichzeitig geschätzt.[428] Somit wird eine Probit-Schätzung mit einer multiplen Regressionsanalyse verknüpft.[429] Die Tobit-Schätzung basiert auf einer Likelihood-Schätzung. Das zugrundeliegende mathematische Verfahren ist sehr komplex, allerdings ist das Verfahren heute in Softwarepaketen integriert.[430]

Tobit-Schätzungen können insbesondere dann angewandt werden, wenn sich die abhängige Variable in einem limitierten positiven Bereich bewegt und für eine Vielzahl von Beobachtungen den Wert Null annimmt.[431] Die abhängige Variable y_i kann dann wie folgt ausgedrückt werden:

$$y_i = 0 \quad wenn \; y_i^* \leq 0,$$

$$y_i = y_i^* \quad wenn \; y_i^* > 0.$$

Soll beispielsweise, wie in der vorliegenden Arbeit der Anteil an befristet Beschäftigten an der Gesamtbelegschaft betrachtet werden, so kann dieser Anteilswert nur positive Werte annehmen und wird für eine Vielzahl von Unternehmen den Wert Null aufweisen. Dasselbe gilt für die Neueinstellungsquote oder die Personalabgangsrate.

---

[424] Vgl. Tobin (1958), S. 25.

[425] Bei der Probit-Schätzung handelt es sich um ein zur logistischen Regression alternatives Verfahren.

[426] Vgl. Gujarati/ Porter (2009), S. 574.

[427] Vgl. Tobin (1958), S. 15; Gujarati/ Porter (2009), S. 574.

[428] Vgl. Breen (1996), S.5.

[429] Vgl. Tobin (1958), S. 25.

[430] Vgl. Greene (2000), S. 911.

[431] Vgl. Mittelhammer/ Judge/ Miller (2000), S.585 und S. 587.

Die latente Variable y_i^* kann dann anhand des folgenden Modells geschätzt werden:

$$y_i^* = \beta' x_i + \varepsilon_i$$

Die Schätzung der Regressionskoeffizienten β_i erfolgt dann nach der Maximum-Likelihood-Methode basierend auf dem folgenden Log-Likelihood-Modell:

$$\log L = \sum_{y_i > 0} -\frac{1}{2}\left[\log(2\pi) + \log\sigma^2 + \frac{(y_i - \beta' x_i)^2}{\sigma^2}\right] + \sum_{y_i = 0} \log\left[1 - \Phi\left(\frac{\beta' x_i}{\sigma}\right)\right]$$

Der erste Teil der Funktion gleicht der Funktion der klassischen Regressionsanalyse für die nicht zensierten Beobachtungen, der zweite Teil stellt die Wahrscheinlichkeiten für die zensierten Beobachtungen dar.[432]

Zur Prüfung der Gesamtfunktion können – analog zur logistischen Regression – die Pseudo-R^2Statistiken berechnet und ein Likelihood-Ratio-Test durchgeführt werden. Wobei die Interpretation des Pseudo-R^2 mit Vorsicht zu erfolgen hat, getestet werden kann nur die Verbesserung des Likelihoods des vollständigen Modells gegenüber dem Null-Modell.[433] Deshalb sollen bei den Tobit-Regressionen nur die LogLikelihood-Werte sowie der dazu gehörige Likelihood-Ratio-Test angegeben werden.[434] Die Überprüfung der einzelnen Koeffizienten erfolgt mittels eines t-Testes.

Zentrale Annahmen der Tobit-Schätzung sind die Normalverteilung des Fehlerterms und das Vorliegen von Homoskedastizität.[435] Letzteres kann durch die Schätzung robuster Standardfehler sichergestellt werden. Die erste Annahme wurde bereits im Rahmen der linearen Regressionsanalyse diskutiert und kann für den vorliegenden Datensatz aufgrund seiner relativ hohen Beobachtungsanzahl vorausgesetzt werden.

---

[432] Vgl. Greene (2000), S. 911.

[433] Vgl. Haas (2004), S. 158.

[434] Da robuste Standardfehler geschätzt werden, um das Vorliegen von Homoskedastizität sicherzustellen, erfolgt in STATA die Ausgabe der Log Pseudolikelihoods, die dem Wert der LogLikelihoods entsprechen. Getestet wird der Wert nicht mit einem Likelihood-Ratio-Test, sondern mit einem F-Test. Hier wird analog zur OLS-Schätzung die Nullhypothese getestet, dass alle Koeffizientenwerte gleich Null sind. Angestrebt werden Werte <0,05.

[435] Vgl. Long (2011), S. 206.

5.3 Konzeptspezifikationen und Operationalisierungen

5.3.1 Allgemeine Erklärungen zum Untersuchungsdesign

Im Folgenden sollen nun eine genaue Spezifikation des Untersuchungsdesigns sowie eine Operationalisierung der zu untersuchenden Größen und zu kontrollierenden Einflüsse statt-finden. Dabei wird an der in Kapitel vier vorgenommenen Einteilung der Aspekte interner Arbeitsmärkte im Rahmen eines systematischen Beschäftigungsmanagements festgehalten (siehe Abbildung 6):

- Relative Größe des internen Arbeitsmarktes
- Offenheit des internen Arbeitsmarktes
- Qualifizierung zur Erhöhung der Einsatzflexibilität
- Bevorzugung interner Stellenbesetzung
- Flexible Entgeltstrukturen

Die zentralen Aspekte interner Arbeitsmärkte fließen dabei jeweils als abhängige Variable in die einzelnen Modelle ein.

Die industriellen Beziehungen in Form von Betriebsräten und Gewerkschaften finden zu-nächst in einem einfachen Modell Beachtung. Hier werden eine tarifvertragliche Bindung und die Existenz eines Betriebsrates durch zwei Dummy-Variablen abgebildet. Es werden weitere Modelle geschätzt, welche die unterschiedlichen Kombinationen von betrieblicher und überbetrieblicher Mitbestimmung (Abbildung 8) beachten. Diese vier Fälle werden als Dummy-Variablen, welche jeweils den Wert eins annehmen, wenn der jeweilige *Fall (a-d)* zutrifft, aufgenommen. Zur Abbildung dieser vier Kategorien im Schätzmodell ist die Be-achtung von drei Dummy-Variablen im Modell sowohl nötig als auch möglich. Die Katego-rie, bei der die Ausprägung aller drei aufgenommenen Dummy-Variablen gleich null ist, bildet die sogenannte Referenzkategorie. Die Koeffizienten der anderen drei Variablen müs-sen immer in Relation zu dieser Referenzkategorie interpretiert werden.[436] Legt man bei-spielsweise den *Fall a)* als Referenzkategorie zugrunde (es besteht keine Tarifvertragsbin-dung und es besteht kein Betriebsrat), dann sind die Koeffizienten in Relation dazu zu inter-pretieren.

Als zentrale Datengrundlage wird die aktuellste Welle des IAB-Betriebspanels gewählt, welche das Jahr 2009 darstellt. Für diese Welle sind sämtliche relevanten Variablen verfüg-bar und damit kann das Ziel dieser Arbeit, Aussagen über den Einfluss der industriellen Be-ziehungen auf das Gesamtmodell des internen Arbeitsmarktes treffen zu können, erfüllt

---

[436] Vgl. Kohler/ Kreuter (2008), S. 232; Rohrlack (2009), S. 269.

werden. In zwei Ausnahmefällen wird nicht die Welle des Jahres 2009 genutzt. Im Rahmen der Untersuchung der Einstellung ehemaliger Leiharbeiter muss auf das IAB-Betriebspanel zurückgegriffen werden, da diese Daten nicht für das Jahr 2008 verfügbar sind. Bei der Betrachtung der internen Stellenbesetzung wird auf das Jahr 2005 zurückgegriffen, da in diesem Jahr eine entsprechende Frage im Fragebogen enthalten ist.[437] Es werden nur Betriebe in die Betrachtung einbezogen, die mindestens fünf Mitarbeiter haben, denn ein Betriebsrat kann laut BetrVG erst ab fünf Arbeitnehmern im Betrieb gebildet werden. Zudem werden die Betriebe der öffentlichen Verwaltung und Organisationen ohne Erwerbscharakter nicht in die Betrachtung aufgenommen.[438]

5.3.2 Relative Größe des internen Arbeitsmarktes

Aspekte, welche die Größe und Offenheit des internen Arbeitsmarktes bestimmen, wurden bereits in Abbildung 11 dargestellt. Da die relative Größe des internen Arbeitsmarktes (Stammbelegschaft) durch die Größe der Randbelegschaft bestimmt wird, soll die Intensität der Nutzung der Randbelegschaftsformen näher betrachtet werden. Es sollen der Anteil der befristet Beschäftigten, der Leiharbeitnehmer, der freien Mitarbeiter, der Anteil der Praktikanten sowie der Anteil der geringfügig Beschäftigten jeweils als abhängige Variable in den Modellen betrachtet werden. In den jeweiligen Modellen fließen die nicht als abhängige Variable verwendeten Randbelegschaftsanteile als Kontrollvariablen in die Untersuchung mit ein, da zwischen den verschiedenen Beschäftigungsformen der Randbelegschaft Substitutionseffekte auftreten könnten.

Da die Anteilsvariablen Werte zwischen 0 und 1 annehmen bzw. für die Anteile der Leiharbeitnehmer und der freien Mitarbeiter größtenteils zwischen 0 und 1 liegen, sollte keine gewöhnliche OLS-Schätzung durchgeführt werden, sondern es findet eine Tobit-Schätzung Anwendung.[439]

---

[437] Es kann kritisch angemerkt werden, dass im Jahr 2009 eine starke Beeinflussung der Ergebnisse durch die Finanz- und damit ausgelöste Wirtschaftskrise vorliegen könnte. Dem wird zum einen durch die Aufnahme von Kontrollvariablen zur wirtschaftlichen Situation des Betriebes Rechnung getragen. Zum anderen werden die empirischen Untersuchungen – soweit möglich – auch für das das Jahr 2007 durchgeführt. Die Ergebnisse werden aggregiert im Anhang der Arbeit dargestellt. Es kann jedoch gezeigt werden, dass die Ergebnisse von 2007 vernachlässigbar gering von den Ergebnissen aus dem Jahr 2009 abweichen.

[438] Bei Betrieben der öffentlichen Verwaltung besteht zwar die Möglichkeit der Bildung eines Personalrates. Die Möglichkeiten der rechtlichen Einflussnahme dieser Mitarbeitervertretung unterscheiden sich aber von den Möglichkeiten des Betriebsrates laut Betriebsverfassungsgesetz und sollen deshalb in der vorliegenden Arbeit keine Beachtung finden. Organisationen ohne Erwerbscharakter werden aus der Untersuchung ausgeschlossen, da Betriebe untersucht werden sollen, die unter marktwirtschaftlichen Bedingungen handeln.

[439] Vgl. Kraft (2006) zur Kritik an der Anwendung einer OLS-Schätzung bei Anteilswerten.

Neben den bereits dargestellten Variablen für die verschiedenen Ausprägungsformen der industriellen Beziehungen finden weitere Kontrollvariablen Beachtung, die im Folgenden dargestellt werden sollen.

Obwohl in der vorliegenden Arbeit das Kriterium der Anpassungsflexibilität als Abgrenzung zwischen Rand- und Stammbelegschaften verwendet wird, kann nicht völlig ausgeschlossen werden, dass Teilzeitbeschäftigung in manchen Unternehmen nicht aus Flexibilitätsgründen eingesetzt wird. Insofern können komplementäre Effekte zwischen der Beschäftigungsform der Teilzeit und anderen flexiblen Beschäftigungsformen der Randbelegschaft auftreten. Deswegen fließt der Anteil der Teilzeitbeschäftigten als Kontrollvariable in die Tobit-Schätzungsmodelle ein.

Da bestimmte Personengruppen möglicherweise eine höhere Wahrscheinlichkeit aufweisen, sich in einer flexiblen Beschäftigungsform wiederzufinden, findet der Frauenanteil, der Akademikeranteil sowie der Anteil der Beschäftigten in einfachen Tätigkeiten in den Modellen Beachtung.

Eine weitere Möglichkeit, sich an verändernde Personalbedarfe anzupassen, stellen Arbeitszeitvariationen bzw. die Nutzung von Kurzarbeit dar. Deshalb fließt sowohl für das Vorhandensein von Arbeitszeitkonten als auch für die Nutzung von Kurzarbeit im 1. Halbjahr 2009 eine Dummy-Variable ein. Die Nutzung von Kurzarbeit kann zudem als Indikator für eine schlechte wirtschaftliche Situation des Betriebes betrachtet werden. Monetäres Flexibilisierungspotenzial bietet der Bereich der Entgeltgestaltung. Als Kontrollvariablen werden hier Dummy-Variablen für das Vorhandensein einer Gewinn- bzw. Erfolgsbeteiligung bzw. einer Kapitalbeteiligungen aufgenommen. Durch eine entsprechende vorausschauende Qualifizierung kann die interne Einsatzflexibilität des Personals erhöht werden. Deshalb soll auch die Ausbildungs- und Weiterbildungsintensität als Kontrollvariable aufgenommen werden. Die Ausbildungsintensität kann durch die Anzahl der Auszubildenden an der Gesamtbelegschaft operationalisiert werden. Analog dazu kann die Weiterbildungsintensität ausgedrückt werden durch den Anteil der Personen, welche im 1. Halbjahr 2009 an Weiterbildungsmaßnahmen teilgenommen haben.[440]

Zudem wird noch beachtet, ob in den vergangenen zwölf Monaten Betriebsteile geschlossen, ausgegliedert, ausgegründet oder eingegliedert wurden. Sollte einer oder mehrere dieser Fälle eingetreten sein, könnte dies Auswirkungen auf die Personalstruktur gehabt haben. Wurde beispielsweise ein Betriebsteil geschlossen, so wurden möglicherweise zunächst die Nutzungsintensitäten der flexiblen Beschäftigungsformen gesenkt. Für alle vier Fälle wird jeweils eine Dummy-Variable in die Modelle aufgenommen.

---

[440] Vgl. zu Flexibilisierungspotenzialen in monetärer, örtlicher, qualitativer und zeitlicher Perspektive: Bertelsmann Stiftung (1999), S. 35.

Als weitere Kontrollvariable wird die wirtschaftliche Situation des Betriebs erfasst, da hier ebenfalls Effekte auf die relative Größe des internen Arbeitsmarktes auftreten könnten. Im Fragebogen wird die wirtschaftliche Situation des Betriebes durch folgende Frage erfasst: „Wie war die Ertragslage Ihres Betriebes im letzten Geschäftsjahr?" Dabei können die Antworten „sehr gut", „gut", „befriedigend", „ausreichend" oder „mangelhaft" ausgewählt werden. Es wird eine Dummy-Variable aufgenommen, welche den Wert eins annimmt, wenn die Ertragslage im Vorjahr als ausreichend oder mangelhaft angesehen wurde. Da auch die erwartete Entwicklung der wirtschaftlichen Situation Einfluss nehmen kann auf die Gestaltung des internen Arbeitsmarktes, wird auch die erwartete Geschäftsentwicklung als Kontrollvariable aufgenommen. Diese wird im Fragebogen abgefragt durch: „Welche Entwicklung erwarten Sie für das laufende Jahr […]?". Als Antwortkategorien sind hier „etwa gleich bleibend", „eher steigen", „eher sinken" sowie „weiß noch nicht" möglich. Es wird eine Dummy-Variable aufgenommen, welche den Wert eins annimmt, wenn antizipiert wird, dass das Geschäftsvolumen sinken wird. Zudem wird eine Dummy-Variable aufgenommen, welche den Wert eins annimmt, wenn das letzte Jahresergebnis negativ ausgefallen ist.

Weiterhin wird beachtet, ob eine Vereinbarung zur Beschäftigungs- oder Standortsicherung vorliegt. Auch hier könnte ein Einfluss auf die relative Größe des internen Arbeitsmarktes vorliegen. Besteht eine solche Vereinbarung, dann könnte der Betrieb stärker auf flexible Beschäftigungsformen setzen, da diese nicht zwingend durch eine solche Vereinbarung geschützt sind.

Investitionen in EDV und Kommunikation sowie Investitionen in Produktionsanlagen werden ebenfalls beachtet und entsprechende Kontrollvariablen werden aufgenommen. Zudem wird berücksichtigt, ob es sich um einen ostdeutschen Betrieb handelt und ob sich der Betrieb mehrheitlich in ausländischem Besitz befindet.

Als weitere Kontrollvariable wird die Betriebsgröße aufgenommen. Für die Aufnahme der Betriebsgröße als Kontrollvariable sind zwei zentrale Gründe anzuführen. Erstens treten bestimmte Mitbestimmungs- und Mitwirkungsrechte des Betriebsrates erst aber einer bestimmten Größenklasse auf, bzw. die potenziellen Einflussmöglichkeiten des Betriebsrates nehmen mit der Betriebsgröße zu.[441] Zweitens korrelieren die Existenz eines Betriebsrates sowie einer tarifvertragliche Bindung stark mit der Unternehmensgröße. Dies ist auch im vorliegenden Datensatz der Fall, wie Tabelle 15 zeigt. Durchschnittlich besteht in 33,67% der betrachteten Betriebe ein Betriebsrat und 51,12% der betrachteten Betriebe sind an einen Tarifvertrag gebunden. Betrachtet man jedoch die Aufteilung von Betriebsräten und Tarifverträgen für verschiedene Betriebsgrößenklassen, so wird deutlich, dass die Durchschnitts-

---

[441] Vgl. dazu die Ausführungen in Kapitel 2.2.3 und Kapitel 4 sowie Addison/ Schnabel/ Wagner (1999), S. 228.

zahlen wenig Aussagekraft besitzen. Während in den unteren Betriebsgrößenklassen in weniger als der Hälfte der betrachteten Unternehmen ein Betriebsrat existent ist, ist in Unternehmen mit mehr als 200 Unternehmen in über 80% der Unternehmen ein Betriebsrat präsent. Analog zur Existenz eines Betriebsrates, steigt die Häufigkeit der tarifvertraglichen Bindung mit der Betriebsgröße deutlich an. Insofern würde die Nichtbeachtung der Betriebsgröße zu stark verzerrten Ergebnissen führen. Die Betriebsgröße wird bei der Untersuchung der relativen Größe des internen Arbeitsmarktes durch sieben Dummy-Variablen für die dargestellten Betriebsgrößenklassen erfasst.

Betriebsgrößenklasse	Betriebsrat	Tarifvertrag
5-20 Mitarbeiter	6,21%	38,66%
21-50 Mitarbeiter	23,73%	46,21%
51-100 Mitarbeiter	42,66%	54,48%
101-200 Mitarbeiter	67,78% .	62,69
201-500 Mitarbeiter	80,05%	71,33%
501-1000 Mitarbeiter	#	85,06%
mehr als 1000 Mitarbeiter	#	91,92%
Gesamt	33,67%	51,12%

Tabelle 15:   Existenz eines Betriebsrates und einer tarifvertraglichen Bindung für verschiedene Betriebsgrößenklassen; Quelle: Eigene Berechnungen mit dem IAB-Betriebspanel 2009. Anmerkung: #: aufgrund des Datenschutzes durch das Forschungsdatenzentrum gelöscht.

Weiterhin wird die Branchenzugehörigkeit als Kontrollvariable aufgenommen, um Brancheneffekte zu kontrollieren. Tabelle 16 zeigt die Verteilung von Betriebsräten und tarifvertraglichen Bindungen auf die einzelnen Branchen. Hier wird deutlich, dass in den einzelnen Branchen Betriebsräte in unterschiedlichem Ausmaße präsent sind, dasselbe gilt auch für eine tarifvertragliche Bindung. Während die Branche der Land- und Forstwirtschaft die geringste Dichte an Betriebsräten aufweist, weist die Branche der Finanz- und Versicherungsdienstleistungen die höchste Häufigkeit an Betriebsräten auf. Während in der Informations- und Kommunikationsbranche nur knapp 29% der betrachteten Unternehmen eine tarifvertragliche Bindung aufweisen, sind dies in der Finanz- und Versicherungsbranche knapp 86% der betrachteten Unternehmen. Aufgrund dieser Unterschiede in der Präsenz von Betriebsräten und Tarifverträgen fließt die Branchenzugehörigkeit in die Modelle ein.

Aufgrund der dargestellten Zusammenhänge zwischen industriellen Beziehungen und der Betriebsgröße bzw. der Branche findet die Betriebsgröße und die Branchenzugehörigkeit in allen Modellen Beachtung.

Branche laut IAB-Klassifikation	Betriebsrat	Tarifvertrag
Land- und Forstwirtschaft	10,31%	41,45%
Bergbau/Energie/Wasser/Abfall	61,11%	72,47%
Nahrung/Genuss	30,97%	59,95%
Verbrauchsgüter	34,88%	38,14%
Produktionsgüter	48,55%	48,55%
Investitions-/Gebrauchsgüter	41,55%	40,70%
Baugewerbe	13,50%	69,79%
Handel/Reparatur von KfZ	22,80%	47,35%
Verkehr und Lagerei	38,03%	47,81%
Information und Kommunikation	33,48%	28,51%
Gastgewerbe	6,06%	46,85%
Finanz- und Versicherungsdienstleistungen	74,85%	85,98%
Wirtschaftliche, wissenschaftliche und freiberufliche Dienstleistungen	25,22%	47,72%
Erziehung und Unterricht	52,37%	66,67%
Gesundheits- und Sozialwesen	40,77%	53,30%
Sonstige Dienstleistungen	25,94%	49,32%
Gesamt	33,67%	51,12%

Tabelle 16: Verteilung von Betriebsräten und Tarifverträgen auf Branchen; Quelle: Eigene Berechnungen mit dem IAB-Betriebspanel 2009.

5.3.3 Offenheit des internen Arbeitsmarktes

Die Offenheit des internen Arbeitsmarktes wird durch Ein- und Austritte aus dem internen Arbeitsmarkt bestimmt.

Eintritte in den internen Arbeitsmarkt

Als abhängige Variablen werden in verschiedenen Modellen die folgenden Größen betrachtet, um die Eintritte in den internen Arbeitsmarkt zu untersuchen:

- die Neueinstellungsrate (Anzahl der Neueinstellungen im Verhältnis zur Gesamtzahl der Beschäftigten)
- die Eintrittsrate durch Übernahmen von befristet Beschäftigten in unbefristet Beschäftigte (Anzahl der Übernahmen im Verhältnis zur Gesamtzahl der Beschäftigten)
- die Eintrittsrate durch die Einstellung ehemaliger Leiharbeitnehmer (Anzahl solcher Einstellungen im Verhältnis zur Gesamtzahl der Beschäftigten)

Letztere Variable ist im IAB-Betriebspanel 2009 nicht enthalten, deshalb wird hier auf das Jahr 2008 ausgewichen. Die Eintrittsrate durch Einstellung ehemaliger Leiharbeitskräfte stellt dabei eine Teilgröße der Gesamtzahl der Neueinstellungen dar.

Da sich der Wertebereich der abhängigen Variable (größtenteils) zwischen 0 und 1 bewegt, findet eine Tobit-Schätzung Anwendung.

Es werden die bereits beschrieben Variablen der industriellen Beziehungen aufgenommen.

Die bereits in 5.3.2 dargestellten Variablen zur Belegschaftsstruktur werden ebenfalls in die Modelle aufgenommen. Hier könnte eine Beeinflussung insofern vorliegen, als dass ein steigender Personalbedarf nicht durch Eintritte in die Stammbelegschaft kompensiert wird, sondern dass flexible Beschäftigungsformen eingesetzt werden, um den entstandenen Personalbedarf zu kompensieren.

Zudem werden Variablen beachtet, die neben Neueinstellungen und der Übernahme befristet Beschäftigter zur Beschaffung von Humankapital genutzt werden können.

Es fließen Dummy-Variablen ein, die berücksichtigen, ob eine Schließung, Ausgliederung, Ausgründung oder Eingliederung von Betriebsteilen stattgefunden hat. Diese Fälle könnten in Zusammenhang mit der Eintrittsrate in den internen Arbeitsmarkt stehen. Auch die wirtschaftliche Situation findet Beachtung, da eine schlechte wirtschaftliche Situation in einem negativen Zusammenhang mit den Eintrittsraten in den internen Arbeitsmarkt steht. Besteht eine Vereinbarung zur Beschäftigungs- oder Standortsicherung, dann könnte sich dies insofern negativ auswirken, dass Eintritte in den internen Arbeitsmarkt nicht oder nur schwer revidierbar sind. Investitionen finden Beachtung, da sich hieraus Personalbedarfe ergeben können.

Weiterhin wird beachtet, ob es sich um einen ostdeutschen Betrieb handelt oder ob sich der Betrieb mehrheitlich in ausländischem Besitz befindet.

Austritte aus dem internen Arbeitsmarkt

Die Austritte aus dem internen Arbeitsmarkt werden durch die folgenden Größen operationalisiert:

- die Personalabgangsrate (Anzahl aller Personalabgänge im Verhältnis zur Gesamtbeschäftigungszahl)
- die Kündigungsrate seitens des Arbeitnehmers (Anzahl der Eigenkündigungen im Verhältnis zur Gesamtbeschäftigungszahl)
- die Kündigungsrate seitens des Arbeitgebers (Anzahl der Kündigungen seitens des Betriebes im Verhältnis zur Gesamtbeschäftigungszahl)

Dabei bilden die letzten beiden Größen eine Teilmenge der gesamten Personalabgangsrate. Da die Werte der abhängigen Variablen (größtenteils) im Bereich von 0 und 1 liegen, findet eine Tobit-Schätzung Anwendung.

Die Kontrollvariablen für die Belegschaftsstruktur finden ebenfalls Beachtung. Zudem werden die Weiterbildungsintensität und die Lohnsumme pro Beschäftigtem aufgenommen, da hier eine Beeinflussung der Fluktuationsneigung seitens des Arbeitnehmers vorliegen kann. Im Rahmen der Betrachtung der Kündigungsrate seitens des Betriebes findet nur die Lohnsumme Beachtung, da hier möglicherweise eine Beachtung durch zu hohe Lohnkosten vorliegen könnte und aus diesem Grund Personal abgebaut werden muss.

Als weitere betriebliche Merkmale fließen die Schließung, Ausgliederung, Ausgründung sowie Eingliederung von Betriebsteilen ein, da damit auch Auswirkungen auf den Personalbedarf und damit auf die Personalabgangsraten verbunden sein können. Ebenfalls Beachtung finden Variablen zu Investitionstätigkeiten, da sich durch Investitionen die Anforderungen an Mitarbeiter verändern können und dadurch personelle Maßnahmen notwendig sein könnten. Es wird ebenfalls für die wirtschaftliche Situation des Betriebes kontrolliert. Zusätzlich fließen Dummy-Variablen für Betriebe in Ostdeutschland und für Betriebe, welche sich mehrheitlich oder ausschließlich in ausländischem Eigentum befinden, in die Untersuchung ein.

5.3.4 Aufbau von Humankapital

Der Aufbau von Humankapital wird durch die Weiterbildungsaktivitäten der Betriebe bestimmtes soll dabei die die Weiterbildungsintensität (Anteil der Personen, die im 1. Halbjahr 2009 an Weiterbildungsmaßnahmen teilgenommen haben, an der Gesamtzahl der Beschäftigten) als abhängige Variable in der Tobit-Schätzung betrachtet werden.

Neben den bereits beschrieben Variablen der industriellen Beziehungen und den Variablen zur Belegschaftsstruktur fließt noch die Neueinstellungsquote und die Ausbildungsintensität als weitere Form der Beschaffung von Humankapital ein. Die wirtschaftliche Situation des Betriebes findet Beachtung, da eine schlechte wirtschaftliche Situation aufgrund begrenzter finanzieller Ressourcen in einem negativen Zusammenhang zur Weiterbildungsaktivität stehen könnte. Da Investitionen in EDV oder Kommunikation sowie Investitionen in Produktionsanlagen veränderte Anforderungen an die Mitarbeiter stellen, könnte hier eine positive Beeinflussung der Aus- und Weiterbildungsintensität vorliegen. Weiterhin wird beachtet, ob es sich um einen ostdeutschen Betrieb handelt oder ob sich der Besitz mehrheitlich in ausländischem Eigentum befindet.

5.3.5 Interne Karrierepfade

Das IAB-Betriebspanel bildet für den Aspekt der internen Karrierepfade keine konkreten Möglichkeiten der Operationalisierung. Es kann jedoch zum einen eine Annäherung über die Personalabgangsraten stattfinden. Eine geringe Fluktuation kann sicherlich als Indikator für interne Karrierepfade angesehen werden. Zur Argumentation bzgl. interner Karrierepfade werden deshalb die Ergebnisse zu den Personalaustrittsraten herangezogen, welche in Kapitel 6.2.2 dargestellt sind. Zusätzlich zu den Größen bzgl. der Austritte aus dem internen Arbeitsmarkt soll das IAB-Betriebspanel 2005 zur Untersuchung dieses Aspektes herangezogen werden. In diesem Jahr wurden die Betriebe zu ihrer Strategie zur Deckung des Fachkräftebedarfs in den nächsten zwei Jahren befragt. Dabei wurden folgende Strategien zur Auswahl gegeben:

- Eigene betriebliche Ausbildung von Fachkräften (1)
- Fort- und Weiterbildung von Mitarbeitern (2)
- Neueinstellung von Fachkräften mit Berufserfahrung (3)
- Neueinstellung von Ausbildungs-oder Hochschulabsolventen (4)
- Ältere Fachkräfte länger im Betrieb halten (5)
- Sonstiges (6)

Weiterhin kann die Option gewählt werden „Kein zusätzlicher Bedarf in den nächsten beiden Jahren". Diese Fälle werden aus der Analyse ausgeschlossen. Das heißt, es werden nur Fälle betrachtet, bei denen ein Bedarf in den nächsten beiden Jahren tatsächlich vorliegt.

Falls von den Betrieben mehrere Strategien ausgewählt werden, muss zusätzlich die wichtigste Strategie gewählt werden. Als abhängige Variable wird eine Dummy-Variable verwendet, die den Wert eins annimmt, wenn die einzig gewählte oder die wichtigste Strategie zur Deckung des Bedarfs an Fachkräften sich auf interne Maßnahmen (Maßnahmen (1), (2) oder (5)) bezieht und nicht auf Neueinstellungen (Maßnahme (3) oder (4)). Da die abhängige Variable binär kodiert ist, findet ein logistisches Regressionsmodell Anwendung.

Es fließen die bereits beschriebenen Dummy-Variablen für die Existenz eines Betriebsrates sowie einer Branchen- oder Haustarifvertragsbindung in die Modelle ein. Auch die Belegschafsstruktur findet Beachtung, da flexible Beschäftigungsformen eher kurzfristig angelegt sind und nicht unbedingt zur internen Stellenbesetzung eingesetzt werden.

Weiterhin fließt die wirtschaftliche Situation des Betriebes durch zwei Dummy-Variablen ein. Eine schlechte wirtschaftliche Situation kann dazu führen, dass Stellen eher intern besetzt werden und keine neuen personellen Kapazitäten aufgebaut werden. Investitionen könnten ebenfalls in einem positiven Zusammenhang mit der internen Stellenbesetzung stehen, da bereits bestehendes Personal weiterentwickelt und qualifiziert werden kann.

Es findet zudem Beachtung, ob sich der Betrieb in Ostdeutschland befindet oder ob es sich um einen Betrieb handelt, der sich mehrheitlich in ausländischem Besitz befindet.

Je größer der Betrieb, desto mehr interne Spielräume bestehen zur Versetzung, deshalb wird hier ein positiver Zusammenhang zur Betriebsgröße erwartet, welche logarithmiert in die Schätzung einfließt.

5.3.6 Gestaltung flexibler Entgeltstrukturen

Das IAB-Betriebspanel bietet zwei mögliche Variablen an, um flexible Entgeltbestandteile zu untersuchen, welche in der empirischen Untersuchung als abhängige Variablen in die Untersuchung einfließen sollen:

- Gewinn- bzw. Erfolgsbeteiligung (Dummy-Variable)
- Kapitalbeteiligung (Dummy-Variable)

Da es sich um binär-kodierte Variablen handelt, findet die logistische Regression in beiden Modellen Anwendung.

Es fließen die bereits bekannten Variablen der industriellen Beziehungen (Betriebsrat, Haustarifvertrag, Branchentarifvertrag) sowie die Variablen zur Belegschaftsstruktur mit ein.

Bei der Entgeltgestaltung fließt zudem die Lohnsumme pro Beschäftigten und die nicht als abhängige Variable verwendete Dummy-Variable zur flexiblen Entgeltgestaltung ein. Zudem wird beachtet, ob es sich um einen ostdeutschen Betrieb handelt und ob der Betrieb sich mehrheitlich oder ausschließlich in ausländischem Besitz befindet.

Im Rahmen der Betrachtung fließt zudem eine Dummy-Variable mit in das Modell ein, welche den Wert eins annimmt, wenn es sich bei dem Betrieb um eine KG oder eine AG handelt. Insbesondere bei einer Aktiengesellschaft kann die Belegschaft relativ einfach am Kapital beteiligt werden, da hier die Ausgabe von Aktienoptionen oder Belegschaftsaktien möglich ist.

5.3.7 Überblick über die Konzeptspezifikationen

Nachfolgende Tabelle gibt nochmals einen Überblick über die zu untersuchenden Größen und die verwendeten Analysemethoden.

(1) Relative Größe	Anteil der befristet Beschäftigten	Tobit-Schätzung
	Anteil der Leiharbeitnehmer	Tobit-Schätzung
	Anteil der freien Mitarbeiter	Tobit-Schätzung
	Anteil der Praktikanten	Tobit-Schätzung
	Anteil der geringfügig Beschäftigten	Tobit-Schätzung
(2) Offenheit	Neueinstellungsrate	Tobit-Schätzung
	Eintrittsrate durch Übernahme befristet Beschäftigter in un-befristetes Beschäftigungsverhältnis	Tobit-Schätzung
	Eintrittsrate durch Einstellung ehmaliger Leiharbeiter („Klebeeffekt")	Tobit-Schätzung
	Personalabgangsrate	Tobit-Schätzung
	Arbeitnehmerkündigungsrate	Tobit-Schätzung
	Arbeitgeberkündigungsrate	Tobit-Schätzung
(3) Qualifizierung zur Erhöhung d. Einsatzflexibilität	Weiterbildungsintensität	Tobit-Schätzung
(4) Interne Stellenbesetzung	Bevorzugung interner Stellenbesetzung	Logistische Regression
(5) Entgeltstrukturen	Erfolgsbeteiligung	Logistische Regression
	Kapitalbeteiligung	Logistische Regression

Tabelle 17:   Überblick über die Konzeptspezifikationen; Quelle: Eigene Darstellung.

6 Ergebnisse der empirischen Untersuchung

Das folgende Kapitel ist nach den zentralen Elementen interner Arbeitsmärkte gegliedert (siehe Abbildung 6) und stellt die Ergebnisse der empirischen Untersuchung dar.

6.1 Relative Größe des internen Arbeitsmarktes

Wie bereits dargestellt, wird die relative Größe des internen Arbeitsmarktes durch die Größe der Randbelegschaft bestimmt. Je stärker eine Randbelegschaft ausgeprägt ist, desto geringer fällt die relative Größe des internen Arbeitsmarktes aus, welche von der Stammbelegschaft eines Unternehmens gebildet wird.

Tabelle 18zeigt die durchschnittlichen Anteile der Randbelegschaftsformen, wie sie im Sample, welches zur Tobit-Schätzung verwendet wird, zu beobachten sind.

Variable	Beschreibung	Durchschnittswert (%)
Anteil der befristet Beschäftigten	Anzahl der Mitarbeiter mit einem befristeten Arbeitsvertrag / Gesamtzahl der Beschäftigten	4,96
Anteil der Leiharbeitnehmer	Anzahl der Leiharbeitnehmer / Gesamtzahl der Beschäftigten	1,80
Anteil der freien Mitarbeiter	Anzahl der freien Mitarbeiter / Gesamtzahl der Beschäftigten	1,85
Anteil der Praktikanten	Anzahl der Praktikanten / Gesamtzahl der Beschäftigten	1,70
Anteil der geringfügig Beschäftigten	Anzahl der geringfügig Beschäftigten / Gesamtzahl der Beschäftigten	11,63
Fallzahl (=Betriebe): 7904		

Tabelle 18:   Durchschnittliche Anteile der Randbelegschaftsformen im IAB-Betriebspanel 2009; Quelle: Eigene Berechnungen mit dem IAB-Betriebspanel 2009.

Dabei zeigt sich, dass der Anteil der geringfügig Beschäftigten am stärksten ausgeprägt ist, gefolgt von dem Anteil der befristet Beschäftigten. Eine vergleichsweise geringe Ausprä-

© Springer Fachmedien Wiesbaden GmbH, ein Teil von Springer Nature 2012
C. Jensen, *Der Einfluss der industriellen Beziehungen auf interne Arbeitsmärkte,*
Edition KWV, https://doi.org/10.1007/978-3-658-24334-0_6

gung zeigt sich bei den Leiharbeitnehmern, den freien Mitarbeitern und den Praktikanten. Je stärker diese Anteile ausgeprägt sind, desto kleiner stellt sich die relative Größe des internen Arbeitsmarktes dar.

Tabelle 19zeigt die durchschnittlichen Anteile der Beschäftigungsformen der Randbelegschaft an der Gesamtbeschäftigtenzahl für die unterschiedlichen Fälle an Ausprägungsformen der industriellen Beziehungen.

Ausprägungsform der industriellen Beziehungen (Anteil am Gesamtsample von 7904 Betrieben)	Befristet Beschäftigte (%)	Leiharbeiter (%)	Freie Mitarbeiter (%)	Praktikanten (%)	Geringfügig Beschäftigte (%)
a) kein Tarifvertrag und kein Betriebsrat (46,82%)	4,27	1,07	2,92	1,85	14,31
c) Tarifvertrag ohne Betriebsrat (26,80%)	5,54	2,39	0,45	2,07	13,96
d) Betriebsrat ohne Tarifvertrag (6,53%)	5,56	2,49	2,31	1,14	4,81
b) Tarifvertrag und Betriebsrat (19,85%)	5,61	2,47	1,06	1,04	4,43

Tabelle 19: Durchschnittliche Anteile der Beschäftigungsformen der Randbelegschaft für die Ausprägungsformen der industriellen Beziehungen; Quelle: Eigene Berechnungen mit dem IAB-Betriebspanel 2009.

Dabei zeigt sich für die Beschäftigungsform der befristeten Beschäftigung und der Leiharbeit die stärkste Ausprägung bei Unternehmen, die sowohl tarifgebundenen sind als auch über einen Betriebsrat verfügen. Die niedrigste Ausprägung dieser beiden Beschäftigungsformen zeigt sich bei Unternehmen, die weder durch eine tarifvertragliche Bindung noch durch einen Betriebsrat gekennzeichnet sind. Bei der Beschäftigungsform der freien Mitarbeit und der geringfügigen Beschäftigung zeigt sich die stärkste Nutzungsintensität bei Unternehmen ohne Tarifvertrag und ohne Betriebsrat. Der Anteil der Praktikanten ist bei Unternehmen, die keinen Betriebsrat haben aber tarifgebunden sind, durchschnittlich am höchsten.

Diese deskriptiven Ergebnisse sind jedoch mit Vorsicht zu betrachten, da hier keine weiteren Einflussgrößen (z.B. Betriebsgröße oder Branche) beachtet werden können.

Deshalb sollen nun im Folgenden die Ergebnisse der Tobit-Schätzung für die Anteile der Randbelegschaft dargestellt werden (Tabellen 20-24). Im Anschluss an die Ergebnisse zum Zusammenhang zwischen industriellen Beziehungen und den Randbelegschaftsanteilen soll auch kurz auf ausgewählte Ergebnisse bei den Kontrollvariablen eingegangen werden.

Anteil der befristet Beschäftigten

Die deskriptive Statistik (Tabelle 19) liefert erste Hinweise darauf, dass die Existenz eines Betriebsrates und/ oder einer Tarifvertragsbindung in einem positiven Zusammenhang mit dem Anteil der befristeten Beschäftigung steht. Zieht man zusätzlich zur deskriptiven Statistik das einfache Modell heran, so zeigt sich, dass sich dieser positive Zusammenhang für eine Tarifvertragsbindung bestätigt. Dies gilt jedoch nicht für die Existenz eines Betriebsrates. In allen Modellen zeigt sich ein positiver Zusammenhang zwischen einer Tarifvertragsbindung ohne Betriebsrat und der abhängigen Variable. Ist der Betrieb weder tarifgebunden noch besteht ein Betriebsrat, so steht dies in allen Modellen in einem negativen Zusammenhang mit dem Anteil der befristet Beschäftigten. Demnach müssen die Hypothesen 1a und 1b für den Fall der befristeten Beschäftigung abgelehnt werden.

Anteil der Leiharbeitnehmer

Die Ergebnisse der deskriptiven Statistik deuten darauf hin, dass die Ausprägungsform *a)* der industriellen Beziehungen in einem negativen Zusammenhang mit dem Anteil der Leiharbeitnehmer im Betrieb steht. Besteht ein Betriebsrat und/ oder eine Tarifvertragsbindung, so scheint sich hier ein positiver Zusammenhang zum Anteil der Leih-arbeitnehmer an der Gesamtbeschäftigtenzahl zu zeigen. Das einfache Modell bestätigt diesen positiven Zusammenhang. Signifikant ist dieser jedoch nur für die Existenz eines Betriebsrates. Die Ergebnisse des einfachen Modells spiegeln sich auch in der Tatsache wider, dass alle Modelle einen positiven Zusammenhang zwischen dem *Mitbestimmungsfall b)* und der abhängigen Variable zeigen. Ist keine betriebliche oder überbetriebliche Mitbestimmung vorhanden, so steht dies in einem negativen Zusammenhang mit dem Anteil der Leiharbeitnehmer im Betrieb. Auch für den Anteil der Leiharbeitnehmer müssen demnach die Hypothesen 1a und 1b abgelehnt werden.

Anteil der freien Mitarbeiter

Im Gegensatz zur Beschäftigungsform der befristeten Beschäftigung und der Leiharbeit, zeigt sich in den Ergebnissen der deskriptiven Statistik ein negativer Zusammenhang zwischen industriellen Beziehungen und dem Anteil der freien Mitarbeiter im Unternehmen. Die Ergebnisse des einfachen Modells bestätigen diesen negativen Zusammenhang; dieser Zusammenhang ist jedoch nur für die Tarifvertragsbindung signifikant und auch stärker ausgeprägt als dies bei einem Betriebsrat der Fall ist. Modell 2 (*Fall a)* als Referenzkategorie) bestätigt diesen negativen Zusammenhang für alle Ausprägungsformen, in denen betriebliche Mitbestimmung präsent ist. Analog zeigt sich ein positiver Zusammenhang zwischen dem Nicht-Vorhandensein von betrieblicher und überbetrieblicher Mitbestimmung in allen Modellen. Demnach scheinen mitbestimmungsfreie Unternehmen (*Fall a)*) über einen relativ größeren Anteil an freien Mitarbeitern zu verfügen. Dieser signifikant positive Zusammenhang zeigt sich in allen Modellen der Tobit-Schätzung. Hypothese 1a kann für den Fall der freien Mitarbeiter bestätigt werden. Die Existenz eines Betriebsrates und/ oder einer Tarifvertragsbindung stehen hingegen in einem negativen Zusammenhang mit dem Anteil der freien Mitarbeiter im Unternehmen. Am stärksten negativ ausgeprägt ist dieser Zusammenhang für *Fall c)*. Hypothese 1b kann somit für den Anteil der freien Mitarbeiter partiell bestätigt werden.

Anteil der Praktikanten

Betrachtet man die Ergebnisse der deskriptiven Statistik, dann zeigt sich kein eindeutiger Zusammenhang zwischen Mitbestimmung und dem Anteil der Praktikanten im Betrieb. Auch die Ergebnisse der Tobit-Schätzung deuten darauf hin, dass kein signifikanter Zusammenhang zwischen Betriebsrat/ und oder Tarifvertragsbindung besteht. Keiner der Zusammenhänge ist von Signifikanz geprägt. Insgesamt deuten die Modelle lediglich darauf hin, dass ein positiver Zusammenhang zwischen Mitbestimmung und dem Anteil der Praktikanten im Betrieb besteht, am stärksten ausgeprägt ist dieser Zusammenhang für die Existenz eines Betriebsrates ohne gleichzeitige Tarifvertragsbindung. Aufgrund nicht signifikanter Zusammenhänge können die Hypothesen 1a und 1b für den Anteil der Praktikanten nicht bestätigt werden.

Anteil der geringfügig Beschäftigten

Die Ergebnisse der deskriptiven Statistik verweisen auf einen positiven Zusammenhang zwischen *Mitbestimmungsfall a)* (weder Betriebsrat noch Tarifvertragsbindung) und dem Anteil der geringfügig Beschäftigten im Betrieb. Das einfache Modell zeigt einen deutlich signifikanten und negativen Zusammenhang für die Existenz eines Betriebsrates bzw. einer Tarifvertragsbindung zum Anteil der geringfügig Beschäftigten und bestätigt somit die Ergebnisse der deskriptiven Statistik. Alle Modelle weisen darauf hin, dass sowohl Betriebsrat als auch Tarifvertrag in einem negativen Zusammenhang zum Anteil der geringfügig Beschäftigten stehen. Am stärksten ausgeprägt ist dieser negative Zusammenhang für den Fall, dass ein Betriebsrat bei gleichzeitiger Tarifvertragsbindung besteht. Der gefundene negative Zusammenhang zwischen betrieblicher und überbetrieblicher Mitbestimmung ist zudem von einer hohen Signifikanz geprägt. Analog dazu ist der Zusammenhang zwischen dem *Fall a)* und dem Anteil der geringfügig Beschäftigten in allen Modellen positiv und signifikant. Die

Hypothesen 1a und 1b können somit für den Anteil der geringfügig Beschäftigten angenommen werden.

Kontrollvariablen

Die Ergebnisse der Kontrollvariablen zur Belegschaftsstrukturzeigen ein heterogenes Bild bzgl. des Zusammenhangs der Nutzungsintensitäten der Randbelegschaft. Teilweise zeigt sich ein positiver Zusammenhang, teilweise ein komplementärer Zusammenhang zwischen den Nutzungsintensitäten der flexiblen Beschäftigungsformen. Den Ergebnissen der Tobit-Schätzung zum Anteil der befristeten Beschäftigung zufolge, geht ein hoher Anteil an Teilzeitbeschäftigten mit einem hohen Anteil an befristeter Beschäftigung einher. Der Akademikeranteil steht in einem negativen Zusammenhang mit dem Anteil der befristeten Beschäftigung, wenn dieser auch nicht signifikant ist. Dieser positive Zusammenhang kann dadurch erklärt werden, dass Akademiker auch Wissensträger für den Betrieb sind und ein Ausscheiden würde hier zu einem Wissensverlust führen. Ein signifikant positiver Zusammenhang besteht zwischen dem Anteil an einfachen Tätigkeiten und dem Anteil der befristeten Beschäftigung. Auch dies ist nicht überraschend, da für einfache Tätigkeiten Beschäftigungsverhältnisse nicht zwingend langfristig angelegt sein müssen, da ein relativ kurzfristiges Anlernen für diese einfachen Tätigkeiten möglich ist.

Der Frauenanteil steht in einem signifikant negativen Zusammenhang zu der Nutzungsintensität der Leiharbeit. Der Akademikeranteil steht in einem signifikant positiven Zusammenhang mit dem Anteil der freien Mitarbeiter und dem Praktikantenanteil. Der Anteil an geringfügiger Beschäftigung wird durch den Anteil einfacher Tätigkeit signifikant positiv beeinflusst.

Zwischen zeitlichem Flexibilisierungspotenzial (Arbeitszeitkonten) und den Nutzungsintensität aller flexiblen Beschäftigungsformen (ausgenommen geringfüge Beschäftigung) besteht ein signifikant positiver Zusammenhang. Fand im 1.Halbjahr 2009 Kurzarbeit statt, so steht dies in einem negativen Zusammenhang mit sämtlichen Anteilen der Beschäftigungsformen der Randbelegschaft. Da Kurzarbeit als Indikator für eine schlechte wirtschaftliche Situation des Betriebes betrachtet werden kann, verdeutlicht dies die bereits beschriebene Funktion der Randbelegschaft als Beschäftigungspuffer. Besteht eine Erfolgs- bzw. Gewinnbeteiligung im Betrieb, so steht dies in einem signifikant positiven Zusammenhang mit dem Anteil der freien Mitarbeiter. Dies ist durchaus einleuchtend, da eine erfolgsabhängige Entlohnung vorwiegend bei höher qualifizierten Tätigkeiten sinnvoll ist.

Anteil befristet Beschäftigter			
	Modell 1	**Modell 2**	**Modell 3**
Industrielle Beziehungen			
Betriebsrat			
Tarifvertrag			
a) kein Tarifvertrag * kein Betriebsrat	-0,0007 (0,0094)	*Referenzkategorie*	-0,0193 (0,0091) **
c) Tarifvertrag * kein Betriebsrat	0,0186 (0,0102) *	0,0193 (0,0091) **	*Referenzkategorie*
d) Betriebsrat * kein Tarifvertrag	0,0001 (0,0095)	0,0008 (0,0110)	-0,0185 (0,0120)
b) Tarifvertrag * Betriebsrat	*Referenzkategorie*	0,0007 (0,0094)	-0,0186 (0,0102) *
Belegschaftsstruktur			
Anteil Leiharbeiter	0,0328 (0,0082) ***	0,0328 (0,0082) ***	0,0328 (0,0082) ***
Anteil freie Mitarbeiter	0,0042 (0,0198)	0,0042 (0,0198)	0,0042 (0,0198)
Anteil Praktikanten	0,0665 (0,0710)	0,0665 (0,0710)	0,0665 (0,0710)
Anteil geringfügig Beschäftigter	-0,1748 (0,0311) ***	-0,1748 (0,0311) ***	-0,1748 (0,0311) ***
Anteil Teilzeitbeschäftigte	0,0667 (0,0229) ***	0,0667 (0,0229) ***	0,0667 (0,0229) ***
Frauenanteil	0,0204 (0,0164)	0,0204 (0,0164)	0,0204 (0,0164)
Anteil Akademiker	-0,0130 (0,0250)	-0,0130 (0,0250)	-0,0130 (0,0250)
Anteil an einfachen Tätigkeiten	0,1501 (0,0157) ***	0,1501 (0,0157) ***	0,1501 (0,0157) ***
Flexibilisierungsformen			
Arbeitszeitkonten	0,0210 (0,0073) ***	0,0210 (0,0073) ***	0,0210 (0,0073) ***
Kurzarbeit im 1.Hj.	-0,0293 (0,0089) ***	-0,0293 (0,0089) ***	-0,0293 (0,0089) ***
Kapitalbeteiligung	-0,0095 (0,0138)	-0,0095 (0,0138)	-0,0095 (0,0138)
Erfolgsbeteiligung	0,0124 (0,0075) *	0,0124 (0,0075) *	0,0124 (0,0075) *
Ausbildungsintensität	-0,1015 (0,0438) **	-0,1015 (0,0438) **	-0,1015 (0,0438) **
Weiterbildungsintensität	0,0125 (0,0109)	0,0125 (0,0109)	0,0125 (0,0109)
Sonstige betriebliche Merkmale			
Schließung von Betriebsteilen	0,0370 (0,0252)	0,0370 (0,0252)	0,0370 (0,0252)
Ausgliederung von Betriebsteilen	-0,0369 (0,0188) **	-0,0369 (0,0188) **	-0,0369 (0,0188) **
Ausgründung von Betriebsteilen	0,0225 (0,0280)	0,0225 (0,0280)	0,0225 (0,0280)
Eingliederung von Betriebsteilen	0,0051 (0,0140)	0,0051 (0,0140)	0,0051 (0,0140)
Beschäftigungs-/ Standortsicherungsvereinbarung	-0,0256 (0,0083) ***	-0,0256 (0,0083) ***	-0,0256 (0,0083) ***
Investitionen in EDV/Kommunikation	0,0029 (0,0068)	0,0029 (0,0068)	0,0029 (0,0068)
Investitionen in Produktionsanlagen	0,0177 (0,0073) **	0,0177 (0,0073) **	0,0177 (0,0073) **
Schlechte Ertragslage im letzten Jahr	-0,0105 (0,0084)	-0,0105 (0,0084)	-0,0105 (0,0084)
Negatives Geschäftsergebnis	0,0113 (0,0116)	0,0113 (0,0116)	0,0113 (0,0116)
Sinkende Entwicklung des Geschäftsvolumens	-0,0062 (0,0069)	-0,0062 (0,0069)	-0,0062 (0,0069)
Ostdeutsches Unternehmen	0,0274 (0,0068) ***	0,0274 (0,0068) ***	0,0274 (0,0068) ***
Betrieb in ausländischem Besitz	-0,0098 (0,0103)	-0,0098 (0,0103)	-0,0098 (0,0103)
Konstante	0,0595 (0,0315) *	0,0588 (0,0331) *	0,0781 (0,0329) **
Dummy-Variablen für die Betriebsgrößen	Ja	Ja	Ja
Dummy-Variablen für Branchen	Ja	Ja	Ja
Log pseudolikelihood	-1760,1861	-1760,1861	-1760,1861
F(50, 7854); F(49, 7855)	22,04	22,04	22,04
Prob > F	0,0000	0,0000	0,0000
Pseudo R-Quadrat	0,3265	0,3265	0,3265
Fallzahl (=Betriebe)	7904	7904	7904
Zensierte Fälle (= 0)	4892	4892	4892

Tabelle 20:   Tobit-Schätzungen der Anteile der befristet Beschäftigten;

Anteil befristet Beschäftigter		
	Modell 4	**Einfaches Modell**
Industrielle Beziehungen		
Betriebsrat		-0,0112 (0,0084)
Tarifvertrag		0,0136 (0,0072) *
a) kein Tarifvertrag * kein Betriebsrat	-0,0008 (0,0110)	
c) Tarifvertrag * kein Betriebsrat	0,0185 (0,0120)	
d) Betriebsrat * kein Tarifvertrag	*Referenzkategorie*	
b) Tarifvertrag * Betriebsrat	-0,0001 (0,0095)	
Belegschaftsstruktur		
Anteil Leiharbeiter	0,0328 (0,0082) ***	0,0332 (0,0082) ***
Anteil freie Mitarbeiter	0,0042 (0,0198)	0,0042 (0,0198)
Anteil Praktikanten	0,0665 (0,0710)	0,0672 (0,0710)
Anteil geringfügig Beschäftigter	-0,1748 (0,0311) ***	-0,1750 (0,0311) ***
Anteil Teilzeitbeschäftigte	0,0667 (0,0229) ***	0,0670 (0,0229) ***
Frauenanteil	0,0204 (0,0164)	0,0203 (0,0164)
Anteil Akademiker	-0,0130 (0,0250)	-0,0126 (0,0250)
Anteil an einfachen Tätigkeiten	0,1501 (0,0157) ***	0,1503 (0,0157) ***
Flexibilisierungsformen		
Arbeitszeitkonten	0,0210 (0,0073) ***	0,0211 (0,0073) ***
Kurzarbeit im l.Hj.	-0,0293 (0,0089) ***	-0,0291 (0,0089) ***
Kapitalbeteiligung	-0,0095 (0,0138)	-0,0100 (0,0138)
Erfolgsbeteiligung	0,0124 (0,0075) *	0,0122 (0,0075)
Ausbildungsintensität	-0,1015 (0,0438) **	-0,1000 (0,0438) **
Weiterbildungsintensität	0,0125 (0,0109)	0,0122 (0,0109)
Sonstige betriebliche Merkmale		
Schließung von Betriebsteilen	0,0370 (0,0252)	0,0367 (0,0252)
Ausgliederung von Betriebsteilen	-0,0369 (0,0188) **	-0,0377 (0,0189) **
Ausgründung von Betriebsteilen	0,0225 (0,0280)	0,0209 (0,0280)
Eingliederung von Betriebsteilen	0,0051 (0,0140)	0,0058 (0,0140)
Beschäftigungs-/ Standortsicherungsvereinbarung	-0,0256 (0,0083) ***	-0,0264 (0,0083) ***
Investitionen in EDV/Kommunikation	0,0029 (0,0068)	0,0030 (0,0068)
Investitionen in Produktionsanlagen	0,0177 (0,0073) **	0,0174 (0,0073) **
Schlechte Ertragslage im letzten Jahr	-0,0105 (0,0084)	-0,0104 (0,0084)
Negatives Geschäftsergebnis	0,0113 (0,0116)	0,0110 (0,0116)
Sinkende Entwicklung des Geschäftsvolumens	-0,0062 (0,0069)	-0,0060 (0,0069)
Ostdeutsches Unternehmen	0,0274 (0,0068) ***	0,0269 (0,0068) ***
Betrieb in ausländischem Besitz	-0,0098 (0,0103)	-0,0101 (0,0103)
Konstante	0,0596 (0,0329) *	0,0591 (0,0331) *
Dummy-Variablen für die Betriebsgrößen	Ja	Ja
Dummy-Variablen für Branchen	Ja	Ja
Log pseudolikelihood	-1760,1861	-1761,0739
F(50, 7854); F(49, 7855)	22,04	22,46
Prob > F	0,0000	0
Pseudo R-Quadrat	0,3265	0,3262
Fallzahl (=Betriebe)	7904	7904
Zensierte Fälle (= 0)	4892	4892

Quelle: Eigene Berechnungen mit dem IAB-Betriebspanel 2009.

Anteil Leiharbeitnehmer		
	Modell 1	**Modell 2**	**Modell 3**

	Modell 1	**Modell 2**	**Modell 3**
Industrielle Beziehungen			
Betriebsrat			
Tarifvertrag			
a) kein Tarifvertrag * kein Betriebsrat	-0,1183 (0,0614) *	*Referenzkategorie*	-0,0570 (0,0451)
c) Tarifvertrag * kein Betriebsrat	-0,0613 (0,0393)	0,0570 (0,0451)	*Referenzkategorie*
d) Betriebsrat * kein Tarifvertrag	-0,0137 (0,0318)	0,1047 (0,0558) *	0,0477 (0,0397)
b) Tarifvertrag * Betriebsrat	*Referenzkategorie*	0,1183 (0,0614) *	0,0613 (0,0393)
Belegschaftsstruktur			
Anteil befristet Beschäftigte	0,2334 (0,1265) *	0,2334 (0,1265) *	0,2334 (0,1265) *
Anteil freie Mitarbeiter	0,0706 (0,0330) **	0,0706 (0,0330) **	0,0706 (0,0330) **
Anteil Praktikanten	0,0721 (0,2116)	0,0721 (0,2116)	0,0721 (0,2116)
Anteil geringfügig Beschäftigter	-0,3265 (0,1183) ***	-0,3265 (0,1183) ***	-0,3265 (0,1183) ***
Anteil Teilzeitbeschäftigte	-0,1629 (0,1437)	-0,1629 (0,1437)	-0,1629 (0,1437)
Frauenanteil	-0,2201 (0,0656) ***	-0,2201 (0,0656) ***	-0,2201 (0,0656) ***
Anteil Akademiker	-0,0378 (0,0755)	-0,0378 (0,0755)	-0,0378 (0,0755)
Anteil an einfachen Tätigkeiten	0,0490 (0,0508)	0,0490 (0,0508)	0,0490 (0,0508)
Flexibilisierungsformen			
Arbeitszeitkonten	0,0863 (0,0246) ***	0,0863 (0,0246) ***	0,0863 (0,0246) ***
Kurzarbeit in l.Hj.	-0,1780 (0,0349) ***	-0,1780 (0,0349) ***	-0,1780 (0,0349) ***
Kapitalbeteiligung	0,0079 (0,0407)	0,0079 (0,0407)	0,0079 (0,0407)
Erfolgsbeteiligung	0,0116 (0,0225)	0,0116 (0,0225)	0,0116 (0,0225)
Ausbildungsintensität	-0,4650 (0,2326) **	-0,4650 (0,2326) **	-0,4650 (0,2326) **
Weiterbildungsintensität	0,0337 (0,0327)	0,0337 (0,0327)	0,0337 (0,0327)
Sonstige betriebliche Merkmale			
Schließung von Betriebsteilen	0,0064 (0,0670)	0,0064 (0,0670)	0,0064 (0,0670)
Ausgliederung von Betriebsteilen	-0,0714 (0,0628)	-0,0714 (0,0628)	-0,0714 (0,0628)
Ausgründung von Betriebsteilen	0,0440 (0,1114)	0,0440 (0,1114)	0,0440 (0,1114)
Eingliederung von Betriebsteilen	0,1184 (0,0689) *	0,1184 (0,0689) *	0,1184 (0,0689) *
Beschäftigungs-/ Standortsicherungsvereinbarung	0,0422 (0,0296)	0,0422 (0,0296)	0,0422 (0,0296)
Investitionen in EDV/Kommunikation	0,0130 (0,0222)	0,0130 (0,0222)	0,0130 (0,0222)
Investitionen in Produktionsanlagen	0,0521 (0,0278) *	0,0521 (0,0278) *	0,0521 (0,0278) *
Schlechte Ertragslage im letzten Jahr	-0,0789 (0,0400) **	-0,0789 (0,0400) **	-0,0789 (0,0400) **
Negatives Geschäftsergebnis	-0,0115 (0,0357)	-0,0115 (0,0357)	-0,0115 (0,0357)
Sinkende Entwicklung des Geschäftsvolumens	-0,0625 (0,0344) *	-0,0625 (0,0344) *	-0,0625 (0,0344) *
Ostdeutsches Unternehmen	-0,0005 (0,0245)	-0,0005 (0,0245)	-0,0005 (0,0245)
Betrieb in ausländischem Besitz	0,0958 (0,0415) **	0,0958 (0,0415) **	0,0958 (0,0415) **
Konstante	-0,4434 (0,1812) **	-0,5617 (0,2287) **	-0,5047 (0,1997) **
Dummy-Variablen für die Betriebsgrößen	Ja	Ja	Ja
Dummy-Variablen für Branchen	Ja	Ja	Ja
Log pseudolikelihood	-2152,9083	-2152,9083	-2152,9083
F(50, 7854); F(49, 7855)	1,52	1,52	1,52
Prob > F	0,1100	0,1100	0,1100
Pseudo R-Quadrat	0,1986	0,1986	0,1986
Fallzahl (=Betriebe)	7904	7904	7904
Zensierte Fälle (= 0)	6822	6822	6822

Tabelle 21:   Tobit-Schätzungen der Anteile der Leiharbeitnehmer;

Anteil Leiharbeitnehmer		
	Modell 4	**Einfaches Modell**
Industrielle Beziehungen		
Betriebsrat		0,0798 (0,0405) **
Tarifvertrag		0,0400 (0,0329)
a) kein Tarifvertrag * kein Betriebsrat	-0,1047 (0,0558) *	
c) Tarifvertrag * kein Betriebsrat	-0,0477 (0,0397)	
d) Betriebsrat * kein Tarifvertrag	*Referenzkategorie*	
b) Tarifvertrag * Betriebsrat	0,0137 (0,0318)	
Belegschaftsstruktur		
Anteil befristet Beschäftigte	0,2334 (0,1265) *	0,2347 (0,1272) *
Anteil freie Mitarbeiter	0,0706 (0,0330) **	0,0705 (0,0330) **
Anteil Praktikanten	0,0721 (0,2116)	0,0741 (0,2119)
Anteil geringfügig Beschäftigter	-0,3265 (0,1183) ***	-0,3263 (0,1183) ***
Anteil Teilzeitbeschäftigte	-0,1629 (0,1437)	-0,1616 (0,1432)
Frauenanteil	-0,2201 (0,0656) ***	-0,2206 (0,0655) ***
Anteil Akademiker	-0,0378 (0,0755)	-0,0400 (0,0761)
Anteil an einfachen Tätigkeiten	0,0490 (0,0508)	0,0496 (0,0506)
Flexibilisierungsformen		
Arbeitszeitkonten	0,0863 (0,0246) ***	0,0868 (0,0247) ***
Kurzarbeit im 1.Hj.	-0,1780 (0,0349) ***	-0,1778 (0,0348) ***
Kapitalbeteiligung	0,0079 (0,0407)	0,0077 (0,0408)
Erfolgsbeteiligung	0,0116 (0,0225)	0,0105 (0,0223)
Ausbildungsintensität	-0,4650 (0,2326) **	-0,4616 (0,2315) **
Weiterbildungsintensität	0,0337 (0,0327)	0,0328 (0,0326)
Sonstige betriebliche Merkmale		
Schließung von Betriebsteilen	0,0064 (0,0670)	0,0053 (0,0670)
Ausgliederung von Betriebsteilen	-0,0714 (0,0628)	-0,0726 (0,0629)
Ausgründung von Betriebsteilen	0,0440 (0,1114)	0,0412 (0,1113)
Eingliederung von Betriebsteilen	0,1184 (0,0689) *	0,1198 (0,0691) *
Beschäftigungs-/ Standortsicherungsvereinbarung	0,0422 (0,0296)	0,0406 (0,0292)
Investitionen in EDV/Kommunikation	0,0130 (0,0222)	0,0132 (0,0223)
Investitionen in Produktionsanlagen	0,0521 (0,0278) *	0,0515 (0,0277) *
Schlechte Ertragslage im letzten Jahr	-0,0789 (0,0400) **	-0,0791 (0,0402) **
Negatives Geschäftsergebnis	-0,0115 (0,0357)	-0,0119 (0,0357)
Sinkende Entwicklung des Geschäftsvolumens	-0,0625 (0,0344) *	-0,0620 (0,0343) *
Ostdeutsches Unternehmen	-0,0005 (0,0245)	-0,0014 (0,0243)
Betrieb in ausländischem Besitz	0,0958 (0,0415) **	0,0955 (0,0413) **
Konstante	-0,4571 (0,1907) **	-0,5589 (0,2273) **
Dummy-Variablen für die Betriebsgrößen	Ja	Ja
Dummy-Variablen für Branchen	Ja	Ja
Log pseudolikelihood	-2152,9083	-2153,2884
F(50, 7854); F(49, 7855)	1,52	1,54
Prob > F	0,1100	0,0089
Pseudo R-Quadrat	0,1986	0,1985
Fallzahl (=Betriebe)	7904	7904
Zensierte Fälle (= 0)	6822	6822

Quelle: Eigene Berechnungen mit dem IAB-Betriebspanel 2009.

149

Anteil freie Mitarbeiter			
	Modell 1	Modell 2	Modell 3
Industrielle Beziehungen			
Betriebsrat			
Tarifvertrag			
a) kein Tarifvertrag * kein Betriebsrat	0,1820 (0,0666) ***	*Referenzkategorie*	0,2587 (0,0734) ***
c) Tarifvertrag * kein Betriebsrat	-0,0767 (0,0651)	-0,2587 (0,0734) ***	*Referenzkategorie*
d) Betriebsrat * kein Tarifvertrag	0,0381 (0,0727)	-0,1440 (0,0827) *	0,1148 (0,0838)
b) Tarifvertrag * Betriebsrat	*Referenzkategorie*	-0,1820 (0,0666) ***	0,0767 (0,0651)
Belegschaftsstruktur			
Anteil befristet Beschäftigte	0,1537 (0,1771)	0,1537 (0,1771)	0,1537 (0,1771)
Anteil Leiharbeiter	0,1001 (0,0671)	0,1001 (0,0671)	0,1001 (0,0671)
Anteil Praktikanten	0,8409 (0,3129) ***	0,8409 (0,3129) ***	0,8409 (0,3129) ***
Anteil geringfügig Beschäftigter	0,7200 (0,2475) ***	0,7200 (0,2475) ***	0,7200 (0,2475) ***
Anteil Teilzeitbeschäftigte	-0,4719 (0,1965) **	-0,4719 (0,1965) **	-0,4719 (0,1965) **
Frauenanteil	-0,0360 (0,1025)	-0,0360 (0,1025)	-0,0360 (0,1025)
Anteil Akademiker	0,7477 (0,2072) ***	0,7477 (0,2072) ***	0,7477 (0,2072) ***
Anteil an einfachen Tätigkeiten	-0,1868 (0,1020) *	-0,1868 (0,1020) *	-0,1868 (0,1020) *
Flexibilisierungsformen			
Arbeitszeitkonten	0,0855 (0,0422) **	0,0855 (0,0422) **	0,0855 (0,0422) **
Kurzarbeit im 1.Hj.	-0,0395 (0,0509)	-0,0395 (0,0509)	-0,0395 (0,0509)
Kapitalbeteiligung	0,0632 (0,0926)	0,0632 (0,0926)	0,0632 (0,0926)
Erfolgsbeteiligung	0,1271 (0,0502) **	0,1271 (0,0502) **	0,1271 (0,0502) **
Ausbildungsintensität	-0,5561 (0,2610) **	-0,5561 (0,2610) **	-0,5561 (0,2610) **
Weiterbildungsintensität	0,0052 (0,0688)	0,0052 (0,0688)	0,0052 (0,0688)
Sonstige betriebliche Merkmale			
Schließung von Betriebsteilen	-0,1173 (0,1707)	-0,1173 (0,1707)	-0,1173 (0,1707)
Ausgliederung von Betriebsteilen	0,1274 (0,1256)	0,1274 (0,1256)	0,1274 (0,1256)
Ausgründung von Betriebsteilen	0,0348 (0,2711)	0,0348 (0,2711)	0,0348 (0,2711)
Eingliederung von Betriebsteilen	0,0573 (0,1014)	0,0573 (0,1014)	0,0573 (0,1014)
Beschäftigungs-/ Standortsicherungsvereinbarung	0,1066 (0,0621) *	0,1066 (0,0621) *	0,1066 (0,0621) *
Investitionen in EDV/Kommunikation	0,2386 (0,0745) ***	0,2386 (0,0745) ***	0,2386 (0,0745) ***
Investitionen in Produktionsanlagen	0,0292 (0,0420)	0,0292 (0,0420)	0,0292 (0,0420)
Schlechte Ertragslage im letzten Jahr	-0,0064 (0,0513)	-0,0064 (0,0513)	-0,0064 (0,0513)
Negatives Geschäftsergebnis	0,1484 (0,0789) *	0,1484 (0,0789) *	0,1484 (0,0789) *
Sinkende Entwicklung des Geschäftsvolumens	-0,0488 (0,0427)	-0,0488 (0,0427)	-0,0488 (0,0427)
Ostdeutsches Unternehmen	-0,2178 (0,0649) ***	-0,2178 (0,0649) ***	-0,2178 (0,0649) ***
Betrieb in ausländischem Besitz	0,0998 (0,0648)	0,0998 (0,0648)	0,0998 (0,0648)
Konstante	-1,1417 (0,2772) ***	-0,9597 (0,2520) ***	-1,2184 (0,2951) ***
Dummy-Variablen für die Betriebsgrößen	Ja	Ja	Ja
Dummy-Variablen für Branchen	Ja	Ja	Ja
Log pseudolikelihood	-2127,1803	-2127,1803	-2127,1803
F(50, 7854); F(49, 7854)	1,13	1,13	1,13
Prob > F	0,2423	0,2423	0,2423
Pseudo R-Quadrat	0,1192	0,1192	0,1192
Fallzahl (=Betriebe)	7904	7904	7904
Zensierte Fälle (= 0)	7184	7184	7184

Tabelle 22:   Tobit-Schätzungen der Anteile der freien Mitarbeiter;

Anteil freie Mitarbeiter		
	Modell 4	Einfaches Modell
Industrielle Beziehungen		
Betriebsrat		-0,0199 (0,0519)
Tarifvertrag		-0,1884 (0,0546) ***
a) kein Tarifvertrag * kein Betriebsrat	0,1440 (0,0827) *	
c) Tarifvertrag * kein Betriebsrat	-0,1148 (0,0838)	
d) Betriebsrat * kein Tarifvertrag	*Referenzkategorie*	
b) Tarifvertrag * Betriebsrat	-0,0381 (0,0727)	
Belegschaftsstruktur		
Anteil befristet Beschäftigte	0,1537 (0,1771)	0,1443 (0,1770)
Anteil Leiharbeiter	0,1001 (0,0671)	0,0950 (0,0665)
Anteil Praktikanten	0,8409 (0,3129) ***	0,8282 (0,3116) ***
Anteil geringfügig Beschäftigter	0,7200 (0,2475) ***	0,7205 (0,2474) ***
Anteil Teilzeitbeschäftigte	-0,4719 (0,1965) **	-0,4748 (0,1969) **
Frauenanteil	-0,0360 (0,1025)	-0,0338 (0,1026)
Anteil Akademiker	0,7477 (0,2072) ***	0,7460 (0,2067) ***
Anteil an einfachen Tätigkeiten	-0,1868 (0,1020) *	-0,1901 (0,1027) *
Flexibilisierungsformen		
Arbeitszeitkonten	0,0855 (0,0422) **	0,0829 (0,0419) **
Kurzarbeit im 1.Hj.	-0,0395 (0,0509)	-0,0414 (0,0509)
Kapitalbeteiligung	0,0632 (0,0926)	0,0643 (0,0928)
Erfolgsbeteiligung	0,1271 (0,0502) **	0,1302 (0,0505) ***
Ausbildungsintensität	-0,5561 (0,2610) **	-0,5568 (0,2601) **
Weiterbildungsintensität	0,0052 (0,0688)	0,0101 (0,0685)
Sonstige betriebliche Merkmale		
Schließung von Betriebsteilen	-0,1173 (0,1707)	-0,1130 (0,1711)
Ausgliederung von Betriebsteilen	0,1274 (0,1256)	0,1306 (0,1267)
Ausgründung von Betriebsteilen	0,0348 (0,2711)	0,0561 (0,2723)
Eingliederung von Betriebsteilen	0,0573 (0,1014)	0,0480 (0,1018)
Beschäftigungs-/ Standortsicherungsvereinbarung	0,1066 (0,0621) *	0,1151 (0,0631) *
Investitionen in EDV/Kommunikation	0,2386 (0,0745) ***	0,2384 (0,0745) ***
Investitionen in Produktionsanlagen	0,0292 (0,0420)	0,0304 (0,0419)
Schlechte Ertragslage im letzten Jahr	-0,0064 (0,0513)	-0,0058 (0,0512)
Negatives Geschäftsergebnis	0,1484 (0,0789) *	0,1507 (0,0790) *
Sinkende Entwicklung des Geschäftsvolumens	-0,0488 (0,0427)	-0,0504 (0,0428)
Ostdeutsches Unternehmen	-0,2178 (0,0649) ***	-0,2138 (0,0642) ***
Betrieb in ausländischem Besitz	0,0998 (0,0648)	0,1025 (0,0652)
Konstante	-1,1036 (0,2823) ***	-0,9484 (0,2503) ***
Dummy-Variablen für die Betriebsgrößen	Ja	Ja
Dummy-Variablen für Branchen	Ja	Ja
Log pseudolikelihood	-2127,1803	-2129,9073
F(50, 7854); F(49, 7854)	1,13	1,16
Prob > F	0,2423	0,2135
Pseudo R-Quadrat	0,1192	0,1181
Fallzahl (=Betriebe)	7904	7904
Zensierte Fälle (= 0)	7184	7184

Quelle: Eigene Berechnungen mit dem IAB-Betriebspanel 2009.

Anteil Praktikanten			
	Modell 1	Modell 2	Modell 3
Industrielle Beziehungen			
Betriebsrat			
Tarifvertrag			
a) kein Tarifvertrag * kein Betriebsrat	-0,0096 (0,0060)	*Referenzkategorie*	-0,0066 (0,0057)
c) Tarifvertrag * kein Betriebsrat	-0,0031 (0,0066)	0,0066 (0,0057)	*Referenzkategorie*
d) Betriebsrat * kein Tarifvertrag	0,0004 (0,0065)	0,0101 (0,0070)	0,0035 (0,0077)
b) Tarifvertrag * Betriebsrat	*Referenzkategorie*	0,0096 (0,0060)	0,0031 (0,0066)
Belegschaftsstruktur			
Anteil befristet Beschäftigte	0,0250 (0,0173)	0,0250 (0,0173)	0,0250 (0,0173)
Anteil Leiharbeiter	-0,0070 (0,0091)	-0,0070 (0,0091)	-0,0070 (0,0091)
Anteil freie Mitarbeiter	0,0004 (0,0081)	0,0004 (0,0081)	0,0004 (0,0081)
Anteil geringfügig Beschäftigter	0,0256 (0,0185)	0,0256 (0,0185)	0,0256 (0,0185)
Anteil Teilzeitbeschäftigte	-0,0048 (0,0138)	-0,0048 (0,0138)	-0,0048 (0,0138)
Frauenanteil	0,0091 (0,0108)	0,0091 (0,0108)	0,0091 (0,0108)
Anteil Akademiker	0,0838 (0,0153) ***	0,0838 (0,0153) ***	0,0838 (0,0153) ***
Anteil an einfachen Tätigkeiten	-0,0408 (0,0096) ***	-0,0408 (0,0096) ***	-0,0408 (0,0096) ***
Flexibilisierungsformen			
Arbeitszeitkonten	0,0119 (0,0048) **	0,0119 (0,0048) **	0,0119 (0,0048) **
Kurzarbeit im 1.Hj.	-0,0186 (0,0056) ***	-0,0186 (0,0056) ***	-0,0186 (0,0056) ***
Kapitalbeteiligung	-0,0067 (0,0095)	-0,0067 (0,0095)	-0,0067 (0,0095)
Erfolgsbeteiligung	0,0010 (0,0048)	0,0010 (0,0048)	0,0010 (0,0048)
Ausbildungsintensität	0,2233 (0,0322) ***	0,2233 (0,0322) ***	0,2233 (0,0322) ***
Weiterbildungsintensität	0,0319 (0,0073) ***	0,0319 (0,0073) ***	0,0319 (0,0073) ***
Sonstige betriebliche Merkmale			
Schließung von Betriebsteilen	0,0093 (0,0155)	0,0093 (0,0155)	0,0093 (0,0155)
Ausgliederung von Betriebsteilen	-0,0045 (0,0155)	-0,0045 (0,0155)	-0,0045 (0,0155)
Ausgründung von Betriebsteilen	-0,0061 (0,0248)	-0,0061 (0,0248)	-0,0061 (0,0248)
Eingliederung von Betriebsteilen	-0,0066 (0,0113)	-0,0066 (0,0113)	-0,0066 (0,0113)
Beschäftigungs-/ Standortsicherungsvereinbarung	0,0125 (0,0063) **	0,0125 (0,0063) **	0,0125 (0,0063) **
Investitionen in EDV/Kommunikation	0,0125 (0,0047) ***	0,0125 (0,0047) ***	0,0125 (0,0047) ***
Investitionen in Produktionsanlagen	0,0162 (0,0050) ***	0,0162 (0,0050) ***	0,0162 (0,0050) ***
Schlechte Ertragslage im letzten Jahr	-0,0159 (0,0054) ***	-0,0159 (0,0054) ***	-0,0159 (0,0054) ***
Negatives Geschäftsergebnis	0,0069 (0,0071)	0,0069 (0,0071)	0,0069 (0,0071)
Sinkende Entwicklung des Geschäftsvolumens	-0,0148 (0,0045) ***	-0,0148 (0,0045) ***	-0,0148 (0,0045) ***
Ostdeutsches Unternehmen	0,0030 (0,0044)	0,0030 (0,0044)	0,0030 (0,0044)
Betrieb in ausländischem Besitz	-0,0180 (0,0068) ***	-0,0180 (0,0068) ***	-0,0180 (0,0068) ***
Konstante	-0,0573 (0,0196) ***	-0,0669 (0,0203) ***	-0,0604 (0,0202) ***
Dummy-Variablen für die Betriebsgrößen	Ja	Ja	Ja
Dummy-Variablen für Branchen	Ja	Ja	Ja
Log pseudolikelihood	-1036,0832	-1036,0832	-1036,0832
F(50, 7854); F (49, 7855)	9,61	9,61	9,61
Prob > F	0,0000	0,0000	0,0000
Pseudo R-Quadrat	0,2073	0,2073	0,2073
Fallzahl (=Betriebe)	7904	7904	7904
Zensierte Fälle (= 0)	5870	5870	5870

Tabelle 23:   Tobit-Schätzungen der Anteile der Praktikanten;

Anteil Praktikanten		
	Modell 4	Einfaches Modell
Industrielle Beziehungen		
Betriebsrat		0,0057 (0,0054)
Tarifvertrag		0,0046 (0,0046)
a) kein Tarifvertrag * kein Betriebsrat	-0,0101 (0,0070)	
c) Tarifvertrag * kein Betriebsrat	-0,0035 (0,0077)	
d) Betriebsrat * kein Tarifvertrag	*Referenzkategorie*	
b) Tarifvertrag * Betriebsrat	-0,0004 (0,0065)	
Belegschaftsstruktur		
Anteil befristet Beschäftigte	0,0250 (0,0173)	0,0251 (0,0173)
Anteil Leiharbeiter	-0,0070 (0,0091)	-0,0069 (0,0091)
Anteil freie Mitarbeiter	0,0004 (0,0081)	0,0003 (0,0081)
Anteil geringfügig Beschäftigter	0,0256 (0,0185)	0,0257 (0,0185)
Anteil Teilzeitbeschäftigte	-0,0048 (0,0138)	-0,0047 (0,0138)
Frauenanteil	0,0091 (0,0108)	0,0090 (0,0107)
Anteil Akademiker	0,0838 (0,0153) ***	0,0840 (0,0153) ***
Anteil an einfachen Tätigkeiten	-0,0408 (0,0096) ***	-0,0408 (0,0096) ***
Flexibilisierungsformen		
Arbeitszeitkonten	0,0119 (0,0048) **	0,0119 (0,0048) **
Kurzarbeit im 1.Hj.	-0,0186 (0,0056) ***	-0,0185 (0,0056) ***
Kapitalbeteiligung	-0,0067 (0,0095)	-0,0069 (0,0095)
Erfolgsbeteiligung	0,0010 (0,0048)	0,0009 (0,0048)
Ausbildungsintensität	0,2233 (0,0322) ***	0,2240 (0,0322) ***
Weiterbildungsintensität	0,0319 (0,0073) ***	0,0319 (0,0073) ***
Sonstige betriebliche Merkmale		
Schließung von Betriebsteilen	0,0093 (0,0155)	0,0092 (0,0155)
Ausgliederung von Betriebsteilen	-0,0045 (0,0155)	-0,0048 (0,0155)
Ausgründung von Betriebsteilen	-0,0061 (0,0248)	-0,0069 (0,0248)
Eingliederung von Betriebsteilen	-0,0066 (0,0113)	-0,0063 (0,0113)
Beschäftigungs-/ Standortsicherungsvereinbarung	0,0125 (0,0063) **	0,0123 (0,0063) **
Investitionen in EDV/Kommunikation	0,0125 (0,0047) ***	0,0126 (0,0047) ***
Investitionen in Produktionsanlagen	0,0162 (0,0050) ***	0,0162 (0,0050) ***
Schlechte Ertragslage im letzten Jahr	-0,0159 (0,0054) ***	-0,0159 (0,0054) ***
Negatives Geschäftsergebnis	0,0069 (0,0071)	0,0068 (0,0071)
Sinkende Entwicklung des Geschäftsvolumens	-0,0148 (0,0045) ***	-0,0147 (0,0045) ***
Ostdeutsches Unternehmen	0,0030 (0,0044)	0,0028 (0,0044)
Betrieb in ausländischem Besitz	-0,0180 (0,0068) ***	-0,0181 (0,0068) ***
Konstante	-0,0569 (0,0204) ***	-0,0669 (0,0203) ***
Dummy-Variablen für die Betriebsgrößen	Ja	Ja
Dummy-Variablen für Branchen	Ja	Ja
Log pseudolikelihood	-1036,0832	-1036,3318
F(50, 7854); F (49, 7855)	9,61	9,8
Prob > F	0,0000	0
Pseudo R-Quadrat	0,2073	0,2071
Fallzahl (=Betriebe)	7904	7904
Zensierte Fälle (= 0)	5870	5870

Quelle: Eigene Berechnungen mit dem IAB-Betriebspanel 2009.

Anteil geringfügig Beschäftigte			
	Modell 1	Modell 2	Modell 3
Industrielle Beziehungen			
Betriebsrat			
Tarifvertrag			
a) kein Tarifvertrag * kein Betriebsrat	0,0855 (0,0073) ***	*Referenzkategorie*	0,0184 (0,0055) ***
c) Tarifvertrag * kein Betriebsrat	0,0670 (0,0077) ***	-0,0184 (0,0055) ***	*Referenzkategorie*
d) Betriebsrat * kein Tarifvertrag	0,0288 (0,0092) ***	-0,0567 (0,0092) ***	-0,0383 (0,0097) ***
b) Tarifvertrag * Betriebsrat	*Referenzkategorie*	-0,0855 (0,0073) ***	-0,0670 (0,0077) ***
Belegschaftsstruktur			
Anteil befristet Beschäftigte	-0,1099 (0,0223) ***	-0,1099 (0,0223) ***	-0,1099 (0,0223) ***
Anteil Leiharbeiter	-0,0016 (0,0206)	-0,0016 (0,0206)	-0,0016 (0,0206)
Anteil freie Mitarbeiter	0,0187 (0,0044) ***	0,0187 (0,0044) ***	0,0187 (0,0044) ***
Anteil Praktikanten	0,0687 (0,0416) *	0,0687 (0,0416) *	0,0687 (0,0416) *
Anteil Teilzeitbeschäftigte	0,4648 (0,0162) ***	0,4648 (0,0162) ***	0,4648 (0,0162) ***
Frauenanteil	-0,0038 (0,0114)	-0,0038 (0,0114)	-0,0038 (0,0114)
Anteil Akademiker	-0,0327 (0,0173) *	-0,0327 (0,0173) *	-0,0327 (0,0173) *
Anteil an einfachen Tätigkeiten	0,1481 (0,0111) ***	0,1481 (0,0111) ***	0,1481 (0,0111) ***
Flexibilisierungsformen			
Arbeitszeitkonten	-0,0215 (0,0047) ***	-0,0215 (0,0047) ***	-0,0215 (0,0047) ***
Kurzarbeit im 1.Hj.	-0,0189 (0,0058) ***	-0,0189 (0,0058) ***	-0,0189 (0,0058) ***
Kapitalbeteiligung	-0,0066 (0,0128)	-0,0066 (0,0128)	-0,0066 (0,0128)
Erfolgsbeteiligung	-0,0057 (0,0056)	-0,0057 (0,0056)	-0,0057 (0,0056)
Ausbildungsintensität	-0,0859 (0,0276) ***	-0,0859 (0,0276) ***	-0,0859 (0,0276) ***
Weiterbildungsintensität	-0,0711 (0,0083) ***	-0,0711 (0,0083) ***	-0,0711 (0,0083) ***
Sonstige betriebliche Merkmale			
Schließung von Betriebsteilen	-0,0177 (0,0187)	-0,0177 (0,0187)	-0,0177 (0,0187)
Ausgliederung von Betriebsteilen	-0,0269 (0,0189)	-0,0269 (0,0189)	-0,0269 (0,0189)
Ausgründung von Betriebsteilen	0,0284 (0,0253)	0,0284 (0,0253)	0,0284 (0,0253)
Eingliederung von Betriebsteilen	0,0199 (0,0140)	0,0199 (0,0140)	0,0199 (0,0140)
Beschäftigungs-/ Standortsicherungsvereinbarung	-0,0192 (0,0081) **	-0,0192 (0,0081) **	-0,0192 (0,0081) **
Investitionen in EDV/Kommunikation	0,0113 (0,0049) **	0,0113 (0,0049) **	0,0113 (0,0049) **
Investitionen in Produktionsanlagen	0,0076 (0,0050)	0,0076 (0,0050)	0,0076 (0,0050)
Schlechte Ertragslage im letzten Jahr	-0,0041 (0,0059)	-0,0041 (0,0059)	-0,0041 (0,0059)
Negatives Geschäftsergebnis	-0,0004 (0,0081)	-0,0004 (0,0081)	-0,0004 (0,0081)
Sinkende Entwicklung des Geschäftsvolumens	-0,0050 (0,0047)	-0,0050 (0,0047)	-0,0050 (0,0047)
Ostdeutsches Unternehmen	-0,0823 (0,0051) ***	-0,0823 (0,0051) ***	-0,0823 (0,0051) ***
Betrieb in ausländischem Besitz	-0,0242 (0,0086) ***	-0,0242 (0,0086) ***	-0,0242 (0,0086) ***
Konstante	0,0065 (0,0283)	0,0919 (0,0288) ***	0,0735 (0,0286) ***
Dummy-Variablen für die Betriebsgrößen	Ja	Ja	Ja
Dummy-Variablen für Branchen	Ja	Ja	Ja
Log pseudolikelihood	-258,45895	-258,45895	-258,45895
F(50, 7854); F (49, 7855)	86,74	86,74	86,74
Prob > F	0,0000	0,0000	0,0000
Pseudo R-Quadrat	0,8992	0,8992	0,8992
Fallzahl (=Betriebe)	7904	7904	7904
Zensierte Fälle (= 0)	3078	3078	3078

Tabelle 24: Tobit-Schätzungen der Anteile der geringfügig Beschäftigten;

154

Anteil geringfügig Beschäftigte		
	Modell 4	Einfaches Modell
Industrielle Beziehungen		
Betriebsrat		-0,0633 (0,0065) ***
Tarifvertrag		-0,0207 (0,0048) ***
a) kein Tarifvertrag * kein Betriebsrat	0,0567 (0,0092) ***	
c) Tarifvertrag * kein Betriebsrat	0,0383 (0,0097) ***	
d) Betriebsrat * kein Tarifvertrag	*Referenzkategorie*	
b) Tarifvertrag * Betriebsrat	-0,0288 (0,0092) ***	
Belegschaftsstruktur		
Anteil befristet Beschäftigte	-0,1099 (0,0223) ***	-0,1095 (0,0222) ***
Anteil Leiharbeiter	-0,0016 (0,0206)	-0,0014 (0,0205)
Anteil freie Mitarbeiter	0,0187 (0,0044) ***	0,0187 (0,0044) ***
Anteil Praktikanten	0,0687 (0,0416) *	0,0691 (0,0416) *
Anteil Teilzeitbeschäftigte	0,4648 (0,0162) ***	0,4648 (0,0162) ***
Frauenanteil	-0,0038 (0,0114)	-0,0039 (0,0114)
Anteil Akademiker	-0,0327 (0,0173) *	-0,0323 (0,0173) *
Anteil an einfachen Tätigkeiten	0,1481 (0,0111) ***	0,1481 (0,0111) ***
Flexibilisierungsformen		
Arbeitszeitkonten	-0,0215 (0,0047) ***	-0,0215 (0,0047) ***
Kurzarbeit im 1.Hj.	-0,0189 (0,0058) ***	-0,0188 (0,0058) ***
Kapitalbeteiligung	-0,0066 (0,0128)	-0,0069 (0,0128)
Erfolgsbeteiligung	-0,0057 (0,0056)	-0,0057 (0,0056)
Ausbildungsintensität	-0,0859 (0,0276) ***	-0,0851 (0,0276) ***
Weiterbildungsintensität	-0,0711 (0,0083) ***	-0,0712 (0,0083) ***
Sonstige betriebliche Merkmale		
Schließung von Betriebsteilen	-0,0177 (0,0187)	-0,0179 (0,0187)
Ausgliederung von Betriebsteilen	-0,0269 (0,0189)	-0,0273 (0,0189)
Ausgründung von Betriebsteilen	0,0284 (0,0253)	0,0276 (0,0253)
Eingliederung von Betriebsteilen	0,0199 (0,0140)	0,0203 (0,0140)
Beschäftigungs-/ Standortsicherungsvereinbarung	-0,0192 (0,0081) **	-0,0196 (0,0080) **
Investitionen in EDV/Kommunikation	0,0113 (0,0049) **	0,0113 (0,0049) **
Investitionen in Produktionsanlagen	0,0076 (0,0050)	0,0076 (0,0050)
Schlechte Ertragslage im letzten Jahr	-0,0041 (0,0059)	-0,0041 (0,0059)
Negatives Geschäftsergebnis	-0,0004 (0,0081)	-0,0005 (0,0081)
Sinkende Entwicklung des Geschäftsvolumens	-0,0050 (0,0047)	-0,0050 (0,0047)
Ostdeutsches Unternehmen	-0,0823 (0,0051) ***	-0,0826 (0,0051) ***
Betrieb in ausländischem Besitz	-0,0242 (0,0086) ***	-0,0243 (0,0086) ***
Konstante	0,0353 (0,0296)	0,0916 (0,0288) ***
Dummy-Variablen für die Betriebsgrößen	Ja	Ja
Dummy-Variablen für Branchen	Ja	Ja
Log pseudolikelihood	-258,45895	-258,89142
F(50, 7854); F (49, 7855)	86,74	88,49
Prob > F	0,0000	0,0000
Pseudo R-Quadrat	0,8992	0,889
Fallzahl (=Betriebe)	7904	7904
Zensierte Fälle (= 0)	3078	3078

Quelle: Eigene Berechnungen mit dem mit dem IAB-Betriebspanel 2009.

Im Folgenden soll noch kurz auf die sonstigen betrieblichen Merkmale eingegangen werden. Wird eine sinkende Geschäftsentwicklung antizipiert, so steht dies, wie vermutet, in einem negativen Zusammenhang mit der Nutzungsintensität der flexiblen Beschäftigungsformen. Dies gilt auch für eine schlechte Ertragslage im letzten Jahr. Beide Ergebnisse betonen die Funktion einer Randbelegschaft als Beschäftigungspuffer. Eine Vereinbarung zur Beschäftigungs- oder Standortsicherung steht in einem signifikant negativen Zusammenhang mit dem Anteil der befristeten Beschäftigung und dem Anteil der geringfügigen Beschäftigung im Betrieb. Dies ist möglicherweise der Tatsache geschuldet, dass Betriebe, die solch einer Vereinbarung unterworfen sind, keine betriebsbedingten Kündigungen aussprechen können und deshalb ihre Randbelegschaft bereits verringert haben, um ihre personellen Kapazitäten an die veränderte wirtschaftliche Situation anzupassen.

Gütekriterien

Die Nullhypothese („Alle Koeffizienten des Modells gleich Null") kann für alle Modelle – ausgenommen das Modell zur Schätzung des Anteils der freien Mitarbeiter – abgelehnt werden. Die signifikanten Zusammenhänge der Modelle wurden bereits dargestellt.

Zusammenfassung der Ergebnisse zur relativen Größe des internen Arbeitsmarktes

Insgesamt zeigen die Ergebnisse keinen eindeutigen Zusammenhang zwischen der Existenz betrieblicher und überbetrieblicher Mitbestimmung und der Nutzungsintensität der Beschäftigungsformen der Randbelegschaft. Die vor dem Hintergrund der Property Rights Theorie abgeleitete Hypothese 1a, wonach das Nicht-Vorhandensein von Mitbestimmung (Betriebsrat und Tarifvertrag) in einem positiven Zusammenhang mit der Randbelegschaftsgröße und damit in einem negativen Zusammenhang zur relativen Größe des internen Arbeitsmarktes steht, kann eindeutig nur für die Beschäftigungsformen der freien Mitarbeit und der geringfügigen Beschäftigung bestätigt werden. Die partizipationstheoretische Hypothese 1b, wonach die betriebliche und überbetriebliche Mitbestimmung in einem negativen Zusammenhang mit der Randbelegschaftsgröße und somit in einem positiven Zusammenhang zur relativen Größe des internen Arbeitsmarktes stehen, kann demnach eindeutig auch nur für diese beiden Beschäftigungsformen (freie Mitarbeit und geringfügige) Beschäftigung bestätigt werden.

6.2 Offenheit des internen Arbeitsmarktes

Im Folgenden sollen zunächst die Eintritte in den internen Arbeitsmarkt (relative Anzahl der Neueinstellungen, relative Anzahl der Umwandlung von befristet Beschäftigten in unbefristetes Arbeitsverhältnis, relative Anzahl der Neueinstellungen ehemaliger Leiharbeitskräfte) und dann die Ausritte aus dem internen Arbeitsmarkt (relative Gesamtanzahl der ausgeschiedenen Beschäftigten, relative Anzahl der Arbeitnehmerkündigungen und relative Anzahl der Arbeitgeberkündigungen) betrachtet werden.

6.2.1 Eintritte in den internen Arbeitsmarkt

Tabelle 25 zeigt die durchschnittlichen Eintrittsraten in den internen Arbeitsmarkt. Dabei ist zu beachten, dass die Eintrittsrate durch Einstellung ehemaliger Leiharbeitskräfte nur für das Jahr 2008 berechnet werden kann, da die entsprechende Frage im Fragebogen für 2009 nicht enthalten ist.

Variable	Beschreibung	Durchschnitts-wert (%)	Fallzahl (=Betriebe)
Neueinstellungsrate	Anzahl der Neueinstellungen im 1. Halbjahr 2009 / Gesamtzahl der Beschäftigten	5,51	8104
Eintrittsrate durch Umwandlung befristeter Arbeits-verhältnisse in un-befristete	Anzahl der Umwandlungen von befristeten in unbefristete Arbeitsverhältnisseim 1. Halbjahr 2009 / Gesamtzahl der Beschäftigten	0,66	8104
Klebeeffekt (2008)	Anzahl der Einstellungen ehemaliger Leiharbeitskräfte im 1. Halbjahr 2008 / Gesamtzahl der Beschäftigten	0,72	4519

Tabelle 25: *Durchschnittliche Eintrittsraten in den internen Arbeitsmarkt; Quelle: Eigene Berechnungen mit dem IAB-Betriebspanel 2008 und 2009.*

Im Schnitt weisen die Betriebe im 1. Halbjahr 2009 eine Neueinstellungsrate von 5.51% auf, die Umwandlung von befristeten in unbefristete Arbeitsverhältnisse liegt unter einem Prozent und fällt damit relativ gering aus. Dasselbe gilt auch für die Eintrittsrate durch die Einstellung ehemaliger Leiharbeiter („Klebeebeffekt").

Die nachfolgenden Tabellen26 und 27 zeigen die Eintrittsraten in den internen Arbeitsmarkt für die unterschiedlichen Ausprägungsformen bzw. Kombinationen der industriellen Beziehungen.

Ausprägungsform der industriellen Beziehungen (Anteil am Gesamtsample von 8104 Betrieben)	Neueinstellungsrate (%)	Eintrittsrate durch Umwandlung befristeter Arbeitsverhältnisse in unbefristete (%)
a) kein Tarifvertrag und kein Betriebsrat (46,87%)	5,44	0,59
c) Tarifvertrag ohne Betriebsrat (26,68%)	8,09	0,66
d) Betriebsrat ohne Tarifvertrag (6,55%)	3,62	0,83
b) Tarifvertrag und Betriebsrat (19,90%)	2,85	0,78

Tabelle 26:   Durchschnittliche Eintrittsraten in den internen Arbeitsmarkt für die Ausprägungsformen der industriellen Beziehungen; Quelle: Eigene Berechnungen mit dem IAB-Betriebspanel 2009.

Dabei zeigt sich bei der Neueinstellungsrate die stärkste Ausprägung für eine Tarifvertragsbindung ohne Betriebsrat gefolgt von *Fall a)*. Dies deutet auf einen positiven Zusammenhang zwischen Tarifvertragsbindung und der Neueinstellungsrate sowie auf einen negativen Zusammenhang zwischen Neueinstellungsrate und Betriebsrat hin. Die Eintrittsrate durch Umwandlung befristeter Arbeitsverhältnisse in unbefristete ist für den *Fall d)* am stärksten ausgeprägt. Die Eintrittsrate durch den sogenannten Klebeeffekt ist für Fall d) am stärksten und für Fall b) am schwächsten ausgeprägt. Im Folgenden werden zunächst die Ergebnisse der beiden Tobit-Schätzungen für 2009 (Tabelle 28 und 29) dargestellt. Dabei werden zunächst die Ergebnisse zum Einfluss der industriellen Beziehungen dargestellt. Danach wird kurz auf ausgewählte Zusammenhänge bei den Kontrollvariablen eingegangen. Im Anschluss erfolgt dies analog für die Untersuchung des Klebeeffektes im Jahr 2008 (Tabelle 30).

Ausprägungsform der industriellen Beziehungen (Anteil am Gesamtsample von 4519 Betrieben)	Eintrittsrate durch Einstellung ehemaliger Leiharbeitskräfte (%) („Klebeeffekt")
a) kein Tarifvertrag und kein Betriebsrat (40,72%)	0,78
c) Tarifvertrag ohne Betriebsrat (24,10%)	0,80
d) Betriebsrat ohne Tarifvertrag (9,09%)	0,87
b) Tarifvertrag und Betriebsrat (26,09%)	0,49

Tabelle 27:   *Durchschnittliche Eintrittsraten in den internen Arbeitsmarkt für die Ausprägungsformen der industriellen Beziehungen; Quelle: Eigene Berechnungen mit dem IAB-Betriebspanel 2008.*

Neueinstellungsrate

Das einfache Modell zeigt einen signifikant negativen Zusammenhang zwischen der Existenz eines Betriebsrates und der Neueinstellungsrate. Demnach scheint der Betriebsrat einen dämpfenden Einfluss auf die sogenannten „Ports of Entry" zu nehmen. Eine Tarifvertragsbindung steht hingegen in einem signifikant positiven Zusammenhang zur relativen Anzahl der Neueinstellungen. In allen Modellen zeigt sich, dass dieser negative Zusammenhang zwischen Betriebsrat und Neueinstellungsrate bei gleichzeitiger Tarifvertragsbindung am größten ist. Für die Neueinstellungsrate kann die Hypothese 2b somit bestätigt werden. Der positive Einfluss einer Tarifvertragsbindung ist dagegen am größten, wenn eine Tarifvertragsbindung ohne gleichzeitige Existenz eines Betriebsrates besteht. Dies zeigt sich am signifikant positiven Zusammenhang zwischen der Dummy-Variable für den *Mitbestimmungsfall c)* und der abhängigen Variable in allen Modellen. Hypothese 2a kann somit nicht bestätigt werden.

Eintrittsrate durch Übernahme befristet Beschäftigter

Im einfachen Modell zeigt sich ein positiver Zusammenhang zwischen Betriebsrat bzw. Tarifvertrag und der Eintrittsrate durch unbefristete Übernahme befristet Beschäftigter; diese positiven Zusammenhänge sind allerdings nicht von Signifikanz geprägt. Auch in den Modellen 1-4, welche die verschiedenen Kombinationen von betrieblicher und überbetrieblicher Mitbestimmung beachten, zeigen sich keine signifikanten Zusammenhänge. Die Hypothesen 2a und 2b können somit für die Eintrittsrate in den internen Arbeitsmarkt durch unbefristete Übernahme befristet Beschäftigter nicht bestätigt werden.

Kontrollvariablen

Zwischen der Nutzungsintensität von befristeter Beschäftigung und den beiden Eintrittsraten zeigt sich ein signifikant positiver Zusammenhang. Der Anteil an einfachen Tätigkeiten erhöht ebenfalls beide Eintrittsraten signifikant. Dies ist dadurch zu erklären, dass hier kürzere Einarbeitungszeiten von Nöten sind und deshalb einfacher neues Personal eingelernt werden kann.

Die Neueinstellungsrate und die Eintrittsrate durch unbefristete Übernahme befristet Beschäftigter stehen in einem positiven Zusammenhang. Dieser ist allerdings nur signifikant, wenn die Neueinstellungsrate als abhängige Variable in die Schätzung einfließt. Die Weiterbildungsintensität steht in einem positiven Zusammenhang zu beiden Eintrittsarten in den internen Arbeitsmarkt, die Ausbildungsintensität dagegen in einem signifikant negativen Zusammenhang. Insofern scheint die Ausbildungsintensität in einem komplementären Zusammenhang zu stehen und Azubis scheinen weitere Eintritte in den internen Arbeitsmarkt zu ersetzen.

Eine Eingliederung von Betriebsteilen steht in einer signifikant positiven Beziehung zu beiden Eintrittsraten. Eine schlechte Ertragslage im letzten Geschäftsjahr senkt signifikant beide Eintrittsraten. Besteht eine Vereinbarung zur Beschäftigungs- oder Standortsicherung, so steht dies in einem signifikant negativen Zusammenhang zu den Eintrittsraten. Solch eine Vereinbarung führt folglich dazu, dass der bestehende Personalbestand geschützt wird und weitere Eintritte gesenkt werden. Dies würde die Argumentation des Insider-Outsider-Modells stützen. Investitionen in EDV/ Kommunikation stehen in einem signifikant positiven Zusammenhang zu den Eintrittsraten in den internen Arbeitsmarkt, was möglicherweise durch den Bedarf an veränderten oder neuen Qualifikationen zu erklären ist.

Eintrittsrate durch Einstellung ehemaliger Leiharbeiter

Den Ergebnissen des einfachen Modells zufolge, steht der Betriebsrat in einem signifikant positiven Zusammenhang zur Eintrittsrate in den internen Arbeitsmarkt durch die Einstellung ehemaliger Leiharbeiter. Eine Tarifvertragsbindung steht hingegen in einem signifikant negativen Zusammenhang zu dieser Eintrittsrate.

Der positive Einfluss des Betriebsrates auf die abhängige Variable ist am größten, wenn der Betrieb nicht tarifgebunden ist. Dies zeigt sich am positiven Zusammenhang zwischen der Dummy-Variable für den *Mitbestimmungsfall d)* und der abhängigen Variable in allen Modellen. Der zweite Teil der Hypothese 2b kann somit partiell (nur für die betriebliche Ebene) bestätigt werden. Der negative Zusammenhang zwischen Tarifvertrag und der betrachteten Eintrittsrate ist am größten, wenn zwar eine Tarifvertragsbindung besteht, gleichzeitig aber kein Betriebsrat existiert. Für das Nicht-Vorhandensein von betrieblicher und überbetrieblicher Mitbestimmung zeigt sich nicht der erwartete negative Zusammenhang zur abhängigen Variable; Hypothese 2a kann somit für die Eintrittsrate durch Einstellung ehemaliger Leiharbeiter nicht bestätigt werden.

Kontrollvariablen

Wie zu erwarten, steht der Anteil der Leiharbeitnehmer in einem signifikant positiven Zusammenhang zur Einstellung ehemaliger Leiharbeitnehmer. Je stärker ein Betrieb Leiharbeit nutzt, desto höher auch die Wahrscheinlichkeit, dass es zu einer Einstellung von Leiharbeitnehmern kommt. Der Anteil an Akademikern steht in einem signifikant negativen Zusammenhang zur abhängigen Variable. Dieser signifikant negative Zusammenhang ist damit zu erklären, dass Leiharbeit vorwiegend im nicht-akademischen Bereich eingesetzt wird. Der Zusammenhang der abhängigen Variable zur Neueinstellungsrate ist positiv, da die Einstellung ehemaliger Leiharbeiter eine Teilgröße der Neueinstellungsrate darstellt. Befindet sich der Betrieb in ausländischem Eigentum, so erhöht dies signifikant die Einstellungsrate von ehemaligen Leiharbeitern.

Gütekriterien

Die Nullhypothese („Alle Koeffizienten des Modells gleich Null") kann für alle Modelle abgelehnt werden. Die signifikanten Zusammenhänge wurden bereits dargestellt.

Zusammenfassung der Ergebnisse zu den Eintritten in den internen Arbeitsmarkt

Insgesamt zeigen die Ergebnisse einen signifikant negativen Einfluss des Betriebsrates auf Eintritte in den internen Arbeitsmarkt durch Neueinstellungen, aber einen signifikant positiven Zusammenhang des Betriebsrates auf die Eintrittsrate durch Einstellung ehemaliger Leiharbeiter. Bei einer Tarifvertragsbindung zeigt sich der umgekehrte Zusammenhang. Demnach scheint der Betriebsrat einen abgegrenzten internen Arbeitsmarkt zu fördern, dies gilt aber nicht für die Übertritte von der Rand- in die Stammbelegschaft.

Betrachtet man die Modelle, welche verschiedene Ausprägungsformen der Mitbestimmung beachten, so zeigt sich ein signifikant positiver Zusammenhang zwischen einer Tarifvertragsbindung ohne Betriebsrat und der Neueinstellungsrate.

Bei gleichzeitiger Existenz von Betriebsrat und Tarifvertragsbindung zeigt sich wiederum ein signifikant negativer Zusammenhang zur Neueinstellungsrate. Die Hypothese 2b kann somit für die Neueinstellungsrate bestätigt werden. Was die Übertritte von der Rand- in die

Neueinstellungsquote			
	Modell 1	Modell 2	Modell 3
Industrielle Beziehungen			
Betriebsrat			
Tarifvertrag			
a) kein Tarifvertrag * kein Betriebsrat	0,0411 (0,0070) ***	*Referenzkategorie*	-0,0260 (0,0069) ***
c) Tarifvertrag * kein Betriebsrat	0,0670 (0,0079) ***	0,0260 (0,0069) ***	*Referenzkategorie*
d) Betriebsrat * kein Tarifvertrag	0,0261 (0,0076) ***	-0,0150 (0,0082) *	-0,0410 (0,0091) ***
b) Tarifvertrag * Betriebsrat	*Referenzkategorie*	-0,0411 (0,0070) ***	-0,0670 (0,0079) ***
Belegschaftsstruktur			
Anteil befristet Beschäftigter	0,4377 (0,0357) ***	0,4377 (0,0357) ***	0,4377 (0,0357) ***
Anteil Leiharbeiter	0,0131 (0,0232)	0,0131 (0,0232)	0,0131 (0,0232)
Anteil freie Mitarbeiter	0,0156 (0,0080) *	0,0156 (0,0080) *	0,0156 (0,0080) *
Anteil Praktikanten	0,0537 (0,0514)	0,0537 (0,0514)	0,0537 (0,0514)
Anteil Teilzeitbeschäftigte	-0,0356 (0,0168) **	-0,0356 (0,0168) **	-0,0356 (0,0168) **
Frauenanteil	-0,0508 (0,0133) ***	-0,0508 (0,0133) ***	-0,0508 (0,0133) ***
Anteil Akademiker	0,0011 (0,0187)	0,0011 (0,0187)	0,0011 (0,0187)
Anteil an einfachen Tätigkeiten	0,0536 (0,0122) ***	0,0536 (0,0122) ***	0,0536 (0,0122) ***
Anteil geringfügig Beschäftigter	0,0174 (0,0235)	0,0174 (0,0235)	0,0174 (0,0235)
Aufbau von Humankapital			
Neueinstellungsrate			
Unbefristete Übernahme befr. Besch.	0,3013 (0,0964) ***	0,3013 (0,0964) ***	0,3013 (0,0964) ***
Weiterbildungsintensität	0,0043 (0,0086)	0,0043 (0,0086)	0,0043 (0,0086)
Ausbildungsintensität	-0,1654 (0,0348) ***	-0,1654 (0,0348) ***	-0,1654 (0,0348) ***
Weitere betriebliche Merkmale			
Schließung von Betriebsteilen	0,0346 (0,0221)	0,0346 (0,0221)	0,0346 (0,0221)
Ausgliederung von Betriebsteilen	0,0215 (0,0217)	0,0215 (0,0217)	0,0215 (0,0217)
Ausgründung von Betriebsteilen	0,0143 (0,0271)	0,0143 (0,0271)	0,0143 (0,0271)
Eingliederung von Betriebsteilen	0,0700 (0,0138) ***	0,0700 (0,0138) ***	0,0700 (0,0138) ***
Schlechte Ertragslage im letzten Jahr	-0,0125 (0,0068) *	-0,0125 (0,0068) *	-0,0125 (0,0068) *
Negatives Geschäftsergebnis	-0,0016 (0,0096)	-0,0016 (0,0096)	-0,0016 (0,0096)
Sinkende Entwicklung des Geschäftsvolumens	-0,0303 (0,0055) ***	-0,0303 (0,0055) ***	-0,0303 (0,0055) ***
Beschäftigungs-/Standortsicherungsvereinb.	-0,0190 (0,0073) ***	-0,0190 (0,0073) ***	-0,0190 (0,0073) ***
Investitionen in EDV/Kommunikation	0,0224 (0,0058) ***	0,0224 (0,0058) ***	0,0224 (0,0058) ***
Investitionen in Produktionsanlagen	0,0075 (0,0058)	0,0075 (0,0058)	0,0075 (0,0058)
Ostdeutsches Unternehmen	0,0138 (0,0053) ***	0,0138 (0,0053) ***	0,0138 (0,0053) ***
Betrieb in ausländischem Besitz	0,0183 (0,0096) *	0,0183 (0,0096) *	0,0183 (0,0096) *
Konstante	-0,0687 (0,0253) ***	-0,0277 (0,0261)	-0,0017 (0,0259)
Dummy-Variablen für die Betriebsgrößen	Ja	Ja	Ja
Dummy-Variablen für Branchen	Ja	Ja	Ja
Log pseudolikelihood	-1428,61	-1428,61	-1428,61
F(48, 8056); F(47, 8057)	12,40	12,40	12,40
Prob > F	0,0000	0,0000	0,0000
Pseudo R-Quadrat	0,3475	0,3475	0,3475
Fallzahl (=Betriebe)	8104	8104	8104
Zensierte Fälle (= 0)	4359	4359	4359

Tabelle 28:   Tobit-Schätzungen der Eintrittsraten in den internen Arbeitsmarkt durch Neueinstellungen;

Neueinstellungsquote		
	Modell 4	Einfaches Modell
Industrielle Beziehungen		
Betriebsrat		-0,0479 (0,0064) ***
Tarifvertrag		0,0133 (0,0057) **
a) kein Tarifvertrag * kein Betriebsrat	0,0150 (0,0082) *	
c) Tarifvertrag * kein Betriebsrat	0,0410 (0,0091) ***	
d) Betriebsrat * kein Tarifvertrag	*Referenzkategorie*	
b) Tarifvertrag * Betriebsrat	-0,0261 (0,0076) ***	
Belegschaftsstruktur		
Anteil befristet Beschäftigter	0,4377 (0,0357) ***	0,4392 (0,0358) ***
Anteil Leiharbeiter	0,0131 (0,0232)	0,0141 (0,0234)
Anteil freie Mitarbeiter	0,0156 (0,0080) *	0,0153 (0,0080) *
Anteil Praktikanten	0,0537 (0,0514)	0,0555 (0,0514)
Anteil Teilzeitbeschäftigte	-0,0356 (0,0168) **	-0,0350 (0,0169) **
Frauenanteil	-0,0508 (0,0133) ***	-0,0513 (0,0133) ***
Anteil Akademiker	0,0011 (0,0187)	0,0024 (0,0188)
Anteil an einfachen Tätigkeiten	0,0536 (0,0122) ***	0,0543 (0,0122) ***
Anteil geringfügig Beschäftigter	0,0174 (0,0235)	0,0163 (0,0235)
Aufbau von Humankapital		
Neueinstellungsrate		
Unbefristete Übernahme befr. Besch.	0,3013 (0,0964) ***	0,3033 (0,0964) ***
Weiterbildungsintensität	0,0043 (0,0086)	0,0039 (0,0086)
Ausbildungsintensität	-0,1654 (0,0348) ***	-0,1611 (0,0349) ***
Weitere betriebliche Merkmale		
Schließung von Betriebsteilen	0,0346 (0,0221)	0,0340 (0,0221)
Ausgliederung von Betriebsteilen	0,0215 (0,0217)	0,0198 (0,0218)
Ausgründung von Betriebsteilen	0,0143 (0,0271)	0,0108 (0,0273)
Eingliederung von Betriebsteilen	0,0700 (0,0138) ***	0,0718 (0,0139) ***
Schlechte Ertragslage im letzten Jahr	-0,0125 (0,0068) *	-0,0126 (0,0068) *
Negatives Geschäftsergebnis	-0,0016 (0,0096)	-0,0019 (0,0096)
Sinkende Entwicklung des Geschäftsvolumens	-0,0303 (0,0055) ***	-0,0300 (0,0055) ***
Beschäftigungs-/Standortsicherungsvereinb.	-0,0190 (0,0073) ***	-0,0210 (0,0074) ***
Investitionen in EDV/Kommunikation	0,0224 (0,0058) ***	0,0224 (0,0058) ***
Investitionen in Produktionsanlagen	0,0075 (0,0058)	0,0072 (0,0058)
Ostdeutsches Unternehmen	0,0138 (0,0053) ***	0,0127 (0,0053) **
Betrieb in ausländischem Besitz	0,0183 (0,0096) *	0,0175 (0,0096) *
Konstante	-0,0426 (0,0263)	-0,0287 (0,0261)
Dummy-Variablen für die Betriebsgrößen	Ja	Ja
Dummy-Variablen für Branchen	Ja	Ja
Log pseudolikelihood	-1428,61	-1437,4552
F(48, 8056); F(47, 8057)	12,40	12,58
Prob > F	0,0000	0,0000
Pseudo R-Quadrat	0,3475	0,3434
Fallzahl (=Betriebe)	8104	8104
Zensierte Fälle (= 0)	4359	4359

Quelle: Eigene Berechnungen mit dem IAB-Betriebspanel 2009.

Eintrittsrate durch unbefristete Übernahme befristet Beschäftigter			
	Modell 1	**Modell 2**	**Modell 3**
Industrielle Beziehungen			
Betriebsrat			
Tarifvertrag			
a) kein Tarifvertrag * kein Betriebsrat	-0,0025 (0,0048)	*Referenzkategorie*	-0,0017 (0,0046)
c) Tarifvertrag * kein Betriebsrat	-0,0008 (0,0051)	0,0017 (0,0046)	*Referenzkategorie*
d) Betriebsrat * kein Tarifvertrag	0,0006 (0,0052)	0,0031 (0,0056)	0,0015 (0,0061)
b) Tarifvertrag * Betriebsrat	*Referenzkategorie*	0,0025 (0,0048)	0,0008 (0,0051)
Belegschaftsstruktur			
Anteil befristet Beschäftigter	0,1365 (0,0137) ***	0,1365 (0,0137) ***	0,1365 (0,0137) ***
Anteil Leiharbeiter	0,0079 (0,0057)	0,0079 (0,0057)	0,0079 (0,0057)
Anteil freie Mitarbeiter	-0,0258 (0,0142) *	-0,0258 (0,0142) *	-0,0258 (0,0142) *
Anteil Praktikanten	0,0919 (0,0398) **	0,0919 (0,0398) **	0,0919 (0,0398) **
Anteil Teilzeitbeschäftigte	-0,0165 (0,0107)	-0,0165 (0,0107)	-0,0165 (0,0107)
Frauenanteil	0,0157 (0,0092) *	0,0157 (0,0092) *	0,0157 (0,0092) *
Anteil Akademiker	-0,0218 (0,0142)	-0,0218 (0,0142)	-0,0218 (0,0142)
Anteil an einfachen Tätigkeiten	0,0128 (0,0078) *	0,0128 (0,0078) *	0,0128 (0,0078) *
Anteil geringfügig Beschäftigter	-0,0247 (0,0148) *	-0,0247 (0,0148) *	-0,0247 (0,0148) *
Aufbau von Humankapital			
Neueinstellungsrate	0,0223 (0,0147)	0,0223 (0,0147)	0,0223 (0,0147)
Weiterbildungsintensität	0,0270 (0,0060) ***	0,0270 (0,0060) ***	0,0270 (0,0060) ***
Ausbildungsintensität	-0,0941 (0,0266) ***	-0,0941 (0,0266) ***	-0,0941 (0,0266) ***
Weitere betriebliche Merkmale			
Schließung von Betriebsteilen	0,0047 (0,0097)	0,0047 (0,0097)	0,0047 (0,0097)
Ausgliederung von Betriebsteilen	0,0043 (0,0105)	0,0043 (0,0105)	0,0043 (0,0105)
Ausgründung von Betriebsteilen	-0,0391 (0,0195) **	-0,0391 (0,0195) **	-0,0391 (0,0195) **
Eingliederung von Betriebsteilen	0,0136 (0,0072) *	0,0136 (0,0072) *	0,0136 (0,0072) *
Schlechte Ertragslage im letzten Jahr	-0,0096 (0,0046) **	-0,0096 (0,0046) **	-0,0096 (0,0046) **
Negatives Geschäftsergebnis	0,0012 (0,0065)	0,0012 (0,0065)	0,0012 (0,0065)
Sinkende Entwicklung des Geschäftsvolumens	-0,0032 (0,0034)	-0,0032 (0,0034)	-0,0032 (0,0034)
Beschäftigungs-/Standortsicherungsvereinb.	-0,0075 (0,0048)	-0,0075 (0,0048)	-0,0075 (0,0048)
Investitionen in EDV/Kommunikation	0,0101 (0,0036) ***	0,0101 (0,0036) ***	0,0101 (0,0036) ***
Investitionen in Produktionsanlagen	0,0031 (0,0039)	0,0031 (0,0039)	0,0031 (0,0039)
Ostdeutsches Unternehmen	-0,0010 (0,0036)	-0,0010 (0,0036)	-0,0010 (0,0036)
Betrieb in ausländischem Besitz	-0,0055 (0,0063)	-0,0055 (0,0063)	-0,0055 (0,0063)
Konstante	-0,0186 (0,0176)	-0,0211 (0,0183)	-0,0195 (0,0180)
Dummy-Variablen für die Betriebsgrößen	Ja	Ja	Ja
Dummy-Variablen für Branchen	Ja	Ja	Ja
Log pseudolikelihood	-197,7955	-197,7955	-197,7955
F(48, 8056); F (47, 8057)	9,02	9,02	9,02
Prob > F	0,0000	0,0000	0,0000
Pseudo R-Quadrat	0,7686	0,7686	0,7686
Fallzahl (=Betriebe)	8104	8104	8104
Zensierte Fälle (= 0)	6770	6770	6770

Tabelle 29:   *Tobit-Schätzungen der Eintrittsraten in den internen Arbeitsmarkt durch unbefristete Übernahme befristet Beschäftigter;*

Eintrittsrate durch unbefristete Übernahme befristet Beschäftigter		
	Modell 4	**Einfaches Modell**
Industrielle Beziehungen		
Betriebsrat		0,0018 (0,0042)
Tarifvertrag		0,0008 (0,0036)
a) kein Tarifvertrag * kein Betriebsrat	-0,0031 (0,0056)	
c) Tarifvertrag * kein Betriebsrat	-0,0015 (0,0061)	
d) Betriebsrat * kein Tarifvertrag	*Referenzkategorie*	
b) Tarifvertrag * Betriebsrat	-0,0006 (0,0052)	
Belegschaftsstruktur		
Anteil befristet Beschäftigter	0,1365 (0,0137) ***	0,1364 (0,0137) ***
Anteil Leiharbeiter	0,0079 (0,0057)	0,0080 (0,0057)
Anteil freie Mitarbeiter	-0,0258 (0,0142) *	-0,0259 (0,0142) *
Anteil Praktikanten	0,0919 (0,0398) **	0,0920 (0,0398) **
Anteil Teilzeitbeschäftigte	-0,0165 (0,0107)	-0,0165 (0,0108)
Frauenanteil	0,0157 (0,0092) *	0,0157 (0,0092) *
Anteil Akademiker	-0,0218 (0,0142)	-0,0218 (0,0142)
Anteil an einfachen Tätigkeiten	0,0128 (0,0078) *	0,0128 (0,0078) *
Anteil geringfügig Beschäftigter	-0,0247 (0,0148) *	-0,0248 (0,0148) *
Aufbau von Humankapital		
Neueinstellungsrate	0,0223 (0,0147)	0,0226 (0,0146)
Weiterbildungsintensität	0,0270 (0,0060) ***	0,0270 (0,0060) ***
Ausbildungsintensität	-0,0941 (0,0266) ***	-0,0939 (0,0266) ***
Weitere betriebliche Merkmale		
Schließung von Betriebsteilen	0,0047 (0,0097)	0,0047 (0,0097)
Ausgliederung von Betriebsteilen	0,0043 (0,0105)	0,0042 (0,0105)
Ausgründung von Betriebsteilen	-0,0391 (0,0195) **	-0,0393 (0,0195) **
Eingliederung von Betriebsteilen	0,0136 (0,0072) *	0,0137 (0,0072) *
Schlechte Ertragslage im letzten Jahr	-0,0096 (0,0046) **	-0,0096 (0,0046) **
Negatives Geschäftsergebnis	0,0012 (0,0065)	0,0012 (0,0065)
Sinkende Entwicklung des Geschäftsvolumens	-0,0032 (0,0034)	-0,0032 (0,0034)
Beschäftigungs-/Standortsicherungsvereinb.	-0,0075 (0,0048)	-0,0076 (0,0048)
Investitionen in EDV/Kommunikation	0,0101 (0,0036) ***	0,0101 (0,0036) ***
Investitionen in Produktionsanlagen	0,0031 (0,0039)	0,0031 (0,0039)
Ostdeutsches Unternehmen	-0,0010 (0,0036)	-0,0010 (0,0036)
Betrieb in ausländischem Besitz	-0,0055 (0,0063)	-0,0055 (0,0063)
Konstante	-0,0180 (0,0184)	-0,0210 (0,0183)
Dummy-Variablen für die Betriebsgrößen	Ja	Ja
Dummy-Variablen für Branchen	Ja	Ja
Log pseudolikelihood	-197,7955	-197,85
F(48, 8056); F (47, 8057)	9,02	9,22
Prob > F	0,0000	0,000
Pseudo R-Quadrat	0,7686	0,7685
Fallzahl (=Betriebe)	8104	8104
Zensierte Fälle (= 0)	6770	6770

Quelle: Eigene Berechnungen mit dem IAB-Betriebspanel 2009.

Eintrittsrate durch Einstellung ehemaliger Leiharbeitnehmer			
	Modell 1	Modell 2	Modell 3
Industrielle Beziehungen			
Betriebsrat			
Tarifvertrag			
a) kein Tarifvertrag * kein Betriebsrat	-0,0085 (0,0092)	*Referenzkategorie*	0,0136 (0,0103)
c) Tarifvertrag * kein Betriebsrat	-0,0221 (0,0121) *	-0,0136 (0,0103)	*Referenzkategorie*
d) Betriebsrat * kein Tarifvertrag	0,0215 (0,0087) **	0,0300 (0,0118) **	0,0436 (0,0147) ***
b) Tarifvertrag * Betriebsrat	*Referenzkategorie*	0,0085 (0,0092)	0,0221 (0,0121) *
Belegschaftsstruktur			
Anteil befristet Beschäftigter	0,0951 (0,0367) ***	0,0951 (0,0367) ***	0,0951 (0,0367) ***
Anteil Leiharbeiter	0,1693 (0,0263) ***	0,1693 (0,0263) ***	0,1693 (0,0263) ***
Anteil freie Mitarbeiter	-0,0062 (0,0116)	-0,0062 (0,0116)	-0,0062 (0,0116)
Anteil Praktikanten	0,1128 (0,0774)	0,1128 (0,0774)	0,1128 (0,0774)
Anteil Teilzeitbeschäftigte	-0,0608 (0,0287) **	-0,0608 (0,0287) **	-0,0608 (0,0287) **
Frauenanteil	0,0035 (0,0193)	0,0035 (0,0193)	0,0035 (0,0193)
Anteil Akademiker	-0,0659 (0,0217) ***	-0,0659 (0,0217) ***	-0,0659 (0,0217) ***
Anteil an einfachen Tätigkeiten	-0,0060 (0,0139)	-0,0060 (0,0139)	-0,0060 (0,0139)
Anteil geringfügig Beschäftigter	0,0125 (0,0412)	0,0125 (0,0412)	0,0125 (0,0412)
Aufbau von Humankapital			
Neueinstellungsrate	0,0803 (0,0476) *	0,0803 (0,0476) *	0,0803 (0,0476) *
Unbefristete Übernahme befr. Besch.	0,0229 (0,1255)	0,0229 (0,1255)	0,0229 (0,1255)
Weiterbildungsintensität	0,0225 (0,0118) *	0,0225 (0,0118) *	0,0225 (0,0118) *
Ausbildungsintensität	-0,0919 (0,0564)	-0,0919 (0,0564)	-0,0919 (0,0564)
Weitere betriebliche Merkmale			
Schließung von Betriebsteilen	-0,0228 (0,0470)	-0,0228 (0,0470)	-0,0228 (0,0470)
Ausgliederung von Betriebsteilen	0,0111 (0,0210)	0,0111 (0,0210)	0,0111 (0,0210)
Ausgründung von Betriebsteilen	-0,0286 (0,0317)	-0,0286 (0,0317)	-0,0286 (0,0317)
Eingliederung von Betriebsteilen	0,0176 (0,0140)	0,0176 (0,0140)	0,0176 (0,0140)
Schlechte Ertragslage im letzten Jahr	-0,0059 (0,0094)	-0,0059 (0,0094)	-0,0059 (0,0094)
Negatives Geschäftsergebnis	0,0031 (0,0123)	0,0031 (0,0123)	0,0031 (0,0123)
Sinkende Entwicklung des Geschäftsvolumens	-0,0020 (0,0086)	-0,0020 (0,0086)	-0,0020 (0,0086)
Beschäftigungs-/Standortsicherungsvereinbarung	0,0011 (0,0078)	0,0011 (0,0078)	0,0011 (0,0078)
Investitionen in EDV/Kommunikation	0,0086 (0,0066)	0,0086 (0,0066)	0,0086 (0,0066)
Investitionen in Produktionsanlagen	-0,0127 (0,0079)	-0,0127 (0,0079)	-0,0127 (0,0079)
Ostdeutsches Unternehmen	0,0118 (0,0062) *	0,0118 (0,0062) *	0,0118 (0,0062) *
Betrieb in ausländischem Besitz	0,0161 (0,0083) *	0,0161 (0,0083) *	0,0161 (0,0083) *
Konstante	-0,1136 (0,0325) ***	-0,1221 (0,0340) ***	-0,1357 (0,0365) ***
Dummy-Variablen für die Betriebsgrößen	Ja	Ja	Ja
Dummy-Variablen für Branchen	ja	ja	ja
Log pseudolikelihood	-438,347	-438,347	-438,347
F(48, 4471) ; F(47, 4472)	4,91	4,91	4,91
Prob > F	0,0000	0,0000	0,0000
Pseudo R-Quadrat	0,3591	0,3591	0,3591
Fallzahl (=Betriebe)	4519	4519	4519
Zensierte Fälle (= 0)	3802	3802	3802

Tabelle 30:   *Tobit-Schätzungen der Eintrittsraten in den internen Arbeitsmarkt durch Einstellung ehemaliger Leiharbeitnehmer;*

Eintrittsrate durch Einstellung ehemaliger Leiharbeitnehmer		
	Modell 4	**Einfaches Modell**
Industrielle Beziehungen		
Betriebsrat		0,0260 (0,0101) ***
Tarifvertrag		-0,0171 (0,0073) **
a) kein Tarifvertrag * kein Betriebsrat	-0,0300 (0,0118) **	
c) Tarifvertrag * kein Betriebsrat	-0,0436 (0,0147) ***	
d) Betriebsrat * kein Tarifvertrag	*Referenzkategorie*	
b) Tarifvertrag * Betriebsrat	-0,0215 (0,0087) **	
Belegschaftsstruktur		
Anteil befristet Beschäftigter	0,0951 (0,0367) ***	0,0949 (0,0367) ***
Anteil Leiharbeiter	0,1693 (0,0263) ***	0,1701 (0,0262) ***
Anteil freie Mitarbeiter	-0,0062 (0,0116)	-0,0061 (0,0116)
Anteil Praktikanten	0,1128 (0,0774)	0,1124 (0,0773)
Anteil Teilzeitbeschäftigte	-0,0608 (0,0287) **	-0,0605 (0,0287) **
Frauenanteil	0,0035 (0,0193)	0,0035 (0,0192)
Anteil Akademiker	-0,0659 (0,0217) ***	-0,0662 (0,0217) ***
Anteil an einfachen Tätigkeiten	-0,0060 (0,0139)	-0,0058 (0,0139)
Anteil geringfügig Beschäftigter	0,0125 (0,0412)	0,0123 (0,0412)
Aufbau von Humankapital		
Neueinstellungsrate	0,0803 (0,0476) *	0,0810 (0,0476) *
Unbefristete Übernahme befr. Besch.	0,0229 (0,1255)	0,0245 (0,1258)
Weiterbildungsintensität	0,0225 (0,0118) *	0,0223 (0,0118) *
Ausbildungsintensität	-0,0919 (0,0564)	-0,0905 (0,0564)
Weitere betriebliche Merkmale		
Schließung von Betriebsteilen	-0,0228 (0,0470)	-0,0228 (0,0469)
Ausgliederung von Betriebsteilen	0,0111 (0,0210)	0,0116 (0,0210)
Ausgründung von Betriebsteilen	-0,0286 (0,0317)	-0,0284 (0,0316)
Eingliederung von Betriebsteilen	0,0176 (0,0140)	0,0176 (0,0140)
Schlechte Ertragslage im letzten Jahr	-0,0059 (0,0094)	-0,0059 (0,0094)
Negatives Geschäftsergebnis	0,0031 (0,0123)	0,0026 (0,0123)
Sinkende Entwicklung des Geschäftsvolumens	-0,0020 (0,0086)	-0,0019 (0,0086)
Beschäftigungs-/Standortsicherungsvereinbarung	0,0011 (0,0078)	0,0007 (0,0078)
Investitionen in EDV/Kommunikation	0,0086 (0,0066)	0,0087 (0,0066)
Investitionen in Produktionsanlagen	-0,0127 (0,0079)	-0,0126 (0,0079)
Ostdeutsches Unternehmen	0,0118 (0,0062) *	0,0116 (0,0062) *
Betrieb in ausländischem Besitz	0,0161 (0,0083) *	0,0160 (0,0083) *
Konstante	-0,0921 (0,0324) ***	-0,1215 (0,0340) ***
Dummy-Variablen für die Betriebsgrößen	Ja	Ja
Dummy-Variablen für Branchen	ja	Ja
Log pseudolikelihood	-438,347	-438,53
F(48, 4471) ; F(47, 4472)	4,91	5,01
Prob > F	0,0000	0,0000
Pseudo R-Quadrat	0,3591	0,3588
Fallzahl (=Betriebe)	4519	4519
Zensierte Fälle (= 0)	3802	3802

Quelle: Eigene Berechnungen mit dem IAB-Betriebspanel 2008.

Stammbelegschaft betrifft, so zeigt sich ein signifikant positiver Zusammenhang zwischen Mitbestimmungsfall d) und der abhängigen Variable. Zwischen Mitbestimmungsfall c) und der abhängigen Variable zeigt sich in allen Modellen ein negativer Zusammenhang. Der zweite Teil der Hypothese 2b kann somit nur partiell bestätigt werden.

6.2.2 Austritte aus dem internen Arbeitsmarkt

Die nachfolgende Tabelle 31 stellt die durchschnittlichen Personalabgangsraten dar. Grundlage dieser Werte bildet das Sample, das auch der sich anschließenden Tobit-Schätzung zugrunde gelegt wird.

Variable	Beschreibung	Durchschnitts-wert (%)	Fallzahl (=Betriebe)
Personalab-gangsrate	Anzahl der ausgeschiedenen Beschäftigten / Gesamtzahl der Beschäftigten	6,56	7049
Arbeitnehmer-kündigungsrate	Anzahl der ausgeschiedenen Beschäftigten infolge Kündigung seitens des Arbeitnehmers / Gesamtzahl der Beschäftigten	1,53	7046
Arbeitgeber-kündigungsrate	Anzahl der ausgeschiedenen Beschäftigten infolge Kündigung seitens des Arbeitgebers / Gesamtzahl der Beschäftigten	2,33	8050

Tabelle 31:   Durchschnittliche Austrittsraten aus dem internen Arbeitsmarkt; Quelle: Eigene Berechnungen mit dem IAB-Betriebspanel 2009.

Die durchschnittliche Personalabgangsrate liegt bei 6,56%, wobei im Schnitt ein größerer Teil des Ausscheidens der Beschäftigten durch die Kündigung seitens des Arbeitgebers bedingt ist.

Die nachfolgenden Tabellen stellen die Austrittsraten aus dem internen Arbeitsmarkt für die unterschiedlichen Ausprägungsformen der industriellen Beziehungen dar. Den Ergebnissen der deskriptiven Statistik zufolge, ist die Personalabgangsrate für *Mitbestimmungsfall c)* am stärksten ausgeprägt. Am geringsten ausgeprägt ist die Personalabgangsrate für den *Fall d)*.

Ausprägungsform der industriellen Beziehungen (Anteil am Gesamtsample von 7049 Betrieben)	Personalabgangsrate (%)
a) kein Tarifvertrag und kein Betriebsrat (48,02%)	5,88
c) Tarifvertrag ohne Betriebsrat (26,16%)	9,30
d) Betriebsrat ohne Tarifvertrag (6,40%)	4,88
b) Tarifvertrag und Betriebsrat (19,42%)	5,12

Tabelle 32:   *Durchschnittliche Personalabgangsrate aus dem internen Arbeitsmarkt für die Ausprägungsformen der industriellen Beziehungen; Quelle: Eigene Berechnungen mit dem IAB-Betriebspanel 2009.*

Die Arbeitnehmerkündigungsrate ist durchschnittlich am geringsten ausgeprägt, wenn das Unternehmen sowohl tarifgebunden ist als auch über einen Betriebsrat verfügt. Am höchsten ausgeprägt ist die Arbeitnehmerkündigungsrate wenn das Unternehmen tarifgebunden ist aber über keinen Betriebsrat verfügt.

Ausprägungsform der industriellen Beziehungen (Anteil am Gesamtsample von 7046 Betrieben)	Arbeitnehmerkündigungsrate (%)
a) kein Tarifvertrag und kein Betriebsrat (48,02%)	1,55
c) Tarifvertrag ohne Betriebsrat (26,14%)	2,18
d) Betriebsrat ohne Tarifvertrag (6,39%)	0,91
b) Tarifvertrag und Betriebsrat (19,44%)	0,81

Tabelle 33:   *Durchschnittliche Austrittsrate durch Arbeitnehmerkündigung für die Ausprägungsformen der industriellen Beziehungen; Quelle: Eigene Berechnungen mit dem IAB-Betriebspanel 2009.*

Die Arbeitgeberkündigungsrate ist im vorliegenden Sample durchschnittlich am stärksten ausgeprägt, wenn das Unternehmen tarifgebunden ist aber über keinen Betriebsrat verfügt. Ist das Unternehmen tarifgebunden und verfügt über einen Betriebsrat, so ist die Arbeitgeberkündigungsrate am schwächsten ausgeprägt.

Ausprägungsform der industriellen Beziehungen (Anteil am Gesamtsample von 8050 Betrieben)	Arbeitgeberkündigungsrate (%)
a) kein Tarifvertrag und kein Betriebsrat (45,53%)	2,19
c) Tarifvertrag ohne Betriebsrat (24,58%)	3,74
d) Betriebsrat ohne Tarifvertrag (6,94%)	1,77
b) Tarifvertrag und Betriebsrat (22,94%)	1,25

Tabelle 34:   Durchschnittliche Austrittsrate durch Arbeitgeberkündigung für die Ausprägungsformen der industriellen Beziehungen; Quelle: Eigene Berechnungen mit dem IAB-Betriebspanel 2009.

Im Folgenden sollen nun die Ergebnisse der Tobit-Schätzungen (Tabellen 35-37) für die drei verschiedenen Austrittsraten aus dem internen Arbeitsmarkt dargestellt werden. Dabei wird zunächst auf die Zusammenhänge zwischen den Ausprägungsformen der industriellen Beziehungen und den Austrittsraten aus dem internen Arbeitsmarkt eingegangen. Anschließend wird auf ausgewählte Zusammenhänge bei den Kontrollvariablen eingegangen.

Komplette Personalabgangsrate

Das einfache Modell zeigt einen signifikant negativen Zusammenhang zwischen der kompletten Personalabgangsrate und der Existenz eines Betriebsrates und einen signifikant positiven Zusammenhang zwischen einer Tarifvertragsbindung und der Personalabgangsrate.

Betrachtet man die Modelle, welche die verschiedenen Kombinationen von Betriebsrat und Tarifvertragsbindung beachten, so zeigt sich für den *Fall c)* (Tarifvertragsbindung ohne Betriebsrat) ein signifikant positiver Zusammenhang zur Personalabgangsrate. Dieser Zusammenhang ist in allen Modellen signifikant. Für den *Mitbestimmungsfall b)* (Betriebsrat und Tarifvertragsbindung) zeigt sich in allen Fällen ein negativer Zusammenhang zur Personalabgangsrate. Hypothese 3b kann somit für die komplette Personalabgangsrate bestätigt werden. Hypothese 3a kann dagegen nicht bestätigt werden.

Arbeitnehmerkündigungsrate

Wie auch bei der kompletten Personalabgangsrate zeigt sich zwischen Betriebsrat und der Arbeitnehmerkündigungsrate ein signifikant negativer Zusammenhang. Zwischen Tarifvertrag und der abhängigen Variable besteht ein positiver Zusammenhang, dieser ist allerdings nicht signifikant.

In den Modellen 1-4 zeigt sich durchgängig ein signifikant negativer Zusammenhang für den *Mitbestimmungsfall b)* und der Arbeitnehmerkündigungsrate. Hypothese 3b kann somit auch für die Arbeitnehmerkündigungsrate bestätigt werden. *Fall c)* steht in allen Modellen in einem signifikant positiven Zusammenhang zur Arbeitnehmerkündigungsrate. Hypothese 3a kann für die Arbeitnehmerkündigungsrate nicht bestätigt werden.

Arbeitgeberkündigungsrate

Im einfachen Modell zeigt sich ein signifikant negativer Zusammenhang zwischen Betriebsrat und der Austrittsrate durch Arbeitgeberkündigungsrate. Der Zusammenhang zwischen Tarifvertrag und der abhängigen Variable ist ebenfalls negativ, aber nicht signifikant. In den weiteren Modellen zeigt sich durchgehend zwischen dem *Fall b)* und der Arbeitgeberkündigungsrate ein signifikant negativer Zusammenhang. Demnach kann die Hypothese 3b auch für die Arbeitgeberkündigungsrate bestätigt werden. Für den Fall einer Tarifvertragsbindung ohne Betriebsrat zeigt sich ein signifikant positiver Zusammenhang in allen Modellen. Dies ist für den *Fall a)* nicht der Fall, deshalb muss die Hypothese 3a auch für die Arbeitgeberkündigungsrate abgelehnt werden.

Kontrollvariablen

Der Anteil der befristet Beschäftigten steht in einem signifikant positiven Zusammenhang mit allen drei Größen der Personalabgänge. Für diesen Zusammenhang gibt es mehrere Erklärungsansätze. Erstens werden in der gesamten Personalabgangsrate auch die ausgeschiedenen Mitarbeiter erfasst, welche den Betrieb durch Nichtverlängerung eines befristeten Arbeitsverhältnisses verlassen. Zweitens ist der positive Zusammenhang zur Arbeitnehmerkündigungsrate dadurch zu erklären, dass Beschäftigte mit einem befristeten Arbeitsvertrag langfristig ein unbefristetes Arbeitsverhältnis anstreben und deshalb die Fluktuationsneigung bei befristet Beschäftigten höher ausgeprägt sein könnte. Drittens kann der positive Zusammenhang zwischen dem Anteil der befristeten Beschäftigung und der Arbeitgeberkündigungsrate dadurch begründet werden, dass Betriebe mit einem hohen Anteil befristet Beschäftigter möglicherweise starken Beschäftigungsschwankungen unterworfen sind und deshalb eher personelle Anpassungsmaßnahmen durchführen.

Der Anteil der Akademiker steht in einem signifikant negativen Verhältnis zu der gesamten Personalabgangsrate und der Austrittsrate infolge Kündigung seitens des Betriebes. Dies kann humankapitaltheoretisch begründet werden. Akademiker sind tendenziell für Tätigkeiten eingesetzt, die relativ langer Einarbeitungsphasen bedürfen. Deshalb ist der Arbeitgeber an langfristigen Beschäftigungsverhältnissen interessiert. Der Anteil an einfachen Tätigkeiten steht in einem signifikant positiven Zusammenhang zu allen drei Personalabgangsraten. Dies kann ebenfalls mit Investitionen in Humankapital begründet werden. Beim

Personalabgangsrate komplett			
	Modell 1	Modell 2	Modell 3
Industrielle Beziehungen			
Betriebsrat			
Tarifvertrag			
a) kein Tarifvertrag * kein Betriebsrat	0,0155 (0,0153)	*Referenzkategorie*	-0,0329 (0,0161) **
c) Tarifvertrag * kein Betriebsrat	0,0484 (0,0153) ***	0,0329 (0,0161) **	*Referenzkategorie*
d) Betriebsrat * kein Tarifvertrag	0,0024 (0,0126)	-0,0131 (0,0145)	-0,0460 (0,0153) ***
b) Tarifvertrag * Betriebsrat	*Referenzkategorie*	-0,0155 (0,0153)	-0,0484 (0,0153) ***
Belegschaftsstruktur			
Anteil befristet Beschäftigte	0,3918 (0,1298) ***	0,3918 (0,1298) ***	0,3918 (0,1298) ***
Anteil Leiharbeiter	0,1031 (0,1054)	0,1031 (0,1054)	0,1031 (0,1054)
Anteil freie Mitarbeiter	-0,0218 (0,0207)	-0,0218 (0,0207)	-0,0218 (0,0207)
Anteil Praktikanten	0,1267 (0,0916)	0,1267 (0,0916)	0,1267 (0,0916)
Anteil Teilzeitbeschäftigte	-0,0212 (0,0268)	-0,0212 (0,0268)	-0,0212 (0,0268)
Frauenenanteil	-0,0403 (0,0281)	-0,0403 (0,0281)	-0,0403 (0,0281)
Anteil Akademiker	-0,0774 (0,0362) **	-0,0774 (0,0362) **	-0,0774 (0,0362) **
Anteil an einfachen Tätigkeiten	0,1217 (0,0306) ***	0,1217 (0,0306) ***	0,1217 (0,0306) ***
Anteil geringfügig Beschäftigter	-0,0257 (0,0616)	-0,0257 (0,0616)	-0,0257 (0,0616)
Personelle Maßnahmen			
Weiterbildungsintensität	-0,0309 (0,0159) *	-0,0309 (0,0159) *	-0,0309 (0,0159) *
Lohnsumme	0,0000 (0,0000)	0,0000 (0,0000)	0,0000 (0,0000)
Sonstige betriebliche Merkmale			
Schließung von Betriebsteilen	0,1164 (0,0331) ***	0,1164 (0,0331) ***	0,1164 (0,0331) ***
Ausgliederung von Betriebsteilen	0,2442 (0,0990) **	0,2442 (0,0990) **	0,2442 (0,0990) **
Ausgründung von Betriebsteilen	0,0988 (0,0534) *	0,0988 (0,0534) *	0,0988 (0,0534) *
Eingliederung von Betriebsteilen	0,0261 (0,0262)	0,0261 (0,0262)	0,0261 (0,0262)
Schlechte Ertragslage im letzten Jahr	0,0230 (0,0116) **	0,0230 (0,0116) **	0,0230 (0,0116) **
Negatives Geschäftsergebnis	0,0643 (0,0206) ***	0,0643 (0,0206) ***	0,0643 (0,0206) ***
Sinkende Entwicklung des Geschäftsvolumens	0,0673 (0,0178) ***	0,0673 (0,0178) ***	0,0673 (0,0178) ***
Beschäftigungs-/Standortsicherungsvereinbarung	0,0029 (0,0122)	0,0029 (0,0122)	0,0029 (0,0122)
Investitionen in EDV/Kommunikation	0,0019 (0,0091)	0,0019 (0,0091)	0,0019 (0,0091)
Investitionen in Produktionsanlagen	0,0041 (0,0105)	0,0041 (0,0105)	0,0041 (0,0105)
Ostdeutsches Unternehmen	-0,0085 (0,0174)	-0,0085 (0,0174)	-0,0085 (0,0174)
Betrieb in ausländischem Besitz	0,0600 (0,0203) ***	0,0600 (0,0203) ***	0,0600 (0,0203) ***
Konstante	-0,1100 (0,0924)	-0,0945 (0,0964)	-0,0616 (0,0865)
Dummy-Variablen für die Betriebsgrößen	Ja	Ja	Ja
Dummy-Variablen für Branchen	Ja	Ja	Ja
Log pseudolikelihood	-3160,3831	-3160,3831	-3160,3831
F(47, 7002); F(46, 7003)	3,76	3,76	3,76
Prob > F	0,0000	0,0000	0,0000
Pseudo R-Quadrat	0,1151	0,1151	0,1151
Fallzahl (=Betriebe)	7049	7049	7049
Zensierte Fälle (= 0)	3293	3293	3293

Tabelle 35:   Tobit-Schätzungen der Austrittsraten aus dem internen Arbeitsmarkt;

Personalabgangsrate komplett		
	Modell 4	**Einfaches Modell**
Industrielle Beziehungen		
Betriebsrat		-0,0351 (0,0115) ***
Tarifvertrag		0,0237 (0,0126) *
a) kein Tarifvertrag * kein Betriebsrat	0,0131 (0,0145)	
c) Tarifvertrag * kein Betriebsrat	0,0460 (0,0153) ***	
d) Betriebsrat * kein Tarifvertrag	*Referenzkategorie*	
b) Tarifvertrag * Betriebsrat	-0,0024 (0,0126)	
Belegschaftsstruktur		
Anteil befristet Beschäftigte	0,3918 (0,1298) ***	0,3930 (0,1302) ***
Anteil Leiharbeiter	0,1031 (0,1054)	0,1036 (0,1053)
Anteil freie Mitarbeiter	-0,0218 (0,0207)	-0,0218 (0,0207)
Anteil Praktikanten	0,1267 (0,0916)	0,1291 (0,0919)
Anteil Teilzeitbeschäftigte	-0,0212 (0,0268)	-0,0208 (0,0268)
Frauenanteil	-0,0403 (0,0281)	-0,0412 (0,0279)
Anteil Akademiker	-0,0774 (0,0362) **	-0,0766 (0,0361) **
Anteil an einfachen Tätigkeiten	0,1217 (0,0306) ***	0,1218 (0,0306) ***
Anteil geringfügig Beschäftigter	-0,0257 (0,0616)	-0,0269 (0,0612)
Personelle Maßnahmen		
Weiterbildungsintensität	-0,0309 (0,0159) *	-0,0314 (0,0160) **
Lohnsumme	0,0000 (0,0000)	0,0000 (0,0000)
Sonstige betriebliche Merkmale		
Schließung von Betriebsteilen	0,1164 (0,0331) ***	0,1158 (0,0332) ***
Ausgliederung von Betriebsteilen	0,2442 (0,0990) **	0,2433 (0,0990) **
Ausgründung von Betriebsteilen	0,0988 (0,0534) *	0,0964 (0,0532) *
Eingliederung von Betriebsteilen	0,0261 (0,0262)	0,0265 (0,0262)
Schlechte Ertragslage im letzten Jahr	0,0230 (0,0116) **	0,0229 (0,0116) **
Negatives Geschäftsergebnis	0,0643 (0,0206) ***	0,0641 (0,0206) ***
Sinkende Entwicklung des Geschäftsvolumens	0,0673 (0,0178) ***	0,0676 (0,0179) ***
Beschäftigungs-/Standortsicherungsvereinbarung	0,0029 (0,0122)	0,0012 (0,0121)
Investitionen in EDV/Kommunikation	0,0019 (0,0091)	0,0020 (0,0091)
Investitionen in Produktionsanlagen	0,0041 (0,0105)	0,0039 (0,0104)
Ostdeutsches Unternehmen	-0,0085 (0,0174)	-0,0094 (0,0172)
Betrieb in ausländischem Besitz	0,0600 (0,0203) ***	0,0597 (0,0203) ***
Konstante	-0,1076 (0,0923)	-0,0930 (0,0959)
Dummy-Variablen für die Betriebsgrößen	Ja	Ja
Dummy-Variablen für Branchen	Ja	Ja
Log pseudolikelihood	-3160,3831	-3161,437
F(47, 7002); F(46, 7003)	3,76	3,83
Prob > F	0,0000	0,0000
Pseudo R-Quadrat	0,1151	0,1148
Fallzahl (=Betriebe)	7049	7049
Zensierte Fälle (= 0)	3293	3293

Quelle: Eigene Berechnungen mit dem IAB-Betriebspanel 2009.

Austrittsrate aus dem internen Arbeitsmarkt durch Arbeitnehmerkündigung			
	Modell 1	Modell 2	Modell 3
Industrielle Beziehungen			
Betriebsrat			
Tarifvertrag			
a) kein Tarifvertrag * kein Betriebsrat	0,0287 (0,0064) ***	*Referenzkategorie*	-0,0119 (0,0057) **
c) Tarifvertrag * kein Betriebsrat	0,0406 (0,0070) ***	0,0119 (0,0057) **	*Referenzkategorie*
d) Betriebsrat * kein Tarifvertrag	0,0185 (0,0063) ***	-0,0102 (0,0067)	-0,0222 (0,0075) ***
b) Tarifvertrag * Betriebsrat	*Referenzkategorie*	-0,0287 (0,0064) ***	-0,0406 (0,0070) ***
Belegschaftsstruktur			
Anteil befristet Beschäftigte	0,0474 (0,0192) **	0,0474 (0,0192) **	0,0474 (0,0192) **
Anteil Leiharbeiter	0,0019 (0,0107)	0,0019 (0,0107)	0,0019 (0,0107)
Anteil freie Mitarbeiter	-0,0127 (0,0110)	-0,0127 (0,0110)	-0,0127 (0,0110)
Anteil Praktikanten	0,0010 (0,0484)	0,0010 (0,0484)	0,0010 (0,0484)
Anteil Teilzeitbeschäftigte	-0,0055 (0,0139)	-0,0055 (0,0139)	-0,0055 (0,0139)
Frauenanteil	-0,0030 (0,0109)	-0,0030 (0,0109)	-0,0030 (0,0109)
Anteil Akademiker	-0,0020 (0,0149)	-0,0020 (0,0149)	-0,0020 (0,0149)
Anteil an einfachen Tätigkeiten	0,0245 (0,0105) **	0,0245 (0,0105) **	0,0245 (0,0105) **
Anteil geringfügig Beschäftigter	0,0062 (0,0185)	0,0062 (0,0185)	0,0062 (0,0185)
Personelle Maßnahmen			
Weiterbildungsintensität	0,0026 (0,0070)	0,0026 (0,0070)	0,0026 (0,0070)
Lohnsumme	0,0000 (0,0000)	0,0000 (0,0000)	0,0000 (0,0000)
Sonstige betriebliche Merkmale			
Schließung von Betriebsteilen	0,0086 (0,0155)	0,0086 (0,0155)	0,0086 (0,0155)
Ausgliederung von Betriebsteilen	0,0068 (0,0116)	0,0068 (0,0116)	0,0068 (0,0116)
Ausgründung von Betriebsteilen	0,0247 (0,0267)	0,0247 (0,0267)	0,0247 (0,0267)
Eingliederung von Betriebsteilen	0,0151 (0,0097)	0,0151 (0,0097)	0,0151 (0,0097)
Schlechte Ertragslage im letzten Jahr	0,0151 (0,0061) **	0,0151 (0,0061) **	0,0151 (0,0061) **
Negatives Geschäftsergebnis	0,0133 (0,0075) *	0,0133 (0,0075) *	0,0133 (0,0075) *
Sinkende Entwicklung des Geschäftsvolumens	0,0065 (0,0045)	0,0065 (0,0045)	0,0065 (0,0045)
Beschäftigungs-/Standortsicherungsvereinbarung	-0,0029 (0,0056)	-0,0029 (0,0056)	-0,0029 (0,0056)
Investitionen in EDV/Kommunikation	0,0066 (0,0045)	0,0066 (0,0045)	0,0066 (0,0045)
Investitionen in Produktionsanlagen	-0,0050 (0,0047)	-0,0050 (0,0047)	-0,0050 (0,0047)
Ostdeutsches Unternehmen	-0,0133 (0,0048) ***	-0,0133 (0,0048) ***	-0,0133 (0,0048) ***
Betrieb in ausländischem Besitz	0,0197 (0,0076) ***	0,0197 (0,0076) ***	0,0197 (0,0076) ***
Konstante	-0,0373 (0,0205) *	-0,0086 (0,0206)	0,0033 (0,0203)
Dummy-Variablen für die Betriebsgrößen	Ja	Ja	Ja
Dummy-Variablen für Branchen	Ja	Ja	Ja
Log pseudolikelihood	-692,0721	-692,0721	-692,0721
F(47, 6999); F(46, 7000)	6,02	6,02	6,02
Prob > F	0,0000	0,0000	0,0000
Pseudo R-Quadrat	0,2996	0,2996	0,2996
Fallzahl (=Betriebe)	7046	7046	7046
Zensierte Fälle (= 0)	5143	5143	5143

Tabelle 36:   Tobit-Schätzungen der Austrittsraten aus dem internen Arbeitsmarkt durch Arbeitnehmerkündigung;

Austrittsrate aus dem internen Arbeitsmarkt durch Arbeitnehmerkündigung	Modell 4	Einfaches Modell
Industrielle Beziehungen		
Betriebsrat		-0,0291 (0,0056) ***
Tarifvertrag		0,0040 (0,0047)
a) kein Tarifvertrag * kein Betriebsrat	0,0102 (0,0067)	
c) Tarifvertrag * kein Betriebsrat	0,0222 (0,0075) ***	
d) Betriebsrat * kein Tarifvertrag	*Referenzkategorie*	
b) Tarifvertrag * Betriebsrat	-0,0185 (0,0063) ***	
Belegschaftsstruktur		
Anteil befristet Beschäftigte	0,0474 (0,0192) **	0,0480 (0,0192) **
Anteil Leiharbeiter	0,0019 (0,0107)	0,0025 (0,0107)
Anteil freie Mitarbeiter	-0,0127 (0,0110)	-0,0123 (0,0110)
Anteil Praktikanten	0,0010 (0,0484)	0,0030 (0,0484)
Anteil Teilzeitbeschäftigte	-0,0055 (0,0139)	-0,0050 (0,0139)
Frauenanteil	-0,0030 (0,0109)	-0,0038 (0,0109)
Anteil Akademiker	-0,0020 (0,0149)	-0,0016 (0,0149)
Anteil an einfachen Tätigkeiten	0,0245 (0,0105) **	0,0246 (0,0105) **
Anteil geringfügig Beschäftigter	0,0062 (0,0185)	0,0051 (0,0185)
Personelle Maßnahmen		
Weiterbildungsintensität	0,0026 (0,0070)	0,0021 (0,0070)
Lohnsumme	0,0000 (0,0000)	0,0000 (0,0000)
Sonstige betriebliche Merkmale		
Schließung von Betriebsteilen	0,0086 (0,0155)	0,0083 (0,0154)
Ausgliederung von Betriebsteilen	0,0068 (0,0116)	0,0062 (0,0116)
Ausgründung von Betriebsteilen	0,0247 (0,0267)	0,0229 (0,0267)
Eingliederung von Betriebsteilen	0,0151 (0,0097)	0,0154 (0,0096)
Schlechte Ertragslage im letzten Jahr	0,0151 (0,0061) **	0,0151 (0,0061) **
Negatives Geschäftsergebnis	0,0133 (0,0075) *	0,0130 (0,0075) *
Sinkende Entwicklung des Geschäftsvolumens	0,0065 (0,0045)	0,0068 (0,0046)
Beschäftigungs-/Standortsicherungsvereinbarung	-0,0029 (0,0056)	-0,0046 (0,0056)
Investitionen in EDV/Kommunikation	0,0066 (0,0045)	0,0068 (0,0045)
Investitionen in Produktionsanlagen	-0,0050 (0,0047)	-0,0051 (0,0047)
Ostdeutsches Unternehmen	-0,0133 (0,0048) ***	-0,0140 (0,0048) ***
Betrieb in ausländischem Besitz	0,0197 (0,0076) ***	0,0194 (0,0076) **
Konstante	-0,0189 (0,0209)	-0,0076 (0,0205)
Dummy-Variablen für die Betriebsgrößen	Ja	Ja
Dummy-Variablen für Branchen	Ja	Ja
Log pseudolikelihood	-692,0721	-696,61539
F(47, 6999); F(46, 7000)	6,02	6,13
Prob > F	0,0000	0,0000
Pseudo R-Quadrat	0,2996	0,2959
Fallzahl (=Betriebe)	7046	7046
Zensierte Fälle (= 0)	5143	5143

Quelle: Eigene Berechnungen mit dem IAB-Betriebspanel 2009.

Austrittsrate aus dem internen Arbeitsmarkt durch Arbeitgeberkündigung			
	Modell 1	**Modell 2**	**Modell 3**
Industrielle Beziehungen			
Betriebsrat			
Tarifvertrag			
a) kein Tarifvertrag * kein Betriebsrat	0,0711 (0,0106) ***	*Referenzkategorie*	-0,0162 (0,0089) *
c) Tarifvertrag * kein Betriebsrat	0,0873 (0,0119) ***	0,0162 (0,0089) *	*Referenzkategorie*
d) Betriebsrat * kein Tarifvertrag	0,0435 (0,0113) ***	-0,0276 (0,0114) **	-0,0438 (0,0126) ***
b) Tarifvertrag * Betriebsrat	*Referenzkategorie*	-0,0711 (0,0106) ***	-0,0873 (0,0119) ***
Belegschaftsstruktur			
Anteil befristet Beschäftigte	0,0883 (0,0386) **	0,0883 (0,0386) **	0,0883 (0,0386) **
Anteil Leiharbeiter	0,0227 (0,0227)	0,0227 (0,0227)	0,0227 (0,0227)
Anteil freie Mitarbeiter	-0,0020 (0,0114)	-0,0020 (0,0114)	-0,0020 (0,0114)
Anteil Praktikanten	0,0845 (0,0848)	0,0845 (0,0848)	0,0845 (0,0848)
Anteil Teilzeitbeschäftigte	-0,0147 (0,0214)	-0,0147 (0,0214)	-0,0147 (0,0214)
Frauenanteil	-0,0838 (0,0188) ***	-0,0838 (0,0188) ***	-0,0838 (0,0188) ***
Anteil Akademiker	-0,0926 (0,0288) ***	-0,0926 (0,0288) ***	-0,0926 (0,0288) ***
Anteil an einfachen Tätigkeiten	0,0873 (0,0165) ***	0,0873 (0,0165) ***	0,0873 (0,0165) ***
Anteil geringfügig Beschäftigter	-0,1254 (0,0325) ***	-0,1254 (0,0325) ***	-0,1254 (0,0325) ***
Personelle Maßnahmen			
Lohnsumme	0,0000 (0,0000) **	0,0000 (0,0000) **	0,0000 (0,0000) **
Sonstige betriebliche Merkmale			
Schließung von Betriebsteilen	0,1182 (0,0253) ***	0,1182 (0,0253) ***	0,1182 (0,0253) ***
Ausgliederung von Betriebsteilen	0,0577 (0,0259) **	0,0577 (0,0259) **	0,0577 (0,0259) **
Ausgründung von Betriebsteilen	0,0093 (0,0323)	0,0093 (0,0323)	0,0093 (0,0323)
Eingliederung von Betriebsteilen	0,0304 (0,0246)	0,0304 (0,0246)	0,0304 (0,0246)
Schlechte Ertragslage im letzten Jahr	0,0154 (0,0086) *	0,0154 (0,0086) *	0,0154 (0,0086) *
Negatives Geschäftsergebnis	0,0459 (0,0115) ***	0,0459 (0,0115) ***	0,0459 (0,0115) ***
Sinkende Entwicklung des Geschäftsvolumens	0,0586 (0,0079) ***	0,0586 (0,0079) ***	0,0586 (0,0079) ***
Beschäftigungs-/Standortsicherungsvereinbarung	-0,0063 (0,0109)	-0,0063 (0,0109)	-0,0063 (0,0109)
Investitionen in EDV/Kommunikation	0,0070 (0,0072)	0,0070 (0,0072)	0,0070 (0,0072)
Investitionen in Produktionsanlagen	-0,0151 (0,0076) **	-0,0151 (0,0076) **	-0,0151 (0,0076) **
Ostdeutsches Unternehmen	-0,0083 (0,0080)	-0,0083 (0,0080)	-0,0083 (0,0080)
Betrieb in ausländischem Besitz	0,0462 (0,0153) ***	0,0462 (0,0153) ***	0,0462 (0,0153) ***
Konstante	-0,0412 (0,0368)	0,0299 (0,0365)	0,0461 (0,0361)
Dummy-Variablen für die Betriebsgrößen	Ja	Ja	Ja
Dummy-Variablen für Branchen	Ja	Ja	Ja
Log pseudolikelihood	-1827,5452	-1827,5452	-1827,5452
F(46, 8004); F(46, 7000); F(45, 8005)	6,87	6,87	6,87
Prob > F	0,0000	0,0000	0,0000
Pseudo R-Quadrat	0,2109	0,2109	0,2109
Fallzahl (=Betriebe)	8050	8050	8050
Zensierte Fälle (= 0)	5954	5954	5954

Tabelle: 37:   Tobit-Schätzungen der Austrittsraten aus dem internen Arbeitsmarkt durch Arbeitgeberkündigung;

Austrittsrate aus dem internen Arbeitsmarkt durch Arbeitgeberkündigung		
	Modell 4	**Einfaches Modell**
Industrielle Beziehungen		
Betriebsrat		-0,0630 (0,0094) ***
Tarifvertrag		-0,0015 (0,0072)
a) kein Tarifvertrag * kein Betriebsrat	0,0276 (0,0114) **	
c) Tarifvertrag * kein Betriebsrat	0,0438 (0,0126) ***	
d) Betriebsrat * kein Tarifvertrag	*Referenzkategorie*	
b) Tarifvertrag * Betriebsrat	-0,0435 (0,0113) ***	
Belegschaftsstruktur		
Anteil befristet Beschäftigte	0,0883 (0,0386) **	0,0900 (0,0388) **
Anteil Leiharbeiter	0,0227 (0,0227)	0,0243 (0,0229)
Anteil freie Mitarbeiter	-0,0020 (0,0114)	-0,0021 (0,0116)
Anteil Praktikanten	0,0845 (0,0848)	0,0874 (0,0853)
Anteil Teilzeitbeschäftigte	-0,0147 (0,0214)	-0,0143 (0,0214)
Frauenanteil	-0,0838 (0,0188) ***	-0,0855 (0,0188) ***
Anteil Akademiker	-0,0926 (0,0288) ***	-0,0925 (0,0289) ***
Anteil an einfachen Tätigkeiten	0,0873 (0,0165) ***	0,0879 (0,0165) ***
Anteil geringfügig Beschäftigter	-0,1254 (0,0325) ***	-0,1264 (0,0324) ***
Personelle Maßnahmen		
Lohnsumme	0,0000 (0,0000) **	0,0000 (0,0000) ***
Sonstige betriebliche Merkmale		
Schließung von Betriebsteilen	0,1182 (0,0253) ***	0,1178 (0,0253) ***
Ausgliederung von Betriebsteilen	0,0577 (0,0259) **	0,0565 (0,0261) **
Ausgründung von Betriebsteilen	0,0093 (0,0323)	0,0068 (0,0317)
Eingliederung von Betriebsteilen	0,0304 (0,0246)	0,0316 (0,0245)
Schlechte Ertragslage im letzten Jahr	0,0154 (0,0086) *	0,0157 (0,0086) *
Negatives Geschäftsergebnis	0,0459 (0,0115) ***	0,0456 (0,0115) ***
Sinkende Entwicklung des Geschäftsvolumens	0,0586 (0,0079) ***	0,0592 (0,0079) ***
Beschäftigungs-/Standortsicherungsvereinbarung	-0,0063 (0,0109)	-0,0095 (0,0110)
Investitionen in EDV/Kommunikation	0,0070 (0,0072)	0,0073 (0,0072)
Investitionen in Produktionsanlagen	-0,0151 (0,0076) **	-0,0156 (0,0076) **
Ostdeutsches Unternehmen	-0,0083 (0,0080)	-0,0096 (0,0080)
Betrieb in ausländischem Besitz	0,0462 (0,0153) ***	0,0455 (0,0153) ***
Konstante	0,0024 (0,0370)	0,0337 (0,0366)
Dummy-Variablen für die Betriebsgrößen	Ja	Ja
Dummy-Variablen für Branchen	Ja	Ja
Log pseudolikelihood	-1827,5452	-1834,715
F(46, 8004); F(46, 7000); F(45, 8005)	6,87	6,97
Prob > F	0,0000	0,0000
Pseudo R-Quadrat	0,2109	0,2078
Fallzahl (=Betriebe)	8050	8050
Zensierte Fälle (= 0)	5954	5954

Quelle: Eigene Berechnungen mit dem IAB-Betriebspanel 2009.

Ausscheiden von Beschäftigten, die einfache Tätigkeiten im Unternehmen durchgeführt haben, ist ein geringer Humankapitalverlust zu erwarten.

Betrachtet man die Rate aller Personalabgänge, so zeigt sich ein signifikant negativer Zusammenhang mit der Weiterbildungsintensität. Weiterbildungsintensität kann als ein Indikator für Entwicklungsmöglichkeiten der Beschäftigten angesehen werden und könnte sich positiv auf die Mitarbeiterbindung und damit negativ auf die Fluktuationsneigung auswirken. Betrachtet man jedoch den in der Tobit-Schätzung gefundenen Zusammenhang zwischen der Arbeitnehmerkündigungsrate und der Weiterbildungsintensität, so zeigt sich kein signifikanter Zusammenhang zwischen diesen beiden Größen. Bei der Lohnsumme zeigt sich zwar ein signifikant positiver Zusammenhang zur Arbeitgeberkündigungsrate, der zugehörige Koeffizient ist allerdings so klein, dass dieser Einfluss vernachlässigbar ist.

Wie zu erwarten, stehen die Schließung, Ausgliederung und Ausgründung von Betriebsteilen in einem positiven Zusammenhang zur gesamten Personalabgangsrate. Dabei ist dieser Zusammenhang für die ersten beiden Variablen auch signifikant positiv zu der Arbeitgeberkündigungsrate. Eine schlechte Ertragslage, ein negatives Geschäftsergebnis und eine antizipierte sinkende Entwicklung des Geschäftsvolumens stehen in einem signifikant positiven Zusammenhang zur kompletten Personalabgangsrate und zur Arbeitgeberkündigungsrate. Interessanterweise ist dieser Zusammenhang auch bei der Arbeitnehmerkündigungsrate zu beobachten, was darauf hindeutet, dass die Fluktuationsbereitschaft auch von der wirtschaftlichen Situation des Betriebes abhängt. Befindet sich der Betrieb mehrheitlich oder ausschließlich in ausländischem Besitz, dann führt dies zu signifikant höheren Personalabgängen.

Gütekriterien

Die Nullhypothese („Alle Koeffizienten des Modells gleich Null") kann für alle Modelle abgelehnt werden. Die signifikanten Zusammenhänge wurden bereits dargestellt.

Zusammenfassung der Ergebnisse

Insgesamt zeigen die Ergebnisse einen negativen Zusammenhang zwischen dem *Fallb)* und sämtlichen Austrittsraten aus dem internen Arbeitsmarkt. Es zeigt sich der vor dem Hintergrund der Partizipationstheorie abgeleitete negative Zusammenhang zwischen Mitbestimmung und den Austritten aus dem internen Arbeitsmarkt.

Etwas differenzierter stellen sich die Ergebnisse bzgl. Hypothese 3a dar. Hier ist es vielmehr der Fall c) der in allen Modellen in einem positiven Zusammenhang mit der Austrittsrate aus dem internen Arbeitsmarkt steht.

6.3 Aufbau von Humankapital

Die durchschnittliche Weiterbildungsintensität liegt im für die Tobit-Schätzung verwendeten Gesamtsample (8410 Betriebe) bei 23.53%.

Tabelle 38 zeigt die durchschnittlichen Weiterbildungsintensitäten für die unterschiedlichen Ausprägungsformen der industriellen Beziehungen. Dabei zeigt sich bei der Weiterbildungsintensität die stärkste Ausprägung für den *Mitbestimmungsfall a)*. Am schwächsten ausgeprägt ist die Weiterbildungsintensität wenn das Unternehmen tarifgebunden ist, aber über keinen Betriebsrat verfügt.

Ausprägungsform der industriellen Beziehungen (Anteil am Gesamtsample von 8410 Betrieben)	Weiterbildungsintensität (%)
a) kein Tarifvertrag und kein Betriebsrat (47,12%)	21,89
c) Tarifvertrag ohne Betriebsrat (26,58%)	21,34
d) Betriebsrat ohne Tarifvertrag (6,63%)	25,94
b) Tarifvertrag und Betriebsrat (19,67%)	29,60

Tabelle 38: Durchschnittliche Weiterbildungsintensitäten für die Ausprägungsformen der industriellen Beziehungen; Quelle: Eigene Berechnungen mit dem IAB-Betriebspanel 2009.

Im Folgenden sollen nun die Ergebnisse der Tobit-Schätzungen (Tabelle 40) für die Aus- und Weiterbildungsintensität dargestellt werden. Es werden zunächst die Ergebnisse für die industriellen Beziehungen dargestellt, im Anschluss werden kurz ausgewählte Ergebnisse bei den Kontrollvariablen dargestellt.

Weiterbildungsintensität

Im einfachen Modell zeigt sich sowohl für Betriebsrat als auch für eine Tarifvertragsbindung ein signifikant positiver Zusammenhang zur Weiterbildungsintensität. Betrachtet man die Modelle, welche die verschiedenen Kombinationen von Betriebsrat und Tarifvertragsbindung beachten, so zeigt sich für den *Fall a)* (kein Tarifvertrag und kein Betriebsrat)

Weiterbildungsintensität			
	Modell 1	**Modell 2**	**Modell 3**
Industrielle Beziehungen			
Betriebsrat			
Tarifvertrag			
a) kein Tarifvertrag * kein Betriebsrat	-0,1213 (0,0149) ***	*Referenzkategorie*	-0,0377 (0,0124) ***
c) Tarifvertrag * kein Betriebsrat	-0,0837 (0,0157) ***	0,0377 (0,0124) ***	*Referenzkategorie*
d) Betriebsrat * kein Tarifvertrag	-0,0469 (0,0178) ***	0,0744 (0,0184) ***	0,0367 (0,0195) *
b) Tarifvertrag * Betriebsrat	*Referenzkategorie*	0,1213 (0,0149) ***	0,0837 (0,0157) ***
Belegschaftsstruktur			
Anteil befristet Beschäftigte	0,0369 (0,0436)	0,0369 (0,0436)	0,0369 (0,0436)
Anteil Leiharbeiter	-0,0022 (0,0284)	-0,0022 (0,0284)	-0,0022 (0,0284)
Anteil freie Mitarbeiter	-0,0356 (0,0218)	-0,0356 (0,0218)	-0,0356 (0,0218)
Anteil Praktikanten	0,4272 (0,0864) ***	0,4272 (0,0864) ***	0,4272 (0,0864) ***
Anteil Teilzeitbeschäftigte	0,0217 (0,0319)	0,0217 (0,0319)	0,0217 (0,0319)
Frauenanteil	0,1706 (0,0240) ***	0,1706 (0,0240) ***	0,1706 (0,0240) ***
Anteil Akademiker	0,2572 (0,0334) ***	0,2572 (0,0334) ***	0,2572 (0,0334) ***
Anteil an einfachen Tätigkeiten	-0,2227 (0,0236) ***	-0,2227 (0,0236) ***	-0,2227 (0,0236) ***
Anteil geringfügig Beschäftigter	-0,3677 (0,0412) ***	-0,3677 (0,0412) ***	-0,3677 (0,0412) ***
Aufbau Humankapital			
Ausbildungsintensität	0,0247 (0,0648)	0,0247 (0,0648)	0,0247 (0,0648)
Neueinstellungsquote	-0,0448 (0,0439)	-0,0448 (0,0439)	-0,0448 (0,0439)
Sonstige betriebliche Merkmale			
Schlechte Ertragslage im letzten Jahr	-0,0496 (0,0127) ***	-0,0496 (0,0127) ***	-0,0496 (0,0127) ***
Sinkende Entwicklung des Geschäftsvolumens	-0,0176 (0,0101) *	-0,0176 (0,0101) *	-0,0176 (0,0101) *
Negatives Geschäftsergebnis	-0,0077 (0,0175)	-0,0077 (0,0175)	-0,0077 (0,0175)
Investitionen in EDV/Kommunikation	0,0880 (0,0107) ***	0,0880 (0,0107) ***	0,0880 (0,0107) ***
Investitionen in Produktionsanlagen	0,0384 (0,0108) ***	0,0384 (0,0108) ***	0,0384 (0,0108) ***
Ostdeutsches Unternehmen	0,0035 (0,0106)	0,0035 (0,0106)	0,0035 (0,0106)
Konstante	0,1583 (0,0507) ***	0,0370 (0,0523)	0,0747 (0,0524)
Dummy-Variablen für die Betriebsgrößen	Ja	Ja	Ja
Dummy-Variablen für Branchen	Ja	Ja	Ja
Log pseudolikelihood	-4772,7655	-4772,7655	-4772,7655
$F_{(41, 8369)}$; $F_{(40, 8370)}$	46,01	46,01	46,01
Prob > F	0,0000	0,0000	0,0000
Pseudo R-Quadrat	0,1550	0,1550	0,1550
Fallzahl (=Betriebe)	8410	8410	8410
Zensierte Fälle (= 0)	3223	3223	3223

Tabelle 39:   Tobit-Schätzungen der Weiterbildungsintensitäten;

Weiterbildungsintensität		
	Modell 4	**Einfaches Modell**
Industrielle Beziehungen		
Betriebsrat		0,0802 (0,0132) ***
Tarifvertrag		0,0401 (0,0104) ***
a) kein Tarifvertrag * kein Betriebsrat	-0,0744 (0,0184) ***	
c) Tarifvertrag * kein Betriebsrat	-0,0367 (0,0195) *	
d) Betriebsrat * kein Tarifvertrag	*Referenzkategorie*	
b) Tarifvertrag * Betriebsrat	0,0469 (0,0178) ***	
Belegschaftsstruktur		
Anteil befristet Beschäftigte	0,0369 (0,0436)	0,0368 (0,0436)
Anteil Leiharbeiter	-0,0022 (0,0284)	-0,0024 (0,0284)
Anteil freie Mitarbeiter	-0,0356 (0,0218)	-0,0356 (0,0218)
Anteil Praktikanten	0,4272 (0,0864) ***	0,4270 (0,0864) ***
Anteil Teilzeitbeschäftigte	0,0217 (0,0319)	0,0216 (0,0319)
Frauenanteil	0,1706 (0,0240) ***	0,1707 (0,0240) ***
Anteil Akademiker	0,2572 (0,0334) ***	0,2570 (0,0334) ***
Anteil an einfachen Tätigkeiten	-0,2227 (0,0236) ***	-0,2228 (0,0236) ***
Anteil geringfügig Beschäftigter	-0,3677 (0,0412) ***	-0,3677 (0,0412) ***
Aufbau Humankapital		
Ausbildungsintensität	0,0247 (0,0648)	0,0238 (0,0647)
Neueinstellungsquote	-0,0448 (0,0439)	-0,0457 (0,0439)
Sonstige betriebliche Merkmale		
Schlechte Ertragslage im letzten Jahr	-0,0496 (0,0127) ***	-0,0496 (0,0127) ***
Sinkende Entwicklung des Geschäftsvolumens	-0,0176 (0,0101) *	-0,0177 (0,0101) *
Negatives Geschäftsergebnis	-0,0077 (0,0175)	-0,0076 (0,0175)
Investitionen in EDV/Kommunikation	0,0880 (0,0107) ***	0,0880 (0,0107) ***
Investitionen in Produktionsanlagen	0,0384 (0,0108) ***	0,0385 (0,0108) ***
Ostdeutsches Unternehmen	0,0035 (0,0106)	0,0037 (0,0106)
Konstante	0,1114 (0,0531) **	0,0372 (0,0523)
Dummy-Variablen für die Betriebsgrößen	Ja	Ja
Dummy-Variablen für Branchen	Ja	Ja
Log pseudolikelihood	-4772,7655	-4772,8444
F(41, 8369) ; F (40, 8370)	46,01	47,14
Prob > F	0,0000	0,0000
Pseudo R-Quadrat	0,1550	0,1550
Fallzahl (=Betriebe)	8410	8410
Zensierte Fälle (= 0)	3223	3223

Quelle: Eigene Berechnungen mit dem IAB-Betriebspanel 2009.

in allen Modellen ein signifikant negativer Zusammenhang zur Weiterbildungsintensität. Für den *Fall b)* (Tarifvertragsbindung und Betriebsrat) zeigt sich in allen Modellen ein signifikant positiver Zusammenhang zur Weiterbildungsintensität. Demnach können für die Weiterbildungsintensität die Hypothesen 4a und 4b bestätigt werden.

Kontrollvariablen

Der Anteil an freien Mitarbeitern steht mit der Weiterbildungsintensität in einem signifikant negativen Zusammenhang, was eventuell dadurch bedingt sein könnte, dass Unternehmen sich durch freie Mitarbeiter Know-How beschaffen können, ohne dafür eigene Investitionen in Weiterbildung tätigen zu müssen. Der Anteil an Praktikanten dagegen korreliert positiv mit der Weiterbildungsintensität. Dasselbe gilt auch für den Frauenanteil. Der Anteil an Akademikern steht in einem positiven Zusammenhang mit der betrieblichen Weiterbildungsintensität. Der Anteil an einfachen Tätigkeiten und geringfügig Beschäftigten steht in einer signifikant negativen Beziehung zur Weiterbildungsintensität im Betrieb. Dies ist möglicherweise darauf zurückzuführen, dass für einfache und geringfügige Tätigkeiten keine langen Einlern- und Ausbildungsphasen notwendig sind.

Zwischen Weiterbildungs- und Ausbildungsintensität bestehen keine signifikanten Zusammenhänge. Zwischen den Variablen zur wirtschaftlichen Situation und der Weiterbildungsintensität bestehen negative Zusammenhänge. Dies ist durch geringere finanzielle Ressourcen für Weiterbildungsaktivitäten in einer wirtschaftlich schlechten Lage zu erklären. Investitionen erhöhen die betriebliche Weiterbildungsintensität, was durch veränderte Qualifikationsanforderungen an die Mitarbeiter bedingt sein könnte.

Gütekriterien

Die Nullhypothese („Alle Koeffizienten des Modells gleich Null") kann für alle Modelle abgelehnt werden. Die signifikanten Zusammenhänge wurden bereits dargestellt.

6.4 Interne Karrierepfade

Den deskriptiven Ergebnissen des verwendeten Samples zufolge, bevorzugen knapp 75% der Betriebe, die in den nächsten zwei Jahren Bedarf an Fachkräften haben, interne Maßnahmen zur Deckung dieses Bedarfs. Diese Bevorzugung interner Stellenbesetzung kann als ein Indikator zur Förderung der internen Karrierepfade im Unternehmen betrachtet werden.

Die nachfolgende Tabelle zeigt den durchschnittlichen Anteil der Unternehmen, welche die interne Stellenbesetzung bevorzugen, für die unterschiedlichen Ausprägungsformen der industriellen Beziehungen.

Ausprägungsform der industriellen Beziehungen (Anteil am Gesamtsample von 8649 Betrieben)	Bevorzugung interner Stellenbesetzung (%)
a) kein Tarifvertrag und kein Betriebsrat (34,48%)	69,25
c) Tarifvertrag ohne Betriebsrat (23,34%)	75,09
d) Betriebsrat ohne Tarifvertrag (7,63%)	75,91
b) Tarifvertrag und Betriebsrat (34,55%)	80,25

Tabelle 40:   *Durchschnittlicher Anteil an Unternehmen, welche die interne Stellenbesetzung bevorzugen, für die Ausprägungsformen der industriellen Beziehungen; Quelle: Eigene Berechnungen mit dem IAB-Betriebspanel 2005.*

Dabei zeigt sich die durchschnittlich höchste Ausprägung für den Fall, dass das Unternehmen tarifgebunden ist und über einen Betriebsrat verfügt. Im Folgenden sollen nun die Ergebnisse der Logit-Schätzungen (Tabelle 41) dargestellt werden.

Industrielle Beziehungen

Im einfachen Modell zeigt sich ein signifikant positiver Zusammenhang zwischen Betriebsrat bzw. Tarifvertragsbindung und der Bevorzugung interner Stellenbesetzung. In den weiteren Modellen bestätigt sich dieser Zusammenhang. In allen Modellen zeigt sich ein signifikant positiver Zusammenhang zwischen dem *Fall b)* (Betriebsrat und Tarifvertragsbindung) und der Bevorzugung interner Stellenbesetzung. Für den *Fall a)* zeigt sich in allen Modellen ein signifikant negativer Zusammenhang zur abhängigen Variable. Demnach können die Hypothesen 5a und 5b vollständig angenommen werden.

Kontrollvariablen

Der Anteil befristet Beschäftigter und der Anteil der Leiharbeitnehmer senkt die Wahrscheinlichkeit der Bevorzugung interner Stellenbesetzung signifikant. Dies kann damit erklärt werden, dass befristet Beschäftigte und Leiharbeiter häufig eingesetzt werden, um Beschäftigungsspitzen abzudecken und nicht um diese langfristig zu qualifizieren und deren interne Karriere im Betrieb zu fördern. Auch der Anteil Teilzeitbeschäftigter steht in einem

Bevorzugung interner Stellenbesetzung			
	Modell 1	**Modell 2**	**Modell 3**
Industrielle Beziehungen			
Betriebsrat			
Tarifvertrag			
a) kein Tarifvertrag * kein Betriebsrat	-0,4998 (0,0821) ***	*Referenzkategorie*	-0,2218 (0,0712) ***
c) Tarifvertrag * kein Betriebsrat	-0,2780 (0,0861) ***	0,2218 (0,0712) ***	*Referenzkategorie*
d) Betriebsrat * kein Tarifvertrag	-0,1065 (0,1121)	0,3933 (0,1154) ***	0,1715 (0,1210)
b) Tarifvertrag * Betriebsrat	*Referenzkategorie*	0,4998 (0,0821) ***	0,2780 (0,0861) ***
Belegschaftsstruktur			
Anteil befristet Beschäftigte	-1,1580 (0,1838) ***	-1,1580 (0,1838) ***	-1,1580 (0,1838) ***
Anteil Leiharbeiter	-0,6466 (0,3718) *	-0,6466 (0,3718) *	-0,6466 (0,3718) *
Anteil freie Mitarbeiter	0,1444 (0,0949)	0,1444 (0,0949)	0,1444 (0,0949)
Anteil Teilzeitbeschäftigte	-0,3675 (0,1503) **	-0,3675 (0,1503) **	-0,3675 (0,1503) **
Frauenanteil	0,7559 (0,1380) ***	0,7559 (0,1380) ***	0,7559 (0,1380) ***
Anteil Akademiker	-1,6648 (0,1466) ***	-1,6648 (0,1466) ***	-1,6648 (0,1466) ***
Anteil an einfachen Tätigkeiten	-0,7127 (0,2133) ***	-0,7127 (0,2133) ***	-0,7127 (0,2133) ***
Sonstige betriebliche Merkmale			
Schlechte Ertragslage im letzten Jahr	-0,0166 (0,0615)	-0,0166 (0,0615)	-0,0166 (0,0615)
Sinkende Entwicklung des Geschäftsvolumens	0,1509 (0,0664) **	0,1509 (0,0664) **	0,1509 (0,0664) **
Investitionen in EDV/Kommunikation	0,2163 (0,0621) ***	0,2163 (0,0621) ***	0,2163 (0,0621) ***
Investitionen in Produktionsanlagen	0,2041 (0,0624) ***	0,2041 (0,0624) ***	0,2041 (0,0624) ***
Ostdeutsches Unternehmen	0,1882 (0,0590) ***	0,1882 (0,0590) ***	0,1882 (0,0590) ***
Betrieb in ausländischem Besitz	-0,3733 (0,1026) ***	-0,3733 (0,1026) ***	-0,3733 (0,1026) ***
Konstante	1,6195 (0,2334) ***	1,1197 (0,2223) ***	1,3415 (0,2237) ***
Dummy-Variablen für die Betriebsgrößen	Ja	Ja	Ja
Dummy-Variablen für Branchen	Ja	Ja	Ja
Log pseudolikelihood	-4520,3459	-4519,3459	-4519,3459
Wald chi2 (36)	639,29	639,29	639,29
Prob > chi2	0,0000	0,0000	0,0000
Hosmer-Lemeshow chi2 (8)	10,41	10,41	10,41
Prob > chi2	0,2375	0,2375	0,2375
Correctly Classified	0,7567	0,7567	0,7567
PCC	0,6242	0,6242	0,6242
Pseudo R-Quadrat	0,0720	0,0720	0,0720
Fallzahl (=Betriebe)	8649	8649	8649

Tabelle 41:   Logit-Schätzungen der Bevorzugung interner Stellenbesetzung;

Bevorzugung interner Stellenbesetzung		
	Modell 4	**Einfaches Modell**
Industrielle Beziehungen		
Betriebsrat		0,3173 (0,0745) ***
Tarifvertrag		0,1878 (0,0607) ***
a) kein Tarifvertrag * kein Betriebsrat	-0,3933 (0,1154) ***	
c) Tarifvertrag * kein Betriebsrat	-0,1715 (0,1210)	
d) Betriebsrat * kein Tarifvertrag	*Referenzkategorie*	
b) Tarifvertrag * Betriebsrat	0,1065 (0,1121)	
Belegschaftsstruktur		
Anteil befristet Beschäftigte	-1,1580 (0,1838) ***	-1,1557 (0,1837) ***
Anteil Leiharbeiter	-0,6466 (0,3718) *	-0,6372 (0,3722) *
Anteil freie Mitarbeiter	0,1444 (0,0949)	0,1462 (0,0947)
Anteil Teilzeitbeschäftigte	-0,3675 (0,1503) **	-0,3645 (0,1503) **
Frauenanteil	0,7559 (0,1380) ***	0,7560 (0,1380) ***
Anteil Akademiker	-1,6648 (0,1466) ***	-1,6651 (0,1466) ***
Anteil an einfachen Tätigkeiten	-0,7127 (0,2133) ***	-0,7117 (0,2133) ***
Sonstige betriebliche Merkmale		
Schlechte Ertragslage im letzten Jahr	-0,0166 (0,0615)	-0,0158 (0,0615)
Sinkende Entwicklung des Geschäftsvolumens	0,1509 (0,0664) **	0,1499 (0,0664) **
Investitionen in EDV/Kommunikation	0,2163 (0,0621) ***	0,2164 (0,0621) ***
Investitionen in Produktionsanlagen	0,2041 (0,0624) ***	0,2042 (0,0624) ***
Ostdeutsches Unternehmen	0,1882 (0,0590) ***	0,1864 (0,0590) ***
Betrieb in ausländischem Besitz	-0,3733 (0,1026) ***	-0,3732 (0,1026) ***
Konstante	1,5130 (0,2487) ***	1,1335 (0,2217) ***
Dummy-Variablen für die Betriebsgrößen	Ja	Ja
Dummy-Variablen für Branchen	Ja	Ja
Log pseudolikelihood	-4519,3459	-4520,7541
Wald chi2 (36)	639,29	638,08
Prob > chi2	0,0000	0,0000
Hosmer-Lemeshow chi2 (8)	10,41	12,03
Prob > chi2	0,2375	0,1497
Correctly Classified	0,7567	0,7567
PCC	0,6242	0,6242
Pseudo R-Quadrat	0,0720	0,0719
Fallzahl (=Betriebe)	8649	8649

Quelle: Eigene Berechnungen mit dem IAB-Betriebspanel 2005.

signifikant negativen Zusammenhang mit der abhängigen Dummy-Variable. Dies würde bedeuten, dass ein höherer Anteil an Teilzeitbeschäftigten die Wahrscheinlichkeit senkt, interne Maßnahmen der Stellenbesetzung externen Maßnahmen vorzuziehen. Der signifikant negative Zusammenhang zwischen dem Anteil an Tätigkeiten, die einen Hochschulabschluss erfordern und der abhängigen Variable könnte dadurch bedingt sein, dass in Betrieben mit einem hohen Akademikeranteil ein hoher Bedarf an Wissen von Nöten ist, das nur extern beschafft werden kann. Der signifikant negative Einfluss des Anteils an einfachen Tätigkeiten ist nicht weiter verwunderlich, da einfache Tätigkeiten wenig Qualifizierungsbedarf nach sich ziehen und der personelle Bedarf auch extern gedeckt werden kann.

Eine antizipierte sinkende Entwicklung des Geschäftsvolumens erhöht die Wahrscheinlichkeit, dass interne Maßnahmen zur Deckung des Fachkräftebedarfs bevorzugt werden. Dies ist insofern nachvollziehbar, dass bei einer unsicheren wirtschaftlichen Situation nicht neu eingestellt wird, da nicht klar ist, ob der Personalbedarf dauerhaft bestehen bleibt. Investitionen stehen ebenfalls in einem signifikant positiven Zusammenhang zur Bevorzugung interner Maßnahmen zur Personalbedarfsdeckung. Investitionen können erhöhte Qualifikationsanforderungen nach sich ziehen, so dass hier eine interne Qualifizierung notwendig sein kann. Befindet sich der Betrieb in Ostdeutschland, so erhöht dies die Wahrscheinlichkeit der Bevorzugung interner Maßnahmen der Personalbedarfsdeckung. Ein Betrieb in ausländischem Besitz scheint eher externe Maßnahmen der Personalbedarfsdeckung zu bevorzugen.

Gütekriterien

Das Pseudo-R^2 liegt unter 0,1 so dass die Gesamtgüte und damit auch die Aussagekraft des Modells als kritisch betrachtet werden sollte. Die dem Hosmer-Lemeshow-Test zugrunde gelegte Nullhypothese („alle Differenzen zwischen geschätzten und beobachteten Y-Werten sind gleich Null") kann allerdings abgelehnt werden und die Nullhyothese des Chi^2-Tests zur Prüfung der Gesamtgüte des Modells („Alle Koeffizienten sind gleich Null") kann ebenfalls abgelehnt werden. Das Proportional Chance Criterion liegt mit 62,42% unter dem Klassifikationsergebnis von 75,64%.

6.5 Gestaltung flexibler Entgeltstrukturen

6.5.1 Gewinn- / Erfolgsbeteiligung

Im Schnitt werden in 18,5% der Betriebe im Sample Gewinn-bzw. Erfolgsbeteiligungen eingesetzt, um die Beschäftigten am unternehmerischen Erfolg teilhaben zu lassen.

Die nachfolgende Tabelle 42 zeigt den durchschnittlichen Anteil an Unternehmen, die eine Gewinn- bzw. Erfolgsbeteiligung einsetzen, für die unterschiedlichen Ausprägungen der betrieblichen und überbetrieblichen Mitbestimmung.

Ausprägungsform der industriellen Beziehungen (Anteil am Gesamtsample von 8853 Betrieben)	Gewinn- bzw. Erfolgsbeteiligung (%)
a) kein Tarifvertrag und kein Betriebsrat (43,09%%)	14,78
c) Tarifvertrag ohne Betriebsrat (24,42%)	10,55
d) Betriebsrat ohne Tarifvertrag (7,14%)	29,11
b) Tarifvertrag und Betriebsrat (25,35%)	29,50

Tabelle 42:   Durchschnittlicher Anteil an Unternehmen mit Gewinn- bzw. Erfolgsbeteiligung für die Aus-
              prägungsformen der industriellen Beziehungen; Quelle: Eigene Berechnungen mit dem IAB-
              Betriebspanel 2009.

Dabei zeigt sich die höchste Ausprägung für den Fall, dass sowohl ein Betriebsrat als auch eine Tarifvertragsbindung vorhanden ist. Die geringste Ausprägung zeigt sich für den *Fall c)*.Im Folgenden sollen nun die Ergebnisse der Logit-Regressionen (Tabelle 43) dargestellt werden.

Industrielle Beziehungen

Das einfache Modell zeigt einen positiven, aber nicht signifikanten Zusammenhang zwischen Betriebsrat und dem Einsatz einer Gewinn- bzw. Erfolgsbeteiligung. Der Zusammenhang zwischen Tarifvertrag und der abhängigen Variable ist negativ und signifikant. Die weiteren Modelle zeigen einen positiven Zusammenhang für den Fall, dass ein Betriebsrat ohne Tarifvertragsbindung existiert und dem Einsatz einer Gewinn- bzw. Erfolgsbeteiligung. Der *Fall c)* steht in allen Modellen in einem negativen Zusammenhang zur abhängigen Variable. Demnach kann weder Hypothese 6a noch Hypothese 6b für den Fall der Gewinn- bzw. Erfolgsbeteiligung bestätigt werden.

Kontrollvariablen

Der Anteil der freien Mitarbeiter und der Anteil an Akademikern stehen in einem signifikant positiven Zusammenhang zur abhängigen Variable. Dieser Zusammenhang lässt sich dadurch erklären, dass beide Anteile anspruchsvolle Tätigkeiten widerspiegeln und dass im

Gewinn-/ Erfolgsbeteiligung			
	Modell 1	Modell 2	Modell 3
Industrielle Beziehungen			
Betriebsrat			
Tarifvertrag			
a) kein Tarifvertrag * kein Betriebsrat	0,2319 (0,0946) **	*Referenzkategorie*	0,3692 (0,0908) ***
c) Tarifvertrag * kein Betriebsrat	-0,1372 (0,1063)	-0,3692 (0,0908) ***	*Referenzkategorie*
d) Betriebsrat * kein Tarifvertrag	0,2953 (0,1142) ***	0,0634 (0,1205)	0,4325 (0,1319) ***
b) Tarifvertrag * Betriebsrat	*Referenzkategorie*	-0,2319 (0,0946) **	0,1372 (0,1063)
Belegschaftsstruktur			
Anteil befristet Beschäftigte	-0,3200 (0,2607)	-0,3200 (0,2607)	-0,3200 (0,2607)
Anteil Leiharbeiter	0,1608 (0,1059)	0,1608 (0,1059)	0,1608 (0,1059)
Anteil freie Mitarbeiter	0,1168 (0,0591) **	0,1168 (0,0591) **	0,1168 (0,0591) **
Anteil Praktikanten	-0,0737 (0,6567)	-0,0737 (0,6567)	-0,0737 (0,6567)
Anteil Teilzeitbeschäftigte	-0,0924 (0,2178)	-0,0924 (0,2178)	-0,0924 (0,2178)
Frauenanteil	-0,2416 (0,1577)	-0,2416 (0,1577)	-0,2416 (0,1577)
Anteil Akademiker	0,7700 (0,1927) ***	0,7700 (0,1927) ***	0,7700 (0,1927) ***
Anteil an einfachen Tätigkeiten	-0,2172 (0,1475)	-0,2172 (0,1475)	-0,2172 (0,1475)
Anteil geringfügig Beschäftigter	-0,4921 (0,2977) *	-0,4921 (0,2977) *	-0,4921 (0,2977) *
Entgeltgestaltung			
Lohnsumme pro Beschäftigtem	0,0003 (0,0000) ***	0,0003 (0,0000) ***	0,0003 (0,0000) ***
Kapitalbeteiligung	2,4121 (0,1843) ***	2,4121 (0,1843) ***	2,4121 (0,1843) ***
Sonstige betriebliche Merkmale			
Ostdeutsches Unternehmen	-0,1047 (0,0731)	-0,1047 (0,0731)	-0,1047 (0,0731)
Betrieb in ausländischem Besitz	0,1338 (0,1154)	0,1338 (0,1154)	0,1338 (0,1154)
Konstante	-2,6287 (0,2784) ***	-2,3968 (0,2628) ***	-2,7660 (0,2700) ***
Dummy-Variablen für Betriebsgrößen	Ja	Ja	Ja
Dummy-Variablen für Branchen	Ja	Ja	Ja
Log pseudolikelihood	-3523,4308	-3523,4308	-3523,4308
Wald chi2 (37) ; Wald chi2 (36)	1015,16	1015,16	1015,16
Prob > chi2	0,0000	0,0000	0,0000
Hosmer-Lemeshow chi2 (8)	6,48	6,48	6,48
Prob > chi2	0,5931	0,5931	0,5931
Correctly Classified	0,8342	0,8342	0,8342
PCC	0,7041	0,7041	0,7041
Pseudo R-Quadrat	0,169	0,169	0,169
Fallzahl (=Betriebe)	8853	8853	8853

Tabelle 43:   Logit-Schätzungen des Einsatzes von Erfolgsbeteiligungen;

Gewinn-/ Erfolgsbeteiligung	Modell 4	Einfaches Modell
Industrielle Beziehungen		
Betriebsrat		0,1048 (0,0867)
Tarifvertrag		-0,3395 (0,0715) ***
a) kein Tarifvertrag * kein Betriebsrat	-0,0634 (0,1205)	
c) Tarifvertrag * kein Betriebsrat	-0,4325 (0,1319) ***	
d) Betriebsrat * kein Tarifvertrag	*Referenzkategorie*	
b) Tarifvertrag * Betriebsrat	-0,2953 (0,1142) ***	
Belegschaftsstruktur		
Anteil befristet Beschäftigte	-0,3200 (0,2607)	-0,3204 (0,2606)
Anteil Leiharbeiter	0,1608 (0,1059)	0,1590 (0,1059)
Anteil freie Mitarbeiter	0,1168 (0,0591) **	0,1170 (0,0589) **
Anteil Praktikanten	-0,0737 (0,6567)	-0,0736 (0,6555)
Anteil Teilzeitbeschäftigte	-0,0924 (0,2178)	-0,0922 (0,2177)
Frauenanteil	-0,2416 (0,1577)	-0,2399 (0,1577)
Anteil Akademiker	0,7700 (0,1927) ***	0,7715 (0,1927) ***
Anteil an einfachen Tätigkeiten	-0,2172 (0,1475)	-0,2183 (0,1475)
Anteil geringfügig Beschäftigter	-0,4921 (0,2977) *	-0,4909 (0,2977) *
Entgeltgestaltung		
Lohnsumme pro Beschäftigtem	0,0003 (0,0000) ***	0,0003 (0,0000) ***
Kapitalbeteiligung	2,4121 (0,1843) ***	2,4140 (0,1841) ***
Sonstige betriebliche Merkmale		
Ostdeutsches Unternehmen	-0,1047 (0,0731)	-0,1030 (0,0730)
Betrieb in ausländischem Besitz	0,1338 (0,1154)	0,1338 (0,1155)
Konstante	-2,3334 (0,2896) ***	-2,4067 (0,2625) ***
Dummy-Variablen für Betriebsgrößen	Ja	Ja
Dummy-Variablen für Branchen	Ja	Ja
Log pseudolikelihood	-3523,4308	-3523,565
Wald chi2 (37) ; Wald chi2 (36)	1015,16	1016,35
Prob > chi2	0,0000	0,0000
Hosmer-Lemeshow chi2 (8)	6,48	6,71
Prob > chi2	0,5931	0,5687
Correctly Classified	0,8342	0,8334
PCC	0,7041	0,7041
Pseudo R-Quadrat	0,169	0,1690
Fallzahl (=Betriebe)	8853	8853

Quelle: Eigene Berechnungen mit dem IAB-Betriebspanel 2009.

Bereich höherwertiger Tätigkeiten ein Einsatz erfolgsabhängiger Entlohnung üblicher und sinnvoller ist als im gewerblichen Bereich.

Beide Kontrollvariablen stehen in einem signifikant positiven Zusammenhang zur Gewinnbeteiligung. Ein Betrieb, der Mitarbeiter am Kapital eines Betriebes beteiligt, hat auch eine höhere Wahrscheinlichkeit, seine Beschäftigten am unternehmerischen Gewinn teilhaben zu lassen.

Gütekriterien

Das Pseudo-R^2 liegt knapp unter 0,2, so dass die Gesamtgüte des Modells als befriedigend eingestuft werden kann. Die dem Hosmer-Lemeshow-Test zugrunde gelegte Nullhypothese („alle Differenzen zwischen geschätzten und beobachteten Y-Werten sind gleich Null") kann abgelehnt werden. Dass Proportional Chance Criterion liegt – wie gefordert – unter dem Klassifikationsergebnis. Zudem kann die Nullhyothese des Chi^2-Tests zur Prüfung der Gesamtgüte des Modells („Alle Koeffizienten sind gleich Null") abgelehnt werden.

6.5.2 Kapitalbeteiligung

Im verwendeten Sample werden im Schnitt nur in 2,52% der Betriebe die Beschäftigten am Kapital beteiligt. Die nachfolgende Tabelle zeigt den durchschnittlichen Anteil an Unternehmen, die eine Kapitalbeteiligung einsetzen, für die unterschiedlichen Ausprägungen der betrieblichen und überbetrieblichen Mitbestimmung.

Ausprägungsform der industriellen Beziehungen (Anteil am Gesamtsample von 8851 Betrieben)	Kapitalbeteiligung (%)
a) kein Tarifvertrag und kein Betriebsrat (43,09%)	1,42
c) Tarifvertrag ohne Betriebsrat (24,42%)	1,16
d) Betriebsrat ohne Tarifvertrag (7,14%)	#
b) Tarifvertrag und Betriebsrat (25,35%)	5,66

Tabelle 44: Durchschnittlicher Anteil an Unternehmen mit Kapitalbeteiligung für die Ausprägungsformen der industriellen Beziehungen; Quelle: Eigene Berechnungen mit dem IAB-Betriebspanel 2009.

Im Folgenden sollen nun die Ergebnisse der logistischen Regressionen dargestellt werden.

Industrielle Beziehungen

Das einfache Modell zeigt signifikant positive Zusammenhänge für Betriebsrat und Tarifvertrag zur abhängigen Variable. Betrachtet man die weiteren Modelle, so zeigt sich für den *Fall a)* in allen Modellen ein negativer Zusammenhang für den Einsatz von Kapitalbeteiligungen. Demnach kann die Hypothese 6a für Kapitalbeteiligungen bestätigt werden. Die Hypothese 6b muss für den Fall der Kapitalbeteiligungen abgelehnt werden, da die gleichzeitige Existenz von Betriebsrat und Tarifvertragsbindung in einem signifikant positiven Verhältnis zum Einsatz einer Kapitalbeteiligung steht.

Weitere Kontrollvariablen

Der Einsatz von Gewinn- bzw. Erfolgsbeteiligung steht in einem signifikant positiven Zusammenhang zum Einsatz von Kapitalbeteiligungen im Betrieb.

Kapitalbeteiligung			
	Modell 1	**Modell 2**	**Modell 3**
Industrielle Beziehungen			
Betriebsrat			
Tarifvertrag			
a) kein Tarifvertrag * kein Betriebsrat	-0,8405 (0,2035) ***	*Referenzkategorie*	-0,1245 (0,2641)
c) Tarifvertrag * kein Betriebsrat	-0,7160 (0,2525) ***	0,1245 (0,2641)	*Referenzkategorie*
d) Betriebsrat * kein Tarifvertrag	-0,7341 (0,2834) ***	0,1063 (0,3083)	-0,0181 (0,3492)
b) Tarifvertrag * Betriebsrat	*Referenzkategorie*	0,8405 (0,2035) ***	0,7160 (0,2525) ***
Belegschaftsstruktur			
Anteil befristet Beschäftigte	-0,6322 (0,7873)	-0,6322 (0,7873)	-0,6322 (0,7873)
Anteil Leiharbeiter	-0,2906 (0,6863)	-0,2906 (0,6863)	-0,2906 (0,6863)
Anteil freie Mitarbeiter	-0,2233 (0,4829)	-0,2233 (0,4829)	-0,2233 (0,4829)
Anteil Praktikanten	-1,6969 (2,3676)	-1,6969 (2,3676)	-1,6969 (2,3676)
Anteil Teilzeitbeschäftigte	0,2250 (0,5760)	0,2250 (0,5760)	0,2250 (0,5760)
Frauenanteil	-0,1438 (0,3815)	-0,1438 (0,3815)	-0,1438 (0,3815)
Anteil Akademiker	0,7902 (0,4513) *	0,7902 (0,4513) *	0,7902 (0,4513) *
Anteil an einfachen Tätigkeiten	0,5167 (0,3702)	0,5167 (0,3702)	0,5167 (0,3702)
Anteil geringfügig Beschäftigter	-0,9285 (1,0571)	-0,9285 (1,0571)	-0,9285 (1,0571)
Entgeltgestaltung			
Lohnsumme pro Beschäftigtem	0,0001 (0,0001)	0,0001 (0,0001)	0,0001 (0,0001)
Erfolgsbeteiligung	2,3931 (0,1882) ***	2,3931 (0,1882) ***	2,3931 (0,1882) ***
Sonstige betriebliche Merkmale			
Ostdeutsches Unternehmen	0,2748 (0,1729)	0,2748 (0,1729)	0,2748 (0,1729)
Betrieb in ausländischem Besitz	0,2014 (0,2303)	0,2014 (0,2303)	0,2014 (0,2303)
Kapitalgesellschaft (AG, KGaA)	1,1198 (0,2109) ***	1,1198 (0,2109) ***	1,1198 (0,2109) ***
Betriebsgröße	0,0000 (0,0000)	0,0000 (0,0000)	0,0000 (0,0000)
Konstante	-3,7681 (0,5004) ***	-4,6086 (0,4918) ***	-4,4841 (0,4902) ***
Dummy-Variablen für Branchen	Ja	Ja	Ja
Log pseudolikelihood	-777,59	-777,59	-777,59
Wald chi2 (38)	527,63	527,63	527,63
Prob > chi2	0,0000	0,0000	0,0000
Hosmer-Lemeshow chi2 (8)	9,90	9,90	9,90
Prob > chi2	0,2722	0,2722	0,2722
Correctly Classified	0,9747	0,9747	0,9747
PCC	0,9509	0,9509	0,9509
Pseudo R-Quadrat	0,2531	0,2531	0,2531
Fallzahl (=Betriebe)	8851	8851	8851

Tabelle 45:   Logit-Schätzungen des Einsatzes von Kapitalbeteiligungen;

Kapitalbeteiligung		
	Modell 4	**Einfaches Modell**
Industrielle Beziehungen		
Betriebsrat		0,4645 (0,1863) **
Tarifvertrag		0,4107 (0,1761) **
a) kein Tarifvertrag * kein Betriebsrat	-0,1063 (0,3083)	
c) Tarifvertrag * kein Betriebsrat	0,0181 (0,3492)	
d) Betriebsrat * kein Tarifvertrag	*Referenzkategorie*	
b) Tarifvertrag * Betriebsrat	0,7341 (0,2834) ***	
Belegschaftsstruktur		
Anteil befristet Beschäftigte	-0,6322 (0,7873)	-0,6390 (0,7876)
Anteil Leiharbeiter	-0,2906 (0,6863)	-0,2967 (0,6844)
Anteil freie Mitarbeiter	-0,2233 (0,4829)	-0,2090 (0,4779)
Anteil Praktikanten	-1,6969 (2,3676)	-1,7195 (2,3770)
Anteil Teilzeitbeschäftigte	0,2250 (0,5760)	0,2347 (0,5746)
Frauenanteil	-0,1438 (0,3815)	-0,1364 (0,3826)
Anteil Akademiker	0,7902 (0,4513) *	0,7687 (0,4543) *
Anteil an einfachen Tätigkeiten	0,5167 (0,3702)	0,5077 (0,3706)
Anteil geringfügig Beschäftigter	-0,9285 (1,0571)	-0,9393 (1,0614)
Entgeltgestaltung		
Lohnsumme pro Beschäftigtem	0,0001 (0,0001)	0,0001 (0,0001)
Erfolgsbeteiligung	2,3931 (0,1882) ***	2,3975 (0,1884) ***
Sonstige betriebliche Merkmale		
Ostdeutsches Unternehmen	0,2748 (0,1729)	0,2868 (0,1721) *
Betrieb in ausländischem Besitz	0,2014 (0,2303)	0,2003 (0,2307)
Kapitalgesellschaft (AG, KGaA)	1,1198 (0,2109) ***	1,1285 (0,2115) ***
Betriebsgröße	0,0000 (0,0000)	0,0000 (0,0000)
Konstante	-4,5022 (0,5567) ***	-4,7278 (0,4904) ***
Dummy-Variablen für Branchen	Ja	Ja
Log pseudolikelihood	-777,59	-778,96059
Wald chi2 (38)	527,63	522,64
Prob > chi2	0,0000	0,0000
Hosmer-Lemeshow chi2 (8)	9,90	16,62
Prob > chi2	0,2722	0,0343
Correctly Classified	0,9747	0,9747
PCC	0,9509	0,9509
Pseudo R-Quadrat	0,2531	0,2518
Fallzahl (=Betriebe)	8851	8851

Quelle: Eigene Berechnungen mit dem IAB-Betriebspanel 2009.

Demnach scheinen Betriebe, welche eine Gewinn- bzw. Erfolgsbeteiligung als zusätzlichen finanziellen Anreiz für ihre Beschäftigten einsetzen, auch eine hohe Wahrscheinlichkeit zu haben, ihre Beschäftigten am betrieblichen Kapital zu beteiligen.

Handelt es sich bei dem Betrieb um eine Kapitalgesellschaft (AG, KGaA), dann erhöht dies signifikant die Wahrscheinlichkeit, dass der Betrieb seine Beschäftigten am betrieblichen Kapital beteiligt. Dies kann dadurch erklärt werden, dass die Ausgabe von Aktienoptionen oder Belegschaftsaktien bei dieser Rechtsform möglich ist. Aktienoptionen oder Belegschaftsaktien stellen die einfachste Form der Kapitalbeteiligung von Mitarbeitern dar.

Gütekriterien

Die Gesamtgüte des Modells kann mit einem Pseudo-R^2 von 0,2538 als gut beurteilt werden. Die dem Hosmer-Lemeshow-Test zugrunde gelegte Nullhypothese („alle Differenzen zwischen geschätzten und beobachteten Y-Werten sind gleich Null") kann abgelehnt werden. Dass Proportional Chance Criterion liegt – wie gefordert – unter dem Klassifikationsergebnis. Zudem kann die Nullhypothese des Chi^2-Tests zur Prüfung der Gesamtgüte des Modells („Alle Koeffizienten sind gleich Null") abgelehnt werden

6.6 Überblick über die Ergebnisse der empirischen Untersuchung

Im Folgenden werden die Ergebnisse der empirischen Untersuchung nochmals zusammengefasst und abschließend in Tabelle 46 dargestellt.

Hinsichtlich des Einsatzes atypischer Beschäftigung und dem damit verbundenen Aufbau einer Randbelegschaft zeigt sich ein heterogener Zusammenhang zu den Ausprägungsformen der industriellen Beziehungen. Es zeigen sich sehr differenzierte Zusammenhänge in Abhängigkeit der einzelnen Beschäftigungsformen der Randbelegschaft. Zudem zeigen sich bei manchen Beschäftigungsformen eine verstärkende Wirkung von Betriebsrat und tarifvertraglicher Bindung, bei anderen Beschäftigungsformen schwächt sich der Einfluss der beiden Mitbestimmungsebenen gegenseitig ab.

Insbesondere beim Einsatz von Leiharbeitern zeigt sich nicht der vermutete negative Zusammenhang zum Betriebsrat und einer Tarifvertragsbindung. Vielmehr scheint sich hier zum Betriebsrat und zur Kombination von Betriebsrat und Tarifvertragsbindung ein positiver Zusammenhang zu zeigen. Dies würde darauf hindeuten, dass Betriebsräte und Gewerkschaften sich nicht unbedingt als Interessensvertreter der im Betrieb eingesetzten Leiharbeiter sehen, obwohl genau dies eines der Ziele der Reform des Betriebsverfassungsgesetzes war. Vielmehr würde durch die betriebliche und überbetriebliche Mitbestimmung – nach dem Ergebnis dieser Schätzung – die Insider-Outsider-Problematik im Betrieb verstärkt werden. Von einer Segmentation könnte allerdings erst dann gesprochen werden, wenn Mobilitätsbarrieren bzw. Eintrittsbarrieren vorliegen. Deshalb müssen auch die Ergebnisse zur Offenheit des internen Arbeitsmarktes beachtet werden. Die Aussage bezüglich der Verstärkung der Insider-Outsider-Trennung im Unternehmen muss stark relativiert werden, wenn man den Zusammenhang zwischen betrieblicher und überbetrieblicher Mitbestimmung und der Einstellung ehemaliger Leiharbeitnehmer betrachtet. Demnach steht die Existenz eines Betriebsrates in einem signifikant positiven Verhältnis zur Einstellung ehemaliger Leiharbeitnehmer. Dies gilt auch für das Zusammenwirken der betrieblichen und überbetrieblichen Ebene. Damit fördert der Betriebsrat nicht die innerbetriebliche Segmentation, sondern wirkt dieser vielmehr entgegen. Vor dem Hintergrund der Ergebnisse der Tobit-Schätzung zu Einstellung ehemaliger Leiharbeitnehmer sieht sich der Betriebsrat als Interessensvertreter aller Beschäftigten, einschließlich der als Leiharbeitnehmer im Betrieb Beschäftigten. Eine tarifvertragliche Bindung bzw. eine tarifvertragliche Bindung ohne gleichzeitige Existenz eines Betriebsrates stehen hingegen in einem negativen Zusammenhang zur Einstellung ehemaliger Leiharbeitnehmer. Dieses Ergebnis könnte sich durch die mit einem Tarifvertrag verbundenen höheren Lohnkosten erklären lassen. Dies ist zwar auch dann der Fall, wenn eine Tarifvertragsbindung in Kombination mit einem Betriebsrat vorliegt; allerdings könnte bei Vorhandensein eines Betriebsrates die betriebliche Ebene sich bei Verhandlungen mit dem Arbeitgeber über feste Einstellungen von Leiharbeitern durchsetzen.

Was die Neueinstellungsrate betrifft, so zeigen die Ergebnisse der empirischen Untersuchung einen negativen Zusammenhang zur betrieblichen und überbetrieblichen Mitbestimmung. Ein positiver Zusammenhang zwischen Neueinstellungsrate zeigt sich insbesondere für den Fall, dass eine tarifvertragliche Bindung besteht, jedoch kein Betriebsrat vorhanden ist.

Hinsichtlich der Austritte aus dem internen Arbeitsmarkt zeigt sich ein deutlich negativer Zusammenhang zu einem Betriebsrat und zur gleichzeitigen Existenz eines Betriebsrates und einer Tarifvertragsbindung. Ein positiver Einfluss zeigt sich für die Existenz eines Tarifvertrages sowie eines Tarifvertrages ohne gleichzeitiges Bestehen eines Betriebsrates. Analog zur Einstellung ehemaliger Leiharbeiter und der Neueinstellungsrate, zeigen sich hier auch unterschiedliche Zusammenhänge für das gleichzeitige Bestehen von betrieblicher und überbetrieblicher Mitbestimmung und dem alleinigen Vorhandensein einer Tarifvertragsbindung. Auch hier scheint sich die betriebliche Ebene gegenüber der überbetrieblichen Ebene durchzusetzen.

Damit fördert das gleichzeitige Bestehen von betrieblicher und überbetrieblicher Mitbestimmung einen geschlossenen internen Arbeitsmarkt und nimmt einen restriktiven Einfluss auf die *„ports of entry"*. Dies zeigt, dass die Belegschaft durch gleichzeitige Existenz von betrieblicher und überbetrieblicher Mitbestimmung vor Beschäftigungsschwankungen schützt. Zudem zeigt der negative Zusammenhang von Betriebsrat und Tarifvertrag zur Arbeitnehmerkündigungsrate die Voice-Funktion der Mitbestimmung. Von einer geringen arbeitnehmerseitig induzierten Fluktuation kann auch auf eine relativ hohe Arbeitszufriedenheit geschlossen werden.

Zudem bedeutet ein geschlossener interner Arbeitsmarkt auch ausgeprägte interne Karrierepfade. Beschäftigte präferieren interne Karrieremöglichkeiten gegenüber externen Angeboten hinsichtlich der Karriereentwicklung. Diese Voice-Funktion der Mitbestimmung wird durch den positiven Zusammenhang zwischen Betriebsrat und Tarifvertragsbindung und der Bevorzugung interner Stellenbesetzung und damit der Förderung interner Karrierepfade nochmal einmal betont. Umgekehrt zeigt sich bei nicht mitbestimmten Unternehmen der negative Zusammenhang zur abhängigen Variable.

Bei der Weiterbildungsintensität zeigt sich deutlich der vermutete positive Zusammenhang zu industriellen Beziehungen. Beim Betriebsrat kann dieser Zusammenhang durch die Voice-Funktion erklärt werden und bei einer tarifvertraglichen Bindung durch entsprechende Regelungen in Tarifverträgen. Besteht weder ein Betriebsrat noch eine Tarifvertragsbindung, so steht dies in einem eindeutig negativen Zusammenhang zur Weiterbildungsintensität im Unternehmen.

Im Rahmen der Entgeltstrukturen steht ein Betriebsrat ohne gleichzeitige Tarifvertragsbindung in einem positiven Zusammenhang zur Erfolgs- bzw. Gewinnbeteiligung. Eine Tarifvertragsbindung ohne gleichzeitige Existenz eines Betriebsrates steht jedoch in einem negativen Zusammenhang zu dieser Entgeltkomponente. Bei der Kapitalbeteiligung stehen Betriebsrat und Tarifvertrag in einem deutlich positiven Zusammenhang zur Kapitalbeteiligung. Besteht kein Betriebsrat und keine Tarifvertragsbindung, so steht dies in allen Modellen in einem negativen Zusammenhang mit dem Einsatz von Kapitalbeteiligungen. Für den Einsatz von Erfolgs- bzw. Gewinnbeteiligungen ist der Zusammenhang zum *Fall a)* nicht eindeutig.

Zentrale Aspekte interner Arbeitsmärkte		Untersuchte Aspekte	Referenz-kategorie	a) Kein TV und kein BV	c) TV ohne BR	d) BR ohne TV	b) BR und TV	BR	TV
Relative Größe		Anteil befristet Beschäftigter	(a)		(+)**	(+)	(+)		
			(b)	(-)	(+)*	(+)			
			Einfaches Modell					(-)	(+)*
		Anteil Leiharbeiter	a)		(+)	(+)*	(+)*		
			b)	(-)*	(-)	(-)			
			Einfaches Modell					(+)**	(+)
		Anteil freier Mitarbeiter[a]	a)		(-)***	(-)*	(-)***		
			b)	(+)***	(-)	(+)			
			Einfaches Modell					(-)	(-)***
		Anteil Praktikanten	a)		(+)	(+)	(+)		
			b)	(-)	(-)	(+)			
			Einfaches Modell					(+)	(+)
		Anteil geringfügig Beschäftigter	a)		(-)***	(-)***	(-)***		
			b)	(+)***	(+)***	(+)***			
			Einfaches Modell					(-)***	(-)***
Offenheit	**Eintritte**	Neueinstellungsrate	a)		(+)***	(-)*	(-)***		
			b)	(+)***	(+)***	(+)***			
			Einfaches Modell					(-)***	(+)**
		Eintrittsrate durch unbefristete Übernahme befristet Beschäftigter	a)		(+)	(+)	(+)		
			b)	(-)	(-)	(-)			
			Einfaches Modell					(+)	(+)
		Einstellung ehemaliger Leiharbeiter („Klebeeffekt") (2008)	a)		(-)	(+)**	(+)		
			b)	(-)	(-)*	(+)**			
			Einfaches Modell					(+)***	(-)**

197

Zentrale Aspekte interner Arbeitsmärkte		Untersuchte Aspekte	Referenz-kategorie	c) Kein TV und kein BV	c) TV ohne BR	d) BR ohne TV	d) BR und TV	BR	TV
Offenheit	**Austritte**	Personalabgangsrate	(a)		(+)**	(-)	(-)		
			(b)	(+)	(+)***	(+)			
			Einfaches Modell					(-)***	(+)*
		Arbeitnehmerkündigungsrate	a)		(+)**	(-)	(-)***		
			b)	(+)***	(+)***	(+)***			
			Einfaches Modell					(-)***	(+)
		Arbeitgeberkündigungsrate	a)		(+)*	(-)**	(-)***		
			b)	(+)***	(+)***	(+)***			
			Einfaches Modell					(-)***	(-)
Qualifizierung zur Erhöhung der internen Einsatzflexibilität		Weiterbildungsintensität	a)		(+)***	(+)***	(+)***		
			b)	(-)***	(-)***	(-)***			
			Einfaches Modell					(+)***	(+)***
Interne Karrierepfade		Bevorzugung interner Stellenbesetzung (2005)	a)		(+)***	(+)***	(+)***		
			b)	(-)***	(-)***	(-)			
			Einfaches Modell					(+)***	(+)***
Entgeltstrukturen		Erfolgsbeteiligung	a)		(-)***	(+)	(-)***		
			b)	(+)**	(-)	(+)***			
			Einfaches Modell					(+)	(-)***
		Kapitalbeteiligung	a)		(+)	(+)	(+)***		
			b)	(-)***	(-)***	(-)***			
			Einfaches Modell					(+)***	(+)***

Tabelle 46: *Übersicht über die Ergebnisse der empirischen Untersuchung aufgeteilt nach den zentralen Aspekten interner Arbeitsmärkte im Rahmen eines systematischen Beschäftigungsmanagements. Anmerkungen: *, ** und *** kennzeichnen Signifikanzen auf dem 10%-, 5%- und 1%-Niveau; Quelle: Eigene Darstellung. "Die Modellgüte ist hier bei allen Modellen als kritisch zu beurteilen.*

7 Abschließende Betrachtung der Arbeit

Das folgende Kapitel 7.1 fasst zunächst die zentralen Ergebnisse der Arbeit zusammen. Anschließend wird die vorliegende Arbeit in Kapitel 7.2 einer kritischen Reflektion unterzogen und es werden Forschungsimplikationen aufgezeigt.

7.1 Zusammenfassung und Diskussion der Ergebnisse

Ziel der vorliegenden Arbeit war es, den Einfluss der industriellen Beziehungen auf die zentralen Aspekte interner Arbeitsmärkte im Rahmen eines systematischen Beschäftigungsmanagements zu untersuchen. Es existieren zwar Studien, welche bereits den Zusammenhang zwischen industriellen Beziehungen und einzelnen Aspekten des internen Arbeitsmarktes untersucht haben, eine umfassende theoretisch-fundierte empirische Analyse für das Gesamtkonzept des internen Arbeitsmarktes ist hier aber bislang ausgeblieben. Diese Forschungslücke kann anhand der vorliegenden Arbeit geschlossen werden. Zudem liefert die Arbeit einen umfassenden Überblick zum Forschungsstand hinsichtlich des Zusammenhangs von industriellen Beziehungen und dem Konzept des internen Arbeitsmarktes. Um die beschriebene Zielsetzung der Arbeit zu erreichen, wurde zunächst das Konzept des internen Arbeitsmarktes im Rahmen der Segmentationstheorie vorgestellt. Durch eine Verknüpfung der segmentationstheoretischen Überlegungen mit dem Resource-based View konnte gezeigt werden, wie der interne Arbeitsmarkt als Instrument eines systematischen Beschäftigungsmanagements gestaltet und genutzt werden kann. Das duale System der industriellen Beziehungen wurde als eine Rahmenbedingung dieses Instruments beschrieben. Um eine theoretisch-fundierte Analyse durchführen zu können, wurden die theoretischen Ansätze der Property Rights Theorie und der Partizipationstheorie (verknüpft mit dem Exit-Voice-Ansatz) als konkurrierende Denkschulen zu den ökonomischen Auswirkungen der Mitbestimmung herangezogen. Dabei wurden die grundlegenden theoretischen Implikationen für die Auswirkungen der Mitbestimmung gezeigt. Anhand rechtlicher Möglichkeiten im Kontext des Betriebsverfassungsgesetzes und tarifvertraglicher Regelungen wurde gezeigt, inwiefern Betriebsräte und Gewerkschaften die zentralen Charakteristika interner Arbeitsmärkte beeinflussen können. Diese Gestaltungsmöglichkeiten wurden mit den theoretischen Ansätzen verknüpft, um Arbeitshypothesen ableiten zu können. Eine erste Überprüfung dieser Hypothesen konnte teilweise anhand der bereits bestehenden empirischen Studien durchgeführt werden.

Um den Einfluss der industriellen Beziehungen auf das Gesamtkonzept des internen Arbeitsmarktes als Instrument eines systematischen Beschäftigungsmanagements determinieren zu können, wurde – im Anschluss an die theoretisch-rechtliche Analyse – anhand des IAB-Betriebspanels eine umfassende empirische Analyse durchgeführt. Dabei

© Springer Fachmedien Wiesbaden GmbH, ein Teil von Springer Nature 2012
C. Jensen, *Der Einfluss der industriellen Beziehungen auf interne Arbeitsmärkte*,
Edition KWV, https://doi.org/10.1007/978-3-658-24334-0_7

wurde sowohl die Existenz eines Betriebsrates und einer Tarifvertragsbindung beachtet als auch Kombinationsfälle der betrieblichen und überbetrieblichen Ebene.

Im Rahmen eines systematischen Beschäftigungsmanagements scheinen Unternehmen, welche exakt die Argumentationslinie der Partizipationstheorie widerspiegeln (Betriebsrat und Tarifvertragsbindung), interne Flexibilitätspotenziale aufzubauen. Dies zeigte sich insbesondere bei den Aspekten Qualifizierung und der Bevorzugung interner vor externer Stellenbesetzung. Bei der Nutzung externer Flexibilität muss zwischen der betrieblichen und überbetrieblichen Mitbestimmung unterschieden werden. Die externe Flexibilität durch Eintritte wird bei einem Unternehmen mit Betriebsrat weniger genutzt, als in einem Unternehmen ohne betriebliche Interessensvertretung. Die externe Flexibilität durch Ein- und Austritte steht dagegen in einem negativen Zusammenhang mit der gleichzeitigen Existenz von betrieblicher und überbetrieblicher Mitbestimmung. Demnach fördert Mitbestimmung einen abgegrenzten internen Arbeitsmarkt mit stark ausgeprägten internen Karrierepfaden. Hinsichtlich der relativen Größe des internen Arbeitsmarktes lässt sich keine einheitliche Aussage treffen.

Für Unternehmen, die der Argumentationsstruktur der Property Rights Theorie folgen (weder Betriebsrat noch Tarifvertrag), zeigten sich nicht eindeutig die erwarteten Zusammenhänge. Vielmehr zeigten diese bei der externen Flexibilität durch Ein- und Austritte für Unternehmen, welche tarifgebunden sind, aber über keinen Betriebsrat verfügen. Dies gilt insbesondere für die Neueinstellungsrate sowie sämtliche Austrittsraten aus dem internen Arbeitsmarkt. Bei der internen Flexibilität durch Qualifizierung und der internen Stellenbesetzung zeigten sich die erwarteten negativen Zusammenhänge zum *Mitbestimmungsfall a)*. Was die relative Größe des internen Arbeitsmarktes betrifft, so kann auch hier keine eindeutige Aussage getroffen werden.

7.2 Kritische Reflektion der Arbeit und Forschungsimplikationen

Für diese Arbeit wurde die quantitative Forschung als Zugang gewählt. Dies ermöglichte die statistische Untersuchung der Zusammenhänge zwischen industriellen Beziehungen und den einzelnen Aspekten des internen Arbeitsmarktes. Dabei ist aber nicht eindeutig festzustellen, ob die gefundenen Zusammenhänge zwischen industriellen Beziehungen und internem Arbeitsmarkt durch ein bewusstes gestaltendes Handeln von Betriebsräten und Gewerkschaften entstanden sind oder durch eine Reaktion der Betriebe auf die betriebliche und überbetriebliche Mitbestimmung. Zur Klärung dieser Frage müsste auf die qualitative Forschung zurückgegriffen werden. Hier könnte beispielsweise die Fallstudienforschung ansetzen. Im Rahmen dieses qualitativen Forschungsansatzes könnten Betriebsräte, Gewerkschaftsvertreter und Arbeitgebervertreter bezüglich der Gestaltung der einzelnen Aspekte herangezogen werden.

Oberstes Ziel der Arbeit war es, eine möglichst umfassende theoretisch-fundierte empirische Analyse für das Gesamtkonzept des internen Arbeitsmarktes im Rahmen eines systematischen Beschäftigungsmanagement durchzuführen. Sicherlich können einzelne Aspekte des untersuchten Gesamtkonzeptes in separaten Forschungsarbeiten noch tiefergehender untersucht werden. Zudem könnte der Zusammenhang zwischen dem internen Arbeitsmarkt als Instrument eines systematischen Beschäftigungsmanagements und dem der Unternehmensperformance untersucht werden. Dadurch könnte die in dieser Arbeit, vor dem Hintergrund des Resource-based Views getroffene Annahme, dass der interne Arbeitsmarkt als Instrument eines systematischen Beschäftigungsmanagements zur Entstehung von Wettbewerbsvorteilen beitragen kann, überprüft werden. Auch hier existieren einzelne Arbeiten, eine umfassende Analyse ist aber bislang auch hier ausgeblieben.

Weiterhin könnten die Aspekte in einem internationalen Kontext betrachtet werden, um die starke Voice-Orientierung des deutschen Systems der industriellen Beziehung einem exitorientierten System gegenüberstellen zu können. Sengenberger (1974) verdeutlich die Relevanz einer Betrachtung der internen Arbeitsmarktforschung in einem internationalen Kontext durch folgendes Zitat: „So wie man die Züge seiner eigenen Persönlichkeit durch Begegnung und Umgang mit anderen Menschen besser erfahren kann, lässt sich auch die Identität gesellschaftlicher Institutionen, wie die des Arbeitsmarkts und des Beschäftigungssystems, im Spiegel anderer Länder besser erkennen.[442] Zum IAB-Betriebspanel vergleichbare Datengrundlagen sind beispielsweise für Australien, Großbritannien oder Kanada verfügbar. Damit könnte der Zusammenhang zwischen industriellen Beziehungen und dem internen Arbeitsmarkt in unterschiedlichen nationalen Kontexten untersucht werden.

---

[442] Sengenberger (1987), S. 9.

Literaturverzeichnis

Abraham, M. (2004): Betriebliche Determinanten der Beschäftigungsstabilität. Wandel oder Stabilität?, in: Struck, O./ Köhler, C. (Hrsg.): Beschäftigungsstabilität im Wandel?, München, 1. Aufl., S. 107 – 124.

Addison, J./ Kraft, K./ Wagner, J. (1993): German Works Councils and Firm Performance, in: Kaufman, B. E. (Hrsg.): Employee representation, Madison (Wisconsin), 1. Aufl., S. 305 – 338.

Addison, J. T./ Bellmann, L./ Schnabel, C./ Wagner, J. (2004): The Reform of the German Works Constitution Act: A Critical Assessment, in: Industrial Relations, Heft 2, S. 392 – 420.

Addison, J. T./ Schnabel, C./ Wagner, J. (1999): Verbreitung, Bestimmungsgründe und Auswirkungen von Betriebsräten: Empirische Befunde aus dem Hannoveraner Firmenpanel, in: Frick, B. (Hrsg.): Die wirtschaftlichen Folgen der Mitbestimmung, Frankfurt/Main, S. 223 – 252.

Addison, J. T./ Schnabel, C./ Wagner, J. (2001): Work Councils in Germany: Their Effects on Establishment Performance, in: Oxford Economic Papers, Heft 4, S. 659 – 694.

Addison, J. T./ Siebert, W. S. (2000): Worker participation and firm performance: Evidence from Germany and Britain, in: British Journal of Industrial Relations, Heft 1, S. 7 – 48.

Addison, J. T./ Teixeira, P. (2006): The Effect of Works Councils on Employment Change, in: Industrial Relations, Heft 1, S. 1 – 25.

Addison, J. T./ Teixeira, P./ Zwick, T. (2010): German Works Councils and the Anatomy of Wages, in: Industrial & Labor Relations Review, Heft 2, S. 247 – 270.

Alchian A. A./ Demsetz, H. (1972): Production, Information Costs, and Economic Organization, in: The American Economic Review, Heft 5, S. 777 – 795.

Alda, H./ Bellmann, L. (2003): Betriebsinterne Arbeitsmärkte: Ein Auslaufmodell angesichts vielfältiger, flexibler und nicht-standardisierter Erwerbsformen?, in: Klein-Schneider, H. (Hrsg.): Interner Arbeitsmarkt – Beschäftigung und Personalentwicklung in Unternehmen und Verwaltung, Frankfurt/Main, S. 87 – 95.

Alewell, D. (1993): Interne Arbeitsmärkte, Hamburg.

© Springer Fachmedien Wiesbaden GmbH, ein Teil von Springer Nature 2012
C. Jensen, *Der Einfluss der industriellen Beziehungen auf interne Arbeitsmärkte*,
Edition KWV, https://doi.org/10.1007/978-3-658-24334-0

Alewell, D. (1996): Zum Verhältnis von Arbeitsökonomik und Verhaltenswissenschaften, in: Die Betriebswirtschaft, Heft 5 , S. 667 – 683.

Andrews, M./ Bellmann, L./ Schank, T./ Upward, R. (2007): Foreign-owned Plants and Job Security, University of Nottingham, Leverhulme Centre for Research on Globalization and Economic Policy, Research Paper, 2007/36.

Argyres, N./ McGahan, A.M. (2002): An Interview with Michael Porter, in: Academy of Management Executive, Heft 2, S. 43 – 52.

Arend, R. J. (2006): Tests of the resource-based view: do the empirics have any clothes?, in: Strategic Organization, Heft 4, S. 409–421.

Arend, R. J./ Levesque, M. (2010): Is the Resource-Based View a Practical Organizational Theory?, in: Organization Science, Heft 4, S. 913–930.

Atkinson, J. (1984): Manpower Strategies for Flexible Organizations, in: Personnel Management, S. 28 – 31.

AUDI AG (2008): Zukunft Audi – „Leistung, Erfolg, Beteiligung", in: Online-Dokument, URL: http://www.labournet.de/branchen/auto/audi/zukunft05.pdf, abgerufen am 14.08.2011.

Backes-Gellner, U. (1996): Personalwirtschaftslehre - Eine ökonomische Disziplin?, in: Weber, W. (Hrsg.): Grundlagen der Personalwirtschaft, Wiesbaden, S. 297 – 315.

Backes-Gellner, U./ Frick, B./ Sadowski, D. (1997): Codetermination and personnel policies of German firms: the influence of works councils on turnover and further training, in: International Journal of Human Resource Management, Heft 3, S. 328 – 347.

Backes-Gellner, U./Tuor, S. (2007): Avoiding Labor Shortages by Employer Signaling - On the Importance of Good Work Climate and Labor Relations, in: Online-Dokument, URL: http://ideas.repec.org/p/iso/educat/0010.html, abgerufen am: 14.10.2011.

Backhaus, K./ Erichson, B./ Plinke, W./ Weiber, R. (2011): Multivariate Analysemethoden, 13., überarb. Aufl., Berlin.

Baeck, U./ Diller, M. (1998): Arbeitsrechtliche Probleme bei Aktienoptionen und Belegschaftsaktien, in: Der Betrieb, Heft 27/28, S. 1405 – 1412.

Bahnmüller, R./ Fischbach, S./ Jentgens, B. (2005): Die Qualifizierungstarifverträge für die baden-württembergische M+E-Industrie und die westdeutsche T+B-Industrie: Konzepte, Umsetzung, Wirkungen und Konsequenzen, Beitrag für die Tagung "Was nützen und bewirken Qualifizierungstarifverträge" am 11. November 2005 in Stuttgart-Filderstadt.

Bahnmüller, R./ Kuhlmann, M./ Schmidt, W./ Sperling, H. J. (2010): Erosion, Erneuerung, Umnutzung: Arbeitgeberverbände und ihr Umgang mit dem Flächentarifvertrag am Beispiel der ERA-Einführung in der Metall- und Elektroindustrie, in: Industrielle Beziehungen, Heft 3, S. 241 – 260.

Baker, G./ Gibbs, M./ Holmstrom, B. (1994): The Internal Economics of the Firm: Evidence from Personnel Data, in: The Quarterly Journal of Economics, Heft 4, S. 882 – 919.

Bamberger, Ingolf / Wrona, Thomas (1995): „Der Ressourcenansatz und seine Bedeutung für die Strategische Unternehmensführung", Arbeitspapier Nr. 4 des Fachgebiets Organisation und Planung der Universität Duisburg-Essen (Arbeitsbericht), Essen.

Barney, J. (1991): Firm Resources and Sustained Competitive Advantage, in: Journal of Management, Heft 1, S. 99 – 120.

Barney, J. (1995): Looking Inside for Competitive Advantage, in: Academy of Management Executive, Heft 4, S. 49 – 61.

Barney, J.B./ Wright, P.M. (1998): On Becoming a Strategic Partner – the Role of Human Resource Managing in Gaining Competitive Advantage, in: Human Resource Management, Heft 1, S. 31 – 46.

Bea, F. X./ Haas, J. (2005): Strategisches Management, 4. Aufl., Ulm.

Bellmann, L. (2004): Zur Entwicklung der Leiharbeit in Deutschland - Theoretische Überlegungen und empirische Ergebnisse aus dem IAB-Betriebspanel, in: Sozialer Fortschritt, Heft 6, S. 135 – 142.

Bellmann, L./ Ellguth, P. (2006): Verbreitung von Betriebsräten und ihr Einfluss auf die betriebliche Weiterbildung, in: Jahrbücher für Nationalökonomie und Statistik, Heft 5, S. 487 – 504.

Benkhoff, B./ Hermet, V. (2008): Zur Verbreitung und Ausgestaltung geringfügiger, in: Industrielle Beziehungen, Heft 1, S. 5 – 31.

Berger, U./ Bernhard-Mehlich, I. (2006): Die verhaltenswissenschaftliche Theorie, in: Kieser, A. / Ebers, M. (Hrsg.): Organisationstheorien, Stuttgart, 6. Aufl., S. 169 – 214.

Bertelsmann Stiftung (1999): Systematisches Beschäftigungs-Management in der Praxis, Gütersloh.

Berthold, N. (2001): Die betriebliche Mitbestimmung in Deutschland. Gratwanderung zwischen Markt- und Staatsversagen, in: Wirtschaftswissenschaftliches Studium, Heft 10, S. 506 – 512.

Biehler, H./Brandes, W. (1981): Arbeitsmarktsegmentation in der Bundesrepublik Deutschland, Frankfurt/Main.

Bispinck, R. (2010): WSI-Tarifhandbuch 2010, Frankfurt am Main.

Bispinck, R. (2011): Statistisches Taschenbuch Tarifpolitik 2011, Düsseldorf.

Blossfeld, H.-P./ Mayer, K.-U. (1987): Arbeitsmarktsegmentation in der Bundesrepublik Deutschland. Eine empirische Überprüfung aus Segmentationstheorien aus der Perspektive des Lebenslaufs, in: Kölner Zeitschrift für Soziologie und Sozialpsychologie, Heft 2, S. 262 – 283.

Blume, L./ Gerstberger, W. (2007): Determinanten betrieblicher Innovation, in: Industrielle Beziehungen, Heft 3, S. 223 – 244.

BMAS (2011): Allgemeinverbindliche Tarifverträge, in: Online-Dokment,URL:http://www.bmas.de/DE/Themen/Arbeitsrecht/Tarifvertraege/allgemeinverbindliche-tarifvertraege.html, abgerufen am 15.08.2011.

Boockmann, B./Hagen, T. (2001): The use of flexible working contracts in West Germany, ZEW Discussion Paper, in: Online-Dokument, URL: http://econstor.eu/bitstream/10419/24454/1/dp0133.pdf, abgerufen am 14.10.2011.

Boockmann, B./ Hagen, T. (2003): Works Councils and Fixed-Term Employment, in: Schmollers Jahrbuch, Heft 3, S. 359 – 381.

Boockmann, B./ Steffes, S. (2010): Workers, firms, or institutions: What determines job duration for male employees in Germany?, in: Industrial & Labor Relations Review, Heft 1, S. 109 – 127.

Breen, R. (1996): Regression models, Thousand Oaks.

Brinkmann, C./ Karr, W./ Kühl, J./ Peters, G./ Stooß, F. (2007): 40 Jahre IAB — Ein Rückblick auf Forschung und Politikberatung, Nürnberg.

Brodsky, M. A. (1994): Labor market flexibility: A changing international perspective, in: Monthly Labor Review, Heft 11, S. 53.

Bundesvereinigung der Deutschen Arbeitgeberverbände (2012): Vorteile des Branchen-tarifvertrags erkennen und nutzen, in: Online-Dokument, URL: http://www.bda-online.de/www/arbeitgeber.nsf/id/DE_Tarifvertrag, abgerufen am 24.02.2012.

Bühner, R. (2005): Personalmanagement, 3. Aufl., München.

Caves, R.E. (1980): Industrial Organization, Coporate Strategy and Structure, in: Journal of Economic Literature, Heft 1, S. 64 – 92.

Coase, R. H. (1937): The Nature of the Firm, in: Economica, Heft 16, S. 386-405.

Colbert, B. A. (2004): The Complex Resource-Based View: Implications for Theory and Practice in Strategic Human Resource Management, in: Academy of Management Review. Heft 3, S. 341 – 358.

Creedy, J. / Whitfield, K. (1988): The Economic Analysis of Internal Labour Markets, in: Bulletin of Economic Research, Heft 4, S. 247 – 269.

Däubler, W. (2001): Die novellierte Betriebsverfassung, in: Industrielle Beziehungen, Heft 4, S. 364 – 378.

DGB (2008): Zehn Thesen zur Leiharbeit, in: Online-Dokument, URL: http://www.dgb.de/themen/++co++17b2f1c6-470a-11df-621d-00188b4dc422, abgerufen am 14.08.2011.

Dilger, A. (2002): Ökonomik betrieblicher Mitbestimmung, München.

Dilger, A./ Frick, B./ Speckbacher, G. (1999): Mitbestimmung als zentrale Frage der Corporate Governance, in: Frick, B. (Hrsg.): Die wirtschaftlichen Folgen der Mitbestimmung, Frankfurt/Main, S. 19 – 52.

Doellgast, V. (2010): Collective Voice under Decentralized Bargaining: A Comparative Study of Work Reorganization in US and German Call Centres, in: British Journal of Industrial Relations, Heft 2, S. 375 – 399.

Doeringer, P./ Piore, M. J. (1971): Internal Labor Markets and Manpower Analysis, Lexington, Massachusetts.

Doeringer, P. B. (1967): Determinants of the Structure of Industrial Type Internal Labor Markets, in: Industrial and Labor Relations Review, Heft 2, S. 206 – 220.

Dunne, P./ Hughes, A. (1994): Age, Size, Growth and Survival: UK Companies in the 1980s, in: Journal of Industrial Economics, Heft 2, S. 115 – 140.

Dustmann, C./ Schönberg, U. (2005): Training and Union Wages, ZEW Discussion Paper, in: Online-Dokument, URL: http://ftp.iza.org/dp1435., abgerufen am 25.02.2012.

Ebers, M./ Gotsch, W. (2006): Institutionenökonomische Theorien der Organisation, in: Kieser, A./ Ebers, M. (Hrsg.): Organisationstheorien, Stuttgart, 6.Aufl., S. 247 – 308.

Eichhorst, W./ Marx, P./ Thode, E. (2010): Atypische Beschäftigung und Niedriglohn-arbeit. Benchmarking Deutschland: Befristete und geringfügige Tätigkeiten, Zeitarbeit und Niedriglohnbeschäftigung, Bertelsmann Stiftung, Gütersloh.

Evans, D. S. (1987): Tests of Alternative Theories of Firm Growth, in: Journal of Political Economy, Heft 4, S. 657 – 674.

Fahrmeir, L./ Künstler, R./ Pigeot, I./ Tutz, G. (2003): Statistik, 4.Aufl., Berlin.

Fischer, G./ Janik, F./ Müller, D./ Schmucker, A. (2009): European Data Watch: The IAB Establishment Panel - Things Users Should Know, in: Schmollers Jahrbuch : Journal of Applied Social Science Studies / Zeitschrift für Wirtschafts- und Sozialwissenschaften, Heft 1, S. 133 – 148.

Fischer, S./ Weitbrecht, H. (1995): Individualism and Collectivism: Two Dimensions of Human Resource Management and Industrial Relations. The Case of Germany, in: Industrielle Beziehungen, Heft 4, S. 367 – 393.

FitzRoy, F. R./ Kraft, K. (1985): Unionization, Wages and Efficiency: Theories and Evidence from the US and West Germany, in: Kyklos, Heft 4, S. 537.

FitzRoy, F. R./ Kraft, K. (1987): Effciency and Internal Organization: Works Councils in West German Firms, in: Economica, Heft 216, S. 493-504.

FitzRoy, F. R./ Kraft, K. (2004): Co-Determination, Efficiency, and Productivity, IZA Discussion Paper Series, No. 1442.

Franz, W. (2005): Die deutsche Mitbestimmung auf dem Prüfstand: Bilanz und Neu-vorschläge für eine Neuausrichtung, in: Zeitschrift für Arbeitsmarktforschung, Heft 3, S. 268 – 283.

Freeman, R. B./ Medoff, J. L. (1984): What do unions do?, 6. Auflage, New York.

Freeman, R. B. (1976): Individual Mobility and Union Voice in the Labor Market, in: American Economic Review, Heft 2, S. 361 – 368.

Freeman, R. B./ Lazear, E. P. (1995): An Economic Analysis of Works Councils, in: Rogers, J. / Streeck, W. (Hrsg.): Works councils, Chicago, S. 27 – 50.

Freier, R./ Steiner, V. (2007): Marginal employment: stepping stone or dead end? Evaluating the German experience, IZA Discussion Paper Nr. 3175.

Freiling, J. (2001): Resource-based View und ökonomische Theorie:Grundlagen und Positionierung des Resourcenansatzes , in: Gemünden, H. G./ Hammann, P./ Hinterhuber, H. H./ Specht, G. /Zahn, E. (Hrsg.): Strategisches Kompetenz-Management, Wiesbaden, S. 1-205.

Frey, B. S./ Jegen, R. (2001): Motivation Crowding Theory: A Survey Of Empirical Evidence, Revised Version, in: Journal of Economic Surveys, Heft 5, S. 589 – 611.

Frick, B. (1996a): Mitbestimmung und Personalfluktuation, in: Sadowski, D. / Czap, H. / Wächter, H. (Hrsg.): Regulierung und Unternehmenspolitik, Wiesbaden, S. 233 – 256.

Frick, B. (1996b): Co-determination and Personnel Turnover: The German Experience, in: Labour, Heft 2, S. 407 – 430.

Frick, B. (1997): Die Funktionsfähigkeit der deutschen Betriebsverfassung: Quantitative und qualitative Evidenz im Überblick, in: Industrielle Beziehungen, Heft 3, S. 172 – 193.

Frick, B. (2005): Kontrolle und Performance der mitbestimmten Unternehmung. Rechtsökonomische Überlegungen und empirische Befunde, in: Kölner Zeitschrift für Soziologie und Sozialpsychologie, Sonderheft, S. 418 – 440.

Frick, B./ Möller, I. (2003): Mandated Works Councils and Firm Performance, in: Schmollers Jahrbuch, Heft 3, S. 423 – 454.

Frick, B./ Sadowski, D. (1995): Works Councils, Unions, and Firm Performance, in: Buttler, F. / Franz, W. / Schettkat, R. (Hrsg.): Institutional frameworks and labor market performance, London, S. 46 – 81.

Frick, B./ Speckbacher, G./ Wentges, P./Schmid, F. A. (1999): Arbeitnehmermitbestimmung und moderne Theorie der Unternehmung, in: Zeitschrift für Betriebswirtschaft, Heft 7, S. 745 – 763.

Furubotn, E. G./ Pejovich, S. (1972): Property Rights and Economic Theory: A Survey of Recent Literature, in: Journal of Economic Literature, Heft 4, S. 1137 – 1162.

Furubotn, E. G. (1978): The Economic Consequences of Codetermination on the Rate and Sources of Investment, in: Pejovich, S. (Hrsg.): The codetermination movement in the West, Lexington, Mass., S. 131 – 167.

Furubotn, E. G./ Pejovich, S. (1974): The economics of property rights, Cambridge, Mass.

Ganske, T. (1996): Mitbestimmung, Property-rights-Ansatz und Transaktionskostentheorie, Frankfurt am Main.

Gerlach, K./ Jirjahn, U. (1999): Längerfristige Beschäftigung, personalpolitische Konzepte und Beschäftigungsentwicklung, in: Brandes, W. (Hrsg.): Unternehmungsverhalten und Arbeitslosigkeit, Frankfurt am Main, S. 180 – 215.

Gerlach, K./ Jirjahn, U. (2001): Employer Provided Further Training, in: Schmollers Jahrbuch, Heft 2, S. 139 – 164.

Gerlach, K./ Meyer, W. (2007): Wage Effects of Works Councils and Collective Agreements in Germany, in: Online-Dokument, URL: http://www.irle.berkeley.edu-/events/fall07/symposium/gerlach.pdf, abgerufen am: 14.10.2011.

Gerum, E. (2007): Das deutsche Corporate Governance-System, Stuttgart.

Göbel, E. (2002): Neue Institutionenökonomik, Stuttgart.

Godard, J. (2009): Institutional Environments, Work and Human Resource Practices, and Unions: Canada vs. England, in: Industrial and Labor Relations Review, Heft 2, S. 173 – 199.

Grant, Robert M. (1991): The Resource-Based Theory of Competitive Advantage: Implications for Strategy Formulation, in: California Management Review, Heft 3, S. 114 – 135.

Grant, R. M. (1996): Toward a Knowledge-Based Theory of the Firm, in: Strategic Management Journal, Sonderheft Winter 1996, S. 109 – 122.

Greene, W. H. (2000): Econometric analysis, 4. Aufl., New York.

Grieger, J./ Bartölke, K./ Ridder, H.-G. (2004): Ökonomisierung in Personalwirtschaft und Personalwirtschaftslehre, 1. Aufl., Wiesbaden.

Grund, C./ Kräkel, M. (2001): Interne Arbeitsmärkte und betriebliche Entgeltstrukturen - eine empirische Untersuchung, in: Zeitschrift für Betriebswirtschaft, Ergänzungsheft 1/2001, S. 1 – 25.

Guertzgen, N. (2010): Rent-sharing and collective wage contracts-evidence from German establishment-level data, in: Applied Economics, Heft 22, S. 2835 – 2854.

Gujarati, D. N./ Porter, D. C. (2009): Basic econometrics, 5. Aufl., New York.

Gurdon, M. A./ Rai, A. (1990): Codetermination and enterprise performance: Empirical evidence from West Germany, in: Journal of Economics and Business, Heft 4, S. 289 – 302.

Haas, F. (2004): Effizienztreiber innovativer Prozesse, 1. Aufl., Wiesbaden.

Haipeter, T. (2010): Betriebsräte als neue Tarifakteure, 1. Aufl., Berlin.

Hamburger Hafen und Logistik AG (2007): Mitarbeiterkapitalbeteiligung, in: Online-Dokument, URL: http://www.hhla.de/fileadmin/download/HHLA_Mitarbeiterbeteiligung.pdf, abgerufen am: 14.08.2011.

Harhoff, D./ Stahl, K./ Woywode, M. (1998): Legal Form, Growth and Exit of West German Firms-Empirical Results for Manufacturing, Construction, Trade and Service Industries, in: Journal of Industrial Economics, Heft 4, S. 453 – 488.

Harrison, B./ Sum, A. (1979): The Theory of 'Dual' or Segmented Labor Markets, in: Journal of Economic Issues (Association for Evolutionary Economics), Heft 3, S. 687 – 706.

Herrmann, A. (2008): Handbuch Marktforschung, 3. Aufl., Wiesbaden.

Heywood, J./ Jirjahn, U./ Tsertsvardze, G. (2010): Hiring older workers and employing older workers: German evidence, in: Journal of Population Economics, Heft 2, S. 595 – 615.

Heywood, J. S./ Hubler, O./ Jirjahn, U. (1998): Variable payment schemes and industrial relations, in: Kyklos, Heft 2, S. 237.

Heywood, J. S./ Jirjahn, U. (2002): Payment schemes and gender in Germany, in: Industrial & Labor Relations Review, Heft 1, S. 44 – 64.

Hillmer, H.-J. (1987): Planung der Unternehmensflexibilität, Frankfurt am Main.

Hirsch, B./ Schank, T./ Schnabel, C. (2009): Work councils and separations: voice, monopoly, and insurance effects, in: Industrial Relations, Heft 4, S. 566-592.

Hirschman, A. O. (1970): Exit, voice, and loyalty, Cambridge (Mass.).

Höpner, M. (2003): Wer beherrscht die Unternehmen?, Frankfurt am Main.

Hörisch, F. (2009): Unternehmensmitbestimmung im nationalen und internationalen Vergleich, Berlin u. a.

Hox, J. J. (2002): Multilevel analysis, New York.

Hromadka, W. (1985): Tariffibel, 2. Aufl., Köln.

Hromadka, W./Maschmann, F. (2010): Arbeitsrecht Band 2: Kollektivarbeitsrecht und Arbeitsstreitigkeiten, Berlin / Heidelberg.

Hromadka, W./Maschmann, F. (2011): Arbeitsrecht Band 1: Individualarbeitsrecht, Berlin / Heidelberg.

Hübler, O. (2003): Zum Einfluss des Betriebsrates in mittelgroßen Unternehmen auf Investitionen, Löhne und Produktivität und Renten - Empirische Befunde, in: Goldschmidt, N. (Hrsg.): Wunderbare WirtschaftsWelt, Baden-Baden, 1. Aufl., S. 77 – 94.

Hübler, O./ Jirjahn, U. (2003): Works Councils and Collective Bargaining in Germany: The Impact on Productivity and Wages, in: Scottish Journal of Political Economy, Heft 4, S. 471 – 491.

IAB (2009): Beschäftigungstrends. Arbeitgeberbefragung 2009 im Auftrag der Bundesagentur für Arbeit, in: Online-Dokument, URL: http://doku.iab.de/fdz/iabb/fb_2009.pdf, abgerufen am 03.03.2012.

IAB (2011): Fragen und Antworten zum IAB-Betriebspanel, in: Online-Dokument, URL: http://www.iab.de/de/erhebungen/iab-betriebspanel/informationen-zum-panel.aspx, abgerufen am 14.08.2011.

IG-Metall (2006): Qualifizierungstarifverträge der IG Metall, in: Online-Dokument, URL: http://www.igmetall.jobrotation.de/dokumente/produkte/1165238253--qualifizierungstarifvertr_ge_sammlung.pdf, abgerufen am: 15.08.2011.

Jacobebbinghaus, P. (2008): LIAB-Datenhandbuch, Version 3.0, Nürnberg.

Jahn, E. (2005): Was macht den Unterschied? Determinanten der Nachfrage nach Leiharbeit in Deutschland und den Niederlanden, in: Industrielle Beziehungen, Heft 4, S. 393 – 423.

Jensen, M. C./ Meckling, W. H. (1979): Rights and Production Functions: An Application to Labor-managed Firms and Codetermination, in: Journal of Business, Heft 4, S. 469 – 506.

Jirjahn, U. (2003): Betriebsräte, Tarifverträge und betriebliches Lohnniveau, in: Mitteilungen aus der Arbeitsmarkt- und Berufsforschung, Heft 4, S. 649 – 660.

Jirjahn, U. (2006): Ökonomische Wirkungen der Mitbestimmung in Deutschland Überblick über den Stand der Forschung und Perspektiven für zukünftige Studien, in: Sozialer Fortschritt, Heft 9, S. 215 – 226.

Jirjahn, U. (2008): Betriebsräte und Beschäftigungswachstum, in: Industrielle Beziehungen, Heft 3, S. 279 – 291.

Jirjahn, U./ Mohrenweiser, J./ Backes-Gellner, U. (2011): Works Councils and Learning: On the Dynamic Dimension of Codetermination, in: Kyklos, Heft 3, S. 427 – 447.

Jung, R. C./ Winkelmann, R. (1993): Two Aspects of Labor Mobility: A Bivariate Poisson Regression Approach, in: Empirical Economics, Heft 3, S. 543 – 556.

Junkes, J./ Sadowski, D. (1999): Mitbestimmung im Aufsichtsrat: Steigerung der Effizienz oder Ausdünnung von Verfügungsrechten?, in: Frick, B. (Hrsg.): Die wirtschaftlichen Folgen der Mitbestimmung, Frankfurt/Main, S. 52-89.

Kaiser, U./ Pfeiffer, F. (2000): Collective Wage Agreements and the Adjustment of Workers and Hours in German Service Firms, in: ZEW Discussion Paper No. 00-33.

Kaiser, U./ Pfeiffer, F. (2001): Collective Wage Agreements and Firms' Employment Policies, in: Labour, Heft 2, S. 317 – 341.

Kalleberg, A. L. (2001): Organizing Flexibility: The Flexible Firm in a New Century, in: British Journal of Industrial Relations, Heft 4, S. 479 – 504.

Keller, B. (2004): Employment Relations in Germany, in: Bamber, G. J./ Lansbury, R. D./ Wailes, N. (Hrsg.): International and comparative employment relations, 4. Aufl., London, S. 211 – 253.

Kerr, C. (1954): The Balkanization of Labor Market, in: Bakke E.W. (Hrsg.): Labour Mobility and Economic Opportunity, MIT Press, Boston.

Kerr, C. (1977): The Balkanization of labor markets and other essays, Berkeley.

Kleinhenz, G./ Falck, O. (2004): Arbeitsmarkt und Beschäftigung, in: Gaugler, E. (Hrsg.): Handwörterbuch des Personalwesens, 3. Aufl., Stuttgart, S. 287 – 299.

Kohaut, S./ Schnabel, C. (2003): Zur Erosion des Flächentarifvertrags, in: Industrielle Beziehungen, Heft 2, S. 193 – 219.

Kohler, U./ Kreuter, F. (2008): Datenanalyse mit Stata, 3. Aufl., München/Wien.

Köhler, C./ Krause, A. (2010): Betriebliche Beschäftigungspolitik, in: Böhle, F. / Hoffmann, A. (Hrsg.): Handbuch Arbeitssoziologie, 1. Aufl., Wiesbaden, S. 387 – 412.

Köhler, C./ Preisendörfer, P. (1988): Innerbetriebliche Arbeitsmarktsegmentation in Form von Stamm- und Randbelegschaften, in: Mitteilungen aus der Arbeitsmarkt- und Berufsforschung, Heft 2, S. 268 – 277.

Koller, L./ Schnabel, C./ Wagner, J. (2007): Freistellung von Betriebsräten: eine Beschäftigungsbremse?, IAB Discussion Paper Nr. 53.

Körner, M. (2006): Flexicurity in atypischen Arbeitsverhältnissen, Hans Böckler Stiftung.

Kotthoff, H. (2004): Betriebsrat, in: Gaugler, E. (Hrsg.): Handwörterbuch des Personalwesens, 3., überarb. und erg. Aufl., Stuttgart, S. 586 – 595.

Kraft, K. (1986): Exit and Voice in the Labor Market: An Empirical Study of Quits, in: Journal of Institutional and Theoretical Economics, Heft 4, S.697 – 715.

Kraft, K. (2006): On Estimating the Effect of Co-Determination on Personnel Turnover, in: Schmollers Jahrbuch, Heft 2, S. 287 – 305.

Kraft, M. (1997): Der Ansatz der logistischen Regression und seine Interpretation, in: Zeitschrift für Betriebswirtschaft, Heft 5/6, S. 625 – 642.

Kricsfalussy-Hrabár, A. (1993): Betriebsratsmanagement, Köln.

Krüsselberg, H. G. (1983): Property-Rights-Theorie und Wohlfahrtsökonomik, in: Schüller, A. (Hrsg.): Property rights und ökonomische Theorie, München, S. 45 – 77.

Kühl, J. (2007): Betriebsforschung: Von Arbeitgeberbefragungen zum IAB-Betriebspanel, in: Brinkmann, C. / Karr, W. / Kühl, J. / Peters, G. / Stooß, F. (Hrsg.): 40 Jahre IAB, Nürnberg, S. 263 – 299.

Lepak, D. P./ Snell, S. A. (1999): The human resource architecture: toward a theory of human capital allocation and development, in: Academy of Management Review, Heft 1, S. 31 – 48.

Liebel, H. J./ Oechsler, W. A./ Holstegge, C. (1994): Handbuch Human Resource Management, Wiesbaden.

Lindbeck, A./ Snower, D. J. (1986): Wage Setting, Unemployment, and Insider-Outsider Relations, in: American Economic Review, Heft 2, S. 235.

Lindbeck, A./ Snower, D. J. (2001): Insiders versus Outsiders, in: Journal of Economic Perspectives, Heft 1, S. 165 – 188.

Long, J. S. (2011): Regression models for categorical and limited dependent variables, Thousand Oaks (Californien).

Löwisch, M. (2001): Änderung der Betriebsverfassung durch das Betriebsverfassungs-Reformgesetz Teil II, in: Betriebs-Berater, Heft 35, S. 1790 – 1798.

Lutz, B. (1987): Arbeitsmarktstruktur und betriebliche Arbeitskräftestrategie, Frankfurt/Main, New York.

Lutz, B./ Sengenberger, W. (1974): Arbeitsmarktstrukturen und öffentliche Arbeitsmarktpolitik, Göttingen.

Lutz, B./ Sengenberger, W. (1980): Segmentationsanalyse und Beschäftigungspolitik, in: WSI-Mitteilungen, Heft 5, S. 291 – 299.

Martin, A. (2004): Beschäftigungsmanagement, in: Gaugler, E. (Hrsg.): Handwörterbuch des Personalwesens, 3., überarb. und erg. Aufl., Stuttgart, S. 518 – 531.

McCain, R. A. (1980): A theory of codetermination, in: Journal of Economics, Heft 1, S. 65 – 90.

McFadden, D. (1973): Conditional Logit Analysis of Qualititative Choice Behaviour, in: Zarembka, P. (Hrsg.): Frontiers in Econometrics, New York, S. 105 – 142.

Meffert, H. (1985): Größere Flexibilität als Unternehmenskonzept, in: Zeitschrift für betriebswirtschaftliche Forschung, Heft 2, S. 121 – 137.

Meyer, W./ Pfeifer, C. (2005): Flexiblere Anpassung mit befristeten Beschäftigungsverhältnissen? Eine empirische Analyse mit Firmendaten für Niedersachsen, in: Bellmann, L. / Hübler, O. / Meyer, W. / Stephan, G. (Hrsg.): Institutionen, Löhne und Beschäftigung, S. 175 – 188.

Michael C. Jensen/ William H. Meckling (1976): Theory of the firm: Managerial behavior, agency costs and ownership structure, in: Journal of Financial Economics, Heft 4, S. 305 – 360.

Michaelis, R. H./ Picot, A. (1987): Zur ökonomischen Analyse von Mitarbeiterbeteiligungsrechten, in: FitzRoy, F. R. / Kraft, K. (Hrsg.): Mitarbeiterbeteiligung und Mitbestimmung im Unternehmen, Berlin, S. 83 – 127.

Mittelhammer, R. C./ Judge, G. G./ Miller, D. J. (2000): Econometric foundations, Cambridge.

Müller-Jentsch, W. (1995): Auf dem Prüfstand: Das deutsche Modell der industriellen Beziehungen, in: Industrielle Beziehungen, Heft 1, S. 11 – 24.

Niedenhoff, H.-U. (2005a): Mitbestimmung im europäischen Vergleich, in: IW-Trends - Vierteljahresschrift zur empirischen Wirtschaftsforschung aus dem Insititut der deutschen Wirtschaft Köln, Heft 2, S. 1 – 16.

Niedenhoff, H.-U. (2005b): Mitbestimmung in der Bundesrepublik Deutschland, 14., überarb. Aufl., Köln.

Nieder, P. (2004): Fluktuation, in: Gaugler, E. (Hrsg.): Handwörterbuch des Personalwesens, 3., überarb. und erg. Aufl., Stuttgart, S. 758 – 767.

Niederalt, M. (2004): Zur ökonomischen Analyse betrieblicher Lehrstellenangebote in der Bundesrepublik Deutschland, 1. Aufl., Frankfurt am Main u. a.

Oberst, M./ Schank, T./ Schnabel, C. (2007): Interne Arbeitsmärkte und Einsatz temporärer Arbeitsverhältnisse: Eine Fallstudie mit Daten eines deutschen Dienstleistungsunternehmens, in: Zeitschrift für Betriebswirtschaft, Heft 11, S. 1159 – 1177.

Oechsler, W. A. (2003): Vision eines internen Arbeitsmarktes als Instrument unternehmerischer Beschäftigungspolitik, in: Interner Arbeitsmarkt., Frankfurt am Main, S. 68 – 84.

Oechsler, W. A. (2004): Systeme der Arbeitgeber-Arbeitnehmer-Beziehungen, in: Gaugler, E. (Hrsg.): Handwörterbuch des Personalwesens, 3., überarb. und erg. Aufl., Stuttgart, S. 45 – 62.

Oechsler, W. A./ Beck, M. (2001): Beschäftigungsstabilisierende Maßnahmen, in: Oechsler, W. A. (Hrsg.): Leitfaden systematisches Beschäftigungs-Management, 1. Aufl., Gütersloh, S. 15-146.

Oechsler, W. A. (2011): Personal und Arbeit, 9. Aufl., München.

Osterman, P. (1987): Choice of Employment Systems in Internal Labor Markets, in: Industrial Relations, Heft 1, S. 46 – 67.

o.V. (2011a): Die Initiative „Gleiche Arbeit – Gleiches Geld" , in: Online-Dokument, URL: http://www.gleichearbeit-gleichesgeld.de/initiative/ueber-die-initiative/, abgerufen am 14.08.2011.

Pampel, F. C. (2000): Logistic regression, Thousand Oaks (Californien).

Pejovich, S. (1978): Codetermination: a new perspective for the west, in: Pejovich, S. (Hrsg.): The codetermination movement in the West, Lexington (Massachusetts), S. 3 – 21.

Penrose, E. T. (1959): The Theory of the Growth of the Firm, New York.

Picot, A. (1991): Ökonomische Theorien der Organisation - Ein Überblick über neuere Ansätze und deren betriebswirtschaftliches Entscheidungspotenzial, in: Ordelheide, D. (Hrsg.): Betriebswirtschaftslehre und ökonomische Theorie, Stuttgart, S. 143 – 170.

Powell, T.C. (2001): Competitive Advantage: Logical and Philosophical Considerations, in: Strategic Management Journal, Heft 9, S. 875 – 888.

Priem, R. L./ Butler, E. J. (2001): Is the Resource-based „View" a Useful Perspective for Strategic Management Research?, in: Academy of Management Review, Heft 1, S. 22 – 40.

Ridder, H.-G./ Conrad, P. (2004): „Ressourcenorientierte Ansätze des Personalmanagements", in: Gaugler, E./ Oechsler, W. A. / Weber, W. (Hrsg.): Handwörterbuch des Personalwesens, 3. Auflage, Stuttgart, S. 1705-1716.

Rohrlack, C. (2009): Logistische und ordinale Regression, in: Albers, S. et al. (Hrsg.): Methodik der empirischen Forschung, 3. Auflage, Wiesbaden.

Rose, E. (2004): Employment relations, 2. Aufl., Upper Saddle River (New Jersey).

Rottmann, H./Auer, B. (2010): Statistik und Ökonometrie für Wirtschaftswissenschaftler, Wiesbaden.

Sadowski, D. (2002): Personalökonomie und Arbeitspolitik, Stuttgart.

Sadowski, D./ Backes-Gellner, U./Frick, B. (1995): Works Councils: Barriers or Boosts for the Competitiveness of German Firms?, in: British Journal of Industrial Relations, Heft 3, S. 493 – 513.

Schanz, G. (2001): Flexibilisierung und Individualisierung als strategische Elemente der Personalpolitik,, in: Kienbaum, J. (Hrsg.): Visionäres Personalmanagement, Stuttgart, 3., erw. und aktualisierte Aufl., S. 255-280 .

Schasse, U. (1991): Betriebszugehörigkeitsdauer und Mobilität, Frankfurt.

Schmidt, R./ Trinczek, R. (1999): Der Betriebsrat als Akteur der industriel-len Beziehungen, in: Müller-Jentsch, W. (Hrsg.): Konfliktpartnerschaft, 3., überarb. und erw. Aufl., München, S. 103 – 128.

Schnabel, C./ Wagner, J. (1999): Betriebliche Altersvorsorge: Verbreitung, Bestim-mungsgründe und Auswirkungen auf die Personalfluktuation, in: Frick, B. (Hrsg.): Die Anreizwirkungen betrieblicher Zusatzleistungen, München, S. 69 – 93.

Schoch, M. (2011): Ungerechtigkeit führt zu Diskriminierung, in: Online-Dokument, URL: http://www.gleichearbeit-gleichesgeld.de/initiative/unterstuetzer-werden/als-unterstuetzer-eintragen/prominente-unterstuetzer/manfred-schoch/, abgerufen am 14.08.2011.

Sengenberger, W. (1987): Struktur und Funktionsweise von Arbeitsmärkten, Frankfurt am Main.

Sesselmeier, W./ Blauermel, G. (1990): Arbeitsmarkttheorien, Heidelberg.

Siebert, W. S./ Addison, J. T. (1991): Internal Labour Markets: Causes and Consequences, in: Oxford Review of Economic Policy, Heft 1, S. 76 – 92.

Smith, S. C. (1991): On the economic rationale for codetermination law, in: Journal of Economic Behavior & Organization, Heft 3, S. 261 – 281.

Statistisches Bundesamt (2010): Atypische Beschäftigung im Krisenjahr 2009 rückläufig, in: Online-Dokument, URL: http://www.destatis.de/jetspeed/portal/cms-/Sites/destatis/Internet/DE/Presse/pm/2010/07/PD10__257__132,templateId=renderPrint.psml, abgerufen am 25.02.2012

Stracke, S./ Martins, E./ Peters, B. K./ Nerdinger, F. W. (2007): Mitarbeiterbeteiligung und Investivlohn, 1. Aufl., Düsseldorf.

Swinton, D. H. (1977): A Labor Force Competition Theory of Discrimination in the Labor Market, in: The American Economic Review, Heft 1, S. 400-404.

Teece, D. J./ Pisano, G./ Shuen, A. (1997): Dynamic Capabilties and Strategic Management, in: Strategic Management Journal, Heft 7, S. 509 – 533.

Tobin, J. (1958): Estimation of Relationships for Limited Dependent Variable, in: Econometrica, Heft 1, S. 24 – 36.

Urban, D. (1993): Logit-Analyse, Stuttgart.

Ver.di (2010a): Ratgeber atypische Beschäftigung - 400 €-Minijobs, Teilzeit, Befristung & Leiharbeit.

Verma, A. (2005): What Do Unions Do to the Workplace? Union Effects on Management and HRM Policies, in: Journal of Labor Research, Heft 3, S. 415 – 449.

Volkswagen AG (2011): Leistungsförderung und Erfolgsbeteiligung, in: Online-Dokument, URL:
http://www.volkswagenag.com/vwag/vwcorp/content/de/sustainability_and_responsibility/society/Employment/promoting_performance.html abgerufen am: 14.08.2011.

Wachter, M. L./ Wright, R. D. (1990): The economics of internal labor markets, in: Industrial Relations, Heft 2, S. 240.

Wächter, H. (2004): Mitbestimmung, in: Gaugler, E. (Hrsg.): Handwörterbuch des Personalwesens, 3., überarb. und erg. Aufl., Stuttgart, S. 1240 – 1251.

Walker, W.-D. (2004): Betriebsverfassungsrecht, in: Gaugler, E. (Hrsg.): Handwörterbuch des Personalwesens, 3., überarb. und erg. Aufl. Stuttgart,, S. 614 – 622.

Waschbusch, G./ Sendel-Müller, M. (2011): Zwei Jahre Mitarbeiterkapitalbeteiligungsgesetz - An der Realität vorbei?!, in: OrganisationsEntwicklung - Zeitschrift für Unternehmensentwicklung und Change Management (ZOE), Heft 3, S. 88 – 89.

Wassermann, W./ Rudolph, W. (2005): Betriebsräte nach der Reform, 1. Aufl., , Münster.

Weizsäcker, C. von (1984): Was leistet die Property Rights Theorie für aktuelle wirtschaftspolitische Fragen?, in: Neumann, M. (Hrsg.): Ansprüche, Eigentums- und Verfügungsrechte, Berlin, S. 123 – 152.

Wenger, E. (1989): Der Einfluss von „Schutzrechten" für Arbeitnehmer und die Allokation nichtsystematischer Risiken, in: Fischer, W. (Hrsg.): Währungsreform und soziale Marktwirtschaft, Berlin, S. 451 – 470.

Wernerfelt, B. (1984): A Resource-Based View of the Firm, in: Strategic Management Journal, Heft 2, S. 171 – 180.

Williamson, O. E./ Wachter, M. L./Harris, J. E. (1975): Understanding the Employment Relation: The Analysis of Idiosyncratic Exchange, in: Bell Journal of Economics, Heft 1, S. 250 – 278.

Wingerter, C. (2009): Der Wandel der Erwerbsformen und seine Bedeutung für die Einkommenssituation Erwerbstätiger, in: Statistisches Bundesamt. Wirtschaft und Statistik, Heft 11 , S. 1080 – 1089.

Wiskemann, G. (2000): Strategisches Human Resource Management und Arbeitsmarkt1. Aufl., , Baden-Baden.

Zumbeck, C. (2009): Leiharbeit und befristete Beschäftigung, 2., aktualisierte Aufl., , Frankfurt am Main.

Zwick, T. (2004): Weiterbildungsintensität und betriebliche Produktivität, in: Zeitschrift für Betriebswirtschaft, Heft 7, S. 651 – 668.

Zwick, T. (2005): Continuing Vocational Training Forms and Establishment Productivity in Germany, in: German Economic Review, Heft 2, S. 155 – 184.

Quellenverzeichnis

Gesetze:

AÜG: Arbeitnehmerüberlassungsgesetz in der Fassung der Bekanntmachung vom 3. Februar 1995 (BGBl. I S. 158), das zuletzt durch Artikel 1 des Gesetzes vom 20. Juli 2011 (BGBl. I S. 1506) geändert worden ist.

BetrVG: Betriebsverfassungsgesetz in der Fassung der Bekanntmachung vom 25. September 2001 (BGBl. I S. 2518), das zuletzt durch Artikel 9 des Gesetzes vom 29. Juli 2009 (BGBl. I S. 2424) geändert worden ist.

GG: Grundgesetz für die Bundesrepublik Deutschland in der im Bundesgesetzblatt Teil III, Gliederungsnummer 100-1, veröffentlichten bereinigten Fassung, das zuletzt durch Artikel 1 des Gesetzes vom 21. Juli 2010 (BGBl. I S. 944) geändert worden ist.

TVG: Tarifvertragsgesetz in der Fassung der Bekanntmachung vom 25. August 1969 (BGBl. I S.1323), das zuletzt durch Artikel 88 des Gesetzes vom 8. Dezember 2010 (BGBl. I S. 1864) geändert worden ist.

TzBfG: Teilzeit- und Befristungsgesetz vom 21. Dezember 2000 (BGBl. I S. 1966), das zuletzt durch Artikel 1 des Gesetzes vom 19. April 2007 (BGBl. I S. 538) geändert worden ist.

Tarifverträge und Betriebsvereinbarungen

ERA-Tarifvertrag: Entgeltrahmentarifvertrag der Edelmetallindustrie Baden Württemberg, Abschluss vom 09.01.2006, in: Online-Dokument, URL: http://www.aulnrw.de/uploads/media/Vortrag_von_Werner_Feldes_01.pdf, abgerufen am 14.08.2011.

Ford AG (2003): Betriebsvereinbarung über den Einsatz von Leiharbeitern in der Produktion, in: Online-Dokument, URL: http://www.igmetall-zoom.de/PDF/BV/Ford%20BV%20Leiharbeit.pdf, abgerufen am 14.08.2011.

HDF kino e.V. (2002): Tarifverträge Filmtheater zwischen HDF KINO e.V. und ver.di, Abschluss vom 27.09.2002, in: Online-Dokument, URL: http://www.kino-hdf.com/download/Bundestarifvertrag_Filmtheater.pdf, abgerufen am 14.08.2011.

© Springer Fachmedien Wiesbaden GmbH, ein Teil von Springer Nature 2012
C. Jensen, *Der Einfluss der industriellen Beziehungen auf interne Arbeitsmärkte*,
Edition KWV, https://doi.org/10.1007/978-3-658-24334-0

Opel AG (2004): Betriebsvereinbarung Nr. 3/2004: „Temporärer Einsatz von Leiharbeitnehmern in Verbindung mit einer Business Mall", in: Online-Dokument, URL: http://www.igmetall-zoom.de/PDF/BV/BV%20Opel%203_2004.pdf, abgerufen am 14.08.2011.

Ver.di (2010b): Nach langem Ringen Einigung erzielt. Eckpunkte des Tarifergebnisses, in: Online-Dokument, URL: http://verkehr.verdi.de/luftverkehr/ fluggesellschaften/lufthansa-konzern, abgerufen am 14.08.2011.

Volkswagen AG (2008): Tarifvertrag über die Vergütung und Einsatzbedingungen von Zeitarbeitnehmern, Abschluss vom 20.10.2008.

Rechtssprechungsverzeichnis

BAG 5.11.1985, 1 ABR 49/83, in Betriebs-Berater (1986), Heft 23, S. 1575; AP BetrVG 1972 § 98 Nr. 2

BAG, 07.08.1990, 1 ABR 68/89, in Betriebs-Berater (1990), Heft 32, S. 2271; AP Nr. 82 zu § 99 BetrVG 1972.

BAG, 15.12.1998, 1 ABR 9/98, in: BAGE 90, S. 288 – 302; AP Nr. 56 zu § 80 BetrVG 1972.

BAG,16.04.2003, 7 ABR 53/02, in Betriebs-Berater (2003), Heft 41, S. 2179; AP BetrVG 2002 § 9 Nr. 1.

Anhang

Übersicht über den Inhalt des Anhangs

Tabelle A: Deskriptive Statistik zu den Tobit-Schätzungen der Anteile der Randbelegschaftsarten XLII

Tabelle B: Deskriptive Statistik zu den Tobit-Schätzungen der Eintrittsraten in den internen Arbeitsmarkt (Neueinstellungen und unbefristete Übernahme befristet Beschäftigter) XLIII

Tabelle C: Deskriptive Statistik zur Tobit-Schätzung der Eintrittsrate in den internen Arbeitsmarkt durch Einstellung ehemaliger Leiharbeiter XLIV

Tabelle D: Deskriptive Statistik zur Tobit-Schätzung der Austrittsraten aus dem internen Arbeitsmarkt XLV

Tabelle E: Deskriptive Statistik zur Tobit-Schätzung der Austrittsraten durch Arbeitnehmerkündigung XLVI

Tabelle F: Deskriptive Statistik zur Tobit-Schätzung der Austrittsraten aus dem internen Arbeitsmarkt durch Arbeitgeberkündigungsrate XLVII

Tabelle G: Deskriptive Statistik zu den Tobit-Schätzungen der Weiterbildungsintensitäten XLVIII

Tabelle H: Deskriptive Statistik zur Logit-Schätzung der Bevorzugung interner Stellenbesetzung zur Deckung des Fachkräftebedarfs in den nächsten beiden Jahren XLIX

Tabelle I: Deskriptive Statistik zur Logit-Schätzung des Einsatzes von Erfolgsbeteiligungen L

Tabelle J: Deskriptive Statistik zur Logit-Schätzung des Einsatzes einer Kapitalbeteiligungen LI

Tabelle K: Übersicht über die Ergebnisse der empirischen Untersuchung aufgeteilt nach den zentralen Aspekten interner Arbeitsmärkte im Rahmen eines systematischen Beschäftigungsmanagements für das Vergleichsjahr 2007 LII

© Springer Fachmedien Wiesbaden GmbH, ein Teil von Springer Nature 2012
C. Jensen, *Der Einfluss der industriellen Beziehungen auf interne Arbeitsmärkte*,
Edition KWV, https://doi.org/10.1007/978-3-658-24334-0

Variable	Beschreibung	Mittel-wert	Stan-dard-abw.	Min.	Max.
Betriebsrat	Dummy-Variable = 1, wenn Betriebsrat vorhanden.	0,2638	0,4407	0	1
Haustarifvertrag	Dummy-Variable = 1, wenn Branchentarifvertrag im Betrieb gilt.	0,0760	0,2651	0	1
Branchentarifvertrag	Dummy-Variable = 1, wenn Haustarifvertrag im Betrieb gilt.	0,3904	0,4879	0	1
Anteil befristet Beschäftigter	Anteil der Beschäftigten mit einem befristeten Arbeitsvertrag an der Gesamtzahl der Beschäftigten.	0,0496	0,1216	0	1
Anteil Leiharbeiter	Anteil der Leiharbeiter an der Gesamtzahl der Beschäftigten.	0,0180	0,1779	0	13
Anteil freie Mitarbeiter	Anteil der freien Mitarbeiter an der Gesamtzahl der Beschäftigten.	0,0185	0,2450	0	13,33
Anteil Praktikanten	Anteil der Praktikanten an der Gesamtzahl der Beschäftigten.	0,0170	0,0537	0	0,8
Anteil an geringfügig Beschäftigten	Anteil der geringfügig Beschäftigten an der Gesamtzahl der Beschäftigten.	0,1163	0,1752	0	0,96
Anteil Teilzeitbeschäftigte	Anteil der Teilzeitbeschäftigten an der Gesamtzahl der Beschäftigten.	0,1950	0,2306	0	1
Frauenanteil	Anteil der Frauen an der Gesamtzahl der Beschäftigten.	0,3949	0,2930	0	1
Anteil Akademiker	Anteil an Beschäftigten für qualifizierte Tätigkeiten, die einen Hochschul- oder Fachhochschulabschluss erfordern.	0,0747	0,1512	0	1
Anteil an einfache Tätigkeiten	Anteil an Beschäftigten für Beschäftigte für einfache Tätigkeiten, die keine Berufsausbildung erfordern.	0,1916	0,2601	0	1
Arbeitszeitkonten	Dummy-Variable = 1, wenn Arbeitszeitkonten im Betrieb vorhanden.	0,5740	0,4945	0	1
Kurzarbeit im 1.Hj.	Dummy-Variable = 1, wenn es im 1.Halbjahr 2009 Kurzarbeit gab.	0,1656	0,3718	0	1
Kapitalbeteiligung	Dummy-Variable = 1, wenn für Beschäftigte eine Kapitalbeteiligung besteht.	0,0254	0,1574	0	1
Erfolgsbeteiligung	Dummy-Variable = 1, wenn für Beschäftigte eine Gewinn- bzw. Erfolgsbeteiligung besteht.	0,1810	0,3851	0	1
Ausbildungsintensität	Anteil der Auszubildenden an der Gesamtzahl der Beschäftigten.	0,0512	0,0792	0	1
Weiterbildungsintensität	Anteil der Personen, die im 1. Halbjahr an Weiterbildungsmaßnahmen teilgenommen haben, an der Gesamtzahl der Beschäftigten.	0,2352	0,3001	0	1
Schließung von Betriebsteilen	Dummy-Variable = 1, wenn es im Zeitraum von 1.7.2008 bis 30.6.2009 zur Schließung von Betriebsteilen kam.	0,0130	0,1134	0	1
Ausgliederung von Betriebsteilen	Dummy-Variable = 1, wenn es im Zeitraum von 1.7.2008 bis 30.6.2009 zur Ausgliederung von Betriebsteilen kam.	0,0114	0,1061	0	1
Ausgründung von Betriebsteilen	Dummy-Variable = 1, wenn es im Zeitraum von 1.7.2008 bis 30.6.2009 zur Ausgründung von Betriebsteilen kam.	0,0040	0,0635	0	1
Eingliederung von Betriebsteilen	Dummy-Variable = 1, wenn es im Zeitraum von 1.7.2008 bis 30.6.2009 zur Eingliederung von Betriebsteilen kam.	0,0211	0,1438	0	1
Beschäftigungs-/ Standortsicherungsvereinbarung	Dummy-Variable = 1, wenn derzeit eine betriebliche Vereinbarung zwischen Geschäftsleitung und Belegschaft oder deren Interessenvertretung zur Beschäftigungs- oder Standortsicherung besteht.	0,0750	0,2634	0	1
Investitionen in EDV/Kommunikation	Dummy-Variable = 1, wenn der Betrieb im vergangenen Geschäftsjahr 2008 Investitionen in EDV, Informations- und Kommunikationstechnik getätigt hat.	0,4372	0,4961	0	1
Investitionen in Produktionsanlagen	Dummy-Variable = 1, wenn der Betrieb im vergangenen Geschäftsjahr 2008 Investitionen in Produktionsanlagen, Betriebs- und Geschäftsausstattung getätigt hat.	0,4973	0,5000	0	1
Schlechte Ertragslage im letzten Jahr	Dummy-Variable = 1, wenn die Ertragslage des Betriebes im vergangenen Geschäftsjahr ausreichend oder mangelhaft war.	0,2177	0,4127	0	1
Negatives Geschäftsergebnis	Dummy-Variable = 1, wen im vergangenen Geschäftsjahr ein negatives Jahresergebnis erzielt wurde.	0,0938	0,2915	0	1
Sinkende Entwicklung des Geschäftsvolumens	Dummy-Variable = 1, wenn für das laufende Jahr, also 2009, gegenüber 2008 eine sinkende Entwicklung des Geschäftsvolumens erwartet wird.	0,3683	0,4824	0	1
Ostdeutsches Unternehmen	Dummy-Variable = 1, wenn es sich um einen Betrieb in Ostdeutschland handelt.	0,3904	0,4879	0	1
Betrieb in ausländischem Besitz	Dummy-Variable = 1, wenn sich der Betrieb mehrheitlich oder ausschließlich in ausländischem Eigentum befindet.	0,0628	0,2425	0	1
Dummy-Variablen für Branchen	Sechzehn Dummy-Variablen für Branchen.				
Dummy-Variablen für Betriebsgrößen	Sieben Dummy-Variablen für Betriebsgrößen.				
Fallzahl (=Betriebe)	7904				

Tabelle A: Deskriptive Statistik zu den Tobit-Schätzungen der Anteile der Randbelegschaftsarten; Quelle: Eigene Berechnungen mit dem IAB-Betriebspanel 2009.

Variable	Beschreibung	Mittel-wert	Standard-abw.	Min.	Max.
Betriebsrat	Dummy-Variable = 1, wenn ein Betriebsrat im Betrieb vorhanden ist.	0,2646	(0,4411)	0	1
Tarifvertrag	Dummy-Variable = 1, wenn ein Tarifvertrag im Betrieb gilt	0,0765	(0,2658)	0	1
Kein Tarifvertrag * kein Betriebsrat	Dummy-Variable = 1, wenn kein Tarifvertrag gilt und kein Betriebsrat im Betrieb vorhanden ist.	0,4687	(0,4990)	0	1
Tarifvertrag * kein Betriebsrat	Dummy Variable = 1, wenn ein Tarifvertrag gilt und kein Betriebsrat im Betrieb vorhanden ist.	0,2668	(0,4423)	0	1
Kein Tarifvertrag * Betriebsrat	Dummy-Variable = 1, wenn kein Tarifvertrag gilt und ein Betriebsrat im Betrieb vorhanden ist.	0,0655	(0,2475)	0	1
Tarifvertrag * Betriebsrat	Dummy-Variable = 1, wenn ein Tarifvertrag gilt und ein Betriebsrat im Betrieb vorhanden ist.	0,1990	(0,3993)	0	1
Anteil befristet Beschäftigter	Anteil der Beschäftigten mit einem befristeten Arbeitsvertrag an der Gesamtzahl der Beschäftigten.	0,0495	(0,1218)	0	1
Anteil Leiharbeiter	Anteil der Leiharbeiter an der Gesamtzahl der Beschäftigten.	0,0184	(0,1797)	0	13
Anteil freie Mitarbeiter	Anteil der freien Mitarbeiter an der Gesamtzahl der Beschäftigten.	0,0185	(0,2426)	0	13,33
Anteil Praktikanten	Anteil der Praktikanten an der Gesamtzahl der Beschäftigten.	0,0170	(0,0535)	0	0,8
Anteil Teilzeitbeschäftigte	Anteil der Teilzeitbeschäftigten an der Gesamtzahl der Beschäftigten.	0,1937	(0,2289)	0	1
Frauenanteil	Anteil der Frauen an der Gesamtzahl der Beschäftigten.	0,3947	(0,2930)	0	1
Anteil Akademiker	Anteil an Beschäftigten für qualifizierte Tätigkeiten, die einen Hochschul- oder FH-Abschluss erfordern.	0,0748	(0,1516)	0	1
Anteil an einfachen Tätigkeiten	Anteil an Beschäftigten für Beschäftigte für einfache Tätigkeiten, die keine Berufsausbildung erfordern.	0,1917	(0,2596)	0	1
Anteil an geringfügig Beschäftigten	Anteil der geringfügig Beschäftigten an der Gesamtzahl der Beschäftigten.	0,1166	(0,1753)	0	0,96
Neueinstellungsrate	Anzahl der Neueinstellungen / Gesamtzahl der Beschäftigten.	0,0551	(0,1250)	0	2,63
Eintrittsrate durch Übernahme befristet Besch. in unbefristetes Beschäftigungsverhältnis	Anzahl der Übernahmen von befristet Beschäftigten in ein unbefristetes Arbeitsverhältnis/ Gesamtzahl der Beschäftigten	0,0066	(0,0279)	0	0,72
Weiterbildungsintensität	Anzahl der Personen, die im 1. Halbjahr an Weiterbildungsmaßnahmen teilgenommen haben/ Gesamtzahl d. Besch.	0,2352	(0,2998)	0	1
Ausbildungsintensität	Anzahl der Auszubildenden an der Gesamtzahl der Beschäftigten.	0,0513	(0,0792)	0	1
Schließung von Betriebsteilen	Dummy-Variable = 1, wenn es im Zeitraum von 1.7.2008 bis 30.6.2009 zur Schließung von Betriebsteilen kam.	0,0135	(0,1152)	0	1
Ausgliederung von Betriebsteilen	Dummy-Variable = 1, wenn es im Zeitraum von 1.7.2008 bis 30.6.2009 zur Ausgliederung von Betriebsteilen kam.	0,0112	(0,1054)	0	1
Ausgründung von Betriebsteilen	Dummy-Variable = 1, wenn es im Zeitraum von 1.7.2008 bis 30.6.2009 zur Ausgründung von Betriebsteilen kam.	0,0043	(0,0656)	0	1
Eingliederung von Betriebsteilen	Dummy-Variable = 1, wenn es im Zeitraum von 1.7.2008 bis 30.6.2009 zur Eingliederung von Betriebsteilen kam.	0,0212	(0,1441)	0	1
Schlechte Ertragslage im letzten Jahr	Dummy-Variable = 1, wenn Ertragslage des Betriebes im vergangenen Geschäftsjahr ausreichend o.mangelhaft war.	0,2182	(0,4130)	0	1
Negatives Geschäftsergebnis	Dummy-Variable = 1, wenn im vergangenen Geschäftsjahr ein negatives Jahresergebnis erzielt wurde.	0,0938	(0,2915)	0	1
Sinkende Entwicklung des Geschäftsvolumens	Dummy-Variable = 1, wenn für das laufende Jahr, also 2009, gegenüber 2008 eine sinkende Entwicklung des Geschäftsvolumens erwartet wird.	0,3698	(0,4828)	0	1
Beschäftigungs-/Standortsicherungsvereinbarung	Dummy-Variable = 1, wenn derzeit eine betriebliche Vereinbarung zwischen Geschäftsleitung und Belegschaft oder deren Interessensvertretung zur Beschäftigungs- oder Standortsicherung besteht.	0,0759	(0,2648)	0	1
Investitionen in EDV/Kommunikation	Dummy-Variable = 1, wenn der Betrieb im vergangenen Geschäftsjahr 2008 Investitionen in EDV, Informations- und Kommunikationstechnik getätigt hat.	0,4382	(0,4962)	0	1
Investitionen in Produktionsanlagen	Dummy-Variable = 1, wenn der Betrieb im vergangenen Geschäftsjahr 2008 Investitionen in Produktionsanlagen, Betriebs- und Geschäftsausstattung getätigt hat.	0,4964	(0,5000)	0	1
Ostdeutsches Unternehmen	Dummy-Variable = 1, wenn es sich um einen Betrieb in Ostdeutschland handelt.	0,3864	(0,4869)	0	1
Betrieb in ausländischem Besitz	Dummy-Variable = 1, wenn Betrieb mehrheitlich oder ausschließlich in ausländischem Eigentum ist.	0,0632	(0,2433)	0	1
Dummy-Variablen für Branchen	Sechzehn Dummy-Variablen für Branchen.				
Dummy-Variablen für Betriebsgrößen	Sieben Dummy-Variablen für Betriebsgrößen.				
Fallzahl (= Betriebe)	8104				

Tabelle B: Deskriptive Statistik zu den Tobit-Schätzungen der Eintrittsraten in den internen Arbeitsmarkt (Neueinstellungen und unbefristete Übernahme befristet Beschäftigter); Quelle: Eigene Berechnungen mit dem IAB-Betriebspanel 2009.

Variable	Beschreibung	Mittel-wert	Standard-abw.	Min.	Max.
Klebeeffekt	Anzahl der Einstellungen ehemaliger Leiharbeitnehmer / Gesamtzahl der Beschäftigten	0,0072	(0,0405)	0	0,89
Betriebsrat	Dummy-Variable = 1, wenn Betriebsrat vorhanden.	0,3518	(0,4776)	0	1
Tarifvertrag	Dummy-Variable = 1, wenn Tarifvertrag im Betrieb gilt.	0,5019	(0,5000)	0	1
Kein Tarifvertrag * kein Betriebsrat	Dummy-Variable = 1, wenn kein Tarifvertrag gilt und kein Betriebsrat im Betrieb vorhanden ist.	0,4072	(0,4914)	0	1
Tarifvertrag * kein Betriebsrat	Dummy-Variable = 1, wenn ein Tarifvertrag gilt und kein Betriebsrat im Betrieb vorhanden ist.	0,2410	(0,4278)	0	1
Kein Tarifvertrag * Betriebsrat	Dummy-Variable = 1, wenn kein Tarifvertrag gilt und ein Betriebsrat im Betrieb vorhanden ist.	0,0909	(0,2876)	0	1
Tarifvertrag * Betriebsrat	Dummy-Variable = 1, wenn ein Tarifvertrag gilt und ein Betriebsrat im Betrieb vorhanden ist.	0,2609	(0,4391)	0	1
Anteil befristet Beschäftigter	Anteil der Beschäftigten mit einem befristeten Arbeitsvertrag an der Gesamtzahl der Beschäftigten.	0,0812	(0,1500)	0	1
Anteil Leiharbeiter	Anteil der Leiharbeiter an der Gesamtzahl der Beschäftigten.	0,0294	(0,0974)	0	1,62
Anteil freie Mitarbeiter	Anteil der freien Mitarbeiter an der Gesamtzahl der Beschäftigten.	0,0198	(0,1869)	0	6,43
Anteil Praktikanten	Anteil der Praktikanten an der Gesamtzahl der Beschäftigten.	0,0171	(0,0482)	0	0,71
Anteil Teilzeitbeschäftigte	Anteil der Teilzeitbeschäftigten an der Gesamtzahl der Beschäftigten.	0,1975	(0,2392)	0	1
Frauenanteil	Anteil der Frauen an der Gesamtzahl der Beschäftigten.	0,3811	(0,2830)	0	1
Anteil Akademiker	Anteil an Beschäftigten für qualifizierte Tätigkeiten, die einen Hochschul- oder Fachhochschulabschluss erfordern.	0,0889	(0,1572)	0	1
Anteil an einfachen Tätigkeiten	Anteil an Beschäftigten für Beschäftigte für einfache Tätigkeiten, die keine Berufsausbildung erfordern.	0,2076	(0,2668)	0	1
Anteil an geringfügig Beschäftigten	Anteil der geringfügig Beschäftigten an der Gesamtzahl der Beschäftigten.	0,0973	(0,1585)	0	0,99
Neueinstellungsrate	Anzahl der Neueinstellungen / Gesamtzahl der Beschäftigten	0,1168	(0,1791)	0	7
Eintrittsrate Befr. In Unbefr.	Anzahl der Übernahmen von befristet Beschäftigten in ein unbefristetes Arbeitsverhältnis / Gesamtzahl der Beschäftigten	0,0110	(0,0334)	0	0,71
Weiterbildungsintensität	Anteil der Personen, die im 1. Halbjahr an Weiterbildungsmaßnahmen teilgenommen haben, an der Gesamtzahl der Beschäftigten.	0,2667	(0,3014)	0	3
Ausbildungsintensität	Anteil der Auszubildenden an der Gesamtzahl der Beschäftigten.	0,0499	(0,0736)	0	0,85
Schließung von Betriebsteilen	Dummy-Variable = 1, wenn es im Zeitraum von 1.7.2007 bis 30.6.2008 zur Schließung von Betriebsteilen kam.	0,0128	(0,1126)	0	1
Ausgliederung von Betriebsteilen	Dummy-Variable = 1, wenn es im Zeitraum von 1.7.2007 bis 30.6.2008 zur Ausgliederung von Betriebsteilen kam.	0,0179	(0,1327)	0	1
Ausgründung von Betriebsteilen	Dummy-Variable = 1, wenn es im Zeitraum von 1.7.2007 bis 30.6.2008 zur Ausgründung von Betriebsteilen kam.	0,0055	(0,0742)	0	1
Eingliederung von Betriebsteilen	Dummy-Variable = 1, wenn es im Zeitraum von 1.7.2007 bis 30.6.2008 zur Eingliederung von Betriebsteilen kam.	0,0376	(0,1903)	0	1
Schlechte Ertragslage im letzten Jahr	Dummy-Variable = 1, wenn die Ertragslage des Betriebes im vergangenen Geschäftsjahr ausreichend o. mangelhaft war.	0,1938	(0,3954)	0	1
Negatives Geschäftsergebnis	Dummy-Variable = 1, wenn im vergangenen Geschäftsjahr ein negatives Jahresergebnis erzielt wurde.	0,0797	(0,2708)	0	1
Sinkende Entwicklung des Geschäftsvolumens	Dummy-Variable = 1, wenn für das laufende Jahr, also 2008, gegenüber 2007 eine sinkende Entwicklung des Geschäftsvolumens erwartet wird.	0,1573	(0,3642)	0	1
Beschäftigungs-/Standortsicherungsvereinbarung	Dummy-Variable = 1, wenn derzeit eine betriebliche Vereinbarung zwischen Geschäftsleitung und Belegschaft oder deren Interessensvertretung zur Beschäftigungs- oder Standortsicherung besteht.	0,0881	(0,2834)	0	1
Investitionen in EDV/Kommunikation	Dummy-Variable = 1, wenn der Betrieb im vergangenen Geschäftsjahr 2007 Investitionen in EDV, Informations- und Kommunikationstechnik getätigt hat.	0,5395	(0,4985)	0	1
Investitionen in Produktionsanlagen	Dummy-Variable = 1, wenn der Betrieb im vergangenen Geschäftsjahr 2007 Investitionen in Produktionsanlagen, Betriebs- und Geschäftsausstattung getätigt hat.	0,5853	(0,4927)	0	1
Ostdeutsches Unternehmen	Dummy-Variable = 1, wenn es sich um einen Betrieb in Ostdeutschland handelt.	0,3795	(0,4853)	0	1
Betrieb in ausländischem Besitz	Dummy-Variable = 1, wenn sich der Betrieb mehrheitlich oder ausschließlich in ausländischem Eigentum befindet.	0,0777	(0,2677)	0	1
Dummy-Variablen für Branchen	Fünfzehn Dummy-Variablen für Branchen.				
Dummy-Variablen für Betriebsgrößen	Sieben Dummy-Variablen für Betriebsgrößen.				
Fallzahl (= Betriebe)	4519				

Tabelle C: Deskriptive Statistik zur Tobit-Schätzung der Eintrittsrate in den internen Arbeitsmarkt durch Einstellung ehemaliger Leiharbeiter; Quelle: Eigene Berechnung-en mit dem IAB-Betriebspanel 2008.

Variable	Beschreibung	Mittel-wert	Standard-abw.	Min.	Max.
Personalabgangsrate	Anteil der ausgeschiedenen Beschäftigten im 1.Halbjahr 2009 an der Gesamtzahl der Beschäftigten	0,0656	0,2512	0	13,29
Betriebsrat	Dummy-Variable = 1, wenn Betriebsrat vorhanden.	0,2582	0,4377	0	1
Tarifvertrag	Dummy-Variable = 1, wenn Tarifvertrag im Betrieb gilt.	0,4558	(0,4981)	0	1
Kein Tarifvertrag * kein Betriebsrat	Dummy-Variable = 1, wenn kein Tarifvertrag gilt und kein Betriebsrat im Betrieb vorhanden ist.	0,4802	(0,4996)	0	1
Tarifvertrag * kein Betriebsrat	Dummy-Variable = 1, wenn ein Tarifvertrag gilt und kein Betriebsrat im Betrieb vorhanden ist.	0,2616	(0,4395)	0	1
Kein Tarifvertrag * Betriebsrat	Dummy-Variable = 1, wenn kein Tarifvertrag gilt und ein Betriebsrat im Betrieb vorhanden ist.	0,0640	(0,2447)	0	1
Tarifvertrag * Betriebsrat	Dummy-Variable = 1, wenn ein Tarifvertrag gilt und ein Betriebsrat im Betrieb vorhanden ist.	0,1942	(0,3956)	0	1
Anteil befristet Beschäftigter	Anteil der Beschäftigten mit einem befristeten Arbeitsvertrag an der Gesamtzahl der Beschäftigten.	0,0482	(0,1190)	0	1,00
Anteil Leiharbeiter	Anteil der Leiharbeiter an der Gesamtzahl der Beschäftigten.	0,0188	(0,1895)	0	13,00
Anteil freie Mitarbeiter	Anteil der freien Mitarbeiter an der Gesamtzahl der Beschäftigten.	0,0183	(0,2438)	0	13,33
Anteil Praktikanten	Anteil der Praktikanten an der Gesamtzahl der Beschäftigten.	0,0169	(0,0532)	0	1
Anteil Teilzeitbeschäftigte	Anteil der Teilzeitbeschäftigten an der Gesamtzahl der Beschäftigten.	0,1920	(0,2268)	0	1
Frauenanteil	Anteil der Frauen an der Gesamtzahl der Beschäftigten.	0,3875	(0,2896)	0	1
Anteil Akademiker	Anteil an Beschäftigten für qualifizierte Tätigkeiten, die einen Hochschul- oder Fachhochschulabschluss erfordern.	0,0742	(0,1494)	0	1
Anteil an einfachen Tätigkeiten	Anteil an Beschäftigten für Beschäftigte für einfache Tätigkeiten, die keine Berufsausbildung erfordern.	0,1915	(0,2577)	0	1
Anteil an geringfügig Beschäftigten	Anteil der geringfügig Beschäftigten an der Gesamtzahl der Beschäftigten.	0,1167	(0,1744)	0	1
Weiterbildungsintensität	Anteil der Personen, die im 1. Halbjahr an Weiterbildungsmaßnahmen teilgenommen haben, an der Gesamtzahl der Beschäftigten.	0,2301	(0,2961)	0	1
Lohnsumme pro Beschäftigtem	Bruttolohn- und Gehaltssumme im Juni 2009 / Gesamtzahl der Beschäftigten	1910,22	(1010,98)	66,67	8258
Schließung von Betriebsteilen	Dummy-Variable = 1, wenn es im Zeitraum von 1.7.2008 bis 30.6.2009 zur Schließung von Betriebsteilen kam.	0,0133	(0,1147)	0	1
Ausgliederung von Betriebsteilen	Dummy-Variable = 1, wenn es im Zeitraum von 1.7.2008 bis 30.6.2009 zur Ausgliederung von Betriebsteilen kam.	0,0121	(0,1092)	0	1
Ausgründung von Betriebsteilen	Dummy-Variable = 1, wenn es im Zeitraum von 1.7.2008 bis 30.6.2009 zur Ausgründung von Betriebsteilen kam.	0,0044	(0,0662)	0	1
Eingliederung von Betriebsteilen	Dummy-Variable = 1, wenn es im Zeitraum von 1.7.2008 bis 30.6.2009 zur Eingliederung von Betriebsteilen kam.	0,0210	(0,1434)	0	1
Schlechte Ertragslage im letzten Jahr	Dummy-Variable = 1, wenn die Ertragslage des Betriebes im vergangenen Geschäftsjahr ausreichend oder mangelhaft war.	0,2227	(0,4161)	0	1
Negatives Geschäftsergebnis	Dummy-Variable = 1, wenn im vergangenen Geschäftsjahr ein negatives Jahresergebnis erzielt wurde.	0,0965	(0,2953)	0	1
Sinkende Entwicklung des Geschäftsvolumens	Dummy-Variable = 1, wenn für das laufende Jahr, also 2009, gegenüber 2008 eine sinkende Entwicklung des Geschäftsvolumens erwartet wird.	0,3812	(0,4857)	0	1
Beschäftigungs-/Standortsicherungsvereinbarung	Dummy-Variable = 1, wenn derzeit eine betriebliche Vereinbarung zwischen Geschäftsleitung und Belegschaft oder deren Interessensvertretung zur Beschäftigungs- oder Standortsicherung besteht.	0,0739	(0,2616)	0	1
Investitionen in EDV/Kommunikation	Dummy-Variable = 1, wenn der Betrieb im vergangenen Geschäftsjahr 2008 Investitionen in EDV, Informations- und Kommunikationstechnik getätigt hat.	0,4506	(0,4976)	0	1
Investitionen in Produktionsanlagen	Dummy-Variable = 1, wenn der Betrieb im vergangenen Geschäftsjahr 2008 Investitionen in Produktionsanlagen, Betriebs- und Geschäftsausstattung getätigt hat.	0,5140	(0,4998)	0	1
Ostdeutsches Unternehmen	Dummy-Variable = 1, wenn es sich um einen Betrieb in Ostdeutschland handelt.	0,3904	(0,4879)	0	1
Betrieb in ausländischem Besitz	Dummy-Variable = 1, wenn sich der Betrieb mehrheitlich oder ausschließlich in ausländischem Eigentum befindet.	0,0628	(0,2427)	0	1
Dummy-Variablen für Branchen	Sechzehn Dummy-Variablen für Branchen.				
Dummy-Variablen für Betriebsgrößen	Sieben Dummy-Variablen für Betriebsgrößen.				
Fallzahl (= Betriebe)	7049				

Tabelle D: Deskriptive Statistik zur Tobit-Schätzung der Austrittsraten aus dem internen Arbeitsmarkt; Quelle: Eigene Berechnungen mit dem IAB-Betriebspanel 2009.

Variable	Beschreibung	Mittel-wert	Standard-abw.	Min.	Max.
Arbeitnehmerkündigungsrate	Anzahl der Kündigungen seitens des Arbeitnehmers / Gesamtzahl der Beschäftigten	0,0153	(0,0538)	0	1,75
Betriebsrat	Dummy-Variable = 1, wenn Betriebsrat vorhanden.	0,2583	(0,4377)	0	1
Tarifvertrag	Dummy-Variable = 1, wenn Tarifvertrag im Betrieb gilt.	0,4559	(0,4981)	0	1
Kein Tarifvertrag * kein Betriebsrat	Dummy Variable = 1, wenn kein Tarifvertrag gilt und kein Betriebsrat im Betrieb vorhanden ist.	0,4803	(0,4996)	0	1
Tarifvertrag * kein Betriebsrat	Dummy Variable = 1, wenn ein Tarifvertrag gilt und kein Betriebsrat im Betrieb vorhanden ist.	0,2614	(0,4394)	0	1
Kein Tarifvertrag * Betriebsrat	Dummy-Variable = 1, wenn kein Tarifvertrag gilt und ein Betriebsrat im Betrieb vorhanden ist.	0,0639	(0,2445)	0	1
Tarifvertrag * Betriebsrat	Dummy-Variable = 1, wenn ein Tarifvertrag gilt und ein Betriebsrat im Betrieb vorhanden ist.	0,1944	(0,3958)	0	1
Anteil befristet Beschäftigter	Anteil der Beschäftigten mit einem befristeten Arbeitsvertrag an der Gesamtzahl der Beschäftigten.	0,0480	(0,1184)	0	1
Anteil Leiharbeiter	Anteil der Leiharbeiter an der Gesamtzahl der Beschäftigten.	0,0186	(0,1892)	0	13
Anteil freie Mitarbeiter	Anteil der freien Mitarbeiter an der Gesamtzahl der Beschäftigten.	0,0183	(0,2438)	0	13,33
Anteil Praktikanten	Anteil der Praktikanten an der Gesamtzahl der Beschäftigten.	0,0169	(0,0532)	0	0,8
Anteil Teilzeitbeschäftigte	Anteil der Teilzeitbeschäftigten an der Gesamtzahl der Beschäftigten.	0,1918	(0,2265)	0	1
Frauenanteil	Anteil der Frauen an der Gesamtzahl der Beschäftigten.	0,3874	(0,2895)	0	1
Anteil Akademiker	Anteil an Beschäftigten für qualifizierte Tätigkeiten, die einen Hochschul- oder Fachhochschulabschluss erfordern.	0,0742	(0,1493)	0	1
Anteil an einfachen Tätigkeiten	Anteil an Beschäftigten für Beschäftigte für einfache Tätigkeiten, die keine Berufsausbildung erfordern.	0,1911	(0,2573)	0	1
Anteil an geringfügig Beschäftigten	Anteil der geringfügig Beschäftigten an der Gesamtzahl der Beschäftigten.	0,1167	(0,1743)	0	0,96
Weiterbildungsintensität	Anteil der Personen, die im 1. Halbjahr an Weiterbildungsmaßnahmen teilgenommen haben, an der Gesamtzahl der Beschäftigten.	0,2303	(0,2961)	0	1
Lohnsumme pro Beschäftigtem	Bruttolohn- und Gehaltssumme im Juni 2009 / Gesamtzahl der Beschäftigten	1911,25	(1011,5900)	66,67	8258,35
Schließung von Betriebsteilen	Dummy-Variable = 1, wenn es im Zeitraum von 1.7.2008 bis 30.6.2009 zur Schließung von Betriebsteilen kam.	0,0135	(0,1153)	0	1
Ausgliederung von Betriebsteilen	Dummy-Variable = 1, wenn es im Zeitraum von 1.7.2008 bis 30.6.2009 zur Ausgliederung von Betriebsteilen kam.	0,0121	(0,1092)	0	1
Ausgründung von Betriebsteilen	Dummy-Variable = 1, wenn es im Zeitraum von 1.7.2008 bis 30.6.2009 zur Ausgründung von Betriebsteilen kam.	0,0044	(0,0662)	0	1
Eingliederung von Betriebsteilen	Dummy-Variable = 1, wenn es im Zeitraum von 1.7.2008 bis 30.6.2009 zur Eingliederung von Betriebsteilen kam.	0,0211	(0,1439)	0	1
Schlechte Ertragslage im letzten Jahr	Dummy-Variable = 1, wenn die Ertragslage des Betriebes im vergangenen Geschäftsjahr ausreichend oder mangelhaft war.	0,2228	(0,4162)	0	1
Negatives Geschäftsergebnis	Dummy-Variable = 1, wenn im vergangenen Geschäftsjahr ein negatives Jahresergebnis erzielt wurde.	0,0967	(0,2955)	0	1
Sinkende Entwicklung des Geschäftsvolumens	Dummy-Variable = 1, wenn für das laufende Jahr, also 2009, gegenüber 2008 eine sinkende Entwicklung des Geschäftsvolumens erwartet wird.	0,3812	(0,4857)	0	1
Beschäftigungs-/ Standortsicherungsvereinbarung	Dummy-Variable = 1, wenn derzeit eine betriebliche Vereinbarung zwischen Geschäftsleitung und Belegschaft oder deren Interessensvertretung zur Beschäftigungs- oder Standortsicherung besteht.	0,0742	(0,2622)	0	1
Investitionen in EDV/Kommunikation	Dummy-Variable = 1, wenn der Betrieb im vergangenen Geschäftsjahr 2008 Investitionen in EDV, Informations- und Kommunikationstechnik getätigt hat.	0,4506	(0,4976)	0	1
Investitionen in Produktionsanlagen	Dummy-Variable = 1, wenn der Betrieb im vergangenen Geschäftsjahr 2008 Investitionen in Produktionsanlagen, Betriebs- und Geschäftsausstattung getätigt hat.	0,5142	(0,4998)	0	1
Ostdeutsches Unternehmen	Dummy-Variable = 1, wenn es sich um einen Betrieb in Ostdeutschland handelt.	0,3904	(0,4879)	0	1
Betrieb in ausländischem Besitz	Dummy-Variable = 1, wenn sich der Betrieb mehrheitlich oder ausschließlich in ausländischem Eigentum befindet.	0,0630	(0,2430)	0	1
Dummy-Variablen für Branchen	Sechzehn Dummy-Variablen für Branchen.				
Dummy-Variablen für Betriebsgrößen	Sieben Dummy-Variablen für Betriebsgrößen.				
Fallzahl (= Betriebe)		7046			

Tabelle E: Deskriptive Statistik zur Tobit-Schätzung der Austrittsraten durch Arbeitnehmerkündigung; Quelle: Eigene Berechnungen mit dem IAB-Betriebspanel 2009.

Variable	Beschreibung	Mittel-wert	Standard-abw.	Max.	Min.
Arbeitgeberkündigungsrate	Anzahl der Kündigungen seitens des Betriebes / Gesamtzahl der Beschäftigten	0,0233	(0,0959)	0	2,38
Betriebsrat	Dummy-Variable = 1, wenn Betriebsrat vorhanden.	0,2989	(0,4578)	0	1
Tarifvertrag	Dummy-Variable = 1, wenn Tarifvertrag im Betrieb gilt.	04753	(0,4994)	0	1
Kein Tarifvertrag * kein Betriebsrat	Dummy-Variable = 1, wenn kein Tarifvertrag gilt und kein Betriebsrat im Betrieb vorhanden ist.	0,4553	(0,4980)	0	1
Tarifvertrag * kein Betriebsrat	Dummy Variable = 1, wenn ein Tarifvertrag gilt und kein Betriebsrat im Betrieb vorhanden ist.	0,2458	(0,4306)	0	1
Kein Tarifvertrag * Betriebsrat	Dummy-Variable = 1, wenn kein Tarifvertrag gilt und ein Betriebsrat im Betrieb vorhanden ist.	0,0694	(02542)	0	1
Tarifvertrag * Betriebsrat	Dummy-Variable = 1, wenn ein Tarifvertrag gilt und ein Betriebsrat im Betrieb vorhanden ist.	0,2294	(04205)	0	1
Anteil befristet Beschäftigter	Anteil der Beschäftigten mit einem befristeten Arbeitsvertrag an der Gesamtzahl der Beschäftigten.	0,0498	(0,1184)	0	1
Anteil Leiharbeiter	Anteil der Leiharbeiter an der Gesamtzahl der Beschäftigten.	0,0190	(0,1808)	0	13
Anteil freie Mitarbeiter	Anteil der freien Mitarbeiter an der Gesamtzahl der Beschäftigten.	0,0182	(0,2316)	0	13,33
Anteil Praktikanten	Anteil der Praktikanten an der Gesamtzahl der Beschäftigten.	0,0163	(0,0512)	0	0,8
Anteil Teilzeitbeschäftigte	Anteil der Teilzeitbeschäftigten an der Gesamtzahl der Beschäftigten.	0,1899	(0,2246)	0	1
Frauenanteil	Anteil der Frauen an der Gesamtzahl der Beschäftigten.	0,3896	(0,2882)	0	1
Anteil Akademiker	Anteil an Beschäftigten für qualifizierte Tätigkeiten, die einen (Fach-) Hochschulabschluss erfordern.	0,0800	(0,1520)	0	1
Anteil an einfachen Tätigkeiten	Anteil an Beschäftigten für Beschäftigte für einfache Tätigkeiten, die keine Berufsausbildung erfordern.	0,1889	(0,2534)	0	1
Anteil an geringfügig Beschäftigten	Anteil der geringfügig Beschäftigten an der Gesamtzahl der Beschäftigten.	0,1100	(0,1693)	0	0,96
Lohnsumme pro Beschäftigtem	Brutolohn- und Gehaltssumme im Juni 2009 / Gesamtzahl der Beschäftigten.	1982,6110	(1034,1790)	66,67	8258,35
Schließung von Betriebsteilen	Dummy-Variable = 1, wenn es im Zeitraum von 1.7.2008 bis 30.6.2009 zur Schließung von Betriebsteilen kam.	0,0127	(0,1119)	0	1
Ausgliederung von Betriebsteilen	Dummy-Variable = 1, wenn es im Zeitraum von 1.7.2008 bis 30.6.2009 zur Ausgliederung von Betriebsteilen kam.	0,0140	(0,1177)	0	1
Ausgründung von Betriebsteilen	Dummy-Variable = 1, wenn es im Zeitraum von 1.7.2008 bis 30.6.2009 zur Ausgründung von Betriebsteilen kam.	0,0055	(0,0737)	0	1
Eingliederung von Betriebsteilen	Dummy-Variable = 1, wenn es im Zeitraum von 1.7.2008 bis 30.6.2009 zur Eingliederung von Betriebsteilen kam.	0,0227	(0,1491)	0	1
Schlechte Ertragslage im letzten Jahr	Dummy-Variable = 1, wenn die Ertragslage des Betriebes im vergangenen Geschäftsjahr ausreichend oder mangelhaft war.	0,2186	(0,4133)	0	1
Negatives Geschäftsergebnis	Dummy-Variable = 1, wenn im vergangenen Geschäftsjahr ein negatives Jahresergebnis erzielt wurde.	0,0971	(0,2962)	0	1
Sinkende Entwicklung des Geschäftsvolumens	Dummy-Variable = 1, wenn für das laufende Jahr, also 2009, gegenüber 2008 eine sinkende Entwicklung des Geschäftsvolumens erwartet wird.	0,3835	(0,4863)	0	1
Beschäftigungs-/ Standortsicherungsvereinbarung	Dummy-Variable = 1, wenn derzeit eine betriebliche Vereinbarung zwischen Geschäftsleitung und Belegschaft oder deren Interessensvertretung zur Beschäftigungs- oder Standortsicherung besteht.	0,0909	(0,2875)	0	1
Investitionen in EDV/Kommunikation	Dummy-Variable = 1, wenn der Betrieb im vergangenen Geschäftsjahr 2008 Investitionen in EDV, Informations- und Kommunikationstechnik getätigt hat.	0,4805	(0,4997)	0	1
Investitionen in Produktionsanlagen	Dummy-Variable = 1, wenn der Betrieb im vergangenen Geschäftsjahr 2008 Investitionen in Produktionsanlagen, Betriebs- und Geschäftsausstattung getätigt hat.	0,5383	(0,4986)	0	1
Ostdeutsches Unternehmen	Dummy-Variable = 1, wenn es sich um einen Betrieb in Ostdeutschland handelt.	0,3793	(0,4852)	0	1
Betrieb in ausländischem Besitz	Dummy-Variable = 1, wenn sich der Betrieb mehrheitlich o. ausschließlich in ausländischem Eigentum befindet.	0,0688	(0,2532)	0	1
Dummy-Variablen für Branchen	Sechzehn Dummy-Variablen für Branchen.				
Dummy-Variablen für Betriebsgrößen	Sieben Dummy-Variablen für Betriebsgrößen.				
Fallzahl (= Betriebe)	8050				

Tabelle F: Deskriptive Statistik zur Tobit-Schätzung der Austrittsraten aus dem internen Arbeitsmarkt durch Arbeitgeberkündigungsrate; Quelle: Eigene Berechnungen mit dem IAB-Betriebspanel 2009.

Variable	Beschreibung	Mittel-wert	Standard-abw.	Min.	Max.
Weiterbildungsintensität	Anteil der Personen, die im 1. Halbjahr an Weiterbildungsmaßnahmen teilgenommen haben, an der Gesamtzahl der Beschäftigten.	0,2353	(0,3002)	0	1
Betriebsrat	Dummy-Variable = 1, wenn Betriebsrat vorhanden.	0,2630	(0,4403)	0	1
Tarifvertrag	Dummy-Variable = 1, wenn Tarifvertrag im Betrieb gilt.	0,4624	(0,4986)	0	1
Kein Tarifvertrag * kein Betriebsrat	Dummy-Variable = 1, wenn kein Tarifvertrag gilt und kein Betriebsrat im Betrieb vorhanden ist.	0,4712	(0,4992)	0	1
Tarifvertrag * kein Betriebsrat	Dummy Variable = 1, wenn ein Tarifvertrag gilt und kein Betriebsrat im Betrieb vorhanden ist.	0,2658	(0,4418)	0	1
Kein Tarifvertrag * Betriebsrat	Dummy-Variable = 1, wenn kein Tarifvertrag gilt und ein Betriebsrat im Betrieb vorhanden ist.	0,0663	(0,2489)	0	1
Tarifvertrag * Betriebsrat	Dummy-Variable = 1, wenn ein Tarifvertrag gilt und ein Betriebsrat im Betrieb vorhanden ist.	0,1967	(0,3975)	0	1
Anteil befristet Beschäftigter	Anteil der Beschäftigten mit einem befristeten Arbeitsvertrag an der Gesamtzahl der Beschäftigten.	0,0495	(0,1219)	0	1
Anteil Leiharbeiter	Anteil der Leiharbeiter an der Gesamtzahl der Beschäftigten.	0,0181	(0,1768)	0	13
Anteil freie Mitarbeiter	Anteil der freien Mitarbeiter an der Gesamtzahl der Beschäftigten.	0,0183	(0,2386)	0	13,3
Anteil Praktikanten	Anteil der Praktikanten an der Gesamtzahl der Beschäftigten.	0,0172	(0,0545)	0	0,8
Anteil Teilzeitbeschäftigte	Anteil der Teilzeitbeschäftigten an der Gesamtzahl der Beschäftigten.	0,1956	(0,2300)	0	1
Frauenanteil	Anteil der Frauen an der Gesamtzahl der Beschäftigten.	0,3965	(0,2939)	0	1
Anteil Akademiker	Anteil an Beschäftigten für qualifizierte Tätigkeiten, die einen Hochschul- oder Fachhochschulabschluss erfordern.	0,0748	(0,1522)	0	1
Anteil an einfachen Tätigkeiten	Anteil an Beschäftigten für Beschäftigte für einfache Tätigkeiten, die keine Berufsausbildung erfordern.	0,1931	(0,2605)	0	1
Anteil an geringfügig Beschäftigte	Anteil der geringfügig Beschäftigten an der Gesamtzahl der Beschäftigten.	0,1182	(0,1772)	0	0,96
Ausbildungsintensität	Anteil der Auszubildenden an der Gesamtzahl der Beschäftigten.	0,0515	(0,0797)	0	1
Neueinstellungsquote	Anzahl der Neueinstellungen im 1. Halbjahr 2009 / Anzahl der Gesamtbeschäftigten	0,0554	(0,1255)	0	2,63
Schlechte Ertragslage im letzten Jahr	Dummy-Variable = 1, wenn die Ertragslage des Betriebes im vergangenen Geschäftsjahr ausreichend oder mangelhaft war.	0,2184	(0,4132)	0	1
Sinkende Entwicklung des Geschäftsvolumens	Dummy-Variable = 1, wenn für das laufende Jahr, also 2009, gegenüber 2008 eine sinkende Entwicklung des Geschäftsvolumens erwartet wird.	0,3688	(0,4825)	0	1
Negatives Geschäftsergebnis	Dummy-Variable = 1, wen im vergangenen Geschäftsjahr ein negatives Jahresergebnis erzielt wurde.	0,0943	(0,2923)	0	1
Investitionen in EDV/Kommunikation	Dummy-Variable = 1, wenn der Betrieb im vergangenen Geschäftsjahr 2008 Investitionen in EDV, Informations- und Kommunikationstechnik getätigt hat.	0,4354	(0,4958)	0	1
Investitionen in Produktionsanlagen	Dummy-Variable = 1, wenn der Betrieb im vergangenen Geschäftsjahr 2008 Investitionen in Produktionsanlagen, Betriebs- und Geschäftsausstattung getätigt hat.	0,4952	(0,5000)	0	1
Ostdeutsches Unternehmen	Dummy-Variable = 1, wenn es sich um einen Betrieb in Ostdeutschland handelt.	0,3847	(0,4865)	0	1
Dummy-Variablen für Branchen	Sechzehn Dummy-Variablen für Branchen.				
Dummy-Variablen für Betriebsgrößen	Sieben Dummy-Variablen für Betriebsgrößen.				
Fallzahl (= Betriebe)		8410			

Tabelle G: Deskriptive Statistik zu den Tobit-Schätzungen der Weiterbildungsintensitäten; Quelle: Eigene Berechnungen mit dem IAB-Betriebspanel 2009.

Variable	Beschreibung	Mittel-wert	Standard-abw.	Min.	Max.
Bevorzugung interner Stellenbesetzung	Dummy-Variable = 1, wenn die wichtigste Strategie zur Deckung des Bedarfs an Fachkräften in den nächsten zwei Jahren sich auf interne Maßnahmen (eigene betriebliche Ausbildung von Fachkräften, Fort-und Weiterbildung von Mitarbeitern, Ältere Fachkräfte länger im Betrieb halten) bezieht und nicht auf Neueinstellungen (von Fachkräften mit Berufserfahrung oder Absolventen) bezieht.	0,7492	(0,4335)	0	1
Betriebsrat	Dummy-Variable = 1, wenn Betriebsrat vorhanden.	0,4218	(0,4939)	0	1
Tarifvertrag	Dummy-Variable = 1, wenn Tarifvertrag gilt.	0,5789	(0,4938)	0	1
Kein Tarifvertrag * kein Betriebsrat	Dummy-Variable = 1, wenn kein Tarifvertrag gilt und kein Betriebsrat vorhanden ist.	0,3448	(0,4753)	0	1
Tarifvertrag * kein Betriebsrat	Dummy-Variable = 1, wenn ein Tarifvertrag gilt und kein Betriebsrat im Betrieb vorhanden ist.	0,2334	(0,4230)	0	1
Kein Tarifvertrag * Betriebsrat	Dummy-Variable = 1, wenn kein Tarifvertrag gilt und ein Betriebsrat im Betrieb vorhanden ist.	0,0763	(0,2655)	0	1
Tarifvertrag * Betriebsrat	Dummy-Variable = 1, wenn ein Tarifvertrag gilt und ein Betriebsrat im Betrieb vorhanden ist.	0,3455	(0,4755)	0	1
Anteil befristet Beschäftigter	Anteil der Beschäftigten mit einem befristeten Arbeitsvertrag an der Gesamtzahl der Beschäftigten.	0,0609	(0,1335)	0	1
Anteil Leiharbeiter	Anteil der Leiharbeiter an der Gesamtzahl der Beschäftigten.	0,0152	(0,0682)	0	1,67
Anteil freie Mitarbeiter	Anteil der freien Mitarbeiter an der Gesamtzahl der Beschäftigten.	0,0264	(0,3594)	0	20,11
Anteil Teilzeitbeschäftigte	Anteil der Teilzeitbeschäftigten an der Gesamtzahl der Beschäftigten.	0,1723	(0,2226)	0	1
Frauenanteil	Anteil der Frauen an der Gesamtzahl der Beschäftigten.	0,4020	(0,2895)	0	1
Anteil Akademiker	Anteil an Beschäftigten für qualifizierte Tätigkeiten, die einen Hochschul- oder Fachhochschulabschluss erfordern.	0,1062	(0,1879)	0	1
Anteil an einfachen Tätigkeiten	Anteil an Beschäftigten für Beschäftigte für einfache Tätigkeiten, die keine Berufsausbildung erfordern.	0,0398	(0,1179)	0	1
Schlechte Ertragslage im letzten Jahr	Dummy-Variable = 1, wenn die Ertragslage des Betriebes im vergangenen Geschäftsjahr ausreichend oder mangelhaft war.	0,2636	(0,4406)	0	1
Sinkende Entwicklung des Geschäftsvolumens	Dummy-Variable = 1, wenn für das laufende Jahr, also 2005, gegenüber 2004 eine sinkende Entwicklung des Geschäftsvolumens erwartet wird.	0,2126	(0,4092)	0	1
Investitionen in EDV/Kommunikation	Dummy-Variable = 1, wenn der Betrieb im vergangenen Geschäftsjahr 2004 Investitionen in EDV, Informations- und Kommunikationstechnik getätigt hat.	0,6119	(0,4874)	0	1
Investitionen in Produktionsanlagen	Dummy-Variable = 1, wenn der Betrieb im vergangenen Geschäftsjahr 2004 Investitionen in Produktionsanlagen, Betriebs- und Geschäftsausstattung getätigt hat.	0,5538	(0,4971)	0	1
Ostdeutsches Unternehmen	Dummy-Variable = 1, wenn es sich um einen Betrieb in Ostdeutschland handelt.	0,3420	(0,4744)	0	1
Betrieb in ausländischem Besitz	Dummy-Variable = 1, wenn es sich um einen Betrieb handelt, der ausschließlich oder überwiegend in ausländischem Eigentum ist.	0,0742	(0,2622)	0	1
Betriebsgröße	Logarithmierte Anzahl der Beschäftigten im Betrieb	3,9749	(1,5661)	1,61	10,80
Dummy-Variablen für Branchen	Fünfzehn Dummy-Variablen für Branchen.				
Fallzahl (= Betriebe)	8649				

Tabelle H: Deskriptive Statistik zur Logit-Schätzung der Bevorzugung interner Stellenbesetzung zur Deckung des Fachkräftebedarfs in den nächsten beiden Jahren; Quelle: Eigene Berechnungen mit dem IAB-Betriebspanel 2005.

XLIX

Variable	Beschreibung	Mittel-wert	Standard-abw.	Min.	Max.
Erfolgsbeteiligung	Dummy-Variable = 1, wenn für Beschäftigte eine Gewinn- bzw. Erfolgsbeteiligung besteht.	0,1850	(0,3883)	0	1
Betriebsrat	Dummy-Variable = 1, wenn Betriebsrat vorhanden.	0,3249	(0,4683)	0	1
Tarifvertrag	Dummy-Variable = 1, wenn Tarifvertrag im Betrieb gilt.	0,4977	(0,5000)	0	1
Kein Tarifvertrag * kein Betriebsrat	Dummy-Variable = 1, wenn kein Tarifvertrag gilt und kein Betriebsrat im Betrieb vorhanden ist.	0,4309	(0,4952)	0	1
Tarifvertrag * kein Betriebsrat	Dummy-Variable = 1, wenn ein Tarifvertrag gilt und kein Betriebsrat im Betrieb vorhanden ist.	0,2442	(0,4296)	0	1
Kein Tarifvertrag * Betriebsrat	Dummy-Variable = 1, wenn kein Tarifvertrag gilt und ein Betriebsrat im Betrieb vorhanden ist.	0,0714	(0,2575)	0	1
Tarifvertrag * Betriebsrat	Dummy-Variable = 1, wenn ein Tarifvertrag gilt und ein Betriebsrat im Betrieb vorhanden ist.	0,2535	(0,4350)	0	1
Anteil befristet Beschäftigter	Anteil der Beschäftigten mit einem befristeten Arbeitsvertrag an der Gesamtzahl der Beschäftigten.	0,0608	(0,1373)	0	1
Anteil Leiharbeiter	Anteil der Leiharbeiter an der Gesamtzahl der Beschäftigten.	0,0172	(0,1697)	0	13
Anteil freie Mitarbeiter	Anteil der freien Mitarbeiter an der Gesamtzahl der Beschäftigten.	0,0227	(0,3380)	0	17
Anteil Praktikanten	Anteil der Praktikanten an der Gesamtzahl der Beschäftigten.	0,0180	(0,0545)	0	0,83
Anteil Teilzeitbeschäftigte	Anteil der Teilzeitbeschäftigten an der Gesamtzahl der Beschäftigten.	0,2093	(0,2404)	0	1
Frauenanteil	Anteil der Frauen an der Gesamtzahl der Beschäftigten.	0,4138	(0,2956)	0	1
Anteil Akademiker	Anteil an Beschäftigten für qualifizierte Tätigkeiten, die einen Hochschul- oder Fachhochschulabschluss erfordern.	0,0951	(0,1764)	0	1
Anteil an einfachen Tätigkeiten	Anteil an Beschäftigten für Beschäftigte für einfache Tätigkeiten, die keine Berufsausbildung erfordern.	0,1864	(0,2496)	0	1
Anteil an geringfügig Beschäftigten	Anteil der geringfügig Beschäftigten an der Gesamtzahl der Beschäftigten.	0,1080	(0,1676)	0	0,96
Lohnsumme pro Beschäftigtem	Bruttolohn- und Gehaltssumme im Juni 2009 / Gesamtzahl der Beschäftigten.	1984,9200	(1027,1410)	67	8258,35
Kapitalbeteiligung	Dummy-Variable = 1, wenn für Beschäftigte eine Kapitalbeteiligung besteht.	0,0252	(0,1567)	0	1
Ostdeutsches Unternehmen	Dummy-Variable = 1, wenn es sich um einen Betrieb in Ostdeutschland handelt.	0,3819	(0,4859)	0	1
Betrieb in ausländischem Besitz	Dummy-Variable = 1, wenn sich der Betrieb mehrheitlich oder ausschließlich in ausländischem Eigentum befindet.	0,0635	(0,2438)	0	1
Dummy-Variablen für Branchen	Sechzehn Dummy-Variablen für Branchen.				
Dummy-Variablen für Betriebsgrößen	Sieben Dummy-Variablen für Betriebsgrößen.				
Fallzahl (= Betriebe)	8853				

Tabelle 1: Deskriptive Statistik zur Logit-Schätzung des Einsatzes von Erfolgsbeteiligungen; Quelle: Eigene Berechnungen mit dem IAB-Betriebspanel 2005.

L

Variable	Beschreibung	Mittel-wert	Standard-abw.	Min.	Max.
Kapitalbeteiligung	Dummy-Variable = 1, wenn für Beschäftigte eine Kapitalbeteiligung besteht.	0,0252	(0,1567)	0	1
Betriebsrat	Dummy-Variable = 1, wenn Betriebsrat vorhanden.	0,3249	(0,4684)	0	1
Tarifvertrag	Dummy-Variable = 1, wenn Tarifvertrag im Betrieb gilt.	0,4977	(0,5000)	0	1
Kein Tarifvertrag * kein Betriebsrat	Dummy-Variable = 1, wenn kein Tarifvertrag gilt und kein Betriebsrat im Betrieb vorhanden ist.	0,4309	(0,4952)	0	1
Tarifvertrag * kein Betriebsrat	Dummy-Variable = 1, wenn ein Tarifvertrag gilt und kein Betriebsrat im Betrieb vorhanden ist.	0,2442	(0,4296)	0	1
Kein Tarifvertrag * Betriebsrat	Dummy-Variable = 1, wenn kein Tarifvertrag gilt und ein Betriebsrat im Betrieb vorhanden ist.	0,0714	(0,2575)	0	1
Tarifvertrag * Betriebsrat	Dummy-Variable = 1, wenn ein Tarifvertrag gilt und ein Betriebsrat im Betrieb vorhanden ist.	0,2535	(0,4351)	0	1
Anteil befristet Beschäftigter	Anteil der Beschäftigten mit einem befristeten Arbeitsvertrag an der Gesamtzahl der Beschäftigten.	0,0608	(0,1373)	0	1
Anteil Leiharbeiter	Anteil der Leiharbeiter an der Gesamtzahl der Beschäftigten.	0,0172	(0,1697)	0	13
Anteil freie Mitarbeiter	Anteil der freien Mitarbeiter an der Gesamtzahl der Beschäftigten.	0,0227	(0,3380)	0	17
Anteil Praktikanten	Anteil der Praktikanten an der Gesamtzahl der Beschäftigten.	0,0180	(0,0545)	0	0,83
Anteil Teilzeitbeschäftigte	Anteil der Teilzeitbeschäftigten an der Gesamtzahl der Beschäftigten.	0,2093	(0,2404)	0	1
Frauenanteil	Anteil der Frauen an der Gesamtzahl der Beschäftigten.	0,4139	(0,2956)	0	1
Anteil Akademiker	Anteil an Beschäftigten für qualifizierte Tätigkeiten, die einen Hochschul- oder Fachhochschulabschluss erfordern.	0,0951	(0,1764)	0	1
Anteil an einfachen Tätigkeiten	Anteil an Beschäftigten für Beschäftigten für einfache Tätigkeiten, die keine Berufsausbildung erfordern.	0,1863	(0,2495)	0	1
Anteil an geringfügig Beschäftigten	Anteil der geringfügig Beschäftigten an der Gesamtzahl der Beschäftigten.	0,1080	(0,1677)	0	0,96
Lohnsumme pro Beschäftigtem	Bruttolohn- und Gehaltssumme im Juni 2009 / Gesamtzahl der Beschäftigten	1984,9660	(1027,2480)	66,67	8.258,35
Erfolgsbeteiligung	Dummy-Variable = 1, wenn für Beschäftigte eine Gewinn- bzw. Erfolgsbeteiligung besteht.	0,1851	(0,3884)	0	1
Ostdeutsches Unternehmen	Dummy-Variable = 1, wenn es sich um einen Betrieb in Ostdeutschland handelt.	0,3820	(0,4859)	0	1
Betrieb in ausländischem Besitz	Dummy-Variable = 1, wenn sich der Betrieb mehrheitlich oder ausschließlich in ausländischem Eigentum befindet.	0,0635	(0,2439)	0	1
Kapitalgesellschaft	Dummy-Variable = 1, wenn der Betrieb eine Kapitalgesellschaft (AG, KGaA) ist	0,0351	(0,1841)	0	1
Dummy-Variablen für Betriebsgrößen	Sieben Dummy-Variablen für Betriebsgrößen.				
Dummy-Variablen für Branchen	Sechzehn Dummy-Variablen für Branchen.				
Fallzahl (= Betriebe)	8851				

Tabelle J: Deskriptive Statistik zur Logit-Schätzung des Einsatzes einer Kapitalbeteiligungen; Quelle: Eigene Berechnungen mit dem IAB-Betriebspanel 2009.

Zentrale Aspekte interner Arbeitsmärkte		Untersuchte Aspekte	Referenzkategorie	e) Kein TV und kein BV	c) TV ohne BR	d) BR ohne TV	f) BR und TV	BR	TV
Relative Größe		Anteil befristet Beschäftigter	(a)		(+)	(-)	(-)* [(+)]		
			(b)	(+)* [(-)]	(+)**	(+)			
			Einfaches Modell					(-)**	(+)
		Anteil Leiharbeiter	a)		(+)	(+)*	(+)*		
			b)	(-)**	(-)*	(+)			
			Einfaches Modell					(+)**	(+)
		Anteil freier Mitarbeiter[a]	a)		(-)***	(-)**	(-)***		
			b)	(+)***	(-)	(+)			
			Einfaches Modell					(-)	(-)***
		Anteil Praktikanten	a)		(+)*	(+)**	(+)*		
			b)	(-)*	(-)	(+)			
			Einfaches Modell					(+)	(+)
		Anteil geringfügig Beschäftigter	a)		(-)***	(-)***	(-)***		
			b)	(+)***	(+)***	(+)***			
			Einfaches Modell					(-)***	(-)***
Offenheit	**Eintritte**	Neueinstellungsrate	a)		(+)	(-)***	(-)***		
			b)	(+)***	(+)***	(+)			
			Einfaches Modell					(-)***	(+)
		Eintrittsrate durch unbefristete Übernahme befristet Beschäftigter	a)		(+)	(+)**	(+)		
			b)	(-)	(+)	(+)** [(-)]			
			Einfaches Modell					(+)	(+)
		Einstellung ehemaliger Leiharbeiter („Klebeeffekt") (2008)	Nicht verfügbar für 2007.						

Offenheit	Austritte	Personalabgangsrate	(a)		(+)***	(-)	(-)**		
			(b)	(+)**	(+)***	(+)			
			Einfaches Modell					(-)***	(+)**
		Arbeitnehmerkündigungsrate	a)		(+)	(-)***	(-)***		
			b)	(+)***	(+)***	(+)***			
			Einfaches Modell					(-)***	(-)
		Arbeitgeberkündigungsrate	a)		(+)***	(-)**	(-)***		
			b)	(+)***	(+)***	(+)***			
			Einfaches Modell					(-)***	(+)
Qualifizierung zur Erhöhung der internen Einsatzflexibilität		Weiterbildungsintensität	a)		(+)***	(+)*	(+)***		
			b)	(-)***	(-)***	(-)***			
			Einfaches Modell					(+)***	(+)***
Interne Karrierepfade		Bevorzugung interner Stellenbesetzung (2005)	Nicht verfügbar für 2007.						
Entgeltstrukturen		Erfolgsbeteiligung	a)			(-)*	(+)***	(+) [(-)***]	
			b)	(-) [(-)]		(-)	(+)***		
			Einfaches Modell					(+)***	(-)***
		Kapitalbeteiligung	a)		(+)	(+)	(+)***		
			b)	(-)***	(-)***	(-)***			
			Einfaches Modell					(+)***	(+)**

Tabelle K: *Übersicht über die Ergebnisse der empirischen Untersuchung aufgeteilt nach den zentralen Aspekten interner Arbeitsmärkte im Rahmen eines systematischen Beschäftigungsmanagements für das Vergleichsjahr 2007.* <u>*Anmerkungen:*</u> **, ** und *** kennzeichnen Signifikanzen auf dem 10%-, 5%- und 1%-Niveau; Quelle: Eigene Darstellung nach eigenen Berechnungen mit dem IAB-Betriebspanel 2007. [a]Die Modellgüte ist hier bei allen Modellen als kritisch zu beurteilen. Grau schattiert sind die Felder, bei denen deutliche Veränderungen zu 2009 bestehen; in eckigen Klammern sind hier die Vorzeichen und Signifikanzen für 2009 dargestellt.*

Printed and bound by CPI Group (UK) Ltd, Croydon, CR0 4YY

27/04/2026

02097616-0007